· 刘宝红供应链实践者丛书① ·

采购与供应链管理

一个实践者的角度

PURCHASING AND
SUPPLY CHAIN MANAGEMENT

A Practitioner's Perspective（4th Edition）

第4版

[美] 刘宝红◎著

机械工业出版社
CHINA MACHINE PRESS

与第 3 版不同，《采购与供应链管理：一个实践者的角度》第 4 版聚焦在经济增速放缓的情况下，企业如何改善供应链的成本、交付和资产周转。跟三五年前相比，我们今天面临的问题没有本质不同。困扰我们的供应链管理问题仍旧是成本做不低，速度做不快；客户要的我们没有，我们有的客户不要。真正的解决方案在于改变方法论。这是贯穿本书的一条主线，即从不同角度来审视那些司空见惯的问题，真正理解"为什么"，以便更好地解决"怎么办"的问题，最终通过改变能力来改变行为，通过改变行为来改变结果。比如管好需求，做好计划，紧急需求就少，就用不着每天跟供应商催货；对接产品设计和工艺设计，设计优化了，成本就会低，就用不着每个月跟供应商砍一次价；对供应商要有选择、有管理，供应商选好、管好了，才可能集中采购额，获取更大的规模效益，驱动供应商快速响应。这都是回归供应链管理的本质，通过解决基本面的问题从根本上改善供应链绩效。

本书依旧坚持三项基本准则：不宣传走捷径；不宣传最佳实践；填补学者与实践者之间的空白，给实践者和热衷实践的人看。

北京市版权局著作权合同登记　图字：01-2024-0860 号。

图书在版编目（CIP）数据

采购与供应链管理：一个实践者的角度 /（美）刘宝红著 . —4 版 . —北京：机械工业出版社，2024.5（2025.10 重印）

ISBN 978-7-111-75428-2

Ⅰ. ①采…　Ⅱ. ①刘…　Ⅲ. ①采购管理 ②供应链管理　Ⅳ. ① F25

中国国家版本馆 CIP 数据核字（2024）第 072178 号

机械工业出版社（北京市百万庄大街 22 号　邮政编码 100037）
策划编辑：杨振英　　　　　责任编辑：杨振英
责任校对：高凯月　李小宝　责任印制：任维东
北京瑞禾彩色印刷有限公司印刷
2025 年 10 月第 4 版第 6 次印刷
170mm×240mm·33.75 印张·1 插页·467 千字
标准书号：ISBN 978-7-111-75428-2
定价：89.00 元

电话服务　　　　　　　　　网络服务

客服电话：010-88361066　　机　工　官　网：www.cmpbook.com

　　　　　010-88379833　　机　工　官　博：weibo.com/cmp1952

　　　　　010-68326294　　金　书　网：www.golden-book.com

封底无防伪标均为盗版　　机工教育服务网：www.cmpedu.com

谨以此书献给

亚利桑那州立大学的James Hershauer教授

是您把我带入供应链管理领域

This book is dedicated to Prof. James Hershauer at Arizona State University

You brought me into the field of Supply Chain Management

我想写本什么样的书

2005 年，博客刚开始流行，我就开始写"供应链管理专栏"[○]，先后写了 700 多篇文章，讲的都是些供应链实践中的事。后来，微博和微信兴起，这些文章流传更为广泛，"供应链管理实践者"的微信公众号也备受欢迎。不时有人问：这些文章什么时候结集出版？

于是我对其中一些文章深化、润色，原想构建成一本结构严谨的书，但经过几年努力，还是觉得维持较松散的结构更好。一方面，这些文章都是独立成篇，强行打散重组，写成学术专著的形式反倒牵强；另一方面，实践本身就是由一个个碎片组成的，短小精悍的文章更能反映这一点，也更适合匆忙、没有大块时间的职业人阅读。

2012 年，《采购与供应链管理：一个实践者的角度》第 1 版面世了，读者的反响异常热烈，在京东、当当等网站上，很快成为供应链管理的畅销书。但我知道，第 1 版有很多不足之处，比如案例大多都是北美的，虽说道理相通，但总觉得没有中国本土案例更接地气。于是，2015 年、2019 年，本书推出第 2 版、第 3 版，加入了更多中国本土案例，结构上也更加成熟。感谢读者的厚爱，这两版继续领跑畅销榜，很多人都是在这本书上看到我的微信 / 电话联系上我的。

○ 我的这个博客网站还在，经常更新：www.scm-blog.com。

转眼间又是三四年过去了。在这期间我们经历了一系列事件，比如中美贸易摩擦、关键元器件短缺、全球新冠疫情大流行。这些都深刻地影响了全球供应链，显著地改变了人们对供应链的看法。我自己也已服务了过百家企业，推出了 400 多次培训，广泛接触了各行各业，对企业的普遍问题有了更深入的认识，尤其是意识到，**企业走过的路都是必经之路：它们现在做什么，怎么做，都是能力发展到一定阶段的必然选择。**

也就是说，很多企业行为，比如供应链和供应商管理，不管看上去有多么不合理，都是基于企业现有能力的理性选择——**一个人干傻事，可能是这个人的意愿问题；一群人都干傻事，后面肯定有能力短板。** 要改变行为，就得改变能力；而要改变能力，就得透过现象看本质，探究更深层次的诱因，理解企业为什么要这么做。

于是我就开始写第 4 版，更加聚焦"为什么"，以便更好地回答"怎么办"的问题。

比如供应链管理的本质是协作，那为什么不协作？为什么上下级之间协作度很高，而兄弟职能之间经常互相挖坑？每家企业的供应商都有一大堆，但为什么企业一直在找新供应商？为什么老供应商做不到，新供应商就能？而新供应商一旦成了老供应商，为什么就又做不到了？供应商越多，采购额就越分散。怎样才能整合供应商，提高规模效益，增强管控力度？

再比如在很多企业，供应商相关的贪腐是个大问题。有些企业采购七权、八权分立，采购员一年一换，董事长深更半夜签订单，但为什么贪腐还是控制不住？贪腐是因为企业管理能力不够，没法有效约束员工行为，表面上看这是行为问题，其实是能力问题。这就是为什么在中国的外企、民企和国企中，相对而言，管理能力强的外企贪腐问题较轻，而管理能力弱的本土企业较重，这跟它们的整体管理能力是正相关的。那该如何提高能力，改变员工行为？

还有，全球新冠疫情、局部冲突、中美贸易摩擦下，如何应对供应链中断的风险？我们都讲 just in time（分秒不差），那是通过精益来降低成本，活在平时；现在是 just in case（以防万一），那是通过冗余来应对小概率事件，活在"战时"。让你活在"战时"的一些做法，会让你在平时失去竞争力；让你在平时提高竞争力的做法，会降低"战时"的生存能力。两者看上去截然不同，但实质上却是相辅相成的。对于众多企业来说，这该如何理解，如何实施？

这些都是根深蒂固的老问题，困扰企业多年。我们对这些老问题是如此熟悉，以至于想当然地认为理解这些问题。其实不然。正因为我们没有真正理解"为什么"，所以我们没法更好地解决"怎么办"的问题，于是就一遍又一遍地尝试老方法，希望出现新结果。你知道，老方法自然会产生老结果，这就是为什么太阳底下无新事，困扰我们的还是老问题。

想想看，我们今天面临的问题跟三年、五年前有什么本质区别？没有。放在供应链管理上，还是成本做不低，速度做不快；客户要的我们没有，我们有的客户不要。而我们的解决方案呢，则一直停留在"更努力"上，也就是说，在老方法的基础上更卖力。比如以前每天催货两次，现在三次；以前每三个月跟供应商砍一次价，现在每个月砍一次；以前晚上加班到八点，现在到十点。

而真正的解决方案呢，却在于"不同"，即改变做法。

比如管好需求，做好计划，紧急需求就少，就用不着每天跟供应商催货；对接产品设计和工艺设计，设计优化了，成本就会低，就用不着每个月跟供应商砍一次价；加强信息系统建设，信息化程度提高了，重复性的琐碎杂务更多地由信息系统来做，这样就不用每天加班到深夜，以便把资源投入到投资回报更高的地方，比如需求管理。

不能光"更努力"，而是要"不一样"，在方法论上有所突破，才是解决老问题的关键。这也是贯穿本书的一条主线，即从不同角度来审视那些司空见惯的老问题，真正理解了"为什么"，才能更好地解决"怎么办"的问题，改变方法论，最终通过提高能力来改变行为，通过改变行为来改变结果。

对于本书，我还有几点要补充。

第一，本书不宣传所谓的西方先进供应链管理。我不认为供应链是什么新东西、新思想；有人类的时候就有供应链。我也不认为供应链管理起源于西方；在北美，很多供应链管理思想其实起源于日本。看上去西方国家的供应链做得好，无非是它们执行更得力，更肯吃苦，比别人更不相信有捷径可走而已。

第二，本书不宣传走捷径。很多商业问题，总会有更好的方法来解决，但想走捷径，不劳而获，结果往往是原地打转，问题照旧。该出的汗总得出。商业界最大的童话莫过于相信不劳而获，最大的悲剧就是相信有点石成金的捷径。一切商业问题都有一个 fix，但你不能把宝压在那些 quick fix 上。[⊖]

第三，本书也不宣传最佳实践。商业问题错综复杂，最佳实践是特定情况下的救命药，但不是万能药，不会放之四海而皆准。离开了特定环境，最佳实践往往不再最佳，误导甚至多过帮助，救命药反倒可能成了毒药。[⊜] 当然，也不应全盘否定最佳实践。他山之石，可以攻玉，仅此而已。

就如药典讲的都是基本药材一样，本书讲的是供应链管理中的基本实践。作为读者，你的任务是理解每一种基本实践的"药性"，然后结合企业的具体环境，开出具体的"药方"。我没法给你"药方"，因为我不知道你的具体情况。

本书着眼于实践，注重解决基本面的问题。拯救世界要从拯救一个人开始，解决问题要从解决基本问题开始。太多的基本实践，我们还没有做

⊖ Fix 在英语中可理解为解决方案，quick fix 意思是走捷径、不会持久，此处保留英文叙述，是因为中文很难翻译出英文的韵味。

⊜ 古代有些名医特别忌讳留下"验方"。这验方就是最佳实践，是针对特定的人、特定的病、特定的情况起作用的药方，有很多的前提条件，有的可以描述，更多的没法描述。这些名医不留验方，就是担心后世不加选择地采用，制造更多的问题。

最佳实践往往是局外人理想化的结果，就好比先射出箭，好事者就围绕射中的地方画圈，说这就是靶心。这种"最佳实践"大多是局部的，与全局割裂开来。离开了全局，就没有真相。编撰"最佳实践"的人不了解真相，看"最佳实践"的人就更加不了解，于是我们的风险就是以讹传讹。

任何"最佳实践"，一旦挂在墙上供人膜拜，就有被神化的风险。把企业的成功归因于特定的"最佳实践"，那更是误导多于引导。企业太复杂，没法建立这样简单的因果关系，让你一招制胜。任何试图建立这种关系的企图，都是自欺欺人。

到；太多的基本问题，我们还没有解决。魔鬼藏在细节中，魔鬼也藏在基本问题中。我们不能忽视细节，忽视基本问题。

本书的定位是填补学者与实践者之间的空白。学者往往没有实践经验，写的东西理论有余、实践不足；实践者则要么欠缺理论基础，要么没时间、没兴趣写文章。我想自己正好介于中间，接受过系统的商学院教育，又在严酷的工业界历练十多年，熟悉东西方的管理文化和实践，有兴趣，愿花时间，这不，写一本书，给实践者和热衷于实践的人看。

某某行业的供应链如何管理

　　时常有人问：某某行业的供应链怎么管理？这个"某某"可以是任何你能想象的行业，比如电商、服装、快时尚、外贸、食品、餐饮、新能源、医药、建筑、房地产。每次接到这样的问题，我的头都很大，甚至有点儿愤怒，因为这样的问题已经问过几百次了。我不想一次又一次地解释，就决定在这里写下来，一劳永逸地回答这个问题。

　　我能够理解，这些人为什么对特定行业的供应链感兴趣，因为他们就在该行业，需要应对供应链的各种问题。但是，**行业虽然不同，供应链的根本问题却没有多大区别，我们一定要回归供应链的本质，解决那些根本的共性问题，才可能解决特定行业的差异化问题。**

　　比如，不管是哪个行业，每个企业都有三大块：**研发**设计个好产品，**营销**卖个好价钱，**供应链**以合适的速度和成本生产出来并配送给客户。这是企业的三大核心职能，也是企业的"铁三角"。当然，贸易类企业可能没有研发，不是设计出个好产品，而是选择别人的产品，但这三大块还是一样有的。

　　多年来，快速发展的企业主要是销售和研发驱动，资源也相应倾斜给这两块。作为支持职能，供应链得不到足够的资源，组织、流程和系统建设滞后，就没法有效支持研发和营销。结果呢，生意越做越多，钱越赚越少，或者说账面上赚了，都赚到库存里去了。

这是众多企业的共性问题，解决方案是给供应链投入更多资源来改善流程、完善系统、提高组织能力以有效支持销售和设计，把成本做下来，把速度做上去。这也是我的《供应链管理：高成本、高库存、重资产的解决方案》(第 2 版) 一书的主旨。

具体地说，就是供应链跟设计有效对接，在需求定义阶段积极正面地影响需求，推动标准化、模块化、系列化来优化设计，降低产品的复杂度，提高规模效益，把成本设计下来；跟营销有效对接，提高预测的准确度，尽量做准、尽快纠偏，更好地匹配需求和供应，提高客户的满意度，同时控制库存和降低运营成本。

制造行业是这样，电商、餐饮、服装等行业也是，无非在不同行业，有些职能的名称不一样罢了。比如餐饮行业是大厨们在开发新菜——他们不叫"设计"，但大厨们开发新菜品，跟工程师们开发新产品没什么两样，同样得跟采购、供应商对接，综合考量成本、质量和加工工艺等各方面的要求。

再比如，不管企业做什么，都离不开供应链的三道防线，这也是我的《供应链的三道防线：需求预测、库存计划、供应链执行》(第 2 版) 的主要内容：所有的预测都是错的，但错多错少不一样，如何对接前端做生意的和后端做运营的，从数据开始，由判断结束，整出一个准确度最高的错误的预测，提高首发命准率？这是供应链的第一道防线 (需求预测)。预测错了怎么办？由安全库存来应对。如何根据具体产品的需求和供应的不确定性，科学合理地设置安全库存，这是供应链的第二道防线 (库存计划)。需求预测失败了，安全库存不够用了，计划的先天不足，要靠赶工加急来弥补，这就是供应链执行——供应链的第三道防线。

制造业有这三道防线，电商、餐饮、服装、新零售等各行业也有——它们都有营销端，通过各种措施影响需求；它们都需要预测需求，计划库存；它们都需要驱动供应链来执行，不管是自己的生产线，还是供应商。

这时候，奶粉行业的人会说 (我只是随便拿奶粉举个例子，并无他意)，我们的奶粉有保质期啊 (导致计划难做，库存风险高)。这有什么奇怪，啥东西没有保质期？这只不过是供应链的一个约束条件罢了。可我们的奶粉只有 6 个月的保质期啊，而且一旦保质期过半，妈妈们就嫌弃，觉得不新鲜。那你问问做生鲜的人，保质期就那么几天；做餐饮的人，凉菜不能过夜，你就会知道，做奶粉的不是最苦命的。

我们奶粉的供应链很长啊，需要提前 6 个月跟新西兰的奶农订牛奶，一路海运过来。这没什么特别的，在飞机制造行业，很多零部件的供货周期是以年计算的（这也部分解释了，为什么波音、空客的订单积压动辄数年[⊖]）；女孩子们的漂亮衣服呢，一年就卖那么几个星期，从长周期面料到半成品再到成品，整个供应周期却长达 3 个月，你说容易吗？

当然，做奶粉的不会就此打住：我们的奶粉是大批量生产啊，而需求的批量却越来越小，变化也越来越快。是的，我理解奶粉行业有这个问题，可谁没有呢？各行各业，这些年来的共性是需求的多元化、碎片化，越来越小批量化，生命周期越来越短，而供应链的基础设施还主要是大批量的。**小批量的需求跟大批量的供应不匹配，是供应链的一大挑战**，家电、服装、电商、汽车莫不如此。

其解决方案呢，一方面要靠增加供应链的柔性，比如导入精益制造，减少供应链对批量的依赖，提高响应速度。另一方面要靠供应链的三道防线——需求预测要尽量做准、尽快纠偏，驱动供应链有序响应；库存计划要设置合适的安全库存，来应对需求和供应的不确定性；计划一旦失败，就得靠执行来弥补，而执行的很多任务发生在供应商处，这就又回到供应商的选择和管理上来了，这也是本书的内容。

我想一再强调的是，**不要特殊化自己的问题**。在供应链领域，很少有

⊖ 截至 2023 年 10 月，波音的订单积压有 7.2 年（基于 2018 年的正常交付能力），空客的有 9.3 年（基于 2019 年的正常交付能力）。资料来源：Airbus and Boeing Report September 2023 Commercial Aircraft Orders and Deliveries，by Kasper Oestergaard，October 12，2023，Forecast International，flightplan.forecastinternational.com. 当然，长周期物料只是订单积压的部分原因，更多的是飞机制造行业周期性明显，供应链的产能没法快速扩张、收缩；波音、空客双寡头下，长期博弈形成均衡，避免过度扩张、过度收缩，那客户就得多等几年。等到中国商飞量产后，我倒是想看看它对整个行业交付周期的影响。

行业独特的问题——不管你认为多独特的问题，我们总能在别的行业找到类似的。**一旦特殊化了自己的问题，我们就为自己的不作为找到了借口**：之所以我们没法解决这些问题，是因为我命苦，在一个特殊的行业、特殊的公司。你的行业、你的公司远没有你想象的特殊，你也不比别人命苦。

当然，也不能因为这些共性，就完全抹杀行业、企业的差异，生搬硬套书本上的东西。那是教条主义，也会要了你的命。我想说的是，差异是有，不过那是让你吃饱的第 5 个包子，而前 4 个包子都是一样的。人们动不动就冲着行业、公司的"特殊"问题而去，就相当于从最高一层开始造楼房；我们得从基础开始造楼房，先把前 4 个垫底的包子吃了再说。

刘宝红 | Bob Liu

"供应链管理专栏"创始人 | 西斯国际执行总监

www.scm-blog.com | bob.liu@scm-blog.com

1（510）456 5568（美国）| 136 5127 1450（中国，微信同）

2024 年 4 月 1 日于硅谷

作者简介

刘宝红，供应链管理畅销书作者，"供应链管理专栏"（www.scm-blog.com）创始人，西斯国际执行总监。

自 2000 年起，刘先生便在美国学习和实践供应链管理。他先在硅谷半导体设备制造业从事供应商开发和管理，在全球采购产品、服务和技术；后转入供应链计划领域，支持一高科技企业每年 13 亿美元的服务备件业务。从 2004 年起，刘先生致力于推广、宣传供应链管理，帮助中国本土企业制定供应链转型战略、完善供应链管理、培养中高层管理人员。

刘先生的专著《采购与供应链管理：一个实践者的角度》于 2012 年由机械工业出版社出版，2015 年再版，2019 年出版第 3 版，每年居京东、当当供应链管理门类销量榜首。他的第二本专著《供应链管理：高成本、高库存、重资产的解决方案》于 2023 年再版，第四本专著《供应链的三道防线：需求预测、库存计划、供应链执行》于 2022 年再版，都成为供应链领域的畅销书。

围绕这些畅销专著，刘先生推出一系列专题培训，先后为众多行业龙头企业提供内训，并且有几千家企业参加他的公开课培训，全面覆盖汽车、家电、电信设备、航空航天、机械制造、新能源、新零售、电商、快时尚、服装、餐饮等多个行业。

刘先生毕业于上海同济大学，获项目管理硕士；后赴美国，在亚利桑那州立大学读商学院，获供应链管理的 MBA。他通过了美国供应管理协会（ISM）的注册采购经理（C.P.M.）认证、运营管理协会（APICS）的生产与库存管理（CPIM）认证，接受了亚利桑那州立大学、摩托罗拉和霍尼韦尔的六西格玛培训，是六西格玛黑带。

刘先生现旅居硅谷，定期往返于中美之间。如欲联系他，请电邮至 bob.liu@scm-blog.com，或致电 136 5127 1450（中国，微信同）/ 1（510）456 5568（美国）。

鸣 谢

经常有人问：你离开工业界这些年来，不再负责具体的实践，是如何更新供应链领域的知识的呢？是的，在工业界十余年后，我虽然成了一位专职的作者，但一直都在应对业界面临的各种问题，时刻都跟业界保持联系，主要通过以下三种方式。

一是读者问答。自2005年以来，成千上万的读者通过我的网站、微信、微博、邮箱提出工作中遇到的各种问题，我每天都在回答这些问题，就算每天只回答一个，也回答了几千上万个问题。

二是问卷调查。这些年有来自几千个公司的数万名职业人参加过我的培训，培训前我都会发问卷调查，了解他们工作中的挑战，把有代表性的问题穿插到培训中。十几年下来，收集的问题也是数以万计。

三是公司内训。这些年我给一百多家企业做过内训，大多数是行业领头羊。作为培训准备，我都会做行业、企业研究，阅读了大量的年报和文章。我也会调研各职能的管理者，先后采访了几百位经理、总监、副总，做了几十万字的笔记，这些都为写作准备了宝贵的案例和素材。

所以，我想感谢千千万万的读者和学员，我从你们身上学到的，比我在任何地方学到的都要多。本书看上去是我写的，其实是大家智慧的结晶。

我还想感谢本书的编辑。这本500多页的书，从交稿到上架，整个过程长达半年，你能想象倾注了编辑多少心血。

最后，我想特别感谢下述内训客户，感谢它们给我机会，深入了解企业、行业的挑战和问题。本书的很多解决方案，都是为了应对它们的问题而开发的。它们才是中国经济的脊梁。生逢盛世，能够见证并助力这些企业的成功，真是荣幸之至。

家电：海尔、海信、创维、TCL、长虹、美的、美芝、老板电器、视源电子。

汽车：上汽大众、广汽丰田、长安汽车、北汽福田、比亚迪。

手机 / 计算机：华为终端、OPPO、vivo、小米、蓝思、歌尔、联想、浪潮。

互联网：腾讯、百度、字节跳动。

电商 / 零售：京东、希音、三只松鼠、找钢网、名创优品、史泰博、震坤行。

新零售：美团快驴、美团买菜、美菜网、钱大妈。

新能源：金风科技、远景能源、隆基绿能。

大型设备：GE 医疗、诺基亚西门子、振华重工、三一重工、特变电工、上海核电、中铁工程装备、上海微电子、北方微电子、中兴、烽火通信、锐捷、日立、西飞。

餐饮 / 食品 / 养殖：伊利、蒙牛、牧原、双汇、香飘飘、西贝莜面村、瑞幸咖啡、青岛啤酒。

建筑 / 房地产：华润置地、招商局地产、珠江投资、金螳螂、中油建设。

服装 / 纺织：安踏、以纯、华孚色纺、水星家纺、快鱼服饰、梦百合。

其他：中国移动、阿克苏诺贝尔、林德、海思半导体、易事特、中海壳牌、超威、迈瑞医疗、药明康德、威高、欧普照明、地上铁租车。

第一篇 供应链的全局观

第 1 章 多角度透视供应链 / 3

供应链的全局观

导读

本书分三大部分，从大到小，从宽到窄，逐层递进，如图 P1-1 所示。

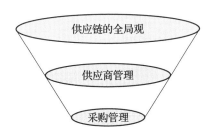

图 P1-1　本书从大到小，从宽到窄，逐层递进

第一篇讲**供应链的全局观**，希望给读者一个全面的轮廓，特别是那些新到供应链领域的人。第二篇会缩小范围，聚焦**供应商管理**，因为供应商在做供应链上的大部分增值活动，选好、管好供应商至关重要。第三篇会详细探讨**采购管理**，因为供应商是采购的供应商，而采购直接决定了能否选好、管好供应商，从而决定供应链的绩效。

这里是第一篇：供应链的全局观。

供应链就是采购把东西买进来，生产去加工增值，物流去配送给客户，环环相扣。它是在采购、运营、物流等既有职能的基础上发展起来的，其本质是协作。那为什么上下级之间协作度高，而兄弟职能之间经常互相挖坑？这里面的关键是有没有强相关的指标在串联。

供应链存在，是为了支持产品和营销。在战略层面，供应链战略要和产品、业务战略相匹配。在操作层面，供应链要早期介入设计，推动产品设计和工艺设计的交互优化，帮助开发出好产品，这是集成产品开发的核心；供应链要和营销紧密对接，提高预测准确度，形成闭环的交付体系，这是集成供应链的核心。

最后，我们会谈到供应链相关的三个专题：

（1）牛鞭效应导致多重需求预测，让供应链失去协同的基础。如何消除牛鞭效应，有效应对周期性的库存、产能问题？

（2）复杂度是供应链成本的驱动器，复杂度控制是把成本降下来、交付做上去的关键。如何管控复杂的供应链？

（3）全球化催生了供应链管理，在反全球化的潮流下，为什么制造业回流美国是水中月，中国制造该怎么办？

多角度透视供应链

在硅谷，每当我说起自己是做供应链管理的时，常常就有人问：你做的是 SRM（供应商关系管理）软件还是 CRM（客户关系管理）软件？是编程序还是负责业务流程？当听说是管理供应商、控制库存和提高客户服务水平的时候，总有人半信半疑：供应链管理不是软件吗？

其实疑惑不无道理。供应链管理的范畴非常广泛，对它的认识就如盲人摸象（见图 1-1）：对很多采购人员来说，供应链管理就是采购和供应商管理，即确保供应商保质、保量、按时提供价格合适的产品或服务；对于生产管理出身的人来讲，供应链不过是生产管理的延伸罢了；对于物流行业的人来说，供应链管理则往往被等同于物流运输、车辆调度、仓储管理等。硅谷有很多人是 IT 背景，他们想到的就是供应链管理软件。

在中国，很多人则分不清供应链管理与物流管理。 2010 年，我陪同美国供应管理协会（ISM）的负责人来中国，拜访一位本土顶尖企业的首席执行官。该老总几次提到物流管理，说 ISM 可以在物流管理上做出更大贡献。我想他指的应该是供应链管理，因为 ISM 侧重于供应链上的采购与供应管理，跟物流管理还离得比较远。当然，因为远离操作层，在一个千亿元营收的大公司 CEO 看来，这些区别或许不怎么重要。

图 1-1　对供应链管理的认识就如盲人摸象

大致在 20 世纪 90 年代，物流和供应链管理这两个概念先后传入中国。这并不是说以前就没有物流和供应链——有人类的时候就有，只是不一定这么叫罢了。当时的大背景是物流成本太高，制约着本土供应链的效率，因而成为供应链管理的热点，导致很多人一叶障目、不见森林，误把物流管理当作供应链管理。

物流成本包括仓储、分销、运输、库存、物料搬运、第三方物流等费用，跟一个国家的**基础设施**息息相关。比如得益于发达的高速公路网和信息基础设施，当时美国的物流成本是 GDP 的 10% 上下；而同期中国的物流成本占 GDP 的 20% 左右，这跟当时的基础设施状况不无关系。

二三十年过去了，中国大规模投资高铁、高速公路等基础建设，物流成本占 GDP 的百分比逐年下降。比如 2022 年社会物流总费用为 17.8 万亿元，占 GDP 的 14.7%。[○]这也跟信息技术的发展不无关系：信息流驱动产品流，信息流的效率高了，物流的效率也会改善。作为对比，美国的这一比例在过去十年间没有实质性的改变，一直在 7.4% 到 8% 之

○　2022 年全国社会物流总额为 347.6 万亿元，同比增长 3.4%，央广网，2023 年 2 月 24 日。

间徘徊。[一]

那么，到底什么是供应链管理呢？供应链是从客户的客户到供应商的供应商，供应链管理是对贯穿其中的**产品流、信息流**和**资金流**的集成管理，以最大化给客户的价值、最小化供应链的成本。它以摆脱单个公司、单个职能的局部优化，实现供应链条的全局优化为目标。

供应链管理的跨职能特点

在实践中，供应链管理由三大块构成：**供应管理**（寻源）、**运营管理**（加工）和**物流管理**（交付），跨越企业管理中的供、产、销三大块。简单地说，就是**采购**把东西买进来，**生产**去加工增值，**物流**去配送给客户。我们有这么三环，我们的供应商、客户有这么三环，供应商的供应商、客户的客户都有这么三环，环环相扣，就形成供应链，这就是我们熟悉的 SCOR 模型[二]（见图 1-2）。

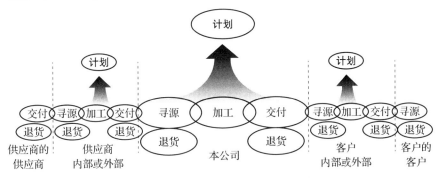

图 1-2 供应链管理跨及采购、运营和物流

资料来源：Supply Chain Council 的 SCOR 模型。

⊖ State of the Logistics Union 2022，by Dan Gilmore，*Supply Chain Digest*，June 24，2022.

⊜ 1996 年，PRTM 和 AMR Research 两个咨询公司牵头，组织几十个大公司，开发了 SCOR 模型，为供应链的诊断、改进提供共同语言。当时的情况是，不同行业、不同公司对供应链的定义不尽相同，增加了沟通、管理上的难度。运用 SCOR 模型，可以使企业内部和外部用同样的语言交流供应链问题、客观地评测其绩效、明确供应链改善目标和方向。引自百度百科，SCOR 词条。后来，PRTM 被普华永道并购，AMR Research 成为 Gartner 的一部分。我们熟悉的全球供应链 25 强排名榜，就是由 AMR Research 带到 Gartner 的。

这三大块是供应链的执行职能，它们由**计划**驱动——计划告诉采购买什么、买多少，生产什么、生产多少，配送什么、配送多少。计划是供应链的引擎。很多执行层面的问题，看上去是没做到，其实往往是没想到，由计划不到位造成的。这也是为什么在供应链运营模型（SCOR）中，计划处于采购、运营（生产）和物流（交付）之上。

所以说，供应链管理不是一个单一职能的概念，而是计划加上三大执行的集合体。

那么供应链的这些职能中，究竟哪个更重要，是想事情的计划，还是干活儿的执行？是**计划**。计划想不到，执行就很难做到；即便做到了，也往往以成本、库存和产能利用率为代价。供应链管理的目标呢，**不但要做到，而且要想到**。企业越大，想到就越重要，说的就是计划的重要性。这也是为什么我的一系列书中，有两本专门讲的就是计划。[⊖]

在三大执行职能中，哪个更重要？**采购**。这要从供应链的增值活动讲起。一个产品，假定其成本是 100 元，这些钱都花到哪里去了？大概六七十甚至 80 块是给供应商了。表面上看，供应商在赚我们那么多的钱；实际上，它们在帮我们做百分之六十、百分之七十甚至百分之八十的事：供应链的大部分增值活动发生在供应商处，而采购在选择与管理供应商，对大部分的增值活动负责。

这并不是说生产、物流不重要——手指头不论长短，每一根都很重要，但总有一根比其余的长。在有些公司，虽然员工的头衔带有"生产"二字，其实他们的任务是管理生产型供应商；有些人的头衔是"物流经理"，其实管理的是仓储、物流供应商，做的是采购经理的活儿。

正因为供应链是个集成概念，所涉及的范围很广，所以我们是没法改善供应链的，除非我们落实到具体的职能。在我看来，计划和采购是投资回报最高的两个职能。本书主要从采购的角度，来阐述供应链管理。

⊖ 《供应链的三道防线：需求预测、库存计划、供应链执行》（第 2 版），机械工业出版社，2022。《需求预测和库存计划：一个实践者的角度》，机械工业出版社，2020。

还有些人问，供应链是从供应商的供应商到客户的客户，但为什么我们满篇谈的却是采购、运营和交付，外加计划，都是些公司的内部职能？

这是因为如果我们没有合适的物流、客服来支持，客户是虚无缥缈的；如果我们没有采购来选择和管理，供应商也是虚无缥缈的；运营采取什么样的战略、计划能不能做好，直接决定了客户服务水平能否满足需求。内行看门道，我们是通过内部职能来撬动这些外部因素的。

企业的客户关系、供应商关系，其实都是内部关系的延伸。内部职能之间以邻为壑、互相倾轧的话，企业的客户关系和供应商关系就不可能和谐。离开了企业内部的跨职能协作，与供应链伙伴的协作就根本谈不上。我们必须首先理顺内部关系，然后才可能理顺外部关系。

供应链管理是怎么发展而来的

在垂直整合盛行的年代，企业主要通过自己做的方式获取资源。例如 20 世纪早期的福特汽车，从炼铁厂到零部件到整车组装，都曾试图集中在自己旗下；20 世纪 80 年代的通用汽车呢，不但自己设计汽车、组装汽车，而且是世界上最大的零部件制造商。

最近二三十年以来，垂直整合解体，外包盛行，企业越来越依赖供应商。例如零部件来自供应商，生产组装靠外包制造商，仓储物流靠第三方物流。这也催生了对供应链的管理。同样的道理，**竞争也不再局限于公司与公司之间，竞争变成了供应链与供应链的竞争**[⊖]。

需要说明的是，任何一个新的领域，都是在已有领域的基础上发展而来的。供应链管理也不例外，**它是从供应管理、运营管理、物流管理等分别向相邻的领域扩展而成的。**

反映在学术机构，虽然专业都叫供应链管理，但不同大学的侧重点不同。比如在我的母校亚利桑那州立大学，供应链专业历来以采购见

⊖ 链与链的竞争一说，最早来自马丁·克里斯托弗，他是英国克兰菲尔德大学教授。

长，而田纳西大学则侧重物流，麻省理工学院侧重运输。根本原因呢，就是这些学校的供应链管理是从这些具体领域发展而来的。

在美国，很多大学的供应链管理专业设在商学院。比如在 *U.S. News and World Report*（《美国新闻与世界报道》）的 MBA 排名中，一个分支就是供应链管理。也有很多工学院设立供应链管理的研究生专业。前些年，有好几个大学设立一年制的供应链管理硕士课程，比如马里兰大学、俄亥俄州立大学、南加州大学等，吸引了大批的中国留学生，同质化严重，这也是个问题。得克萨斯大学达拉斯分校也有供应链专业，有很多中国学生，隔三岔五就有人在 LinkedIn（领英）上跟我联系。[⊖]

在学术界，有很多杰出的研究者都是从别的领域来的，对供应链管理专业贡献巨大。比如斯坦福大学的李效良（Hau Lee）教授，他关于"牛鞭效应"的研究可以说奠定了供应链的理论基础。但这些研究大都是他在工学院时做的，来自工业工程、管理科学和运筹学，上溯到麻省理工学院的系统动力学。

李效良在担任《管理科学》（*Management Science*）杂志的主编期间（1997 ~ 2002 年），在这个管理学领域最权威的学术期刊之一上，刊登了大量的供应链管理的文章，可以说这让供应链管理正式成为一个专业领域。当然，我本人是个实践者，不是学者，对学术的评论，可以说是典型的"盲人摸象"，挂一漏万，误导之处难免，还请斧正。

在工业界，**鲜有能够跨越供应链的三个领域的实践者**。[⊖]尽管很多公司试图把采购、运营和物流等职能集中到一起，组成全球供应链或全球运营部，但下面的分支部门仍旧围绕这三个职能划分。原因很简单：

⊖　对于哪些学校有供应链专业 MBA 和硕士课程等，可参考我的网站"职业发展"页面（scm-blog.com/careers.html）。在该网页的最后部分，有美国、欧洲、中国等各地的 MBA/ 硕士课程清单链接。这些清单有段时间没更新了，但还是有一定的参考价值。

⊖　在学术界，也很难找到能够覆盖三大领域的学者。以前在我的母校亚利桑那州立大学，供应链管理的博士研究生要求精通一个领域，熟悉另一个领域。比如我当时选的主要领域就是采购，附属领域是运营管理。对于物流管理，我一直没有足够的兴趣，也没有做过实质性的钻研。

在运作层面，没有人能够掌握所有的采购、运营、物流，外加计划等众多领域的专业技能。

反映到对供应链管理的认知上，**采购背景的人说供应链是采购的延伸，物流的人说是物流的延伸，而生产部门则认为是运营管理的延伸**。一些有流程分析、软件背景的人，则更多地从端对端的流程角度出发，理顺供应链的产品流、信息流和资金流，提供了一个全新的供应链管理视角。

在接下来的篇幅里，我会从采购、运营和物流的角度阐述供应链管理。

采购和供应管理

在供应链管理的三大职能中，供应管理与供应链管理只是一字之差，可以说是供应链管理的"近亲"。供应管理起源于采购管理。从严格意义上讲，供应管理的范畴远大于采购管理。但为了行文方便，采购管理和供应管理在本书中通用，如果没有特别注明的话。

一提到采购，人们就会联想到花钱。其实采购远不是光花钱那样简单。常言说得好，买得好才能卖得好，不管是零售业，还是制造业、服务业，采购的重要性毋庸置疑。在有些行业，比如电商和贸易行业，因为一般没有自己的生产部门，供应链的所有增值环节都在供应商处，采购的价值就更大了。

随着很多行业转向轻资产战略，外购额逐渐增长，并成为公司开支中的最大一块，公司对供应商的依赖度越来越高。而作为管理供应商的对口职能，采购的重要性也在日益上升。在美国，**设置首席运营官的公司越来越少，设置首席采购官的则越来越多**，根本原因就在于以前主要是自己做，由首席运营官负责；现在则越来越多地外包给供应商，由首席采购官负责。

20 世纪 80 年代，麦肯锡的一位顾问在《哈佛商业评论》上发表文章，题为《采购必须成为供应管理》[○]，吹响了这一战略转移的号角。整个过程花了二三十年。到了 2002 年，美国采购经理人联合会更名为美国供应管理协会（ISM），是这一过程的里程碑事件，标志着供应管理正式成为主流。

供应管理聚焦供应商的战略管理，通过分析开支、确认需求、评估供应商、选择供应商、签订协议、管理供应商绩效来确保以合适的成本保质、保量地获取资源。它向前延伸到设计和新产品开发，向后延伸到产品的生命周期结束，而且涉及对公司的资产、现金流的管理，直接影响公司的盈利和投资回报。

从供应链的角度来看，采购处于公司的**内外结合点**，是管理供应链的理想选择。采购对内管理需求，对外管理供应商，通过理顺需求来理顺供应，其实就是在管理供应链，或者说管理供应链的一大块。

但现实中，很多企业对采购的定位是招标、砍价、降本，以及供应商出了问题后的应急。离开了需求管理，很多需求一落地就是紧急需求，给后续的供应链执行带来很大挑战。没有系统的供应商管理，供应商层面的问题没有解决，导致订单层面的问题不断，供应绩效长期在低水平徘徊。这些都是采购面临的大问题，也是供应链管理的大挑战，我们在后文还会详细讲到。

物流管理：从 A 点到 B 点

简单讲完了采购和供应管理，我们来看一下物流管理。

美国原物流管理学会、现供应链管理专业协会对物流管理的定义如

○ Purchasing must become supply management，*Harvard Business Review*，1983 年 9 月号，作者为 Peter Kraljic（中文译名"彼得·卡拉杰克"）。卡拉杰克是麦肯锡的咨询顾问，在德国汉诺威大学获取博士学位，对采购界的影响深远。有名的"卡拉杰克矩阵"就是由他提出的：他参照投资模型，按照收益影响和供应风险两个维度，把采购项分为四类，区别对待。这是采购管理中一个基本模型，有很大的指导意义。更多细节可参考"百度百科"的"卡拉杰克模型"词条。

下：物流管理是供应链管理的一部分，即为满足客户需求，通过计划、实施和控制，促成产品、服务和信息从发源地到消费点的有效流动及储存。

这定义有点长，拗口，可以归纳为以下几点。

第一，**物流管理是供应链管理的一部分**。作为美国物流管理方面的权威组织，供应链管理专业协会的定义有相当的权威性，确定了物流管理与供应链管理的关系。在 2004 年，该协会把名称从物流管理改为供应链管理，也反映了物流管理向供应链管理的延伸。

第二，**物流管理的对象是产品、服务、信息的流动与储存**。简而言之，就是把产品从 A 点搬到 B 点，并处理过程中的服务、信息。值得注意的是，它不负责采购（那是供应管理的任务），也不负责生产（那是生产和运营管理的事）。这个界限表明了物流管理与运营管理、供应管理三分供应链管理的天下。

第三，物流管理不但管理产品、服务、信息的**正向流动**（从供应商到客户），也管理其**反向流动**（从客户到供应商，即逆向物流）。逆向物流日趋重要，是退货、保修、返修等售后服务的重要一环，也更难管理。如果你在美国，到沃尔玛这样的大超市去看看，节假日过后，退货的队和买货的差不多长，你就知道逆向物流面临的挑战了。[⊖]

按照上述定义，物流管理的对象包括运输、车队、仓储、物料处理、订单履行、物流网络设计、库存管理，以及第三方物流等。当然，有时候物流管理也会涉及采购、生产、包装和客户服务等，这在有些欧系企业比较普遍。

比如上汽大众设有"计划物流与控制部"，除了管理运输、仓储、

㊀ 根据美国零售联合会的调查，2021 年，零售商预计 16.6% 的产品会退货，总金额超过 7610 亿美元。对于电商，这一数据更高，达到 23%，价值超过 1 万亿美元。这都表明，逆向物流不再是个次要问题，需要得到正视。在中国，电商女装的退货率在 30%～50% 都被视作正常，在各种新媒体的狂轰滥炸下，冲动消费后的退货率往往更高。引自：① A more than $761 billion dilemma：Retailers' returns jump as online sales grow，by Melissa Repko，CNBC，Jan 25, 2022. ②"电商女装退货率 30%～50% 是正常的"，每日商报，2020 年 12 月 15 日。

场内物流（上线）等传统的物流任务外，还负责产销协同、生产计划、订单、生产控制、零部件的要货，甚至包括工业工程，其实这个部门在履行供应链的大部分职能。

有趣的是，查一下几十年前的定义，物流管理还包括采购，采购被视作入厂物流[⊖]的一部分。这与当时以垂直整合为主，采购的地位低下不无关系。中国有物流与采购联合会、物流与采购网，都是物流在先，采购在后，这在一定程度上也反映了采购与物流的关系。

在美国，采购管理领域的研究者，有很多毕业于物流管理系，这大概跟物流管理先于采购管理发展起来有关。例如美国经典的采购教科书的作者 David Burt 教授，就毕业于斯坦福大学的物流管理专业。我在亚利桑那州立大学的教授 Lisa Ellram 呢，虽然研究方向主要是采购，但博士学位却是俄亥俄州立大学的物流管理专业授予的。

在美国，至少 20 世纪 60 年代就有物流管理专业的博士，物流成为一个学科就更早。在中国，大学里也是先有物流专业，之后才慢慢有采购、供应链管理专业。

在中国，物流（logistics）早些年被译作**后勤学**，又称军事物流学。这跟物流与军事联系由来已久不无关系。诸葛亮六出祁山，据说是一人打仗，需要五人做后勤支持，后勤是最大的挑战，输也往往输在后勤上——司马懿坚守不出，诸葛亮的粮草没了自然就退兵了。

左宗棠在西北平叛，哀叹"惟秦陇之事，筹饷难于筹兵，筹粮难于筹饷，而筹转运尤难于筹粮，窘迫情形，为各省所未见"。意思是在陕甘一带作战，筹钱比招兵难，筹粮比筹钱难，而粮草的运转比筹粮更难，说的也是物流后勤之难。[⊜]

二战后期的诺曼底登陆，表面上是一场战役的成功，不为人所知的是后勤物流的杰作。以前说美军能够在 24 小时内开赴全球的任何地方；

⊖　入场物流是 inbound logistics 的翻译。简单地说，就是把原材料、半成品等运入厂区，比如从供应商到工厂。

⊜　胜利在望却甘愿求和，左宗棠西北平乱为何要选马家军做朝廷代理人，百度百家号"史料不辑"。

现在呢，在接到任务 18 小时内，美军第 82 空降师就可以到达世界的任何地方，拼的还是物流实力。○

物流运输能力是一个国家发展的基础设施。要想富，先修路。这么朴素的物流思想，连老百姓都懂得。而今，电商、新零售在中国飞速发展，也是得益于这些年来物流网络的成熟。一个国家的兴起，也伴随着交通物流的腾飞，就如 20 世纪 70 年代的美国和这二十年的中国，二者都是"基建狂魔"，高速公路四通八达。一个国家的衰落，也体现在运输物流上——英国那些年久失修的公路、铁路和地铁都是鲜活的例子。

运营管理：千遍万遍不走样

美国的经典教科书是这样定义运营管理的："运营管理是对公司相关体系的设计、运作和改进，以制造产品和提供服务。"○它是把原材料、人力、技术、资金、设备等转化为产品、服务的增值过程，是每一个企业和管理者都没法回避的。

运营管理协会，即原来的美国生产与库存控制学会，对运营管理的定义有明显的生产和库存管理的痕迹，但贴切地反映了运营管理的兼容并蓄："运营管理是对研发、工业工程、管理信息系统、质量管理、生产管理、库存管理、会计等职能的集成，以有效地规划、利用和控制生产或服务机构。"

运营管理不是制造业专有的，从"制造与**服务业**运营管理学会"的名字就可看出。在美国，GDP 的 79.7% 来自服务业，○运营管理的研究重心也在从制造业向服务业转移。很多起源于制造业的概念，也被移植到服务业。麦当劳把流水生产线用到快餐服务，就是一个例子——流水线最早由福特汽车导入，是个制造行业实践的概念。

○ Immediate Response Force，维基百科。

○ Operations Management for Competitive Advantage，by Richard Chase，F. Robert Jacobs and Nicholas Aquilano，McGraw-Hill/Irwin，2005.

○ List of countries by GDP sector composition，维基百科。

运营管理虽然柴米油盐等琐碎杂务居多，却关系到公司的基本运作，必不可少。一位纳斯达克 100 的大公司的首席运营官说，他们的全球运营部门是 in the middle of everything（啥事都牵扯），就是这个道理。微信群里看到一句话："简单来说，运营的工作就是周六保证不休息，周日休息不保证。"这有点戏谑，不过也点出了运营管理的艰辛。

琐碎繁杂，微不足道，干一遍没什么难，难就难在千遍万遍不走样。海尔集团前首席执行官张瑞敏说："不简单，就是将简单的事做千遍万遍做好；不容易，就是将容易的事做千遍万遍做对。"这就如麦当劳的炸薯条本身没什么了不起，真正了不起的是，不管在世界什么地方，由什么肤色的人炸，早晨还是晚上，这薯条都炸得一个样。这都离不开成套的系统、流程。运营管理的价值就体现在对这些系统、流程的设计、运营和改进上。

在北美的大公司，运营管理和供应链管理相互搭接。在推行集成供应链管理的公司，运营管理是供应链管理的一部分；而在另一些公司，采购、物流是全球运营部门的一部分，汇报给全球运营部。究竟是运营汇报给供应链，还是供应链汇报给运营，这并不重要。水无常形、法无定法，关键是**组织结构要能够满足公司的业务要求，并随着业务的发展而调整**。

【实践者说】

在中国的一些国企，运营管理是虚岗，它跳出实际的业务流程去进行所谓的运营优化管理。在我看来，这种做法非常低效：一方面，该岗位平时可有可无，即使该部门全部放假也完全不影响业务进程，对从业人员没有任何直接的业务压力，没有压力就没有动力，很难出成绩和效果；另一方面，会产生外行指挥内行的现象，反而干扰正常业务流程。如果用跨部门的专项项目组，或者类似精益生产的改善小组，效果应该更好。常设专职的工作组、委员会一般都不是解决问题的好组织形式。——米良疯，微信公众号"供应链管理实践者"读者

【刘宝红说】

大企业都有这种问题，北美企业也一样。专业分工后，干活儿的人在埋头干活，没时间抬头看路；而那些优化流程、教人干活的人呢，因为长期远离一线，其实往往不知道活儿是怎么干的。教人干活的和干活的是两层皮，注定效果会打折扣。日本企业的"质量圈"，就是干活的人自己在改进，两层皮的问题就比较少。

【小贴士】 从专业协会看供应链管理的演变

了解一个职能的发展史，最直观的就是看其职业协会的演变历程。这里我们从采购、运营和物流职业协会的发展历史出发，简单阐述供应链管理在美国的发展历程。

在**采购管理**领域，美国最早的采购是采购代理，即内部客户确定了需求，找好了供应商，甚至连价格都谈好了，采购负责签合同、下订单，把东西买回来，相应的专业协会就叫"采购代理协会"（1915年成立）。后来，采购的任务从订单处理延伸到寻源、合同谈判、供应商绩效管理等，采购代理协会就改名为"采购经理协会"（1968年）。

再到后来，采购的任务变得更加广泛，增加了来料的运输、物流管理、进出口等任务，直到产品进了仓库，采购管理就演变成了供应管理，专业组织也改名为"供应管理协会"（2002年），离供应链管理更近一步。供应管理协会是美国规模最大、影响最大的供应链管理组织，它发布的采购经理人指数（PMI）跟踪生产、库存、订单量等变化，是美国经济的风向标。

在**运营管理**领域，美国最早的是"生产与库存管理协会"（APICS，1957年成立）。这个组织深刻地影响了美国制造业，在制造领域可谓无人不晓。它的生产与库存管理（CPIM）认证在生产企业受到普遍重视。其认证内容侧重于生产的计划、控制和实施，覆盖需求计划、生产主计划、生产计划、物料供应计划，再到生产线的排程和控制，包罗万象。

　　2004 年，APICS 更名为"运营管理协会"，从生产制造进入企业运营领域。后来跟 Supply Chain Council（2014 年）、运输与物流协会（2015 年）合并，并于 2017 年正式改名为"供应链管理协会"（ASCM），成为美国三大供应链协会中跨度最广的一个。

　　在**物流管理**领域，美国最早出现的是"实物配送协会"（1963 年成立），表明物流当时主要跟运输打交道。1985 年，该协会改名为"物流管理协会"，管理范围更大。2005 年，物流管理协会改名为"供应链管理专业协会"（CSCMP），真正给自己戴上供应链的帽子。不过对内行而言，一看到一个人是 CSCMP 的，就知道这个人的"前世今生"大概率是跟物流打交道的。

　　在这些协会中，我自己跟供应管理协会的联系最紧密。当年来美国留学，我的相当一部分助学金和研究项目就来自该协会下的研究机构。那时我刚到美国，刚进入供应链领域，语言和专业都不过关，当然在研究项目中做不了什么贡献。美国机构的宽容和耐心，给了我们时间，让我们这些学子能够生存下来，这一点至今让我充满感激。

　　这些年来，美国的这些专业协会的日子并不好过：全球金融危机后，经济低迷，美国专业协会的经费大减；外包盛行，以生产运营、物流管理为内核的协会就自然每况愈下，从一个接一个的兼并整合就可见一斑。

　　虽然美国政客们不遗余力地宣扬"制造业回归"，但失去的是回不来的，生产运营和物流管理的黄金时代一去不复返了。而以采购为核心的供应管理协会呢，则因外包和全球寻源益发凸显重要性，成为三大协会中的佼佼者。

　　这从它们的董事会构成可见一斑：供应管理协会的 13 位董事会成员中，有 8 位是《财富》美国 500 强的副总裁、首席采购官级别；其余两个协会呢，十几位董事中，只有一两位《财富》美国 500 强的副总。㊀

　　㊀　参考自三大协会的官网：ismworld.org，ascm.org，cscmp.org，2022 年的董事会成员（Board of Directors）。

这些职业协会的董事会成员大部分是志愿者，大企业的高管们是否愿意把自己的时间贡献出来，从侧面反映了一个协会在行业的影响力。

供应链管理的几个"小亲戚"

除了采购、运营和物流管理外，供应链管理还有好几个"小亲戚"，比如运筹学、系统动力学、工业工程、信息技术等。

运筹学通过统计学、数学建模和各种算法，为供应链的优化提供了工具。如果你翻阅 20 世纪 60 年代以来的文献，在供应链的多个领域，比如库存计划、生产排程、配送网络，都能看到运筹学的影子。供应链的真正优化，也离不开这些数学模型。

运筹学有很多模型和算法，相对北美而言，也是中国教授比较擅长的地方。在美国，供应链管理的顶级研究，比如发表在《管理科学》（*Management Science*）等期刊上面的论文，大多也离不开数理模型，那些杰出的研究者呢，也以华人和印度裔为主。

供应链管理的另一个"亲戚"，甚至可以说是"近亲"，是**系统动力学**。该学科源自麻省理工的杰伊·福里斯特[一]教授，他着眼于供应链条上各个环节之间的互动，力图全局优化，可以说是供应链管理的鼻祖。作为供应链管理的经典游戏，"啤酒游戏"就是由福里斯特在 20 世纪 60 年代开发的，后来演化成多种版本，用来展示供应链上没法回避的"牛鞭效应"，这也能在系统动力学上找到起源。

供应链管理最早在制造业发展起来，而制造业则离不开 IE 和 IT——供应链管理的另外两个"亲戚"。IE 是**工业工程**，可以说是现代管理之母，生产线、仓储配送设施的优化都离不开工业工程；IT 是**信息技术**，比如以 ERP 为核心的信息系统，撑起了企业和供应链的框架。

[一]　杰伊·福里斯特（Jay Forrester，1918—2016）是个天才级的人物，他不但研究出了系统动力学，"让人们通过计算机模拟了解我们周围世界的细节，并且向人们展示人类社会和物理世界之所以然"，而且是磁芯存储器的发明者之一。参考自"系统动力学之父杰伊·福里斯特：斯人已逝，幽思长存"，搜狐网。

供应链的流程，特别是订单层面的基本流程，其实是固化在信息系统里的。

工业工程对人、机、料的优化管理，构成供应链的内核，可以说是供应链管理的"近亲"。在日本，供应链管理的很多概念，都以精益制造的名义出现，而精益制造则是工业工程的重要构成。在美国，供应链管理专业除了设在商学院外，再就是设在工学院，而工学院里，往往都是在工业工程的班底上构建的。

我在亚利桑那州立大学商学院读供应链管理时，就在工学院修过很多工业工程系的课程，而工业工程系的好几个教授都在供应链管理系任教，后来有一位甚至成为供应链管理系的系主任○。我的一位朋友在密歇根大学工业工程系读博士，研究的却是供应链管理，后来到俄勒冈大学的商学院任教，教授的也是供应链管理。

信息技术是供应链的"高速公路"，与供应链相关的主要有几大块：ERP 是信息系统的内核，APS 是计划系统，MES 是制造体系的大脑，WMS 负责仓储管理，CRM 和 SRM 分别对接客户和供应商。我在硅谷工作的那些年，经常跟负责信息系统的分析员们开玩笑，说公司把我们这些供应链领域干活的人都开掉也没关系，只要保留他们这些 IT 人员就行了——供应链的基本流程都是固化在信息系统中的，而这些分析员最熟悉信息系统和业务流程，招些新人，由他们培训就可以了。

供应链的每个环节都离不开 IT 系统的支持。流程和系统的改善向来肩并肩，供应链再造，往往要求对 IT 系统再造。供应链的改进经常和 IT 系统的实施、改进分不开，这就是为什么了。比如从 2005 年开始，英特尔开始实施公司范围内的供应链转型，以提高客户服务水平，

○ 这是 John Fowler 教授，原来一直在工业工程系，我参加过他的研究项目（惭愧，并没做过多少贡献），上过他的课。从 2011 年到 2016 年，他担任亚利桑那州立大学商学院的供应链管理系系主任。还有一位叫 Kevin Dooley 的教授，原来也一直在工业工程系任教，2003 年转入供应链管理系，还成为该系的杰出教授。Kevin Dooley 是个杰出的研究者，兴趣非常广泛。我参加过他的工作坊，在复杂度控制方面获益匪浅。

同时降低库存和成本，与之结伴而行的就是公司的 IT 部门。[⊖]

　　但是，这并不意味着 IT 应该主导供应链改进。

【小贴士】 CIO 不是改善供应链的领军人物

　　有些公司的供应链改进由 CIO 牵头，理由是 IT 最熟悉信息系统和业务流程。在电商、贸易行业，我就见过好几个 CIO 在负责制定需求预测、库存计划的逻辑。在一家几十亿元营收的餐饮巨头，IT 的几个总监也在主导供应链改进。

　　这有很多问题。CIO 和他的 IT 团队虽说熟悉基本的业务流程，但并不一定熟悉业务本身；他们知其然，但不知其所以然，往往不能从业务的角度优化方法论。

　　比如 IT 人员熟悉在 ERP 里库存是如何从一个库位转移到另一个库位的，但这跟库存控制没有半毛钱的关系——库存控制取决于需求预测、库存计划和供应链执行，光熟悉那些 ERP 里的指令是远远不够的。需求究竟如何预测，库存水位究竟如何设置，并不是 IT 人员的特长。

　　要知道，IT 是造工具的，但这个工具究竟有什么功能，要解决什么问题，用什么逻辑来解决问题，取决于业务部门。在业务部门制定需求的情况下，IT 可以采取合适的技术来实现，但 IT 没法替代业务部门，来定义在业务上事情究竟应该怎么做。

　　由 CIO 牵头，IT 人员闭门造车，制定供应链业务逻辑，固化在信息系统中，增加了系统和组织两层皮的风险：信息系统是有了，但干活儿的人并不用。一两个人不愿穿鞋愿赤脚，可能是那一两个人的问题；一帮人都宁肯赤着脚，那大概率是鞋子的问题。

　　最后，之所以让 CIO 主导供应链改进，我想也跟供应链职能太弱不无关系，比如没有能力和资源来推动供应链改善，拘泥于具体操作层面、缺乏全局观等。在那些管理粗放的企业里，部门壁垒林立，每个职

　　⊖ Transforming Intel's Supply Chain to Meet Market Challenges，January 2012，www.intel.com.

能都画地为牢，既没动力也没能力去了解全局，反倒是 IT 成了最熟悉整个供应链流程的职能。这不能不说是个悲剧。

供应链是产品流、信息流和资金流的集成

到现在为止，我们从采购、运营和物流的角度阐述了供应链管理。这主要是按照增值的过程，把供应链切分成不同职能。这里我们想换个角度，从贯穿供应链的产品流、信息流和资金流的角度切分供应链，帮助大家对供应链有更深入的理解。

最简单的供应链是一层关系，有一个客户和一个供应商；更常见的是多重客户、多重供应商。产品流是从供应商的供应商流向客户的客户，资金流是从客户的客户流向供应商的供应商，而信息流则双向流动，支配产品流与资金流（见图 1-3）。**供应链管理就是对产品流、信息流和资金流的集成管理**，给客户更具价值的产品、服务和信息，同时最小化供应链的成本。

图 1-3　供应链管理是三流集成

顾名思义，**产品流**是产品的物理流动，涉及采购、生产、仓储、运输等。它的管理重点是以最经济、有效的方式采购、制造、储存和运输产品。例如在设计供应链网络时，在哪里选择供应商，在哪里设置一级配送中心、二级配送中心，在哪里开店，都得考虑生产、仓储、运输、销售等整个产品流的成本。

从概念上讲，物流是产品流的重要部分，但又不是产品流的全部。物流说到底是把产品从 A 点搬到 B 点（或许有点过于简化），本身并不对产品增值。例如一台计算机，不管在北美还是中国，它总是一台计算机，不会因为从中国搬到美国就性能更优。这也是为什么丰田生产系统力求零库存，把二次搬运这样不增值的活动减到最少。产品流还包括增值的生产过程，例如在生产企业内，设备布局、工艺流程等都属于产品流的范畴。

反过来讲，产品流也不是物流的全部。物流包括产品的流动、存储，也包括伴随而来的信息流等。这两个概念用英语来表达就很清楚，产品流是 material flow 或 product flow，直译过来，就是物料或产品的流；而物流对应的英语是 logistics，传统上被译作"后勤"（"物流"一词据说来自日语）。产品流和物流在字面上容易混淆，但产品流与后勤则很清楚地表明不是一回事，你就知道这产品流和物流不能等同使用。

产品流是供应链的根本。我们一提起供应链，联想到的就是产品的具体流动。产品流涉及固定资产的投入，有相当的刚性。比如工厂建在哪里，仓库建在哪里，用什么运输工具，一旦决定，要改变的话成本很高（见图1-4）。自制或外购、全球寻源、网络优化对企业来说都是重大决策，因为它们在决定产品流的结构，显著影响产品的成本。

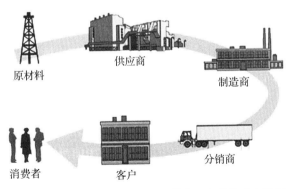

图 1-4 产品流具有刚性，一旦形成，改变的成本很高

信息流是供应链的**神经**，支配着产品流和资金流。比如，你要寄一个包裹，包裹的流动形成产品流，填写的表格则形成信息流。一段时间后，快递公司告诉你，你寄的包裹丢了，其实包裹本身是丢不了的，它总是在地球的某个角落；丢掉的是表格，或者说表格与包裹分离，产品流与信息流不匹配。

对于一个多重的复杂供应链来说，信息的有效流动非常重要，且往往比产品流更难管理。比如，有经验的人都知道，产品进出口过程中的问题，八成都跟单据有关，要么是单据丢失，要么是单据与实际货量不符，要么是单据格式不符合海关要求等。货卡在海关了，看上去是产品不流动了，其实是信息流中断了。

在质量管理中，大多质量问题都不是单纯的制造问题，而是信息问题。比如货量不准、货号出错、标签出错、质量检验证书没附上等，都是信息流而不是产品流的问题。而在信息不对称、组织博弈下，需求变动沿供应链传递时层层放大，造成短缺与过剩交替，以及相应的库存与产能问题（牛鞭效应），历来都是供应链管理的老大难，我们在后文会详述（第 124 ～ 135 页）。

对于供应链管理者来说，我们更多的时候是在跟信息流打交道，职位越高，工作对象就越是来自信息流。信息流来自信息的流动，而信息则来自数据。如何确保数据的准确性，并从中提炼出合适的信息，是管理者的一项重要任务。**企业大了，没有人知道真相；真相在数据里，分析数据、获取信息才可能综合掌控供应链。**

产品流的最大挑战不是产品流本身，比如生产、运输或仓储，而是供应链的**透明度**，即在供应链上，产品具体在哪个环节，有多少，什么时候到等。说白了，还是个信息流问题。这个问题看上去简单，却是困扰企业多年的老问题。不管是条形码、RFID（射频识别技术）、这几年火热的工业 4.0，还是供应链的控制塔，一大卖点就是增加供应链的透明度，通过改善信息流来提高产品流和供应链的效率。

【小贴士】 技术手段解决不了商业问题

人们经常把信息流与信息技术问题等同。其实信息流不畅通有信息技术方面的问题，但更多的是人为因素。那怎么区分是信息技术问题，还是人为壁垒呢？

打个比方：别的公司都用电子邮件了，这家公司还用鸡毛信，那是个典型的技术问题；但是，如果即使IT帮助安装了电子邮件系统，公司各部门、人员还是不愿共享信息，那则是人为壁垒问题。

信息技术可以克服信息传递的失真和低效，但不能克服人为壁垒（见图1-5）。人为壁垒是个商业问题，**商业问题需要商业解决方案**，依赖信息技术只能是缘木求鱼。例如20世纪八九十年代，ERP刚传入中国，一些大型企业导入ERP，希望能解决公司的各种问题。但因为业务流程不清晰、部门关系不顺畅（商业问题），这些ERP实施大都以失败告终。

图1-5　信息技术可以克服信息传递的失真和低效，但不能克服人为壁垒

有些公司，营收动辄几十亿或上百亿元，还没有ERP，信息流异常低效。比如围绕订单操作，动不动就有几十上百个采购员，这是典型的人海战术。谈到很多问题的时候，他们常用的一句话是"上了ERP后就好办了"，让人不由得联想起一句话，"如果于勒在这条船上，那会叫人多么惊喜呀"⊖。你知道，于勒就在那条船上，但并没有让人惊喜。

我给他们解释，供应链的一些根本问题，比如流程不健全、部门之间欠缺协作是商业问题，上了ERP也在那儿，甚至更严重。上ERP系

⊖　莫泊桑的小说《我的叔叔于勒》。

统前，员工的敌人只有一个，即低效的流程；上了系统，他们的敌人反倒多了一个，他们不但要继续跟流程做斗争，而且要和系统做斗争。当流程不合理时，标准化的系统就注定很难合理。这也是为什么 ERP 实施失败的悲剧多多，一度有"不上 ERP 等死，上 ERP 找死"之说。

可喜的是，近些年来，ERP 实施失败的悲剧越来越少，网上看到的负面报道也越来越少。根本原因在我看来有二：其一，中国本土企业的管理水平有了显著的提升，业务流程比以前更规范；其二，更重要的是，企业认识到信息系统没法解决流程问题，愿意花钱来理顺业务流程。

以前实施 ERP 时，一谈到业务流程梳理，企业总觉得自己能够对付，不愿意花大笔经费给第三方。不过如果企业能理顺的话，为什么就没理顺呢？吃了很多亏，受了很多罪后，企业终于认识到，这笔钱是应该花的。在北美，IT 项目的费用中，往往一半以上是花在非 IT 系统本身，比如流程的梳理上面。

资金流看上去没有产品流、信息流重要，却是盘活供应链的关键。相信有些人对 20 世纪 90 年代的"三角债"还记忆犹新：公司甲欠乙的钱，乙欠丙的钱，丙欠甲的钱，形成一个死循环。这其实是供应链的资金流出现了问题。资金流中断，导致很多行业整体陷入困境。2008 年的金融危机中，美国政府之所以注资 7000 亿美元给各大金融机构，并大幅降低利率，就是为了降低企业的融资成本，确保资金流通畅。

资金流是企业和供应链的血液。企业倒闭的第一原因不是资不抵债，也不是亏本，而是资金周转不灵。亏本是慢性病，就如吃不饱饭，饿是饿着，但不会立即饿死；资金周转不灵则如脑中风，用不了多久就会死人。试想，如果一家公司都没法付货款、发工资、交水电煤气费了，这公司还能撑多久？

把现金变成库存容易，把库存变成现金困难。资金流与库存息息相关（见图 1-6）：企业的流动资产要么是现金，要么是库存。就连应收账款、应付账款也是库存，前者是我们把产品给客户了，没拿到钱，算我们的库存；后者是供应商把产品给我们了，没拿到钱，算它们的库存。而库存则与信息流息息相关。例如需求变动沿供应链传递时失真、放大，导致整条供应链过量生产；采购方因为担心供应商的产能不足而故意拔高预测，导致供应商过度生产，都会导致库存增加和资金积压。

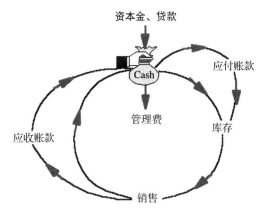

图 1-6　资金流与库存息息相关

很多情况下，**资金流问题与库存问题并存**，其解决方案往往在信息流。"拿信息换库存"也是拿信息换现金，即理顺商务关系，借助信息化手段来及时、准确地共享信息，消除信息不对称，消除"牛鞭效应"，降低库存，减少资金积压，从而盘活整个供应链。

对三条流的研究可以写很多本书。仁者见仁，智者见智，尽管众多的研究者、实践者的观点并不完全一致，但有一点却很一致，那就是必须从供应链的整体来看待产品流、信息流和资金流。

比如信息流通畅了，产品流就流畅（信息流驱动产品流）；产品流通畅了，库存就低（产品流的停滞形成库存）；库存低了，资金积压就少，更多的现金进入流转，资金流就通畅了。这些都降低了供应链的成本，提高了供应链的效率和速度。

看得出，这三条流是相互关联的，要作为一个整体来看待，这就是三流集成的概念。供应链绩效的改进呢，也会体现在产品流、信息流和资金流上。要解决供应链的系统问题，也得着眼这三条流，从这三条流上获取系统解决方案。

【小贴士】　电商兴起是资金流、信息流改善的结果

有读者问，电商这些年在中国爆炸式增长，但在美国却好像平淡多了。没错，虽然美国的电商也在快速发展，这从一家家倒闭的实体店上可见一斑，但的确跟中国的发展速度不可同日而语。

其实电商在美国也大热过，那是在2000年前后。当时我到美国读商学院，其中一个研究项目就是电子商务，研究十几个电商平台。当时的电子商务以B2B为主，聚焦特定行业电子市场的建立。[一]这跟当时的个人通信手段有限有关，比如智能手机还没出现，信息技术主要应用在企业里。

对于中国这些年来的电商热，我认为离不开资金流、信息流的改善。比如电子支付的发展，极大提升了资金流的效率；智能手机的普及，从根本上改变了信息流。这是推动中国电商迅速发展的两股主要力量。

这也解释了，为什么在2000年前后，电子商务在美国大热之时，在中国却发展有限：当时中国的支付手段落后，个人信息工具有限，资金流和信息流方面都没法支持电商业务。当然，在这波信息流与资金流

[一]　2015年前后，我正好在帮助中国一电商平台构建供应链，突然想到，那些曾经研究过的众多美国电商平台，后来都怎么样了呢？上网一查，绝大多数连网站都找不到了，剩下的几个也经过一轮又一轮的兼并、整合，面目全非。唯一以原来方式存活下来的是Covisint，一家汽车行业的B2B平台，在继续充当通用、福特等与供应商之间的电子桥梁。

Covisint的名字很好地诠释了其宗旨，甚至可以说是电商平台的普遍宗旨：Co是collaboration（协作），vis是visible（可视），int是integration（集成）。Covisint也命运多舛：2000年由通用汽车、福特和克莱斯勒联合成立，2004年被Compuware收购，2014年被Compuware剥离，2017年被加拿大的软件公司OpenText收购。

有趣的是，我发现这些电商平台中，凡是想改变交易关系的，都死得很惨；留存下来的，大都聚焦提高交易的效率。当然，这只是个人管见，或许只适用于早期的电商，即那些死在滩头的排头兵。今天的京东和亚马逊呢，它们不但提高了交易的效率，而且改变了交易关系。

的革命中，政府采取的宽容政策也功不可没，让新生事物得以发展起来。有时候，政府的不作为就是最好的作为。

而美国呢，这十几年来，电子支付没有什么实质性的改进，或许是因为多年来信用卡的力量太强。中国支付宝、微信支付等在美国还找不到可以匹敌的。虽说苹果的 Apple Pay 想改变这些，但跟支付宝、微信支付还不可同日而语。就拿我个人来说，现在到中国，带着手机就能啥都买到；但在美国，主要还是刷信用卡。

信息流、资金流上去了，产品流就成为制约电商发展的瓶颈，特别是"最后一公里"问题。几乎在同一个时段，京东、亚马逊等电商巨头大举进军物流领域，这可以看作电商迈向新时代的标志性举措。在产品流方面，中国显然走在美国的前面：城市化带来的聚集效应，低廉的人工成本优势，都体现在便利的物流配送上。而美国做得最好的要算亚马逊的付费会员，但也是隔日送货，而且相当不可靠——我是它的会员，对此深有体会。

当然，从百货商店到连锁店到超级市场，再到电商，零售的本质没有改变，即成本、交付和客户的满意度；改变的是**基础设施**，就如刘强东在《第四次零售革命》中所说的那样。手段改变了，本质没有改变，从供应链的角度，电商的挑战还是做好需求预测、库存计划，选好、管好供应商，以降低成本、改善交付、提高资产周转率。

而这些并不是电商所擅长的。作为一个年轻的行业，电商**强于商业模式的创新，而弱于供应链运营**，表现在库存周转率低下，库存高企但有货率不高，库存成本、运营成本居高不下。这也是这些年来电商虽然热闹非凡，但整体财务表现不佳的一大原因。

【实践者说】

人人都说淘宝是个电商，但在我看来，阿里巴巴是个供应链方案公司，它所解决的是当时的信息不对称和信息孤岛的问题，电商平台只是解决这种问题的工具而已。因为阿里巴巴，人们发现原来有更多、更合适以及价格更便宜的商品，从而促进了渠道优化，压缩了渠道成本（也就出现真正的 B2C 以及线下门店倒闭），反过来也促进供给端加速提供更多、更好的产品。

应该说，是电商腾讯、阿里系的兴起，促进了信息工具的普及和发展，比如 PC 和宽带的普及和升级换代；也促进了物流行业发展，比如快递行业兴起；倒逼了支付手段的升级，于是有了电子支付和后来的第三方支付。

所以，顺序应该是这样的：社会化大生产使电商出生，信息流发展要求信息工具普及和升级，于是 PC 和宽带大量普及；电商要求产品流畅通准时，所以促进了快递行业发展；最后理所当然，提高交易效率的电子支付工具产生了。——MAYA，"供应链管理实践者"微信公众号读者

供应链管理的日本起源

供应链管理产生于 20 世纪 80 年代，大背景是日本崛起带来的全球竞争。从汽车到家电到半导体，从消费品到工业品到航天航空用品，日本企业的产品质量好、价格低、生产速度快，日本制造成了美国的噩梦。

如果说当年核战争是悬在头上的一把剑，但从没落下来过，给美国老百姓的实质性危害有限的话，那么日本与日本制造呢，则是实实在在站在门口的"野蛮人"，其危害是实实在在的。从那一个个失去工作的人就可以看出——先是听说有人失业，接下来是左邻右舍失业，后来就轮到自己丢了工作。

时过境迁，作为局外人，我们很难想象当年美国对日本的恐惧。阅读当年的文章，从政府到工业界到普通老百姓之间，无不充斥着大难临头的末日感。于是自上而下，整个美国都在想方设法对付日本。

美国政府就拿贸易壁垒、日元汇率、政府补贴说事，说日本制造贸易壁垒，限制进口美国产品；说日元汇率偏低；说日本政府资助企业，进行不公平竞争。直到日本进入"失去的二十年"，对美国的威胁日渐减弱，美国政府的注意力才逐渐转移。

美国的工会则把一腔怒气撒在日本产品上。如图1-7所示，福特的工会当众砸毁一辆丰田的花冠，好像是这辆车抢了美国工人的饭碗。美国的政客可能装傻，美国的工会可能真傻，可美国的企业家一点也不傻，他们就开始琢磨：贸易壁垒、汇率政策、政府补贴可以让日本产品在价格上作假，但为什么日本产品的质量好呢？你知道，质量是没法作假的。

1981年，全美汽车工人联合工会（UAW）在砸毁一辆丰田花冠。车前的牌子上写着："如果你想在美国卖，就得在美国造。"

图1-7　美国工会把怒气撒在日本的汽车上

资料来源：美联社。

二十几年前，我在亚利桑那州立大学读商学院，楼下住的乔治是个美国兄弟。有一次闲聊，聊着聊着就聊到了汽车，这老兄突然开始发飙，恨恨地说以前美国制造的有些车哪能叫车呐，开个五六年就散了架（估计乔治当年给害苦过，有切肤之痛）。而同一时期日本打入美国的一些车型，到现在都快40年了，还有在路上跑的。

这不，图1-8中的这辆本田车，是2021年新冠疫情期间我在硅谷拍到的，就在我家的前一条街道。我在网上查了这个车型（1500 DX），发现是 1980 到 1983 年生产的，至少跑了几十万公里了（美国没有里程、年限强制报废的做法）。小区的街边停车不能超过 72 小时，表明这辆车还处于运行状态。果不其然，过两天散步过去的时候，我发现这辆车已经开走了。

图 1-8　快 40 年车龄的本田思域还在路上跑

当年我们在美国上学，买二手车，都喜欢买日本车。同样十年左右的车龄，美国车基本处于报废状态，虽然一两千美元就能买一辆，但买来就得三天两头地修；而日本车呢，虽说动辄四五千美元，但买来后极少需要维护，新车也是。直到今天，在美国，同类型、同级别的新车，尽管日本车的价格显著高过美国车，但人们还是愿意买日本车。

美国的企业家系统地研究日本，发现日本制造质量好、成本低、速度快，跟日本企业的供应链有关。总结起来就是三大特点（传统的美国企业做法正好相反）：

（1）**长期关系**。比如爷爷一辈在一起做生意，孙子一辈还在一起做生意。长期关系成本更低，这也是为什么文明社会都是一夫一妻制，因为那是养育后代成本最低的方式。我们经常讲薄利多销，但薄利要基于多销，多销要基于长期关系。长期关系也是持续改进的前提。想想看，如果这门生意三个月后是不是自己的都不知道，供应商会有多少动力持续改进质量，降低成本？

（2）**跟数量有限的供应商合作**。供应商多了好还是少了好？当然是少了好：一个供应商能做的事，为什么要找两个？供应商越多，规模效益就越不明显；采购额太分散，把自己做成了小客户，难以驱动供应商快速响应。那些典型的日本管理方式，不管是长期关系、JIT，还是供应商早期介入，都基于跟数量有限的供应商合作，否则管理资源摊得太薄，没法做到深度合作。

（3）**协作解决问题，而不是转移问题**。就汽车行业来说，美国车厂盛行的是年度降价，今年降 x 个点，怎么降是你的事，这是典型的转移问题。丰田、本田这样的日企呢，则更多通过协作降本来降价。比如，本田有专门的供应商开发工程师，他们的一大任务就是帮助供应商改进工艺、优化设计来降低成本。相比通用汽车，丰田、本田的年度降价幅度往往更大。

如果阅读美国最近三十余年来的供应链管理文献，日本的影子随处可见。比如长期关系、精益生产、JIT、供应商早期介入，都是典型的日本实践。或许有人会说，那我们读的供应链方面的研究，怎么那么多是美国人写的，反倒看不到什么日本人的著作？

供应链管理之所以貌似美国的概念，根本原因是美国在系统地研究、总结日本实践的过程中，整理出了成套的方法论。这就如全面质量管理本来是个美国的概念，后来由戴明博士引入日本，在日本发扬光大的过程中，由日本人总结、提高得出成套的方法论，让人觉得这是个日本的概念一样。

当然，任何东西，一旦挂在墙上受人膜拜，就难免盛名之下，其实难副。

当年美国学者为了扬日本企业之善，抑美国企业之恶，过度美化了一些日企的做法，并没有注意到或不愿展示其不足的一面。

比如，长期关系有利于持续改善，但也容易让那些绩效差的供应商长期得不到淘汰，而且对于更好的外来供应商来说，进入日本企业的阻力往往比较大。相反，在短期关系导向下，美国企业的供应商关系没什么历史包袱，一旦有更好的技术、更好的供应商，就可快速引入，创新速度也就更快。这也部分解释了，为什么日本企业精于持续改善，但创新能力、创新速度整体不如美国企业。

再比如，一提到日本企业，我们首先联想到的就是精益。其实，日本企业远没有我们想象的那么精益，库存周转率、固定资产回报率普遍不如美国同行。我曾经对比过丰田和福特，作为精益领袖的丰田在这两个方面全面劣于福特，而且 20 多年来一直在走下坡路。我在这里把库存周转率摘录出来（见图 1-9），更多的细节可参看我的另一本书[一]。

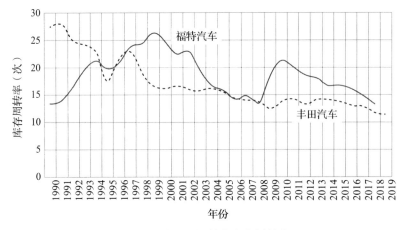

图 1-9　丰田和福特的库存周转率

数据来源：Ycharts 网站。

再比如供应商关系方面，并不是所有的日本企业都像经典案例中讲的那样。比如日产这样的企业，特别在戈恩领导的那些年，对供应商可以说是无所不用其极，手段之极端，压榨之严酷，早已超出声名狼藉的通用汽车，在供应商合作关系指数[二]中，已经多年居于末位。当然，日

[一] 《供应链管理：重资产到轻资产的解决方案》，第 60 ～ 64 页，机械工业出版社，2021。

[二] 供应商合作关系指数（WRI）是用来衡量汽车行业整车厂与供应商的合作关系的。这个指数分 5 大块，包括买卖双方关系、采购方跟供应商的沟通、采购方对供应商的帮助、采购方给供应商制造的麻烦、供应商盈利机会等。每一块又包括几个具体的变量，总共有 16 个变量。由供应商匿名填写，汇总后得出每个整车厂的分数。分数越低，表明在供应商眼里，这个整车厂是个越糟糕的合作对象。这一指数由 Planning Perspectives 公司的 CEO John Henke 博士在 2002 年开发，该公司后来被 Plante Moran 收购。

产和通用汽车的那些做法，跟今天的有些中国本土企业比较，却是小巫见大巫，你也就知道啥叫青出于蓝而胜于蓝了。

但不管怎么样，一个国家这么系统地学习、研究另一个国家的管理实践，可以说在历史上绝无仅有。从行业上看，美国起初聚焦大批量行业，比如汽车、家电，系统导入日本企业的最佳实践；后来转移到小批量行业，以飞机制造行业为主，比如麻省理工学院在波音等企业的赞助下，系统展开对精益生产的研究。这也符合**最佳实践在供应链管理领域的传播路径：从大批量制造进入小批量制造，从传统制造进入非传统制造**（还有就是从制造业进入非制造业）。

【小贴士】 长期关系的成本更低

我读商学院时看到过一个研究，发表在一个著名的管理学期刊上，虽然研究都过去二三十年了，但结论在今天仍然有借鉴意义。

该研究对比了美国和日本供应商的平均利润率：美国客户和美国供应商是典型的短期关系，日本客户和日本供应商是典型的长期关系。按照常人思维，在短期关系中，竞争更"充分"，美国供应商的价格应该更"合理"，也就是说供应商赚取的利润更少；在长期关系中，竞争更"不充分"，日本供应商的报价应该更"不合理"，赚取的利润应该更多。

但研究结果恰恰相反：美国供应商给美国客户报价的平均利润率更高，因为美国是短期关系占主导地位，供应商的不确定性因素更多，需要更高的利润来抵消相应的风险；日本是长期合作关系占主导，供应商面临的不确定性因素较少，才可能薄利多销，所以报价也就低。

其实，两个国家的供应商报价都挺合理：风险高就报价高，风险低就报价低。这说明，过于充分的竞争导入了太多的不确定性，系统地增加了交易成本，导致供应商的报价更高。

对于这点，很多先生是深有体会的：与女孩子没建立恋爱关系时，双方是典型的短期关系，你请女孩子吃饭，花多少钱女孩子大多不会替你心疼；建立恋爱关系后，关系更长期了，女孩子通常会说，一般的餐馆就行了；结婚以后是典型的长期关系，你再请太太下馆子，她多半会说，在家里做饭，又经济，又温馨，还健康，下馆子有什么好的。看得出，随着关系越来越稳定、越来越长期，竞争越来越"不充分"，成本其实是越来越低的。

在供应链中，**关键伙伴**之间的关系就如长期婚姻关系。这些年，我接触了很多中国本土企业，深切体会到短期关系之盛行，本土企业相互之间做生意的成本之高。从本质上看，**短期关系导向是社会信任度低的表现**，也是几十年来传统文化遭受破坏的结果。急功近利的短期利益主导的短期关系，势必会影响供应链的稳定性，从而影响持续的创新和质量改善，成了本土企业更上层楼的障碍。再加上政府时不时过度作为（社会信任度低的又一体现），层层设置障碍，只能让本土商业环境的劣势更加明显。

【小贴士】 供应链管理在中国的发展

在过去二三十年里，供应链管理在中国发展迅速，可以说是遍地开花（见图 1-10）。

华为于 1997 年开始导入 IBM 的集成供应链概念，旨在打通职能部门之间的横向联系，提高供应链的效率，开了中国集成供应链的先河。2005 年，联想并购 IBM 的 PC 业务，接收了 IBM 的供应链管理体系，为多次进入 Gartner 的全球供应链 25 强奠定了基础。

图 1-10　二三十年来，供应链管理在中国遍地开花

2009 年，我到海尔，海尔正在推动外包。[⊖]原来自己做的现在让供

⊖　海尔外包的背景是 2008 年的金融危机后，全球需求放缓，海尔的盈利下降，而垂直整合的重资产成本就如石头浮出水面，成为压垮盈利的最后一根稻草。于是，外包低盈利的生产制造，聚焦高附加值的设计与营销，向"微笑曲线"的两端移动就成了当时海尔的重要举措。

应商做。外包会显著改变供应链的结构。海尔是我所知道的本土企业中，第一家大规模尝试外包的。那么多的产品，那么多的工厂，究竟如何外包，是个大问题，于是我就介绍了一家美国的咨询公司过去，帮助海尔制定战略。这时主要是百亿、千亿元级的大公司在做供应链管理。

这几年，供应链管理的概念更加深入各行各业，不光是大企业，还有中小企业；不光是制造业，还有贸易、电商、餐饮等各种服务业。比如我的每次培训中，除了制造业外，总有零售、服装、餐饮、电商、新零售、建筑、房地产等行业的学员。这几年，我在互联网、医药、新能源企业等领域也有了更多的读者，因为他们认识到供应链的价值，希望通过打破部门之间的壁垒，以全局优化来应对与日俱增的成本、交付压力。[○]

就我本人来说，2000 年我申请到美国读商学院时，在中国很少听到供应链管理的概念，更不用说这个专业了；2010 年前后，中国已经有很多大学设立了供应链管理专业，各种各样的供应链公司如雨后春笋，供应链管理的概念也更加深入人心；2020 年以来，全球新冠疫情和贸易摩擦让人们谈供应链色变，供应链安全甚至上升到国家战略。

垂直整合的解体，促成供应链管理的发展

在以日本为代表的全球竞争压力下，美国企业重新审视其竞争战略，它们发现的一大问题就是垂直整合。**垂直整合下，规模效益不足，成本做不低；长期竞争不充分，能力必然退化。**这是垂直整合的两个

○ 这里举个餐饮业的例子。我有个朋友曾经担任西贝莜面村的采购副总。他说，餐饮看上去是开餐馆，其实比拼的还有供应链实力，比如原材料的获取、储存、加工。很多原材料有很强的季节性，比如西贝用的羊肉来自内蒙古草原，内蒙古的羊肉最好的时候就是秋季，羊一定要在那两三个月内从内蒙古的牧场收齐、宰杀、冰冻，供后面一整年用，这些都需要一流的供应链计划和执行来支持。因为餐馆所处位置一般为市内黄金地段，租金很贵，所以店面都较小，大多数菜的加工其实是在中央厨房完成的，中央厨房就跟制造业的工厂差不多。从这个意义上讲，西贝这样的餐饮业跟生产、零售业没有本质区别，还会因为既有供应又有渠道而更加复杂。

系统性问题，解决方案呢，就是专业化，聚焦核心竞争力，外包非核心竞争力。越是专业化，越多的资源就得来自合作伙伴，如何选择、管理和集成这些合作伙伴，让大家产生 1+1>2 的效果，催生了供应链管理。

垂直整合的解体，以及其后的轻资产运营是个很大的话题，我有一本专门的书来探讨。⊖这里我们简单总结一下其整体思路。

先说垂直整合。一个企业如果有自己的设计和品牌，也有自己的制造、仓储、物流，那么就是垂直整合，属于重资产运营，因为这需要很多设施、设备；如果你聚焦设计和品牌，剥离制造、物流等重资产业务，把它们外包给专业供应商，这就是垂直整合的解体。

长期以来，美国的巨无霸们啥都做，啥都做不好；业务复杂度高，垂直整合度高。比如当年通用汽车既是全球最大的整车厂，又是世界上最大的零部件制造商。在产品还处于生命周期早期的时候，垂直整合对于产品设计与工艺设计的优化、快速上市和改善性能有好处。一旦产品到了成熟阶段，客户对差异化性能的诉求降低，成本压力更大的时候，垂直整合的两个系统性短板就成了大问题。

让我们打个职工食堂的比方来说明。

假定你们公司自建食堂，招了几个大厨，早晨干两个小时准备早饭，中午忙三个小时准备午餐，晚上员工都回家了，一天也就五个小时的产能利用。街道上的小饭馆呢，早中晚都做，产能利用率就高，单位成本就低。所以，**垂直整合并不便宜**。

有些人或许会问，那大厨们为什么晚上不蒸些包子、做些盒饭到街道上卖？因为技不如人，做了也卖不掉。自建食堂的大厨做得好你得吃，做得不好你也得吃，**长期竞争不充分，能力必然退化**，就斗不过街道上那些充分竞争、优胜劣汰后的小饭馆。

垂直整合以后，专用设施的客户只有一个，那就是你自己；产能一般会考虑高峰期的需求来设定，这注定它在其余时间的利用率不足。同

⊖ 《供应链管理：重资产到轻资产的解决方案》，机械工业出版社，2021。

样的设施呢，专业供应商有多个客户，东边不亮西边亮，需求错峰的可能性更大，产能利用率也更高，单位成本就更低。

专业供应商要应对各种挑战，吃的苦、受的罪更多，能力提升也更快；垂直整合下，"近亲繁殖"，能力的提升速度会变慢。英特尔以芯片制造起家，却在制造能力上越来越赶不上台积电，最后在最新工艺上不得不依靠台积电，这就是原因了。

现在你也能理解，为什么你最糟糕的供应商，就是你自己的生产线。

解决方案就是剥离这些重资产，找专业的供应商。这就是过去二三十年来，北美企业走的外包之路。比如通用汽车、福特都把自己的零部件制造剥离出去。外包后，内部协调变为外部协调，如何跟供应商有效、良性协作，就成了供应链管理的重中之重。而要跟外部协作，首先得内部协作——外部关系是内部关系的延伸，凡是那些内部职能之间斗得很厉害的企业，供应商关系不可能好。

下一章我们就谈供应链的协作。

供应链的本质是协作

> 综合医院的实力由一个一个专科的相互支持、无缝协作才垒出高度来，垒出别家无法超越的实力来。
>
> ——《亲爱的ICU医生》，殳儆

如果只用一个词来描述供应链管理，我们想到的就应该是**协作**。一家公司做不好的，两家公司做；一个职能做不好的，两个职能做；一个人做不好的，两个人做，目的都是实现 1+1>2 的效果。

动物界也有协作，但只能局限在小范围，是暂时性的。比如猴群一般就只有几十只猴子，很少能看到超过 100 只动物在一起干点什么。有人或许会说，那非洲角马几万只一起迁徙算什么？那不算协作，就跟你走在熙熙攘攘的大街上，虽然人多，但相互之间并没什么关系一样。

但是，在作战、登月、原子弹开发这样的大项目上，人类却动辄有几万、几十万甚至百万人的协作——大规模协作是人类文明的标志。文明人之间的矛盾呢，主要是通过谈判、协作来解决，而不是诉诸武力。越是落后、保守的，越动不动就不协作了。这也是为什么在《世界是平的》一书中，弗里德曼提到"协作"一词差不多 500 次。

那为什么在公司里，很多时候大家却不协作呢？或者说，为什么你和你的老板、你和你的员工协作度高，而和兄弟职能之间却经常互相挖坑、壁垒林立，形不成供应链呢（见图 2-1）？

营销　　　　计划　　　　生产　　　　采购　　　　供应商

图 2-1　职能山头林立，协作度低，形不成供应链

我们先看个案例。有一个企业，采购是最低价导向，但由于便宜没好货，供应商的交付和质量不好，就影响到生产；生产是产能利用率导向，就大批量生产，导致供应周期长；计划部长背着给客户的按时交货率指标，一方面驱动不了采购、生产等内部供应商，另一方面销售很强势，于是两面受敌，就成了"寡妇岗位"[⊖]，每两年就得换人。

怎么办？兄弟职能不协作，你的第一大招就是让对方"背指标"，比如让采购背零部件、原材料的按时交付指标，让生产背成品的按时交付指标。毕竟，**绩效考核是改变组织行为的关键**。不过想想看，天底下有哪一家企业，采购和生产不承担任何交付指标，只承担降本和产能利用率指标？没有。既然有指标了，那为什么还是驱动不了行为的改变呢？很简单，这些指标没有成为**强相关**指标，没有真正给背上。

建立强相关指标，推动跨职能协作

如图 2-2 所示，强相关指标要具备两个特点：①做不到要挨板子（被考核）；②能够相对客观量化（证明是否做到）。自上而下的**纵向指标**往往是强相关的，比如营收指标、年度降本指标，做不到的话老板会找你的麻烦，而且老板也能知道你没做到。但来自兄弟职能的**横向指标**

⊖　"寡妇岗位"是指那些设置有问题的岗位，谁做都很难成功，不管这个人的能力是高还是低。

呢，比如按时交货率、质量合格率，往往这两点都没法满足。

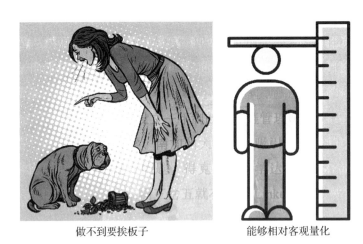

做不到要挨板子　　　　　能够相对客观量化

图 2-2　强相关指标必须具备的两个特点

资料来源：VectorStock 网站。

这里的原因有二。其一，横向指标在绩效考核中权重太低，没法引导员工改变行为；其二，管理精细度不够，没法有效**客观量化**横向指标。

我们先说**考核权重**。显而易见的解决方案是增加权重，但在 KPI 泛滥的情况下，每个人都有那么一长串指标，不管怎么调整，总有些指标的权重不够。

一种解决方案呢，就是**设定门槛**。比如交付、质量有任何一个指标低于门槛值，你就得站在老总面前解释，这半年的绩效奖就有危险。这就跟看病时，血压、血糖、胆固醇等都不得超标一样，如果有一样超标，那你的身体就不正常。

另一种解决方案是设定**矩阵式汇报结构**。给员工安排两个老板，比如一条线汇报给职能，另一条线汇报给业务。[⊖]职能老板在公司内部，承担很多自上而下的压力，关注点一般是**效率指标**，比如会要求成本更

⊖　在有些公司也叫流程、业务两条线。流程归职能，给员工最新的技术、工具、技巧，按照正确的方式做事；业务归事业部，告诉员工做正确的事，那就是客户导向。前者负责过程，解决能力问题；后者负责结果，解决动力问题；两者结合，从而最大化效益。这也符合复杂业务下的专业化诉求。

低、产能利用率更高、库存周转更快；业务老板要面对客户，关注的更多是横向**服务指标**，比如交付更快、质量更好。年末的时候，这两个老板一起，给员工定奖金，加工资——这是最实质的考核，是让横向指标"强相关"化的关键。

矩阵式汇报结构下，两个老板的诉求往往是矛盾的。比如为了交付快，就得多放库存、多备产能，牺牲库存周转、产能利用率。没关系，人天生就有对付矛盾指标的能力。小孩子一生下来就有两个"老板"，往往一个让往东，一个让往西，小孩子天生就知道如何来平衡，让爸爸妈妈都满意。

我在管理全球计划团队的时候，计划员在职能上汇报到总部的我这边，在业务上汇报给全球各地分公司的运营经理。我在财务的眼皮底下过日子，库存周转的压力很大；运营经理们要面对销售、客户，按时交付的压力更甚。优秀的计划员呢，两方面的诉求都能满足：他们知道计划客户要的，按时交付就好；他们也知道不计划客户不要的，整体库存就低。

之所以讲这些，是因为**商业问题多为两难，不能取舍，只能平衡**。比如不能因为成本而牺牲质量，也不能因为质量而不顾成本。最实质的做法，就是让同一个人对两难指标都负责。比如销售不但要卖得多（销售额），而且不能剩得多（过剩库存）；质量不能只管处罚，不管善后，比如供应商质量有问题，就给"枪毙"了不让送货，产线断货了也觉得不关自己的事；设计不能只管性能，不管成本。两难指标驱动下，跨职能协作就会更顺畅。

接下来，我们讲强相关指标的**客观量化**。

现代管理学告诉我们，没法量化的就没法管理。在管理粗放的企业，活儿干了，但数据往往难以客观量化。让我们拿供应商的按时交货率为例来说明。之所以用按时交货率，是因为在所有的指标中，这是看起来最直观，也最简单明了的指标：要么按时，要么不按时，有什么可争辩的？且慢，这个问题远没有那么简单。

先说什么是按时。计划说，按时就是能够满足客户需求，以客户的

需求日期为标准来统计，供应商的按时交货率自然很难看。采购为了自保，就基于**标准交期**来统计，供应商的按时交货率自然很高。同一个指标，两种表述，鸡同鸭讲，每个人都不无道理，当然谈不上"客观量化"，自然没法驱动采购改变行为。

那什么叫按时？供应商说，我理解你们 3 月 1 日要货，但车工、铣工、精加工一道工序都不能少，最快也是 3 月底。计划说，3 月底的话，客户的黄花菜早就凉了，不行。供应商说 3 月 20 日行不行？计划说那还是太晚。采购就继续跟供应商谈。最后说加班加点 3 月 15 日，否则要货没有，要命一条。计划不喜欢，但也只能这样了。就这样，**承诺日期** 3 月 15 日就成为按时不按时的标准，计划、采购和供应商三方都认可，是最客观的按时交货统计标准。

这看上去很简单，不是吗？没错，对于一个具体的订单来说，这是不难。但想想看，一家公司，每天动辄有几十、几百甚至几千个订单，每个订单都这么来回拉锯，达成三方一致，可不是件容易的事。好不容易达成一致了，第二天需求一变，得，又得重新来一次。这工作量离开信息系统的支持，简直不可能完成。

在信息化程度高的企业，采购订单由 ERP 自动生成，发给供应商；供应商确认交期、数量、单价，通过电子商务传递给采购方。大部分情况下，供应能够匹配需求，这就作为供应商的承诺写入 ERP，成为后续判断是否按时的标准，不需要任何人工介入；如果不匹配，系统会自动提醒供应商做出更好的承诺；还不够好的话，采购员、物控员、催货员就人工介入，打电话、发邮件、找老板，督促供应商改进交付，直到供应商做出三方都能认可的承诺。

看得出，有电子商务支持的话，百分之八九十的事儿都由信息系统做了，员工只是负责那 5%、10% 的例外；没有电子商务的话，员工就不得不把所有的情况都当例外。我还没见过哪一家公司有足够多的人手，能手工确认每个订单的供应商承诺日期，并随着需求日期的更新而更新。遗憾的是，大多数企业都没有这样的电子商务，所以就没有能力做精、做细，在订单层面**客观**统计供应商的按时交货率。

没有三方认可的承诺日期，计划就继续基于需求日期统计，按时交货率自然很差；采购为了自保，就继续基于正常交期统计，按时交货率自然很好。告到老板那里，老板一看，双方都有理啊，只好批评教育，宣教一番"以客户为导向"，不了了之。结果呢，计划只能以内部客户的身份，从道义上给采购压力；而采购呢，虽然"背"着供应商的按时交付指标，但指标实际上形同虚设，起不到"强相关"的作用，驱动他们的仍然是单一的价格指标。

最简单的按时交付都这么难以客观统计，质量、服务等指标就更难客观量化。

首要的原因是缺乏数据。就拿供应商相关的质量数据来说，有个企业就存储在三个系统里：来料验收，生产制造，售后服务。它们分别由不同职能负责。职能之间经常博弈，不愿共享信息。比如来料验收归采购负责，不对生产开放；生产线上的质量数据呢，则不公开给售后服务。

大家都知道，给内部客户开放数据，无异授人口实：原来这供应商的零部件在采购、制造环节就发现这么多的问题，难怪到了客户现场也是一团糟……信息系统打不通，质量指标的统计就不完善，企业没法全面评估采购、供应商的质量。

对于每一个具体的次品，究竟是供应商、运输的问题，是来料验收、仓储、产线二次搬运中出现的问题，还是客户使用的问题，都需要大量的时间来取证、扯皮，很多公司根本没有足够的资源来做。于是就出现同一问题、多种表述的情形，或者默认为上个环节造成的，质量指标的客观性自然就不能保证。

一般人都喜欢干活，不喜欢统计，就跟工程师们都喜欢做设计，但没人喜欢做技术文档一样。粗放管理的一大体现呢，就是活儿做了，但信息系统里没有留下痕迹，数据没有被收集。举一个简单的例子，库存被领出去了，却没有形成记录（结果自然就是账实不符及其带来的各种问题）。基础数据缺乏，指标的客观统计就无从谈起。

做不精、做不细，没法有效量化横向指标，有些企业就在"企业文化"上大做文章，比如让大家学雷锋，到革命老区接受再教育等，但都效果有限，没法解决根本问题。

人们一谈到协作，首先想到的是**意愿**。其实，协作是个**能力**问题。管理能力越强，指标就越可能客观量化，也越可能建立强相关的横向指标，协作度就越高。

在中国，兼有外企和本土企业工作经历的很多人都有同感：在那些管理相对完善的外资企业（粗放管理的外企不算），职能与职能、员工与员工之间的协作度一般更高。这并不是说那些员工的思想境界有多高——资本主义世界，上帝为大家，人人为自己，有什么崇高的思想境界可言？而是因为，在精细化管理下，外资企业更可能建立强相关的横向指标，驱动跨职能协作。

作为管理者，为了强化跨职能协作，我们的任务是：①给每一个职能、每一个人都设立强相关的横向指标；②投入资源，完善信息系统，客观统计这些强相关指标。

纵向指标直接关系到本职能的利益诉求，所以每个职能有足够的动力，自上而下投入足够的资源来客观量化；横向指标呢，由于真正的受益者是内部客户，所以它往往是套在自己头上的"紧箍咒"，没有足够的动力来客观量化。

比如有个营收千亿元级的企业，采购部制订了宏伟的智能化、数字化方案，密密麻麻几十个功能，归结起来都是一个字：钱。因为这是采购老总最关注的。而那些兄弟职能关注的供应商质量、交付等功能呢，却鲜有提及。要知道，在这个企业里，计划、生产、销售端抱怨最多的就是交付。比如供应商交付不闭环，采购订单下去后，就失去了踪影，不知货物何时能来；即便供应商承诺了交期，也没法系统跟踪，确保落实。

纵向指标强相关，横向指标没法强相关，员工就处于单一指标的驱动下。聪明人做傻事，后面肯定是单一指标在起作用。**要避免单一指标的异化，就得建立成对的强相关指标，一个横向，一个纵向。**

比如销售不但要考核销售额，还要考核呆滞库存（呆滞库存影响盈利）；采购不但要考核价格，还要考核供应商的质量和交付。这是避免被任何单一指标异化的关键，比如设计向创新异化，销售向销售额异化，采购向采购价异化。

【小贴士】　从"裁判"到"球员"

在供应链上，每个环节都有上下家，都扮演"中间人"的角色。没有强相关的横向指标，这个"中间人"扮演的就是"裁判"，只管鸣笛，不管驱雾；[○]有了强相关的横向指标，这个"中间人"就更可能"责任到此为止"[○]，为上家承担管理下家的责任，为下家承担管理上家的责任，让供应链的每一环真正连起来（见图2-3）。

没有横向的强相关指标，
"中间人"就在跨职能
协作中扮演"裁判"角色

有了横向的强相关指标，"裁判"
变"球员"，承上启下，
哪边做不到位帮哪边

图2-3　强相关指标下，"裁判"变"球员"

资料来源：VectorStock网站。

○ 二十多年前，我学英语准备考美国研究生入学考试（GRE）的时候，有一道题说知识分子是"只管鸣笛，不管驱雾"，意思是大雾弥漫，知识分子只是呼吁过往船只注意安全，却不采取任何实质性的行动来消除大雾。

○ "责任到此为止"（the buck stops here）是杜鲁门总统桌上的座右铭。总统是美国的最高领导人，责任当然是到此为止。如果每个人都有这样的责任感，不管是企业、社区还是政府，世界必然会大不相同。

拿计划来说，如果不承担强相关的按时交付指标，就没有足够的动力做"好人"，主动对接销售，积极管理生产和采购，有效对接需求和供应；也没有动力做"坏人"，及早暴露需求和供应端的问题，督促改善。更多时候，计划扮演的是"裁判"角色，要么把问题归结于供应端，要么把问题归咎于需求端，瞎子算命两头堵。

当供应链上的每个环节都在扮演"裁判"，只论对错时，每个环节都是"无辜"的，都是别人的错。但你知道，**雪崩时，没有一片雪花是无辜的**。有了强相关的横向指标，每个环节都成了第一责任人，有更大动力做自己可为的。否则只会助长"受害者"文化，人人都拿不可控的上下游问题，当成自己不作为的借口。

【小贴士】 从"对人负责"到"对事负责"

任正非在《华为的冬天》一文中，多次强调华为要从"对人负责"转变为"对事负责"。○

人是垂直那条线上的，对人负责是对上级负责。上下级能建立强相关的纵向指标，所以上级不会坑下级，下级要确保上级满意。事是从内部客户过来的，对事负责就是对兄弟职能负责。强相关的横向指标建立不起来，就做不到真正的对事负责。

任正非想让流程"流"起来。流程是没法"流"的，如果每个环节串不起来的话。强相关的横向指标是串起珠子的线，是实现"对事负责"的关键。二十多年来，华为在组织、流程和信息系统上采取多重措施，投入巨资，来量化横向指标，建立横向的"对事负责"，而不是光靠企业文化。

仔细观察那些做得好的和做得差的公司，你会发现它们的差别与其说是执行力的**强弱**，不如说是执行力的实施**方向**。在做得好的公司，员工的执行力是横向的，对事负责，让客户满意；在做得差的公司，员工

○ 《华为的管理模式》(第 3 版)，王伟立、李慧群著，海天出版社，2012。

的执行力是纵向的，对人负责，让上级满意。这在没落的跨国企业里很常见，在中国一些国有企业也很普遍。

【实践者问】

计划人员都很累，要花很多时间来盯着兄弟职能。比如销售得盯着计划，计划就得花很多时间来汇报；计划得盯着生产、采购，导致没有更多的时间来管理需求。怎么办？

【刘宝红答】

这里还是个强相关指标的问题。没有强相关指标，一个职能得靠外在约束来驱动，比如靠内部客户盯着；有了强相关指标，外在约束变为内在约束，这个职能就会主动积极。

举个例子。我管理计划团队多年，但销售团队不需要怎么盯着我们，因为按时交付是计划团队的强相关指标。每周一，我的计划员都在做根源分析，为什么上周的某些批次迟到了。等销售发现问题的时候，我们已经做好了根源分析，采取了纠偏措施，他们也就自然不会花多少精力来盯着我们了。

【小贴士】 单一指标与组织博弈

在分权制衡的国家，议会和政府之间有着微妙的关系。^〇政府通过外交、武力来解决国际问题；议会的角色是监督政府，既不对外交结果负责，也不对战争结果负责，在单一指标驱动下，容易走上"聪明人干

〇 在美国这样的国家，政府指的是总统负责的那一块，包括军队；参众两院不归政府管，它们是立法机构，跟政府平行且有权监督政府。这也是让我们很多人迷惑的地方：普天之下，竟然还有政府管不到的地方？还真的是这样。美国议员们干了你不喜欢的事，你找美国政府讨说法，当然解决不了问题。要搞定美国，你搞定了政府还不算，你还得搞定参众两院，而后者更难对付，因为要打交道的人更多——435个众议员，100个参议员，每个人都可能给你制造麻烦。这就是政体的不同，我在美国二十九年了，才慢慢意识到这些，离真正理解还远着呢。

傻事"的极端。

这不，有些国家的议员们为迎合选民、博取选票（选票是他们的"单一指标"），经常发表些非常"解气"的言论，肆意破坏国家间的关系，根本原因是他们不负责外交关系——那是政府的事。议员们还特别好斗，动不动就以战争来威胁，因为打仗也是政府的事，收拾烂摊子的是政府，不是议会。

议员们由选民选举产生，短期任命，需要短期内出成绩。强势、激进的做法至少看上去是在解决问题，至于解决问题的效果呢，他们不管，因为到时候他们还在不在位都不知道呢，而且即便失败了，也是政府来收拾烂摊子。所以，议员们在到处拱火，展示肌肉；军头们反倒在熄火，敦促对话，遏制事态恶化：鸽派和鹰派完全颠倒。

国会听证是另一个典型。作为监督者，议员们在政府官员们汇报工作时横加指责，为了党派利益和个人选票就吹毛求疵，动不动就以国家安全为借口上纲上线。而一般选民呢，最喜欢看的就是议员怒怼政府官员，在人权、移民、国家安全等敏感话题上发表耸人听闻的言论。这些听上去解气，其实制造的问题往往比解决的多。

这就形成了单向选择：要想当选或者连任，议员就得对政府"狠"，就得在国际关系上强硬，导致协作精神强的人更难当选。

博弈多年后，政府也变"聪明"了：你要我做得更好？那就得投入更多资源，而资源呢，则由国会控制——国会控制预算。这不，球就又踢给国会了。军头门的解决方案跟政府差不多：要打仗，要备战，那就拿钱来。钱越花越多，事越做越少，就成了这些政体的通病。

这些博弈的目的呢，都是给议会建立一对矛盾性"指标"，好让议会变得理性点。议会没钱，没钱那就借呗，大不了到时候多印点。至于债务太多，货币贬值怎么办，那就以后再说呗。反射弧太长，人人都知道以后要下地狱，但那是以后的事情，儿孙自有儿孙福，以后的事情并不影响自己今朝有酒今朝醉，继续把头埋在沙子里过日子（还是个单一指标问题）。这就是为什么债务就如雪球，越滚越大，最后成了大问题。

在企业里，类似的场景也很常见。

一帮设计、质量工程师动不动就要淘汰供应商。这强势的做法很解气，因为"天下苦秦久矣"——我们可是受够了这供应商。采购的解决方案呢，是淘汰没问题，不过技术、质量部门得出资源，来验证新的供应商。一旦开始担负"善后"的责任，技术、质量人员马上就开始理性了，这主动淘汰供应商的事儿八成就不了了之了。[⊖]

有些强势的销售，在有货率的单一指标驱动下，就逼着供应链投入太多的资源。最后生意做了，没赚到钱；或者说账面上是赚了，但都赚到库存、产能里去了。那解决方案呢，就是让销售对最终的库存负责。那些产品卖不掉，销售就得想法来处理。毕竟，要送人也得销售送。这样销售在提需求上就更加理性了。

【小贴士】 供应链管理的"儒家"与"法家"

传统的日本供应链是长期关系，或者说，更像"儒家"的做法。[⊜]在长期关系下，绩效考核相对次要。这就如一家人，相互之间很少会设定指标。而约束双方行为的呢，也正是长期关系，是未来。在长期关系下，双方都有很多可失去的，所以就更加理性。

比如在论资排辈的终身雇佣制下，员工表现不好，就没有好的晋升机会；跳槽后，又得从头开始，损失反倒更大。这促使员工在现有工作上尽职尽责，当然也承受了很多委屈和压力：你在东京的地铁上，一眼望去，西装革履的职业人，满头的灰白发就是证明。同理，在长期合作

⊖ 主动淘汰供应商往往是个资源黑洞，一方面要淘汰老的，另一方面要找新的，两倍的投入，一倍的产出（那就是有一个供应商能帮你干这活儿），投资回报太低。而更经济的做法呢，往往是被动淘汰，也就是老生意继续跟这个供应商做，但新产品、新项目没这个供应商的份；等老项目结束了，老产品下市了，这个供应商就自然而然地被淘汰了。我们在后文还会详细谈到。

⊜ 这里说的"传统"，主要是指 20 世纪日本崛起的那段时间，大致在 20 世纪八九十年代前后。当时美国系统学习日本的做法，现在能看到的关于日本管理方式的文献，大都是那个时段的。当然，过去二三十年里，日本经历了显著的变化，管理方式也在变化，在有些做法上与欧美更加趋同。

下，供应商知道未来一部分业务是它的，如果不把现在的事做好，风险就是失去**未来**的生意，这驱使供应商更好地干活。

但是，对于有些国家来说，日本的这一套就很难适用。这些国家的行为惊人地相似，放在企业行为上，那就是**短期关系**。如果非要说有什么不同的话，那就是一些国家的短期关系比另一些国家的更短罢了。不管是企业之间，还是企业与员工之间，短期关系意味着没有未来；没有未来就意味着没有可失去的；没有可失去的，你自然就没法拿未来来约束对方。那怎么办？那就只能推行"法家"的做法，基于**契约**来管理。

契约有两种：其一，竖向的契约，这是上下级之间的，也是最基本的契约，驱动职能内部上下级之间的协作；其二，横向的契约，这是职能与职能、公司与公司之间的契约，驱动跨部门、跨公司协作。前者体现在纵向指标上，后者体现在横向指标上。

横向指标的好处呢，就是使各职能部门能不光顾着把所有的水都放到自己的田里。种好自己的一亩三分地要紧，分点水到邻居的地里也要紧。分多少呢，不是靠发扬风格，而是靠约定好的契约，即强相关的横向指标。

过去三四十年来，中国本土企业从吃没有契约的"大锅饭"，过渡到有**竖向**契约的市场经济，但不足的是缺少**横向**契约。契约化远未完成，一方面是**文化原因**，传统的儒家文化是基于关系的，要变成冷冰冰的契约（法家文化），会有各种挑战；另一方面是**能力问题**，企业的管理精细度还不够，没法有效客观量化绩效，建立强相关的横向指标。

于是，很多企业就"儒""法"并举，一方面大张旗鼓地宣扬企业文化，这是典型的儒家做法；另一方面推行严苛的绩效管理，这是典型的法家做法。做得好的企业儒法互补，两方面都做得不错。

就拿华为和海尔来说，这是一南一北两个非常有代表性的中国本土名企，在外人看来都是企业文化非常强的企业。但是，华为和海尔不是光靠企业文化吃饭的，如果把它们理解为儒家信徒就大错特错了。企业文化的背后是严格的绩效管理，这是典型的法家做法，而这正是局外人不知道，或者不愿意知道的。

比如海尔的"日清日毕"，字面上文质彬彬，翻译成白话可就不了：今天的事儿没做完，晚上你就别回家。他们甚至尝试对每一个员工独立核算，你对内部客户做了多少贡献，那是你的营收；内部供应商为你做了多少贡献，那是你的成本，力求每个人、每件事的账都算得清清楚楚。

再比如华为的能上能下，也是典型的法家做法。有一次，我跟华为的两位销售高管会面，总监指着副总说，以前他们的职位正好相反，后来由于绩效原因，两个人就倒过来了。能者上，不能者下，这话说起来容易，但在注重儒家关系文化的氛围里，哪个企业真正能做到？狼性文化是绩效导向，华为可以说是把法家精神发挥到了极点。

构建集成供应链，推动跨职能协作

要建立强相关的横向指标，企业需要投入很多资源，也需要很强的管理能力。有些企业就采取**组织措施**，成立**集成供应链**部门，让采购订单、运营、物流、计划、客服等职能统一汇报给同一个总监，通过组织措施打破这些职能之间的壁垒。

如图 2-4 所示，这是一个中国本土名企的集成供应链。该公司设立首席供应官，与负责营销、产品的两位老总平行，一起汇报给 CEO。在首席供应官之下，有负责供应商选择的寻源、负责工厂的生产，以及端对端的供应链。

有人或许会问，既然寻源与生产都是供应链的一部分，为什么没有放到集成供应链里？这里主要有两个原因。其一，生产管理那么多的一线员工，有很多琐碎杂务；寻源要跟设计、供应商打交道，有很多商务关系要维护，供应链总监的精力有限，没法应付那么多事情。其二，成本压力大的时候，企业就倾向于集中采购，把寻源单列出来，提高它的汇报级别，能使它得到更多关注，在更高层面整合需求，增加规模优势，获取更好的采购价格。

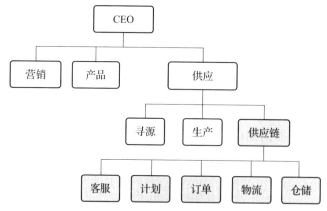

图 2-4　集成供应链通过组织措施打破部门壁垒

有趣的是，也正是在这个名企，寻源有时候归供应链，有时候又独立出来。背后的驱动因素呢，是企业的业务诉求：当速度不够快的问题更大时，寻源划归供应链，使从寻源到订单交付都在同一个职能，以快速响应市场需求；当成本不够低的问题更突出时，寻源就单列出来，以获取更大的规模优势。很多企业的采购时而集中，时而分散，背后的驱动因素也一样。

集成供应链让客服、计划、执行采购、仓储、物流等职能处于同一部门，好处是即便职能之间没有客观的横向指标，也可以通过**组织措施**，促进这些子职能之间的协作，以消除局部过分优化，推动全局优化。

比如有家公司，原来采购、物流分别汇报给不同的总监，再到不同的副总，最后到同一个高级副总。两个职能，两条迥异的汇报线，从员工到经理到总监到副总，都是单一指标驱动：采购希望供应商发货越快越好，物流希望运输成本越低越好。这就容易经常出现互坑的情况，比如采购员动不动就让加急运输，而加急运输费用呢，则由物流部门来承担。

当这家公司成立集成供应链后，采购经理和物流经理都汇报给同一个供应链总监，总监层面就既对采购的按时交付负责，又对物流的运输成本负责。在一对相互矛盾的指标驱动下，总监一看加急运费那么高，就会找手下采购经理的麻烦；采购经理就会找采购员的麻烦，于是采购员也就"理性"多了，再也不敢动不动就24小时加急，超额的物流费用也就得以控制。

集成供应链的另一个好处是"冤有头，债有主"，给销售等内部客户一个唯一接口。

当没有集成供应链时，销售问责计划，为什么交付不按时；计划一转身，就把问题推给了生产，说生产不及时；生产自然有采购垫背，说供应商没有按时交付；采购当然还有别的借口，比如扯到设计或计划问题上去。最后，没有一个职能真正对销售负责。

成立集成供应链部门后，责任到此为止。从接到客户订单开始，计划、采购、生产、包装、配送，都归供应链总监负责，供应链总监对这些职能"要打要骂"随便，但最终的交付呢，找他负责就行了。

【实践者说】

以前PMC（生产计划与物料控制）、制造、品保各自独立的时候，产线和供应商一旦有问题，马上就会暴露出来；现在把这些职能集成到生产事业部（跟集成供应链类似——作者注），供应端的问题反倒不容易暴露，而且一旦发现，就是大问题。

【刘宝红说】

在供应链运营上，没问题往往意味着大问题。这就如小孩子们在一起，总是会吵吵闹闹的；一旦没声音了，有经验的妈妈都知道，完了，肯定是在什么地方干坏事呢。

组织越是集中，组织内的问题就越不容易暴露。比如当生产和计划分离时，你会经常听到生产抱怨计划；而当生产部门自己做计划、自己做执行的时候，抱怨的声音就小了很多。但你要知道，那并不是因为生产自己做计划做得更好——谁会到老板那里自己告自己呢。

有些企业习惯于各职能独立，目的之一就是互相制衡，暴露问题，比如防止贪腐等行为。越是管理粗放的企业，职能的集成度就越低，相互的监督就越强。当然，这种多权分立会造成别的问题，比如唯一责任人缺失，我在后文的"误区1：多权分立，供应商成了'公共草地'"部分还会详细讲到（第186～193页）。

解决方案在于客观的绩效统计：企业大了，没有人知道真相，真相在数据里。此外，没有组织结构是完美的。一种组织结构解决了一些问题，必然会产生另一些问题。关键是要看解决的问题多，还是制造的问题多。

【实践者问】

供应链管理部门得如何设置，才能让供应链更加有效？

【刘宝红答】

水无常形，法无定法。组织结构也没有好坏之分，一定要跟业务需求联系起来，才能讨论有效或无效。比如当成本压力大时，供应链的组织一般会更加集中；但是，当速度不够快成为大问题时，企业更可能会分散供应链组织。

这里我要补充的是，你不一定得有供应链管理部门，才能管理供应链。供应链管理更多是流程型管理，而不是组织型管理。流程稳健，职能之间的横向指标完善，完全可以不要"供应链管理"部门。比如一些企业在计划、采购、生产、物流等职能之间设立了强相关的指标，在计划的驱动下，各部门各司其职，也能取得良好的供应链绩效。

供应链与产品、业务的战略匹配

产品战略与供应链战略完全相反，导致小米与苹果没有任何可比性。

供应链存在，是为了支持产品和业务。产品和业务是拉车的马，供应链是车。我们不能本末倒置，把车套到马前面。供应链战略一定要匹配产品和业务战略，而不是相反。

合适的产品配合适的供应链

1997年，沃顿商学院教授马歇尔·费雪发表《你的产品该用什么样的供应链》一文，阐述了供应链战略必须匹配产品战略。[一]费雪的二分法具有历史意义：对于走创新路线的产品，应该采用快速响应的供应链，其核心是供应链的灵活性，但这也意味着高成本；对于走低成本路线的产品，应该采取高效的供应链，其核心是供应链的低成本。**产品战**

⊖ What is the Right Supply Chain for Your Product? by Marshal Fisher, *Harvard Business Review*, March-April 1997 Issue.

略的成功，取决于有合适的供应链战略来匹配。

我们先来看产品。如图 3-1 所示，产品分为两种，一种是**功能性**产品，另一种是**创新性**产品。

食盐

	功能性产品 需求可预测性高	创新性产品 需求可预测性低
产品生命周期	超过2年	3个月到1年
边际收益率	5%～20%	20%～60%
产品配置种类	少 10～20种不同配置	多 成千上万种配置
平均预测误差	10%	40%～100%
季末被迫打折率	0	10%～25%
平均缺货率	1%～2%	10%～40%

时装

图 3-1　功能性与创新性产品的区别

注：图中左边的这个小女孩是莫顿盐业的商标。一个活泼可爱的小姑娘，打着伞去买盐，边走边撒的童话般的形象，已经存在了 100 多年，在美国可以说是家喻户晓，跟可口可乐的那个瓶子有一拼。

资料来源：What is the Right Supply Chain for Your Product？ by Marshal Fisher, *Harvard Business Review*, March-April 1997 Issue.

功能性产品的特点是生命周期长，产品种类少，需求的预测准确度较高，但边际收益[⊖]低。功能性产品走的是低成本路线。我们吃的食盐、用的卷筒纸、喝的瓶装水等，大都属于此类产品。功能性产品较少做促销、活动（一大原因是毛利太低）。消费者对其有货率的期望也高——如果一家超市连食盐也断货的话，这家超市在你心目中的形象也就可想而知了。

创新性产品并不是说技术含量有多高，而是说走的是差异化路线。其特点是生命周期短，型号种类多，需求的预测准确度低，但边际收益高。女孩子们的漂亮衣服就是典型的例子。有些快时尚企业的目标是每年推出 10 000 款衣服。款式这么多，计划、执行挑战重重，库存积压严重；而女孩子们逛商场，还是找不到喜欢的颜色、合适的款式和尺寸……

───────────

⊖　边际收益是每卖掉一件产品带来的额外收益。

两种不同的产品，对供应链的要求也不一样，如表 3-1 所示。

表 3-1 经济型与响应型供应链

	经济型供应链	响应型供应链
主要目标	针对可预测性高的需求做到最低成本	针对不可预测的需求做到快速响应，减少缺货、被迫削价和过期库存
生产焦点	保持高水平产能利用率	保持一定缓冲产能
库存战略	保持高库存周转及供应链各阶段低库存水平	保持大量缓冲库存（零件或成品）
交货周期	不增加成本的同时尽可能缩短交货周期	大量投入资源，以各种方式缩短交货周期
供应商选择	看重成本和质量	看重速度、灵活性和质量
产品设计战略	最大化性能和最小化成本	模块化设计，尽可能延后产品差异化

资料来源：What is the Right Supply Chain for Your Product？ by Marshal Fisher, *Harvard Business Review*, March-April 1997 Issue.

功能性产品面临的竞争激烈，成本压力很大，需要**经济型供应链**[⊖]来支持。如何才能做得便宜？产能利用率越高，库存周转越快，单位成本才会越低。而创新性产品呢，因为需求的预测准确度低，计划先天不足，所以要靠执行来弥补，即**响应型供应链**来支持。怎么才能快速响应呢？很简单，你要么保持一定的缓冲产能，要么维持一定的库存，要么加急赶工，但这都意味着更高的成本。

能做快的供应链做不便宜，能做便宜的供应链做不快。成本和速度没法兼得正是供应链管理中根深蒂固的矛盾。既能做到最快，又能做到最便宜的供应链不存在。如果谁在宣传这样的供应链，那要么是外行，要么是别有用心，都得多加小心才对。作为供应链专业人士，我们必须平衡，不能取舍。为了成本而牺牲速度，或为了速度而牺牲成本，都是没法长久的。

需要特别强调的是，响应型供应链并不是说它本身就快。恰恰相反，这样的供应链往往很慢，所以要想办法做得更快。二十多年前，我刚接触这一概念时，总觉得有些不对劲：大型设备动辄需要一两个季度

　　才能生产出来，速度这么慢，怎么叫响应型供应链呢？后来想通了：大型设备的定制化程度一般较高，需求的可预测性很低，属于创新性产品，在响应型供应链的缓冲产能、安全库存那么多的情况下，响应速度都这么慢，那在经济型供应链的高利用率、低库存环境中，就不难想象会慢到什么地步了。

　　创新性产品的需求更难预测，经济型供应链很难有效应对其需求变化。大批量行业的供应商进入小批量行业，经常被需求变动、设计变更整得叫苦不迭，就是这个原因——大批量行业一般是功能性产品居多，供应商的供应链也是经济型居多；小批量行业更可能是创新性产品，需求变动也更大。

　　供应商选择要"门当户对"，就是要避免这种不匹配。如果你生产的是创新性产品，对速度和灵活性的诉求高，那么对最便宜的供应商要特别小心：它们的产能利用率一般更高，对批量要求更大，批次之间的等待时间更长，对需求变化的响应能力更差。

【小贴士】 经济型与响应型供应链的区别

　　如图 3-2 所示，我们来详细看看两种供应链的主要区别。

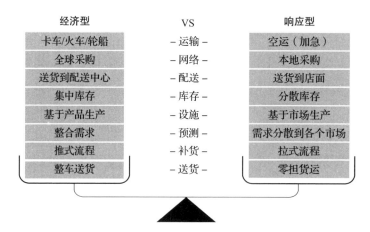

图 3-2　两种供应链的不同特征

资料来源：联合利华。

- 卡车、火车、轮船运输，单位成本更低，但相比空运速度更慢。

- 全球采购，能找到更便宜的供应商，但运输周期更长，响应速度不如本地采购快。

- 集中送货到配送中心，有规模效益，单位成本要比送货到店面更低；直接送到店面，送货成本高，但库存离消费者更近，响应速度更快。同理，库存越集中，规模效益越明显，库存的成本也越低，但响应速度不如分散储存。

- 基于产品生产，就是全国一盘棋，比如 A 产品在工厂 A 生产，B 产品在工厂 B 生产，规模效益大，单位生产成本低；基于市场生产呢，就是本地化生产，特定市场的所有产品都在同一个工厂生产，可以更快地响应需求，但品种多、批量小，规模效益丧失，单位成本更高。

- 按照预测来推式补货，单位成本更低，但难以有效应对变化了的需求；拉式补货能更好地应对需求变化，但需求已经落地，往往得加急赶工，成本更高。

- 推式生产基于预测，有规模效益。这是以产定销，单位成本可以做下来，但需求一变，响应速度跟不上。拉式生产基于订单，以销定产，但成本更高：订单的量可能太小，没有规模效益，订单一来，往往没有足够的时间来响应，需要加急赶工。

- 整车送货，单位成本更低，但送货速度慢、周期长；零担货运正好相反。

不同的供应链模式，是为不同的产品设计的。**功能性产品适配经济型供应链，创新性产品适配响应型供应链，这就是合适的产品配合适的供应链**（见图 3-3）。这也解释了为什么同样生产汽车，电动车厂家特斯拉的垂直整合度高，资产重；而燃油车厂家通用、福特的垂直整合度低，资产更轻。

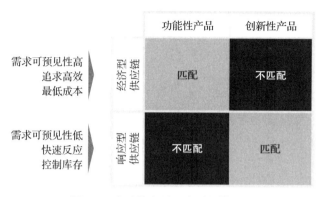

图 3-3　合适的产品配合适的供应链

资料来源：What is the Right Supply Chain for Your Product? by Marshal Fisher, *Harvard Business Review*, March-April 1997 Issue.

电动车还处于产品生命周期早期，属于创新性产品，毛利高，但设计变更频繁，需求的预测准确度低，需要响应型供应链来应对。垂直整合下，特斯拉对供应链的管控力度更强，能更快响应需求变动。而燃油车已经成为功能性产品，成本压力更大，专业供应商的规模效益更大，单位成本更低。

这就是为什么通用、福特在关厂，而特斯拉却在建厂。等过些年，电动车也进入成熟期，你就会看到特斯拉的垂直整合度会下降，越来越多的事交给专业供应商做了。这一切的目的都一样：合适的产品配合适的供应链。

合适的产品匹配合适的供应链，这道理理解起来一点也不难，但做起来可不容易。根本原因呢，是一家公司的产品可能既有功能性的，又有创新性的，但供应链却只有一条，只能有效满足一个类型的产品，没法有效满足另一个类型的产品，这是结构性问题，是供应链管理的大挑战。

就拿服装行业来说，如图 3-4 所示，接近一半的服装是基本款式，属于功能性产品；另一半是潮流和流行服装，属于创新性产品。问题是很多服装企业既有基本款，又有潮流款和流行款。基本款的生命周期较长，需求相对好预测，缺点是售价低，成本压力很大。潮流款和流行款的生命周期短，却是提升企业品牌不可或缺的，好处是毛利高，比如成本是 100 块，卖到消费者手里，就变成 600 块、800 块，甚至更高，缺点是需求的预测准确度低，得靠供应链的快速响应来弥补。

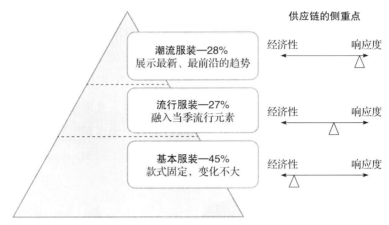

图 3-4　时尚三角与供应链的侧重点

注：时尚三角的概念来自《服装行业库存管理存在的问题及对策分析》，房亚琪，对外
经济贸易大学，2012。供应链的侧重点部分是刘宝红的总结。

但是，这些企业的供应链只有一条，因为是同样的人在做供应链，他们采用同样的流程和信息系统。传统的服装行业是大批量行业，采取订货会制，大致提前半年就让渠道订货，整个供应周期动辄几个月，能做便宜但做不快，是经济型供应链。潮流服装的生命周期很短，有些快时尚公司销售 45 天就下架，一旦有爆款就要快速返单，你能想象，经济型供应链吃了多少苦头。

供应链没法有效匹配产品，导致需求跟供应没法有效匹配，库存积压对服装企业来说就成了行业性问题。前些年严重时，网上有人戏言，说三年不生产，库存也卖不完。但是，女孩子们早晨起来，第一件事还是发愁没有合适的衣服穿。

由于创新性和功能性产品并存，有些人就想了一个"万全之策"，那就是淡季的时候生产基本款式，保持一定的产能利用率，养着产线员工；旺季的时候把产能释放出来，重点应对流行和潮流服装。这从理论上讲很完美，但实践上却未必：基本款的批量大，从采购到生产再到配送是大批量的供应链；流行，特别是潮流款的批量小，品种多，需要频繁换线，大批量的供应链很难应对。两者搅在一起，风险是供应链会变得两不像：既做不到最便宜，导致功能性产品失去竞争力；又做不到最快，导致创新性产品失去竞争力。

那怎么办？一种做法就是**有选择地放弃**。比如个人计算机（PC）变为大众产品后，IBM 的响应型供应链太贵了，没有成本优势，IBM 就退出了 PC 市场。再后来，IBM 以同样的原因退出低端服务器市场。这样，IBM 专注创新性产品，比如高端服务器，达到产品战略与供应链战略匹配。联想则聚焦功能性产品，把 IBM 的 PC 与低端服务器都接过来，与其经济型供应链相匹配，从战略的角度来说也是明智的选择。

在来自低成本地区的竞争压力下，有选择地放弃是美日欧企业的普遍举措。比如就芯片来说，除了英特尔和美光，欧美的厂家基本上都放弃了大批量芯片，转向批量小、定制化需求多的模拟信号芯片等；在家电领域，日本企业全面退出家电、手机行业，以便将更多资源聚焦差异化的创新性产品，与其相对昂贵的响应型供应链相匹配。

即便是功能性产品，在新品导入时，也经常以创新性产品的形式出现；而创新性产品呢，随着生命周期的推进，则不可避免地大众化，成为功能性产品。功能性和创新性产品并存，产品的属性在生命周期中改变，但供应链的属性则没法改变，至少没法改变得那么快，产品与供应链就会错配，甚至给企业带来灭顶之灾，就如下文的戴尔案例。

【案例】 戴尔的直销模式怎么了

20 世纪八九十年代，个人计算机开始走入千家万户。当时的主要制造商有 IBM、惠普、康柏等，采用的是典型的经济型供应链：生产一大堆，发货一大堆，从总仓到分仓到分销商再到零售商，层层建库存，一路推到终端门店（见图 3-5 中的①）。

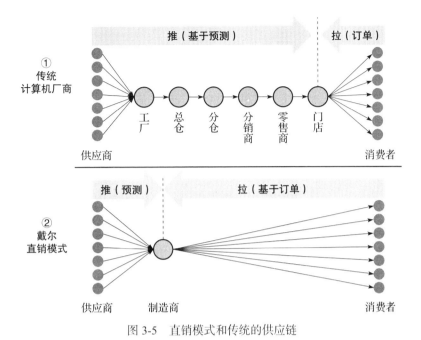

图 3-5　直销模式和传统的供应链

这样做的生产、物流的单位成本是最低的，但库存成本则不是：供应链环节多，供应链通路的库存就高；机型配置多，需求的预测就很难做准确，库存风险高；技术迭代快，成品降价速度快，库存贬值问题很普遍。产品是创新性的，供应链是经济型的，两者不匹配，IBM、惠普吃尽了苦头，也给了戴尔计算机崛起的机会。

在得克萨斯大学奥斯汀分校的宿舍里，迈克·戴尔开始了改变计算机世界之旅。他绕过传统的分销渠道，直接让客户打电话下订单，确定配置，然后组装、发运，这就是直销模式（见图 3-5 中的②）。

与大批量的推式供应链相比，直销模式是拉式供应链，单件组装、单件发送，规模效益大减，生产和物流的单位成本都上去了。但配送环节简化了，整体库存更低，库存贬值的成本大幅下降，一旦有更好的 CPU 和其他零部件，戴尔就可以很快导入，供应链的响应速度更快了，整体成本反倒更低。

当时的计算机是创新性产品，价格很高，消费者的预算有限，所以定制化需求比较多，好钢用在刀刃上。比如游戏玩家希望有个更好的显示屏，做设计的希望有个更大的硬盘，运算工作多的人希望配置个更快的 CPU。为了把有限的钱花在合适的地方，消费者也愿意等更久。

但到了 2000 年后，计算机成了大众产品，随便一台计算机就能满足绝大多数人的所有需要，这些定制化需求就少多了，大家的耐心也就更少了：这个店没现货，就到别的店去买，直销模式的速度慢就成了问题。

更重要的是，计算机价格大幅下跌时，戴尔的直销模式还是单件生产、单件配送，成本上的劣势就凸显出来了：当一台计算机 1500 美元时，戴尔花 50 美元快递给客户没问题；当一台计算机只卖 300 美元时，再花 50 美元来快递就显然是个大问题。功能性产品配响应型供应链，产品与供应链错配，戴尔的好日子到头了。

这不，一切都体现在戴尔的股价上了（见图 3-6）。计算机还是创新性产品时，在直销模式的助力下，戴尔的股价节节飙升，相比发行价翻了近 600 倍，市值一度超过 1100 亿美元。但随着计算机的大众化，戴尔的市值不断缩水，直至 2012 年被标普 500 指数剔除，2013 年 10 月下市私有化。短短十几年，戴尔从华尔街的宠儿到弃子，背后都能看到产品战略与供应链战略是否匹配的影子。

产品成熟了，技术迭代速度放缓，计算机的配置也更简单了，大批量的推式供应链反倒更有优势。或许有人会问，那戴尔为什么不建个传统的分销模式供应链？戴尔也在尝试通过传统的渠道，比如在开市客和沃尔玛销售计算机。[一]但挑战是，这意味着戴尔得两条供应链并存，至少在短期内如此：一条是原来的直销模式，另一条是传统的分销模式。

两条供应链并存，会让戴尔的规模效益更差，成本劣势更加明显；且两条供应链会互相竞争，比如消费者会到店里看，但在网上买，传统渠道的关系就很难维护。这都决定了戴尔没法轻易换道。戴尔的直销模

[一] A New Channel Strategy for Dell，基于苏尼尔·乔普拉的研究，美国西北大学凯洛格管理学院网站 insight.kellogg.northwestern.edu。

式如日中天时，IBM、惠普、康柏计算机等没法转换为直销模式，也是同样的原因。

图3-6　2000年前后，戴尔的股价冰火两重天

在管理学上这叫"路径依赖"。通俗地说，就是你的过去决定了你的现在，而你的现在又决定了你的未来。把这个理论发挥到极点，就成了"龙生龙，凤生凤，老鼠儿子会打洞"和"老子英雄儿好汉"。这听上去有点悲观，但并不是说不能改变，只是说改变比较困难，风险较大，或者只能部分改变。

放在供应链上，就是供应链转型。事情在变好之前往往会变得更坏，转型可能在一段时期显著影响营收和股价。股东们和华尔街不愿承担风险，就给戴尔设置种种障碍。这也是为什么在2013年，戴尔选择下市，决定私有化。私有化后，外界阻力减小了，戴尔得以推动更多的变革，比如聚焦商业客户和服务器——这些产品的配置较复杂，商业客户的忠诚度更高，对价格的敏感度相对较低，直销模式的优势较明显。这都是重新匹配产品与供应链战略。

讲到这里，顺便讲个迈克·戴尔的小故事。

1997 年，乔布斯重回苹果的那一年，苹果巨亏近 10 亿美元，而戴尔正如日中天，就如今天的苹果。在一个会议上，有人问迈克·戴尔，苹果该怎么办？迈克·戴尔答道，把门关了，把（剩下的）钱还给股东。谁把剩下的钱还给了股东？戴尔——下市就是把钱还给股东。这正应了香港武打片讲的，出来混，迟早是要还的。

在北美，一个行业成熟后，大都会经历一轮又一轮的整合，最后只剩下两三个主要的玩家。[一]从供应链的角度看，整合后的规模效益增加，供应链的成本才能做得更低，以达到功能性产品与经济型供应链匹配。这些"剩余者"不是创新导向的，自然不能用创新性企业的标准来衡量。

很明显，联想走的就是这条路。网民们经常把联想和华为放在一起比较，说与华为相比，联想在研发上的投入微不足道云云。这种比较本身就没有任何意义：两家公司做的都没错，它们都在力图让产品战略与供应链战略相匹配，这意味着华为得投入巨资来追求差异化，而联想则不断挖潜供应链来追求成本领先。

小米与苹果的对比同理。

《掌链》的记者崔芸问我，这两家企业都是主要的手机厂商，它们的供应链有什么关系？[二]我说，它们的供应链没有任何可比性，因为它们走的是完全不同的两个极端：苹果的手机是创新性产品，小米的手机是功能性产品；前者配套的是响应型供应链，后者配的是经济型供应链。

把小米和苹果放在一起比，其实是一种外行看热闹的做法。如果硬

[一] 整合后，一般是老大吃肉，老二啃骨头，老三喝点汤（如果还有老三的话）。汽车行业是典型的例子。美国的三巨头是通用、福特和克莱斯勒，前两者还多少有点钱赚，作为老三的克莱斯勒可就惨了，先后被兼并、剥离、再破产，现在成为 Stellantis 的一部分（2022 年）。日本的三巨头也是，丰田的净利润有六七个点，本田三四个点，日产就如克莱斯勒的难兄难弟，一年不如一年。

[二] 《雷军改进、乔布斯革命，万亿帝国和千亿企业的差距只在两个字》，崔芸，掌链，www.jiemian.com。

说有什么可比性，那就是两者的产品战略与供应链战略都高度匹配：苹果把手机做得足够好，小米把手机做得足够便宜。当然，这也注定小米成不了苹果，苹果也成不了小米。

【实践者问】

又快又便宜的供应链不存在，那如何理解京东的广告语"多、快、好、省"呢？

【刘宝红答】

我们说的，都是我们欠缺的。

多元化业务，供应链如何支持

业务多元化，不同业务的战略诉求不同，供应链战略也要有所差异。除了业务上有所聚焦，有选择地放弃外，业界在供应链上还经常用两种措施，这里简单介绍一下。

其一是**适当差异化供应链**。供应链的基本流程、信息系统往往围绕量产构建，目标是成本更低而不是速度更快。新品开发对速度的要求更高，可采取一些差异化的举措，比如成立专门的寻源组织，简化采购审批制度，成立项目组。流程、系统是死的，很难快速调整；组织、人是活的，这都是在用组织措施来弥补流程、系统的不足。当然，这些组织措施在解决问题的同时，会带来一些别的问题，我们在后文还会谈到。㊀

其二是**分散经营，围绕不同的产品线、事业部建立各自的供应链**。比如华为，原来是由做电信设备起家，设备类产品配置多，需求的预测准确度低，需要响应型供应链来支持。后来进入终端，手机行业竞争白热化，成本压力大，需要经济型供应链来匹配。前者是针对大客户的

㊀ 可参考后文的案例"研发阶段，采购速度太慢怎么办"（第90页）和"新品寻源，避免两套供应商班子"（第459页）。

（B2B），后者是针对消费者的（B2C），两类业务显著不同，对供应链的要求也不同。于是华为就把运营商业务和消费者业务分开，分别构建自己的供应链体系。

美团也有类似的举措。美团买菜是 B2C 业务，针对消费者，送货上门；美团快驴是 B2B 业务，也是送货上门，但聚焦 B 端商铺；美团优选采取"预购＋自提"模式，是 B2C 业务，但要求消费者到门店自取，避免了"最后一公里"的配送。由于业务诉求不同，这三个业务多年来独立经营，有各自的供应链。2022 年春节前后，三个业务的大仓开始尝试整合，不过仅限于基础设施，希望能以共用仓库来增加规模效益，三个业务仍旧独立运行，"类似一个机场内有各个航空公司"。⊖

但是，不能把供应链的差异化作为唯一的锤子，因为它会带来一系列的库存、成本和规模效益问题，就如下面备件的专用库案例所示。

【案例】 备件部的专用仓库

有个设备制造商自己设计零部件，由供应商按图加工。这些零部件中，一部分给生产部门，用于生产新设备；另一部分给备件部，用于满足设备售后的备件需求。生产和备件是两类不同的业务，对供应链的挑战也有不同。

设备行业大都周期性很强。设备商位于供应链的末端，远离最终用户，最终市场的微小变动通过几级供应链伙伴的放大，到了设备商处就变得很大。这是典型的"牛鞭效应"。对案例企业来说，新设备业务变动很大，预测准确度就很低。相比之下，备件的业务相对稳定，预测准确度较高。

行业高峰期一来，供应商遭遇产能瓶颈、供货不足比比皆是。于是，备件部与生产部抢料就成了家常便饭，而备件部在争夺战中自然落了下风：先满足生产，把那价值几百万美元的新设备发了货再说。备件部的

⊖ 美团三个事业部设立统一职能中台，涉及优选、买菜、快驴业务，腾讯网，"送过财经"企鹅号。

意见就很大：我的预测准确度高，反倒拿不到料。不行，咱得分家！

在备件部的强烈要求下，该公司就设立备件专用的供应链，成立备件部专用仓库（见图 3-7）。备件部给供应商提供预测，下订单，然后按订单量收货，归入备件部专用仓库，并不与生产部共享。专用仓库大幅提升了备件部的有货率，从而提高客户售后满意度。生产部呢，需求变动幅度大，预测准确度低，以前出现短缺时可以暂时调用备件部的零件，现在只有大幅提升安全库存，并加大向供应商的催货力度。

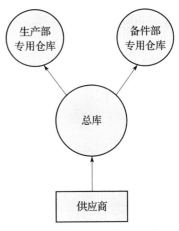

图 3-7　备件部的专用仓库

这个供应链设计解决了备件部的问题，却带来了以下问题。

其一，安全库存提高。集中备货，整合多方需求做预测，需求的聚合效应更明显，预测准确度会提高，需要的安全库存会更少；反之，库存点越多，每个点的预测准确度就越低，总体安全库存也越高。

其二，供应链成本增加。两套仓库下，供应商送来的货要多经过一道手续，即由总库转入两个专用仓库，很多仓库管理的相关工作加倍。例如盘点，同一零件号就得盘点两次。仓库管理由外包公司负责，外包公司按次数收费。光这一项，一年就得增加费用几十万美元。

其三，库存周转效率降低。高峰期过了，供应商的产能跟上来了，生产部的需求量却开始下降，两套系统带来的库存问题就更显著：以前备件部可以消化生产部的多余库存，现在得经过一系列的操作，才能把生产部的多余库存转到备件部。同样，备件部的多余库存也很难由生产部来消耗。比如有些单价上万美元的零件，备件部在全球有一堆多余库存，而生产部却在向供应商买新的，就是因为在两套库存体系下，过剩库存没法自由流动。

上面这个案例中，设备制造商为了提高服务水平而设立备件部专用仓库，是典型的通过"差异化"供应链来支持不同业务。类似的例子屡见不鲜。比如有个电商原来以 B2C 业务为主，后来导入 B2B 业务。B2B 业务主要针对大客户，需求变动大，影响到 B2C 业务，后者就要求建立独立的仓库。还有个代理商，甚至把一个仓库划分成好多块，围绕特定的客户建立库存。

这些例子都增加了库存点的数量，降低了需求的聚合效应，每个库存点的预测准确度也降低了，导致短缺的短缺、过剩的过剩，整体库存更高，整体服务水平反倒更低。

要知道，供应链的一大核心考量是**规模效益**。不同的业务，最终归口到同一条供应链，就是为了规模效益。对于供应链的各种"差异化"，条块分割的结果正好背道而驰。

很多时候，企业滥用供应链的差异化，当作管理能力不足的替代品，导致成本做不低，资产周转做不快。提高管理能力，也就是计划和执行的能力，才是成本更低的解决方案。

比如案例中的备件部专用仓库，它出现的根本原因是生产部的预测准确度太低。后来该公司提高了计划能力，预测准确度更高了，就合并了生产部与备件部的仓库。上面电商的 B2B 专用仓库，也必须通过提高 B2B 的预测准确度来解决——该电商长期以来只有 B2C 业务，不擅长 B2B 业务，对那些大客户的需求管理不到位，导致预测准确度太低，即便有了专用仓，根本问题还在，无非是把影响限制在有限的范围内罢了。

这些年来我发现，**计划和执行的能力越低，企业的库存就越分散，供应链的冗余就越多**。比如在一些管理粗放的企业，"小仓库"盛行：生产线有自己的"小仓库"，客服部门有自己的"小仓库"，设计人员也把零件藏在自己的桌子底下。但这不能怪这些职能，组织行为是既有能力下员工的理性反应。供应链的计划和执行能力跟不上，就没法杜绝内部用户的这些行为。

这就如 20 世纪 80 年代的一些中小城市，自来水供水不稳定，一会儿有一会儿没有，家家户户就把坛坛罐罐装满，城市总储水量反倒更高。家里有人的，水一来就打开龙头，储下的水儿天都用不完；双职工家庭家里没人呢，下一顿做饭的水都没有。过剩的过剩，短缺的短缺，你还不能一味责怪老百姓的不理性，等到城市供水充足的时候，你还见谁家的盆盆罐罐装满着水？

供应链的推拉结合[一]

谈到供应链战略，就没法回避推拉结合：订单驱动的叫拉，也就是拿到客户订单后才生产；预测驱动的叫推，也就是基于需求预测来提前备货。推的好处是批量生产，批量发送；闲的时候多生产，忙的时候少生产，单位成本低。但一旦需求变了，库存风险就高。拉的好处是库存风险低，但规模效益不高，单位成本降不下来；加急赶工多，运营成本高。[二]

看到很多文章，都在鼓吹拉式供应链。其实，供应链没有且不应该有100%的拉，否则交付速度太慢，客户受不了；没有也不应该有100%的推，否则库存风险太高，股东受不了。每条供应链都是推拉结合的：先根据**需求预测**推到一定地步，以获取规模效益，降低成本，提高响应速度；再由**客户订单**拉动，以满足差异化的需求，并降低库存风险。

究竟推到哪儿、拉到哪儿，也就是推拉结合点设在什么地方，取决于产品特点和客户需求，需要综合平衡交付、成本和库存风险（见图3-8）。根据推拉结合点的不同，我们把供应链分为四类：按库存生产、按订单组装、按订单生产、按订单设计。

在**按库存生产**模式下（也叫备货型生产），推拉结合点设在成品层面。这种方式广泛用于需求的可预见性高、库存风险较低的情况。其优

[一] 部分参考自我的《供应链的三道防线：需求预测、库存计划、供应链执行》（第2版），机械工业出版社，2022。

[二] 注意拉式供应链降低的是"库存风险"，并不一定降低库存本身：拉式供应链下，供应周期长，供应链的过程库存高。订单驱动下，客户要一个，就生产一个；要十个，就生产十个，影响规模效益。订单一到，交期往往太紧，加急赶工的成本就高。

势是需求一来，就有库存来满足；但挑战是一旦需求变了，库存风险就会凸显出来。在我们熟悉的家电、汽车、手机等大批量行业，按库存生产模式比较常见。

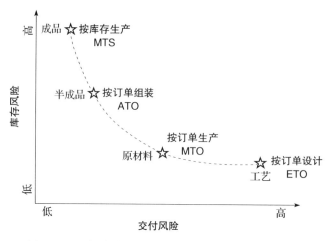

图 3-8　不同的推拉结合下，库存和交付的风险也不同

当定制化程度高、库存风险太大时，企业就采取**按订单生产**。这并不是说供应链完全靠订单驱动——原材料往往是预测驱动的，也就是说，推拉结合点设在原材料层面。这里的前提是原材料有共性，库存风险可控。如果连原材料、零部件都没有共性，那就是**按订单设计**，在建筑、船舶、发电站等项目型需求上较为常见，供应链的交付周期长，运营成本高。

按库存生产交付体验好，但库存风险高；按订单生产的库存风险低，但交付风险高。有没有介于中间的？有，那就是**按订单组装**。在按订单组装模式下，推拉结合点设在半成品层面，即那些有共性的组件、模块、子系统等。客户订单一到，就按照客户需求来组装。我们经常讲的大规模定制，背后往往能看到按订单组装的影子。

从按库存生产到按订单组装、按订单生产，再到按订单设计，不管是哪种推拉结合，我们总是在做某种形式的重复生意，只是重复性体现的位置不同，要么是成品，要么是半成品、原材料，最不行也在生产工艺层面有共性。而正是这样的共性，成为供应链的推拉结合点，也让规模效益成为可能。

相对而言，小批量行业拉式供应链较多，大批量行业的推式供应链更常见。

在小批量行业挣扎的有些职业人，总觉得大批量行业按库存生产的推式供应链好管理。其实不是。如果说推式供应链"容易"的话，那只能说是错觉。大批量行业普遍竞争白热化，利润薄如刀刃，大家都过得苦哈哈的，容错率更低，计划和执行稍有不到位，形成一点呆滞库存什么的，这半年就算白忙了。

当然，这并不是说小批量行业的拉式供应链就容易。小批量行业的竞争虽然没有那么激烈，但产品和供应链的复杂度高，周期长，响应速度慢，系统、流程往往不完善，更加需要依赖人的主观能动性来弥补，对执行的要求很高，所以也过得很辛苦。同样因为复杂，小批量行业对员工的要求也普遍更高，整体待遇也更高，至少在北美一些我熟悉的行业是如此。

如果让我选择的话，我会选小批量行业：小批量行业虽然辛苦，但毛利较为丰厚，成本压力一般没有大批量行业大，供需双方的关系也相对更为融洽。毕竟，供应商啥都好谈，就钱不好谈：在那些利润薄如刀刃的大批量行业年度、季度甚至月度降价的压力下，供应链伙伴之间的关系是个大挑战。

【小贴士】 分销端的推拉结合点

对于分销渠道的库存，也有推拉结合点的问题，那就是究竟库存建在总仓，还是地区库，抑或是客户现场或门店。

这里的关键是对**时效性**的要求：**对产品的时效性要求越高，推拉结合点就离消费点越近**。比如在传统的零售业，如果门店没有产品，你就做不了生意。所以，零售业的推拉结合点在门店。门店众多，每个门店放着很多货，也是库存周转率低下的根本原因。强大如沃尔玛，库存

也就每年周转八次左右，意味着有六七周的货。[⊖]

　　再比如大型设备的关键备件，一旦停机待料，损失就非常大，所以备件供应链的推拉结合点就在客户的生产设施附近。例如我曾负责一个半导体设备制造商的全球备件计划，它有一亿多美元的备件库存，其中20多个库建在全球芯片制造的各个主要地区，80多个寄售库存点就直接建在芯片制造商现场。这样一旦客户有紧急需求，比如停机待料，四个小时内，95% 以上的备件就能送达客户现场。

　　航空业也有类似的指标，一旦飞机因备件不到位，没法起飞，备件的交货时间也是以小时为计量单位。在这种情况下，库存就被"推"到离消费点非常近的地方。而离消费点越近，需求的聚合效应越差，预测准确度越低，库存也就越高。

　　所以，将库存"推"到客户附近，提高了服务水平，但代价是高昂的库存水平、很低的库存周转率。例如在很多大型设备行业，备件的库存每年往往也就周转一两次，这意味着手头平均备半年到一年的料。国防业就更低，例如美国空军的备件周转率每年连 1 次都不到。

　　最近几年，新零售为了提高消费者体验，不得不建越来越多的门店，下沉到社区的各个角落。每个门店的 SKU 数量剧增，长尾产品越来越多。而代价呢，则是库存周转率下降，呆滞库存大增，甚至导致亏本和资金流中断。所以，盒马鲜生、叮咚买菜、便利蜂等主要玩家都有关店收缩的传闻，有些新零售甚至撤出特定城市或地区。

　　此外，企业在扩张期时，规模优先，速度至上，供应链的推拉结合点就向消费者挺进；业务摊得太开，成本太高，效率优先，企业就开始收缩，供应链的推拉结合点也开始回撤。企业就在这样的试错、纠错中发展。有时候，在资本的驱动下，有些企业铺得太开，一路进入到细枝末节，资产投入太多，回报太低，因此破产，再也没有纠错的机会了。前些年的共享单车就是例子。

⊖　这不包括供应商承担的库存。沃尔玛要求供应商做 VMI（供应商管理库存），有相当部分的库存转移到供应商那里了。

在供应链领域，很多最佳实践都与有效定位推拉结合点有关。

例如，在戴尔的直销模式下，推拉结合点在零部件，因为零部件有共性，需求聚合效益明显，预测准确度高，库存风险低，所以用推的方式；早期的计算机配置种类多，预测准确度低，库存风险高，所以成品用拉的方式。推拉结合，共性部分推，差异化部分拉，以总成本最低的方式满足多元化需求，这就是为什么直销模式能够成功。

直销模式改变了当时计算机一路推到成品、推到门店的做法。当然，直销模式适用于计算机的生命周期早期。等到了成熟期，推拉结合点设置在成品、门店更合适。所以，合适的推拉结合点可能随着产品的生命周期、市场竞争程度、客户的期望等因素调整。

再比如电商，之所以影响显著，在于它深刻地改变了供应链的结构。在传统的零售业，推拉结合点在门店；电商业务下，推拉结合点在大仓库，一个仓库可以服务相当大的地域环境，取代了几十、几百甚至更多的实体门店。在大仓库层面，需求的聚合效应更明显，预测的准确度更高，库存的风险更低，库存的周转率也更高。

相反，这几年的新零售之所以挑战重重，是因为从供应链的角度，推拉结合点并没有改变，还得维持在实体门店层面，甚至推到更加细分的点，但需求端则呈现出典型的电商特征，表现在改变需求的方式多、需求变化快，传统的供应链没法有效应对，导致需求与供应的不匹配问题更加严重。新零售大多是互联网出身，还在交学费，补齐实体店的供应链管理。

在公司内部，部门之间的博弈、力量对比决定了推拉结合点的位置。比如司空见惯的是，销售太过强势，可能导致推拉结合点过度靠近客户，造成库存周转率过低；运营过于强势时，会导致正好相反的情况，同样造成整体库存周转率低，但并不为人所关注。

比如有个新能源企业，本来零部件有相当大的共性，但生产部门不愿建库存（设立推拉结合点），导致生产补货周期长，需求端就不得不建更多的成品库存来应对。成品备了很多，物料却做零库存，这都是局部利益在作祟，牺牲了全局优化。

在公司之间，有些人为因素，导致推拉结合点设在不合适的地方，可能造成行业性的问题。服装行业的订货会、快消品的渠道压货就是典型例子。

服装行业的传统做法是开订货会，提前半年让分销商、零售商下订单，把推拉结合点设置在分销商、零售商处。而分销商、零售商的数量众多，预测颗粒度更小，而且要预测 6 个月以后的需求，预测的准确度很低，最终导致短缺、过剩频发。

渠道压货也类似。在业绩考核的驱动下，销售定期、不定期地向渠道压货，一路把库存压到终端，导致"货到地头死"，积压严重。

对于订货会和渠道压货，供应链的解决方案就是顺应推拉结合的规律，把推拉结合点设在品牌商处，门店、渠道要多少货，就进多少货，只做短期的补货计划即可，避免在细枝末节做中长期预测。

当然，当企业的品牌不够强，对渠道的管控力度不够的时候，在销售业绩的驱动下，企业就更可能一路推到底，"抢占渠道商的仓库"，生米做成熟饭，逼着渠道卖自己的产品。（否则到时候不进我的货怎么办？）这也是为什么在同一行业，品牌越强的企业，渠道压货问题一般也越少。

所以，对于渠道压货，最根本的解决方案还是要从提高产品竞争力、增强对渠道的管控力度做起。

模块化、延迟和大规模定制[⊖]

经济全球化，几乎每个行业的需求都越来越多元化、碎片化，而供应还是大批量生产，导致需求与供应出现结构性的失调。业界一般通过三方面的措施来应对：①导入精益制造，减少对批量的依赖；②标准化，增加规模效益；③模块化和延迟战略，实现大规模定制。三方面的

⊖　参考了 Mass Customization at Hewlett-Packard：The Power of Postponement，by Edward Feitzinger and Hau L. Lee，*Harvard Business Review*，Jan-Feb 1997.

举措各有优劣和挑战。

精益制造从 20 世纪 80 年代就开始了，由日本进入美国。美国车厂发现，相对于通用、福特的大批量生产，丰田的车型更多、批量更小，但生产成本反倒更低、响应速度更快。速度快、成本低、浪费少都是精益制造的优点，让日本车厂能更好地应对多元化的需求。美国企业就系统导入精益制造，比如工厂小型化，产品混线生产；交叉培训员工，一专多能；标准化模具、夹具、快速换模等。

但不管如何精益，供应链总有一定的刚性，需要一定的批量来降低单位成本。于是，人们就又转回需求端，通过**标准化**来增加规模效益。比如就电器来说，同一个插头既可用于 110 伏的电压环境，又可用于 220 伏的电压环境，这就是标准化，这种标准化使插头的需求量更大了；在同一本说明书中，有中文、英文、日文、韩文，这样就不用每个地区都出一本不同的说明书了。

标准化让同一个产品满足多种需求，简化生产、库存、运输等供应链的多个环节，但也可能让产品变得太复杂，成本上升。

比如微软的 Windows 系统和 Office 软件，为了满足不同用户的各种需求，就不停地增加各种各样的功能，并塞到同一个版本里。后来，功能越来越齐全，系统也越来越臃肿，用户友好性就大打折扣。至于功能太全、太复杂导致的产品运行不稳定、维护困难，则更是各行各业的老大难。

怎么办？**模块化**、**延迟**和**大规模定制**应运登场。

最早关于延迟和大规模定制的案例，是关于惠普打印机的。就拿惠普的油墨打印机来说，打印机主体这样的共同部分好预测，就用推式生产，以取得规模效益，降低成本；差异化部分，比如不同文字的说明书、不同地区的电源插头，等有了需求再跟打印机主体组装，是拉式供应链，以降低需求变动带来的库存风险。

在这里，打印机主体、说明书、电源插头都是独立的模块。**模块化**让我们可以推迟差异化，这就是延迟。延迟也让大规模定制成为可能，通俗点说，就是以搭积木的方式来满足差异化的需求。这是从产品设计的角度来应对多元化需求，模块化设计是关键。

把模块化、延迟和大规模定制做到极致的，莫属智能手机。

智能手机的操作系统是共用模块，各种 app 是独立的模块，每个人都按照自己的方式配置，这是软件领域的大规模定制。但是，对于硬件来说，模块化就困难得多，即便模块化，也不一定能够大规模定制。

【小贴士】 从 0 到 1，从 1 到 N，从 N 到 N[⊖]

从 0 到 1 是新产品开发阶段，一般针对有限的客户，很多时候只有一个客户。这个阶段的重点是开创产品和开拓市场，特点是产品配置多，设计变更频繁，要验证的是能力而不是规模优势。我们主要通过组织来推动流程和系统，比如项目方式、小团队作战，来增加灵活性，**能做快但做不便宜**。企业可能通过垂直整合来增加管控力度，提高响应速度。比如有些轻资产的企业也保留一定的制造能力，主要就是为了支持新产品开发时的打样、验证和优化。

从 1 到 N 是量产阶段，主打的是**标准化**，通过产品和流程的标准化来降低成本，实现规模效益，让产品打入更多的客户。层次化的组织，集中、自上而下的控制（计划），大批量的供应，那些我们熟悉的工业化时代的做法，都是这个阶段的特点。这些措施**能做便宜但做不快**，对于变化了的需求难以有效响应。工业时代的大批量产品是这个阶段的例子。规模效益许可的情况下，企业可能垂直整合。

从 N 到 N 主打的是**模块化**，通过模块化的产品、模块化的供应链来实现产品、资源的灵活组合，**兼具速度和成本优势**，从而满足众多客户的差异化需求。其特点是成熟的产品、成熟的工艺、饱和的市场，在燃油车、计算机、家电、服装等行业比较普遍。供应链分层分级，通过专业化来提高效率；垂直整合既做不快也做不便宜，是这个阶段的大敌。

⊖　这部分受《华为数据之道》的启发，华为公司数据管理部著，第 32 页，机械工业出版社，2020。

【小贴士】 模块化为什么那么难[一]

长期以来，很多企业是一体化设计，垂直整合制造。好处是简单，协调都是内部的；缺点是物料的重复利用率低，成品过早差异化，库存风险高。模块化是把产品切分成多个模块，模块可以重复利用、组合；产品设计模块化了，制造也可以模块化，由不同的供应商来制造不同的模块。但模块化对企业的能力要求更高，因而更难推进。

打个比方。一体化设计就如开辟出一条小路，这次走过即可，能够满足这个项目、这个客户的需求就行，不得已凑合一下也可以，主要在项目、客户层面做协调工作。模块化设计就如建一条柏油马路，以后要天天走、年年走、人人走；要求高，不但要跟项目、客户协调，而且要跟负责模块、平台的人协调，管理的复杂度也更高。

一体化设计下，零部件设计出来就行了，相应的设计逻辑并不重要，因为重复使用的概率非常低，感兴趣的人不多；模块化后，模块化的逻辑、设计原则都要非常具体地写下来，工程师们不但要能"低头拉车"把设计做好，而且要能"抬头看路"把这些解释、传达给更多的人，因为更多的人、项目、产品要用这些模块。

模块化可带来长远的好处，体现在公司层面，但以特定项目、特定客户的短期利益为代价。相比一体化设计，模块化设计的周期更长、开发成本更高，不符合项目、客户的当下利益。如果你是活在当下的项目经理、销售经理，你有多少动力，为了公司层面的长远利益，牺牲项目和客户的当下利益？职能与职能、总部与分部之间的博弈也就更多。

从技术层面看，一体化设计下，在产品层面确定性能指标、验收标准就行了，但很多企业仍是一笔糊涂账，没法清晰描述。模块化设计下，一个产品切分成多个模块，每个模块都得有清晰的性能指标和验收标准，模块与模块之间的关系也更复杂，即便每个模块都达到相应的标准，整个产品也不一定能达标。

[一] 摘自我的《供应链管理：重资产到轻资产的解决方案》，机械工业出版社，有修改。

这些都注定模块化困难重重，企业任重道远。

在北美，模块化始于 20 世纪八九十年代，大背景是垂直整合的解体。而供应商呢，很少能把整个产品的制造都接过去——有那样能力的企业，其实就是你的竞争对手。那就把产品切分成多块，给不同的供应商。这就得模块化设计。它跟外包和全球寻源一起，加速了供应链的全球化进程。

在产品生命周期早期，产品的性能尚不能满足需求，更可能是一体化设计、一体化制造，以便快速导入和迭代。一体化设计下的零部件共用率较低，规模效益更小，单位成本也更高。但好处是只要快速推出性能更好的产品，就可以通过卖个好价钱解决成本问题，因为客户愿意为了更好的性能而支付更高的价格。

等到了成熟期，产品性能一般都能超过用户期望，竞争就得靠价格和响应速度。企业就更可能采取模块化设计、外包制造的方式。模块化设计提高了规模效益，降低了库存风险；外包利用专业的供应商，减少了重资产投入，总的制造成本也会更低。

就拿汽车来说，电动汽车尚处于生命周期早期，一体化设计、垂直整合制造的情况较为普遍（这就是为什么特斯拉这样的企业资产也重）。而传统的燃油车呢，由于处于成熟期，成本压力越来越大，从 20 世纪 80 年代开始，产品就不断模块化，构建了分层分级的供应链体系，越来越多的设计、制造任务交给专业的供应商做。

早期的商用飞机也是一体化设计、一体化制造，甚至连飞行操作也是由飞机制造商负责。后来，飞行操作被剥离出来，归航空公司。再后来，商用飞机进入成熟期，加上 20 世纪 70 年代的美国航空解禁，竞争日趋白热化，波音、空客这样的制造商就开始更多地采取模块化设计、外包制造，在全球寻源来降低成本。

计算机也经历了类似的过程。最早的 IBM 可以说代表了整个大型计算机行业，一体化设计、一体化制造，软件、硬件一手抓。到了 20

世纪 80 年代，在个人计算机兴起的时候，IBM 就开始模块化，让微软开发操作系统，让英特尔开发处理器，硬盘、显示器等也更多地用专业供应商的产品。

模块化让企业得以整合最优资源，是降低成本、改善供应链绩效的重要举措，个人计算机就是例子。当然，后来我看到很多文章，说 IBM 这样做是把核心竞争力给了别人，造就了微软和英特尔。这有点偏颇。其实 IBM 当时也在开发操作系统，但没有成功，后来又开发 CPU，制造芯片，结果都一样：巨无霸创新，一事无成。如果坚持一体化设计、一体化制造，IBM 也许早就成了历史。

再回到戴尔。戴尔计算机之所以能推出直销模式，也是得益于计算机行业的模块化设计、模块化组装。没有个人计算机的模块化，迈克·戴尔是不可能在大学宿舍做计算机生意的。模块化带来产品和供应链的灵活性，让戴尔能以适当的成本满足差异化的需求，使得大规模定制成为可能。

但是，模块化设计并不是延迟和大规模定制的**充分条件**。在众多产品中，智能手机从一开始就是高度模块化的，但你看中国的那些手机大厂，十有八九还是没法延迟，很早就在成品层面做差异化。根本原因之一呢，就是供应链的响应速度慢，特别是在信息化不足的情况下。

【案例】 信息化不足，延迟战略没法实施⊖

有个手机厂商在全球开展业务。在不同国家，说明书的语言可能不同，电源插头可能是不同规格的，包装材料也往往不同，但手机的主体是一样的。这是延迟战略的绝好应用：先把手机的主体生产出来，等具体需求明确了，再按照具体国家、地区的要求，配以合适的包装、插头、说明书等，组装好了发货。

受益于需求的聚合效应，手机主体（半成品）的预测准确度相对较

⊖ 摘自我的《供应链的三道防线：需求预测、库存计划、供应链执行》（第 2 版），机械工业出版社，有修改。

高，库存风险较低，可以推；手机成品的差异化需求多，应该拉。推拉结合，总体成本和总体库存都低，库存风险也低。兼顾成本、库存和差异化需求，正是延迟战略的精妙所在，当然也是众多制造商梦寐以求的。

但是，案例企业还是在**成品**层面建库存，这意味着提前差异化。成品的预测准确度低，相应的库存风险高，整体库存也高。芯片等关键元器件短缺时，在成品的预测驱动下，有限的芯片进了错误的成品，进一步加剧了短缺的产品短缺，过剩的产品过剩。

案例企业之所以在成品层面做预测，承担更高的库存和库存风险，一大原因是**信息化程度低**，导致供应链的响应速度太慢。

比如 BOM（物料清单）不准确，库存账实不符，MRP 没法在 ERP 中自动跑，渠道、客户的订单来了后得手动匹配；跟供应商缺乏电子连接，在途订单交期不确定，需要电话、邮件来确认。这些都需要大量的人工处理，每个环节动辄需要几天时间。如果成品是需求拉动的话，供应链的响应周期太长，客户体验太差。

上面手机厂商的情况有相当的普遍性。爆炸式的成长后，小企业变成了大企业，能力和业务增长的差距却越来越大，其中最为滞后的便是信息系统。**企业小的时候，组织在驱动流程和系统；企业大了，系统和流程在驱动组织**。相对而言，组织问题可以短平快地解决，常见的就是重金挖人。有能力、经验的人来了，流程总能制定，虽然不一定最优。但是，信息系统是个长周期的问题，光靠堆钱没法改善：你可以投巨资一次性上系统，但后续主数据的维护、BOM 信息的更新、库存数据的准确性等，需要长时间的努力。

企业越大，信息系统的建设越没法一蹴而就，可以说你三年后忙的很多问题，跟现在忙的不会有多大区别。正因为难以对付，很多企业没有决心根治，就通过打补丁、走捷径的方式来"灵活"处理，而"灵活"的结果呢，则是问题越积越多，越来越解决不了。这就是为什么快速发展中，越来越明显的信息系统的差距成了供应链的一大短板。

供应链与设计的闭环集成

供应链的效率取决于协作+协同。

全球竞争的执牛耳者有两个共性：拥有**技术壁垒**带来的差异化优势和**供应链协同**带来的效率优势。技术壁垒离不开设计与供应链的集成，效率优势离不开营销与供应链的协同。这一章我们主要就探讨供应链与设计的集成，下一章我们谈谈供应链与营销的集成。

如图 4-1 所示，**设计**主导从 0 到 1，开发出一个好产品；**营销**主导从 1 到 N，卖掉一个又一个产品。这两大内部客户对供应链绩效都有要求，但侧重点不同：在从 0 到 1 阶段，成本重要，但速度（时效）更重要；在从 1 到 N 阶段，速度重要，但更强调成本。帮助设计开发出好产品，帮助营销有效满足客户需求，是供应链的核心价值所在。

这从苹果的历史可见一斑。

从0到1的新产品开发，强调速度
（时效性），服务对象是设计

从1到N的批量生产，强调成本
（经济性），服务对象是营销

图 4-1　供应链的两大内部客户，主要诉求不尽相同

【案例】　苹果也是供应链的成功[○]

　　1998 年，供应链运营专家库克刚到苹果时，发现相比研发（产品管理）和营销（需求管理），苹果的供应链（供应管理）有两个特点：①**供应链的团队力量很弱**；②**供应链跟研发与营销的集成度很低**（见图 4-2 中的①）。当时的供应链更多的是个打杂的机构：研发选定供应商，供应链去砍价；营销确定需求，供应链去催货。

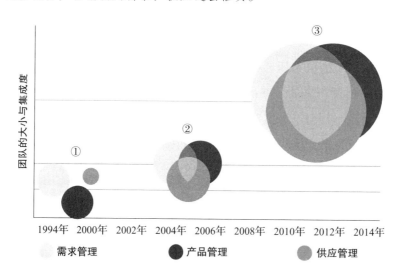

图 4-2　苹果供应链的演进之路

资料来源：SCM World Apple and Amazon：Lessons for the Rest of Us Report，November 2012.

　　○　苹果的案例摘自我的《供应链管理：高成本、高库存、重资产的解决方案》（第 2 版），机械工业出版社，2023 年，有删节。

　　打铁先得自身硬。库克的一大举措是加强供应链的团队建设，包括聘用更多的专业人士。比如 2003 年前后，我正在亚利桑那州立大学读商学院，校友中的中国学生就先后有四五个被苹果招去，管理全球供应链（当时学校每年毕业的供应链 MBA 学生也就三四十人）。这些优秀的职业经理人扩充了苹果的供应链团队，也加强了供应链与研发、营销的集成，比如早期介入产品开发，促进产品设计、工艺设计和供应链设计的同步进行；紧密对接市场、销售，提高需求预测的准确度，驱动供应链及早响应。

　　几年后，得益于更加充分的资源和能力建设，苹果供应链的那个圆圈更大了，而且跟两个内部客户的集成也更紧密了（见图 4-2 中的②）。伴随着 iPod、iPhone 和 iPad 的成功导入，苹果走上快速增长的道路，苹果的供应链职能也在快速发展，团队的力量越来越强，跟研发与营销的集成度也越来越高（见图 4-2 中的③）。

　　于是，苹果就成了我们所熟悉的苹果：不但有好产品，而且有好运营，供应链成为苹果成功的一大支柱。苹果的成功，表面上看是产品的成功，其实也是供应链管理的成功。

　　供应链跟两大内部客户的集成，反映在企业的两大主干流程上：集成产品开发（IPD）和集成供应链（ISC）。当年华为花了据说 1 亿美元的代价，从 IBM 引入的就是这两大流程（当时华为每年的净利润大概也就 1 亿美元）。

　　这两大流程驱动了企业的大部分资源，其共性是通过跨职能协作，实现 1+1>2 的效果：集成产品开发是整合营销、产品、设计、供应链，改变传统的串行开发方式，优化产品设计，以开发出可制造性好、差异化优势明显的产品；集成供应链旨在消除营销、产品、计划、生产、采购等各环节的信息不对称，提高预测准确度，构建闭环的交付系统，以改善交付，降低库存和成本。

集成产品开发：变串行为并行

传统的产品开发是**串行**推进，走到极端就是研发人员闭门造车，开发出产品，隔墙扔给供应链；产线、供应商在生产过程中发现设计问题，反馈回来，以设计变更来调整；好不容易做出来了，问题就击鼓传花到了销售，销售说客户看重的是性能 A，我们给的是性能 B，反馈回来，设计继续调整。周而复始，一个设计变更跟着另一个设计变更，问题发现得越晚，开发周期就拖得越长，纠错的成本也呈指数级别上升（见图 4-3）。

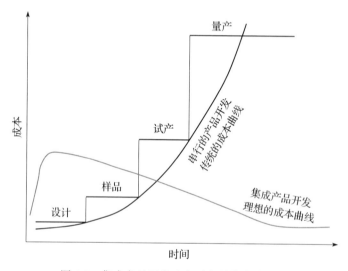

图 4-3　集成产品开发改变了产品的成本曲线

在管理粗放的企业，很多实践都能看到串行作业的影子，以及人为造成的壁垒与信息不对称。比如在有些企业，甚至连采购价格都不对设计人员开放。设计连采购价都不知道，那怎么评估性价比，做好设计选型呢？等到采购最终介入了，反馈这个产品太贵的时候，设计早已定型，剩下的就只能是跟供应商砍价。

冠冕堂皇的理由吗，无非是担心设计人员透露给供应商什么的。不可告人的呢，则是信息不对称使信息拥有者具备特权，以便在博弈中获取优势。这些企业中，不乏一些名企。每每听到这些，我总是觉得很神奇：职能之间壁垒如此严重，以邻为壑，企业也能长这么大，真是奇迹，大概也只有在快速发展、机会遍地的情况下才有。可惜这已成了历史。

对于这些典型的串行开发问题，解决方案就是**集成产品开发**。集成产品开发是**并行**工程，即市场、售后、生产、测试、采购、财务等相关方早期介入产品开发，明确各自的需求，在产品开发的同时考虑制造工艺、包装运输、售后服务，甚至回收利用。跨职能介入后，问题早发现，早解决，一次性解决，早期成本可能更高，但后续的纠错成本更低，从根本上解决了过去"串行"所带来的风险和研发进度滞后，甚至白开发的问题。⊖

说到集成产品开发，就不能不提华为。当年华为导入集成产品开发，主要有三方面的诉求：①把传统产品开发的偶然性成功，变为持续、稳定、可重复的成功；②把产品开发从技术导向转为客户导向；③把产品开发从单纯研发主导转为跨职能参与。⊜

我不认为集成产品开发是**颠覆性**创新的利器。个人英雄主义不可替代：那些颠覆性的产品，不管是腾讯的微信、苹果的 iOS，还是华为早期的交换机，都离不开那几个极度聪明的才俊。不过更多时候，我们做的是**延续性**创新，而集成产品开发呢，可帮助我们在延续性创新中避免大错特错，开发出超过平均水平的产品。⊜

这里的关键是跨职能参与，在产品开发伊始就综合考虑、优化各方的诉求。

有个名词叫 DFX，意思是"面向 ×× 的设计"，其实隐含的就是集

⊖ 《华为研发》(第 3 版)，张利华著，第 148 页，机械工业出版社，2017。
⊜ 《集成产品开发与创新管理》，杨汉录、刘晓峰、陈龙编著，企业管理出版社，2021。
⊜ 集成产品开发流程减少了不确定性，降低了开发劣质产品的概率，但也顺便"掐"掉了那些最优秀的产品，剩下的就是平庸（平均水平或者稍高于平均水平）的产品。当然，对大企业来说，求稳要比出爆款更重要，也就认了。其实大企业的很多举措都在"掐头去尾"，把最糟的和最好的都排除掉。这是大企业的普遍挑战，也是大企业难以创新的根本原因。

成产品开发的概念。比如面向制造、面向组装、面向包装、面向售后，以提高产品的可制造性、可装配性、可服务性等。从字面上看，这是让设计人员"开恩"，兼顾制造、组装、物流、售后服务的诉求，让总成本更低。其实，很多时候，设计人员是没有能力"开恩"的——他们甚至连这些诉求是什么都不知道，特别是那些没经验的工程师。

经验是怎么来的？以前吃过的亏、受过的罪、交过的学费，比如串行产品开发的事后学习。集成产品开发通过跨职能的早期介入，来缩短学习曲线，降低试错成本。跨职能介入后，各职能的诉求成为产品需求定义的一部分，**产品、工艺和供应链并行设计**，原来的节点审批、反馈变成了持续互动、持续优化，小步快走，纠偏速度快，纠偏成本也更低。

在传统的串行开发环境下，主要的问题是在节点审批时由管理层和别的职能发现的。要知道，管理层、下一环发现的问题总是滞后的。**问题在哪儿发生，就该在哪儿发现，就该在哪儿解决；由什么人造成的，就该由什么人发现，由什么人解决**。这是改善速度、成本和质量的关键，不管是设计还是生产。

集成产品开发在运作层面提供了这样的机制，让各职能在日常工作中就能频繁快速地互动，在问题发生的小范围内就解决。产品开发由研发的单一行为，变为跨职能协作。跨职能协作的关键不是把关，一个人干十个人看，而是贡献各自领域的知识，让信息尽早变对称。毕竟，问题不是通过把关解决的，而是通过参与解决来解决的。

供应链的早期介入，特别是采购与供应商的早期介入，助力设计优化和设计选型，把成本设计下来是集成产品开发的关键一环。但问题是，为什么在那么多的企业，供应链却不愿投入足够的资源，早期介入设计阶段呢？

新品开发，供应链为何不够重视

你随便到一个企业，问供应链部门整天在忙什么，新品开发，还是量产？答复八成是量产，因为量产阶段的问题多。那量产的问题都是从哪里来的？大多是新品开发阶段造成的。比如设计不优化，可制造性就差，量产后的质量、交付问题就多，成本就做不低，三天两头就得跟供应商砍价。再比如新品寻源找错了供应商，那后续绩效问题就更别提了。

相同的问题，要么在研发阶段一次性解决，要么在量产阶段分 N 次解决。人人都知道一次性解决的成本最低，那为什么这么多人都等到量产阶段，分 N 次来解决？

要知道，一两个人干傻事，有可能是这一两个人的问题；一群人干傻事，后面十有八九能看到**绩效考核**的影子：供应链的传统角色是支持**生产和运营**，其绩效考核也是围绕量产设置的，导致供应链的资源聚焦量产阶段，在新产品开发阶段投入不足。

比如年度降价，是量产阶段采购 100 件降得多，还是研发阶段采购 3 件降得多？再比如按时交货率、质量合格率，是产线要的 100 个影响大，还是工程师要的 1 个重要？不用说你都知道选哪个了。这些侧重量产指标的副作用呢，是直接导致供应链对研发阶段不上心，甚至有意无意地牺牲新品开发的利益。

比如在新品开发阶段，假定有个供应商非常"不识相"，报了个非常低的价，比成本价高不了多少。作为采购经理，你会很愤怒，还是很高兴？报得这么低，明年的五个点、后年的五个点的年度降价怎么办？同样，一旦有了年度降价，供应商在新品开发阶段，会不会把所有的好点子都贡献出来？如果都贡献出来的话，那明年、后年、大后年每年的五个点怎么办？

我说这些，并不是想把年度降价的指标给拿掉。年度降价存在，自然有存在的原因，但它在解决了一些问题的同时，也创造了一些新问题，这是绩效考核的普遍问题，需要通过别的指标来牵引。我想强调的是，企业大了，**绩效考核是改变组织行为的关键**，如果要想供应链重视研发阶段，投入更多资源到研发阶段，我们就得在新品开发阶段的绩效考核上做文章。

比如设置新产品的目标成本，如果达不到的话，采购经理也没有年度奖；新产品计划 10 月 1 日上市，上不了市的话计划人员也没有奖金。当然，我并不是说这些就是应该设置的指标。企业要根据具体情况，来确定新品开发阶段的指标。这是管理者的一大任务。

新产品开发更多是预防问题，而在很多企业，预防问题的功劳得不到体现。"救火"英雄，反倒更受重视和关注。华为早期也一样："当时各个产品项目组都忙于快出产品，不在乎质量，出了问题，'救火'就是了，这不仅能产生英雄，还能受到公司重视。"⊖这些都是绩效考核的问题，得从绩效管理的角度来解决。

绩效考核解决了愿不愿意的问题。但是，光有意愿还不够，我们还得有**能力**。传统的供应链主要服务量产阶段，其组织、流程和系统也是围绕量产的需求构建的，成本可以做得更低，但往往以时效为代价。这不适合新产品开发，因为对新产品来说，成本重要，但速度更重要。相应地，供应链要做出组织、流程和系统上的调整，以更好地支持新品开发。

让我们通过一个具体案例来阐述。

【案例】　研发阶段，采购速度太慢怎么办

硅谷有个高科技企业，设计工程师们时时处于项目进度的压力下，经常抱怨供应链速度太慢。就拿最简单的订单处理来说，随便买点什么，花钱也不多，供应商也是已知的，价格也早谈定了，但采购不花个三五天，这采购订单就是发不出去。

采购呢，受困于流程、系统、制度的限制，想快也快不起来。比如订单流程是围绕量产设置的，采购员对订单进行批量处理，一两天集中处理一次，遇到出差、周末或节假日就间隔更久；公司对一次性需求层层审批，采购审完财务审，流程长、速度慢，害苦了一帮工程师。

⊖　《华为研发》(第 3 版)，张利华著，第 109 页，机械工业出版社，2017。

这都注定设计对采购意见多多，对支持新产品开发的采购人员来说，日子就很难过，采购经理一年一换。最短的是一位高级经理，半年还没熬到就辞职不干了。长期的摩擦中，这个公司的供应链部门意识到，产品设计是供应链的最主要内部客户之一，有独特的需求，需要有相应的系统和流程来支持。于是，供应链就做出调整。

在**组织**上，供应链设置了专门的研发采购，安排几个专门的采购员。

以前采购员是按照采购对象分配任务，同时支持量产与新产品开发，面前总是排着一长队的订单要处理，绝大部分是量产阶段的，设计人员的订单来了，动不动就得排队一两天；现在这几个采购员全职处理研发阶段的采购需求，工程师的订单一来，排队等候的时间大大缩短。

在**流程**上，案例企业也简化了一次性采购的审批。

想想看，研发类的一次性需求，采购、财务能够判断需求的合理与否吗？谁能判断？工程师的老板们，而且花的是他们的钱，他们也更有动力来把关。案例企业就简化了审批流程：如果工程师的管理层批准了，采购和财务一概不再审批。对内控来说，任务就变成定期审核工程师的经理和总监们，确保他们在以正确的方式做正确的事。

在**系统**上，该企业也采取了措施。对于研发类的零星采购，他们设计了一张简单的Excel表格，工程师们走完审批流程后，把需求和供应商信息一并填入Excel表格，发到一个共用的邮箱中后，时钟就开始计时；那几位专门支持研发采购的采购员呢，则整天盯着那个邮箱，需求表格一进邮箱就开始处理，很快订单就发给供应商了。

负责研发支持的采购经理呢，每周、每月跟工程师的经理、总监们坐下来，汇报研发类采购的绩效。比如上一周、上一个月的研发类采购中，百分之多少的订单是当日发出的，其余有多少是在24小时、48小时内发出的，是否达到了约定的时效指标等。

组织上有了专人支持，流程上简化了审批手续，系统上有了简单的信息化工具，组织、流程和系统的能力提升了，研发阶段的采购时效问题大为改善。这就是通过改变能力来改变结果。

这还没完。供应商做好产品后，送货过来，先在仓库门口排队几个小时，等待验收；好不容易验收了，接着排队几个小时，录入 ERP；然后又排队，等候放到库房货架上。等最终到了工程师手上，一两天乃至更长的时间就过去了。有时候，工程师不断地催供应商，而货其实已经在仓库排队两天了。

为了加快新产品的入库，案例企业就优化了新产品的收发流程：凡是工程师们的订单，供应商都用橘黄色的包装以示区别（"橙色警报"），仓库一看到橘黄色的包裹，就启动加急流程，放下量产产品的入库验收，优先处理研发需求，在 x 小时内完成所有的验收、入库手续，在 y 小时内送到工程师的手上等。

仓库每天收货成千上万，绝大多数是支持生产线的，研发人员的订单往往连 1% 都不到。优先处理工程师的订单，并不会对生产线造成多大的影响，却极大改善了对工程师的服务水平。

这一流程实施前，为了赶时间，经常看到工程师到仓库提货，甚至亲自开车去供应商处拿货；这一流程落地后，这些现象就彻底看不到了——仓库安排了一个专人，推着手推车，整天在工程师的大楼里走来走去，忙的就是给工程师送货。

上面讲的都是些小举措，没有一个是所谓的"火箭技术"。但不要小看这些，它们不但显著改善了对研发人员的支持，而且传递了清晰的信号，那就是供应链支持新产品开发。仰望星空，脚踏实地。对供应链来说，脚踏实地就是把这些具体的事儿做好。供应链与设计的集成，听上去很高端，但必须要从做好本职工作、帮助内部客户成功做起。

设计优化中，供应链扮演关键角色

供应链从产品开始。供应链上的成本，大部分取决于产品设计。比如材料选型、技术规格决定了产品成本，包装设计影响物流成本，模块化设计还是一体化设计影响售后服务的成本。设计优化了，材料选型合理，可制造性、可运输性、可服务性就好，供应链的成本自然就低。这道理简单，那为什么那么多的产品设计不优化？

一件事做不好，只有两个原因：要么是**没意愿**，要么是**没能力**。让我们先来说**意愿**。

设计不优化，是否符合设计人员的诉求？当然不。我有工科背景，相信读者中很多人也是，我们在大学读书时，每个教授都教我们，设计的目标是不但性能要好，而且成本要低。不管是什么工程师，成本和性能的优化意识都是其思维的一部分。所以，你不能简单地说设计人员不愿意优化设计。

当然，如果成本不是工程师的考核指标，他们自然会倾向于牺牲成本，来优先保证开发速度和产品质量。这点可以通过**绩效考核**来解决：给研发人员成本指标，比如新产品的目标成本，量产产品的年度降本等。问题是，即便工程师们愿意优化设计，但他们有没有**能力**来优化？答案往往是否定的。让我们看看产品设计是如何优化的，就知道是为什么了。

我们知道，产品设计与工艺设计互相反馈、互相优化：研发人员设计好了图纸（产品设计），需要拿到生产线上打样，产线做的是工艺设计，根据生产线的反馈进一步优化设计（见图4-4）。在垂直整合的年代，工艺设计发生在自己的产线上，设计经常和生产一道解决问题，有些公司叫"产研结合"；在外包盛行的今天，工艺设计发生在供应商处，设计优化的参与者就成了供应商。

这不，工程师画好了图纸，确定了规格，就隔墙扔给采购，让供应商打样。供应商就开始做**工艺设计**，打样时给设计人员反馈，比如其中一种材料的硬度很高，加工难度大、良率低、速度慢、成本高。同时，供应商建议到，别的公司（很可能是你的竞争对手）用另一种材料，相对软多了，好加工，良率高、交期短、成本低，你们为什么不用呢？这就是工艺的反馈。

产品设计   工艺设计

图 4-4　产品设计和工艺设计的交互优化

资料来源：VectorStock 网站。

　　设计人员得到这样的反馈后说，这么好的点子，我怎么就不知道呢？你当然不知道，因为你整天对着计算机画图，有多少时间跟供应商一样，花在生产线上？产品工程师懂产品设计，但不擅长工艺设计，特别是那些刚从学校出来工作没几年的工程师。等试错 N 次，解决了无数的质量、工艺、良率问题，交了很多学费后，这位工程师终于既懂产品设计，又懂工艺设计了，却发现他已经不做设计了——他成了经理，做管理了。

　　不管你愿不愿承认，不管什么公司，产品设计大多是由低于平均水平的那一半工程师做的。这没有半点儿冒犯设计人员的意思。要知道，在任何时候，任何职能中总有一半的人是低于公司平均水平的。

　　对供应链职能来说，设计人员多以权威的身份出现。但问题是，相当多的设计人员不是工艺方面的专家，他们制造的问题，很多时候让人啼笑皆非。而解决方案呢，还是离不开采购和供应商。

　　我最早意识到这些，跟在硅谷的那段经历有关。

　　二十多年前我刚到硅谷时，第一份工作是在半导体设备行业做采购。当时在开发一个看上去有点像个平底锅的零件，直径大概一米多。这还不简单，负责机械设计的工程师就找了块铝，把中间的部分挖掉，把外面多余的部分也车掉，剩下的不就得了嘛。

思路挺简单，制造却困难：这铝块都快 90 斤重了，得两个壮汉抬着，不小心伤着人可就不得了了；那么大一疙瘩的高品质铝，车到最后只剩下一层皮儿，该浪费多少材料和人工！不管怎么样，设计已经定型，供应商就只能这么给做出来。工期长、良率低、成本高，便是意料之中了。

后来我访问供应商，供应商说还有更靠谱的加工方法，那就是旋压成型法：找一块铝板，夹在旋转轴上，快速旋转的过程中纵向施加压力，渐渐包在内模上（见图 4-5）。

图 4-5　金属旋压成型示意

资料来源：《金属旋压成型（Metal Spinning）工艺及操作步骤》，搜狐网。

在灯具、餐具、珠宝等行业，旋压成型工艺挺成熟。这不，你家的灯罩、盘子很可能就是旋压成型的。但在半导体设备行业，那帮设计师显然不是这方面的行家。谁懂？整天干这活儿的供应商呗。但由于介入太晚，只好在下一次设计变更的时候改进了。

再举个例子。

硅谷有个高科技企业，提供一种很贵的易耗品，每个价值几千美元，在客户的产线上用一段时间后，就要清洗维修，最大的挑战是零件上有千百个小孔，粉尘进去后总是洗不干净。该企业有一大帮博士工程师，提出的解决方案是用高压蒸馏水冲，但效果不稳定，总有些粉尘冲不掉。

哪怕多花时间冲，用掉很多蒸馏水，耗费很多人工，还是有残余粉尘。

这是一帮业界顶尖的专家，理论都很懂，实验室经验也很丰富，但对产线上具体怎么干活，还是欠缺经验。后来企业找到一家供应商，设施破破烂烂的，里面一个做了半辈子清洗工作的大胖子说，这有什么难的，给清洗用的蒸馏水中掺入某种气体不就行了吗。给水龙头加压，高压气体和蒸馏水冲到小孔里，周围压力骤减就形成气泡，而气泡破裂就把那些粉尘给冲掉了。

会者不难，简单的一招，解决了一两年的老问题。这老问题有多大？光在一个客户那里，据说每个月的罚金就以百万美元计。

这些都发生在硅谷，很多人心目中的技术圣地。几十亿美元的大企业都这样，专业的博士工程师都如此，一般的企业就不难想象了。你得承认专业分工。术业有专攻，供应链伙伴各有所长。而供应商早期介入设计呢，就是整合供应链伙伴的最佳实践，产生 1+1>2 的效果。

【案例】 户外灯具的太阳能板

有个公司的主要产品是户外灯具，市场主要在欧美，供前庭后院照明。

户外灯具以前主要用电，现在越来越多用太阳能。相对而言，太阳能板很贵，为了节省成本，研发人员就精确地计算每款灯具需要的面积，比如能用 3.1 厘米 × 3.1 厘米，就不用 4 厘米 × 4 厘米，即便后者是标准件（谁说设计人员不重视成本！）。这虽然节省了太阳能板，却成了供应商的噩梦：不是标准尺寸，切割就很麻烦，会用掉很多人力，良率也受影响，而且边角料也没法再用。

类似的情况也发生在建筑行业。

有的工程师为了节省钢材，就严格按照最佳配料来设计，能用 8 号钢筋的就不用 10 号。结果同一个混凝土梁，配料单上有 8 号、10 号、12 号钢筋，虽说最省料，但施工起来就麻烦了：这些钢筋的型号那么接近，工人难以辨认，经常放错。如果把高标号的钢筋错当低标号的无非是多花了些钱，但把低标号的钢筋错当高标号的则可能有质量隐患。放错了再换，来回折腾，成本挺高，到不如都设计成高标号的钢筋，材料和人工的总成本反倒更低。

这些问题的根源呢，都是设计人员不熟悉生产工艺。

就拿太阳能灯具的案例来说，太阳能板看上去像玻璃，摸上去像玻璃，但并不是玻璃，不能像玻璃那样随意切割。设计人员不懂这些，出于省钱的善意，不但增加了供应商的生产成本，而且增加了产品的复杂度。他们的样品就在办公大楼周围的草地上展览，几百种灯具，每个灯具都配备不同尺寸的太阳能板，量就很分散，没有规模效益，供应商都不愿意给加工。

负责销售的二股东愤愤地抱怨，都多少年了，设计人员还不知道太阳能板不是玻璃。谁最懂太阳能板的切割？供应商。随便叫一个供应商来，不出 5 分钟，就能解释得清清楚楚，太阳能板不是玻璃，不能像玻璃那样设计和加工。这里的关键是采购，是采购在对接设计与供应商，所以采购可以在拜访供应商的时候带几个工程师，或者邀请供应商来公司给工程师们讲解。能影响这么多的工程师，相信没有哪个供应商不愿意讲给工程师们听。

所以，案例中的设计优化看上去是工程师的事，其实采购和供应链也是关键。在这家灯具公司，设计不优化、产品复杂度高，供应商的价格就降不下来，采购一直以受害者的身份出现。但他们没有意识到的是，产品设计不优化，采购也是解决方案的一部分。

【小贴士】 产品设计与工艺设计脱节，是建筑行业的死结

建筑行业的传统做法是先设计，再招标，最后施工，而且由不同的公司完成，是典型的串行操作（见图4-6）。这种模式下，供应商很少介入设计阶段，因为在设计阶段，招标尚未开始，谁是供应商都不知道呢。等到了发包阶段，供应商是介入了，但设计早已定型，牵一发而动全身，设计优化也几无可能。达不到目标成本，剩下的就是价格谈判，软硬兼施，让供应商、承包商让利，做利润转移的游戏。

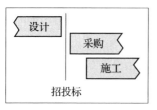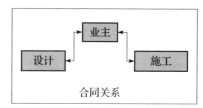

图 4-6 产品设计与工艺设计脱节，是建筑行业的死结

资料来源：Construction Industry Institute.

这是中国建筑行业的顽疾，不过美国大概也不输中国。我曾经到得克萨斯州的奥斯汀，访问石油巨头雪佛龙时，遇到一位采购总监，他以前就职于福陆公司（美国最大的建筑承包商之一）。他说建筑行业（在美国）压价这么厉害，承包商生存很困难，利润低、薪酬差，工资几年不涨，如果别的公司肯给他多付一美元，他就会跳槽。这不，他最终从福陆跳到客户雪佛龙了。

我先后在建筑行业 10 年，对设计与生产（施工）脱节的问题深有感触。产品设计、工艺设计严重隔离，互不优化，注定建筑行业会继续在成本、进度和质量问题的泥淖里不能自拔。既然没法靠设计优化，成本问题就主要靠招投标，谈判降价。

在那些建筑、房地产公司，采购的主要职责，如果不是唯一的职责的话，就是招投标。招投标得到的价格如果不够低，那就二次议价、三次议价，一轮一轮往下谈，但他们还是觉得不够低。不过你看看供应商的净利润，就知道价格谈判有多大空间了。

就拿中国最大的建筑公司——中国建筑来说，每年 2 万亿元出头的营收（2022 年），净利润也就 3.4 个点[一]，就算都给你，又能解决多少问题呢？街道上卖红薯的，至少也有 10 个点、20 个点的净利润吧。

供应商的盈利太低，造成诸多工期拖延和质量问题；优质供应商保有率低，带来更多的隐形成本。房价高，大家不喜欢，但一般会把这笔账算在自己头上，谁让自己赚钱少呢？但质量问题呢，冤有头债有主，

[一] 东方财富网。

房地产业还是难逃其责。这个行业的应对方案呢，就是继续一门心思在招投标上做文章，找更便宜的承包商——把质量问题当作成本问题来解决。

那解决方案呢，还是离不开产品设计与工艺设计、设备选型的交互优化。设计施工一体化（design and build）就是把设计和施工委托给同一家公司负责；设计采购施工一体化（EPC）呢，则是谋取更大范围内的设计、工艺、设备选型的优化。

设计选型离不开采购和供应商

供应链经常抱怨，比如有那么多可选的螺丝钉（或者说任何产品），为什么工程师偏偏选了成本高、制造难的那个（见图4-7）？你不能简单地拿工程师没意愿做说事——要知道，那样做，会坑了一帮采购和供应链，也坑了工程师自己，当然不符合工程师的利益诉求。事情做砸了，如果不是意愿问题，那一定就是能力问题，看看研发人员是如何做设计选型的就知道了。

天底下的螺丝钉不计其数　　　　　工程师偏偏选了这样一个

图 4-7　设计选型的常见困境

资料来源：VectorStock 网站。

工程师选型，一般就找个产品目录，要么是供应商访问时给他的，要么是网上找到的，在那上面找个最便宜，或者最合适的。他会不会把那 12 个供应商的产品目录都找来，选择最合适、最便宜的？当然不会，他甚至根本就不知道那 12 个供应商都是谁。

对于那些相对简单的产品，情况尤其如此。比如电容、电阻、螺丝钉、双面胶、单面胶、纸箱子、包装材料，工程师们人人都在选型，其实人人都不是专家。那专家是谁呢？采购和供应链，因为我们有专人负责相应的品类，整天跟供应商打交道，对供方市场最熟悉。

就拿电子元器件来说，有的工程师熟悉日韩系列，因为他一直在用日韩系列；有的熟悉欧洲厂商，因为他的老东家主要用欧系的；有的熟悉北美厂商，也是同样的原因。谁熟悉所有的供应商？采购和供应链。我们有专人跟日韩和欧美的厂商打交道，最熟悉哪个供应商做得好，哪个供应商做得差，哪个供应商的性价比高。这就是说，采购和供应链早期介入设计选型，可以弥补设计人员的能力不足。

那有人或许会说，我刚到采购，也不懂，怎么办？你不懂没关系，供应商懂，这就是**关键供应商的早期介入**。在设计选型上，供应商往往比采购更在行。打个比方。你要办活动，订酒席，饭店会问你预算是多少，然后根据你的预算给你建议菜单，有鱼有虾有肉，荤素搭配合理；如果让你自己订的话，往往花钱更多，而菜品的搭配反倒更不合理。[⊖]

当然，供应商早期介入也可能带来一系列的问题，比如在最低价中标下，优质供应商拿不到业务，就不愿意早期介入，或者供应商早期介入了，采购却没有。还有就是早期介入后，供应商锁定了，价格怎么谈，这些我们在后文"供应商集成：供应商管理的最高层次"会详细谈到（第 375 页）。

⊖ 如果坚持自己"点菜"，点的菜往往大家不喜欢吃；超出预算了，那就跟餐馆砍价，餐馆自然不高兴；餐饮业利润那么低，即便给你让点利，你往往还是超预算。这就形成典型的三输。

【小贴士】 供应商的闭环反馈为什么建不起来

不管是设计优化、设计选型，还是供应商的早期介入，企业的普遍挑战是供应商的闭环反馈没法建立，或者反馈周期太长，效率太低，质量不好。主要有以下两方面的原因。

其一，**采购的技术力量不足，没法有效对接研发与供应商**。产品设计、工艺设计都是技术活，研发和供应商讲的是技术语言，而大多数企业的采购是个文科性职能，主要对付商务问题，没有技术能力，没法有效对接研发与供应商，做好它们的桥梁。

解决方案呢，就是设立**供应商工程师**的职位，这个职位既熟悉基本的产品设计，又熟悉基本的制造工艺，是采购团队的重要组成。这点在后面还会详细谈到（第 454 ～ 457 页）。

其二，**商务关系没理顺，供应商不愿意帮助优化设计**。在管理粗放的企业，我们习惯性地会多点寻源，同一个料号分给两个、三个甚至更多的供应商做，通过导入更多的竞争，来取得更好的价格，降低供应和质量风险。多点寻源下，优秀的供应商就不愿意帮助优化设计——优秀的供应商之所有优秀，是因为要么有更好的工艺，要么有独到的技术，知道一些别的供应商不知道的。有谁愿意把这些分享给采购方，设计到图纸、规格中，让竞争对手都学会？

成本没有设计下来，就成了采购问题：它们得砍下来。采购光靠一张嘴，砍不了多久就砍不动了。那就只好导入更多的供应商，通过更"充分"的"竞争"来压价。结果是供应商的忠诚度更低，后续产品的设计优化更差，陷入恶性循环。

解决方案呢，就是跟关键供应商建立长期关系，通过长期关系来约束供应商早期介入后的博弈冲动，我们在后文还会谈到。

设计不愿与供应链协作，怎么办

到现在为止，我们讲的都是供应链要有能力、有意愿跟设计协作、集成。但问题是，设计不愿意跟供应链协作怎么办？公司大了，愿不愿意的问题要靠绩效考核，那就是给设计人员背上强相关的指标，比如成本指标，来解决。

让我们举个例子。

案例企业是个大型制造商，每年的营收有几百亿元。以前设计没有年度降本指标，这一指标全归采购。当采购拿着供应商的好点子，找工程师来优化设计时，工程师会说，这点子很好，省5分钱也很重要，但我有更重要的事要做。后来采购的老总换人了，上来的是董事长的前秘书，能够更深刻地影响董事长。新的采购老总对董事长说，百分之七八十的产品成本是设计阶段决定的，那让工程师们背一半的年度降本指标，不算过分吧？

这不，50%的年度降本指标就归了设计。然后就看到工程师们频频敲采购的门，问供应商有没有设计优化的好点子。当设计人员有了成本指标，他们也会更愿意重复利用零部件，多用标准件，推动设计的标准化、模块化、平台化了。

在这家公司，当质量没有降本指标时，一看到供应商要优化生产工艺，默认的反应就是不批准，因为改变意味着风险；当质量也背了降本指标时，比如年度降本总额的20%，质量就更有动力，通过推动供应商的工艺优化来降本。于是，质量就变成了采购的帮手，更加积极地寻求供应商的工艺优化方案。

华为大力宣传"产品研发团队要为产品的最终市场结果和财务指标负责""做产品研发不能光看技术的领先性，而应该以市场的成功、商业化的成功为第一标准"[一]。这都是让设计更加关注商业指标，完成从"工程师"向"工程商人"的转变，会算经济账，更加理性地平衡性能和成本，也客观上促进设计与供应链的集成。

[一] 《研发与创新》，张利华著，机械工业出版社，2021。

供应链与营销的闭环集成

简单地说，营销、计划与供应的关系就如踢足球：销售是前锋，对接客户，管理需求；计划是中场，负责统筹、调度和控制；供应就如后卫，做好生产、采购和配送工作。[一]需求信号从销售传到计划再到供应，交付承诺从供应传到计划再到销售，两相形成闭环，是集成供应链的重要内容。

在销售与供应链的闭环体系中，计划处于枢纽位置，承上启下。反映在华为的集成供应链中，内核就是其集成计划体系（见图 5-1）。

在华为的集成计划体系里，最高层面是公司的战略规划，比如 3 年、5 年战略规划；分解落实下来是年度的经营规划，然后落实到销售与运营计划（S&OP）。在 S&OP 的基础上，产生了主生产计划，以及衍生的生产计划和采购计划。

[一] 这个比方受《供应铁军：华为供应链的变革、模式和方法》一书的启发，袁建东著，机械工业出版社，2020。

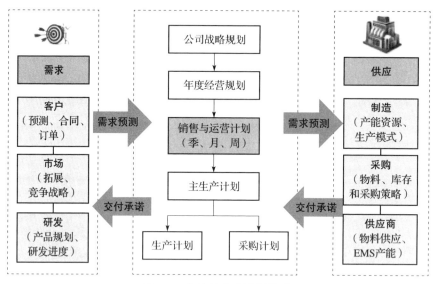

图 5-1　华为的集成计划体系

资料来源：《供应铁军：华为供应链的变革、模式和方法》，袁建东，2020。个别字句有
　　　　调整。

在需求端，有客户的预测、合同、订单，有市场的拓展、竞争战略，有研发的产品规划、研发进度；在供应端，我们得考虑工厂的产能资源和生产模式、采购策略及供应商的供应能力。需求和供应经过计划串联起来，就形成了华为的集成计划体系。而销售与运营计划呢，则是集成计划体系的内核。

在华为的集成计划体系中，从销售到计划到供应，整个链条由同一个**需求预测**串联起来；从供应到计划到需求呢，对应的则是层层的**交付承诺**。销售端帮助供应链制定需求预测，并提高其准确度；作为"回报"，供应链给销售端层层交付承诺，确保执行的可预见性。两相作用，完成了销售与供应链的闭环集成。

销售与供应链的闭环有一系列挑战：其一，没法有效拉通销售与运营，制定准确度更高的需求预测，再加上信息不对称，层层博弈导致多重需求预测，让跨职能、跨公司失去了协同的基础；其二，环环问责的绩效考核体系缺失，销售和运营闭环失去组织保证；其三，信息化水平

低，缺乏有效的载体，把需求层层传递到供应端，把交付承诺层层传递
到需求端，因而形不成闭环。

我们接下来逐一应对这三个挑战。

拉通销售与运营，提高预测准确度[一]

同一个需求预测是集成销售和运营、协同供应链的基础。那么，这
个预测是怎么做出来的？简单地说，就是"从数据开始，由判断结束"：
所有的预测都是错的，但整合了历史经验和对未来预判的预测错得
最少。

历史经验在哪里？在需求历史里，要通过数据分析挖掘出来。这
包括清洗历史数据、选用合适的预测模型、优化预测模型等。哪个职能
最擅长数据分析？计划职能——我们这里讲的是擅长数据分析的那个职
能，在兼职做计划的企业里，不一定是名义上的计划部门。[二]这是"从
数据开始"，制定基准预测。

但是，需求历史不可能百分之百重复，有些发生过的不会再发生，
有些没发生过的可能会发生，这些都可能显著改变需求，需要做出预判
来及时应对。哪些职能对还没有发生的事最有判断？接近客户、市场的
那些职能，比如销售、市场、客户管理等。

比如根据需求历史，这个产品的基准预测是每月 100 个。这是"从
数据开始"。但是，销售在计划做个大促销，预计增加 20% 的营收；主
要的客户计划做店庆，预计增加 10% 的需求。两者加起来，预测就调
为 130 个。这就是调整基准预测，"由判断结束"。

需求预测是"三分技术，七分管理"。前者是数据分析，后者是职

　　[一]　参考自我的《供应链管理：高成本、高库存、重资产的解决方案》(第 2 版)。对于
　　　　需求预测怎么做、由谁做、错了怎么办，可参考我的《供应链的三道防线：需求预
　　　　测、库存计划、供应链执行》(第 2 版)。
　　[二]　需求计划可能汇报到销售、市场等部门。详情见《供应链的三道防线：需求预测、
　　　　库存计划、供应链执行》(第 2 版) 第 134 ~ 138 页。

业判断。这是因为产品的生命周期越来越短，改变需求的方式越来越多，企业面临的是急剧变化的商业环境，需求预测越来越依赖业务端的判断。而业务端的判断呢，则需要拉通销售与运营，即销售与运营协调，是"七分管理"的重头戏。

这也是为什么在需求预测中，知道"什么"不重要，知道"谁"更重要。[⊖]"什么"是已经体现在需求历史里的信息，用合适的数据模型和分析即可获取（比如需求呈现趋势，季节性等）；"谁"是指那些能够显著改变需求的人，或者对其有一定预判的人。数据分析做得再好，也没法预测那些没有发生过但可能显著改变需求的事，这些必须依赖业务端的输入。

从数据开始，由判断结束，把前端做生意的和后端做运营的串联起来。这难不难？不难，如果是个小公司的话。比如你开的是个夫妻店，你太太在前面卖烧饼，你在后面烤烧饼，你太太一眨眼，你就知道要烤几个烧饼出来。但公司大了，前面有几十、几百的销售人员，后面有几十、几百的运营人员，中间是几十、几百的产品，要把这些都精准地串到一起，那可不容易。

而且企业大了，有数据的职能往往没有判断，有判断的职能往往没有数据，更是增加了数据和判断的对接难度。哪些职能有数据？计划。计划人员最熟悉 ERP 的每个角落，最清楚产品的需求历史，比如卖给什么客户、什么时候卖掉、从什么渠道卖掉等。但是，计划人员整天对着计算机，不接触客户，有没有判断？没有。真正的判断来自客户端。

哪些职能有判断？销售、市场、客户管理等贴近需求的职能，尤其是直接面对客户的一线销售。但销售有没有数据分析能力？没有。销售的专长是跟人打交道，不是数据分析。如果一帮销售整天挂在 ERP 上分析数据的话，那公司早都破产了，我们还不早都喝西北风去了。

有数据的没判断，有判断的没数据，直接决定了需求预测是个**跨职**

⊖　5 Lessons I had to Learn as a Demand Planner，by Dan Seville，May 14，2021. Institute for Business Forecasting & Planning，www.demand-planning.com.

能行为：熟悉历史数据的计划职能做好数据分析，制定基准预测；对于可能显著改变需求的事件，由销售、市场、产品等需求端职能做出预判，来调整基准预测。所有的预测都是错的，但有数据的出数据，有判断的出判断，两者相结合，让信息变对称后，得到的预测准确度最高。

跨职能行为由单一职能做，能做好吗？当然不能。在很多企业，需求的预测准确度低，后面都能看到单一职能做预测的影子。要么是计划主要靠历史数据做预测，要么是一线销售主要靠判断提需求，数据和判断总有欠缺，注定预测准确度低。**整合不了跨职能的最佳信息，可以说是需求预测的最大挑战，也是预测准确度低的最大原因，没有之一。**

预测准确度低，就相当于房子的基础不牢靠，供应链上各个环节就失去了协同的基础。

组织博弈、信息不对称，预测准确度就低，跨职能协同的基础就薄弱；准确度低、预测不可靠，也助长了各个环节自己做预测；多重预测下，大家念的不是同一本"经"，从销售到运营的协同就无从谈起。**多重预测是管理能力不足的一大体现。**对于多重需求预测及其"牛鞭效应"，我们在下一章会专门阐述。下面我们看如何通过绩效考核，促进销售与供应链的协作，改善预测准确度。

销售、供应链不愿协作，怎么办[⊖]

预测要做准很难，但要做得更准却不难，关键是销售与供应链要协作，有数据的出数据，有判断的出判断，整合前后端的最佳智慧和信息。企业大了，组织行为离不开绩效考核。销售和供应链，特别是供应链的计划从对立到协作、协同，必须得有绩效考核来支持。

计划代表供应链，其协作意愿要通过对三大指标负责来实现：**按时交货率、库存周转率、呆滞库存。**这也是对销售和公司的承诺。离开

⊖　主要内容摘自我的《供应链管理：高成本、高库存、重资产的解决方案》（第 2 版），机械工业出版社，2023。

这些实质性的指标，计划就容易出现"懒政"现象，**既没动力做好人**，比如主动对接销售、供应，早发现、早解决问题；也**没动力做坏人**，比如及时暴露问题，督促销售、市场和供应链来改进。于是，计划就成了老好人，"人畜无害"，也成了无用的代名词。

欲戴王冠，必承其重（见图 5-2）。在企业里，一个职能的地位跟其承担的责任成正比。不承担实质性的指标，计划就没有动力改善；事儿做不好，就得不到关联职能的尊重。最终，计划就沦落为传声筒、打杂者，一有问题就"瞎子算命两头堵"，要么怪销售和市场，要么怪生产和采购。这又反过来印证、加深了企业对计划的成见，导致计划职能得不到充分的资源投入，进一步被边缘化。

图 5-2　销售与运营的闭环中，计划要承担实质性责任
资料来源：花瓣网。

一个巴掌拍不响。光计划愿意还不够，销售也得愿意协作。我们给销售背什么指标呢？计划的**最终**结果，也就是说那堆成品库存。

如果成品库存是销售造成的，那好理解。但如果是计划人员搞砸了，也得销售老总背锅吗？是的。计划人员做砸了，他们首先挨板子，但最后那堆库存呢，即便是送人也得销售去送，如果最后处理不掉，销售也得挨板子，销售的老总来负责。这就是层层打板子的"责任链"。

要知道，计划的先天不足（比如造成呆滞库存），要靠执行来弥补，对于成品来说就是销售执行。销售老总对**最终库存**负责，也就给了他足够的动力，驱动销售主动对接计划，消除信息不对称，提高预测准确度，避免多重预测，预防后续的短缺和过剩问题。

销售对最终库存负责，也就更有动力来管理需求、影响需求，比如说服客户买已有的库存，牺牲点毛利也在所不惜（总比报废呆滞库存要好）；销售对最终库存不负责，就习惯性地拿计划做替罪羊——客户要的没有，客户不要的却有一大堆，你让我怎么达成销售目标？

不要忘了，所有的预测都是错的。这就意味着需求预测做出的那一刻，就注定我们计划的有些产品客户不要；客户要的有些产品，我们没有计划。需求和供应不匹配呢，一旦形成成品，就要由销售更好地管理需求、影响客户来解决。[⊖]

企业常见的挑战呢，就是销售强势，责任链难以建立，就没法建立销售和运营的闭环。企业面临的选择就只剩下两个，但这两个都不符合企业的长远利益：

（1）继续维持对计划的问责机制，但对销售没有问责，导致销售在需求管理上继续不作为，充满随意性。需求预测本身则是"垃圾进，垃圾出"，准确度自然也是越来越低。计划两头受气，前端约束不了销售，后端驱动不了执行，越来越弱势，发挥不了供应链引擎的作用。

⊖ 对于管理需求、影响需求，让我们举个例子来说明。有个酒厂的供应链总监诉苦说，他的销售老是投诉，说客户要酒 A，但我们只有酒 B（这就是为什么短缺的短缺，过剩的过剩，而且没达到销售目标）。作为一个好销售，如果你老板的老板（销售老总）对库存负责的话，你会这么讲：客户，酒 A 和酒 B，99.9% 都是水和酒精，酒 A 能够喝醉人，酒 B 也能喝醉人。这样吧，给您便宜 5 分钱，您就买酒 B 吧。本段摘自我的《供应链的三道防线：需求预测、库存计划、供应链执行》一书。

（2）为了维持"公平"，就放弃对计划的问责机制，或者表面上有问责机制，但没有实质的考核措施。离开了实质性的问责，就成了供应怪计划，计划怪销售，销售怪客户、市场、竞争对手，而谁又能把客户、市场、竞争对手怎么样呢。**没有责任机制的事情注定是做不好的**。结果呢，预测变成儿戏，准确度一直没法提高，助长了多重需求预测，销售和运营失去了协同基础，集成供应链自然无从谈起。

信息化：闭环交付体系的"高速公路"

销售端帮助供应链做好需求预测，供应链呢，则得为销售端确保闭环的交付承诺。交付的挑战，除了交付周期本身太长之外，就是没法环环相扣，给最终客户一个交付日期，并且大概率说到做到。

你坐飞机，随时能知道已经飞了多久，还要飞多久，晚点还是提前；下了飞机，在有些航站楼，每走一段路，会看到牌子上写着到行李转盘还有多久；到了行李转盘，显示屏上写着还有多久第一件行李就会出现；拿了行李，用滴滴打车，你能清楚地知道，车子还要走多久。至于说你的快递、外卖，现在走到什么地方，啥时候能到，早都实现了信息化，一切尽在掌控中。

但是，客户订单来了，我们什么时候交付，现在产品在哪里，加工、运输到哪个地步了，早到还是迟到，一切却如黑洞。让我们看一个熟悉的场景：

分公司在支持客户，想知道总部的货什么时候才能到本地。总部在向供应商催货，供应商在向下一级供应商催货。一个接一个的邮件、微信、电话，每个环节都花了大量的人力。往往一个料催下来，几十封邮件，抄送几十个人，大多在 ERP 外操作，而且邮件里的信息与 ERP 里的经常对不上。公司内部如此，公司与公司之间的系统就更难对接。结果呢，整个公司，上至总部，下至当地客服中心，都没法给客户个确切的交货时间。

这个问题不是理论上有多难：不管是库存、生产还是运输，单个环节的问题都好解决。问题是这么多环节掺杂在一起，离开了**信息系统**的支持，就很难准确地知道外购件什么时候到、到多少，产品什么时候出、出多少，以及发送给哪个配送中心、发多少、什么时候发。没法围绕客户的订单，有效集成生产、采购、供应商、配送等多个环节，给客户一个可靠的承诺，并且大概率能兑现，是集成供应链的一大挑战，而信息化是解决方案的关键构成。

供应链相关的信息系统大致可分为三类（见图 5-3）：其一，客户关系管理系统（CRM），也就是通过层层漏斗，筛选和管理需求，以订单或预测的方式形成需求，驱动供应链；其二，ERP，这是企业信息系统的内核，承上启下，对接需求和供应；其三，供应商关系管理系统（SRM），实现跟供应商的电子连接。

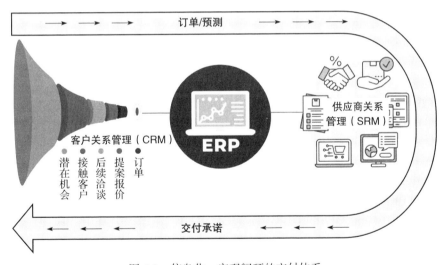

图 5-3 信息化，实现闭环的交付体系

资料来源：VectorStock 网站。

需求由 CRM 到 ERP，再通过 SRM 传递给供应商；交付承诺从供应商经 SRM 传递到 ERP，再通过 CRM 承诺给客户，都是建立在信息化的"高速公路"上的。

而这条"高速公路"呢，要么是某些环节根本缺失，比如没有 SRM；要么是功能不健全，比如 ERP 里的物料需求计划（MRP）没法自动跑；要么是"铁路警察各管一段"，三大环节没法有效集成。不管什么原因，结果都一样，那就是信息高速公路支离破碎，没法作为闭环交付的载体。

首先要解决的是 ERP。作为企业信息系统的内核，没法跑 MRP 是 ERP 的普遍挑战。简单地说，MRP 是需求录入了，系统自动层层打开 BOM，计算净需求，驱动生产和采购。BOM 不准确、主数据不准确、库存账实不符，都是粗放管理下企业的普遍问题，也是 MRP 没法自动运行的几大根源。这后面的细节非常多，可以说凡是能出问题的，都会出问题，在我的另一本书中有详细的阐述。[一]

MRP 没法运行，供应承诺逻辑就运行不了，这是 ERP 的另一个常见问题。ERP 中有一个术语，叫 ATP[二]，翻译过来就是供应承诺，是闭环交付的关键。其运作机制让我们举个简单的例子来说明——我理解这有点太偏技术，或者说太细节，但这是闭环系统的关键，不解剖"麻雀"，是不能得知全貌的。

假定需求是 100 个，现货有 30 个，那么就可以承诺 30 个马上发货。其余 70 个呢，假定 50 个的原材料库存齐全，生产周期是 10 天，那么承诺就是 10 天后可发货。最后的 20 个呢，需要加上采购原材料的两周时间，承诺交期就是 24 天。这些承诺默认的是系统里的标准交期，如果供方要调整的话，就会层层调整，计算出新的交付承诺。这就是简单的 ATP 逻辑。

MRP 没法自动跑，需求就没法自动传递下去；ATP 逻辑不健全，供应也没法层层承诺上来，昂贵的 ERP 就成了摆设。缺了承上启下的

    ⊖ 详细的描述，每次想到都让我头大，请参考我的《供应链的三道防线：需求预测、库存计划、供应链执行》（第 2 版），第 339 ~ 344 页，机械工业出版社，2022。

    ⊜ ATP 是 Available to Promise 的缩写。详细内容参见《供应链的三道防线：需求预测、库存计划、供应链执行》（第 2 版），第 344 ~ 347 页，机械工业出版社，2022。

ERP 系统，企业信息"高速公路"的腰就断了。再加上 CRM、SRM 缺失，或者功能不健全，"软件不行小二上"（用阿里巴巴一位供应链职业人的话来说），那就得人工干预。那么多的产品、零部件，那么多的环节，需求日期在变，供应日期也在变，不管有多少"小二"，也是不可能精准维护的。

结果呢，客户需求进来了，供应链很难及时承诺交货日期。即便承诺了，兑现率也很低。供应端充满了不确定，需求端就投入大量的精力来管理，导致陷入恶性循环：①销售投入需求管理的时间更少，导致需求理不顺，供应的问题就更多；②供应链花太多的时间来确认交期、更新进度，而不是在改善计划、选好并管好供应商。

这些问题大都体现在**订单**层面。订单层面的事，上层不介入，所以不了解详情（虽然知道运营层面的人整天在忙，对着计算机干很多活，但不知道在干什么，也没兴趣知道）；基层知道情况，但人微言轻，而且容易陷入细节，迷失在现象里，没法有效表述问题。于是，订单层面的问题就成了必要之恶，基层不得不花费大量的精力来应对，机会成本惊人。

在我熟悉的有些公司中，它们的规模动辄都是几十亿元、几百亿元，有些却连基本的 ERP 都没有，计划是在 Excel 上做的；跟供应商的 SRM 就别提了，几亿元、几十亿元的采购额，几千、几万个料号，都在手工下订单。需求一录入系统，就如进了无底洞，得不到具体的交期；即便经过 N 个电话、邮件，拿到一个交期，能否兑现又是一个问题。供应承诺不闭环，供应的口子开着；供应不确定性大，客户服务水平低；从前到后，太多的资源用于管理供应，一地鸡毛。

谈到这些真是让人绝望。那么大的公司，要把这些做到位可不容易。

20 世纪 90 年代后期，华为导入 IBM 的集成供应链流程，并围绕集成供应链流程实施信息化，就是把各个职能更好地整合到一起。这为华为的进一步发展打下了坚实的基础，帮助公司从百亿元级跨入千亿元级。华为推进的数字化转型，其核心是解决协同和闭环交付问题。比如实时、多点、线上协同，交付全程在线可视，一键看进展，风险主动预警等。[一]

但是，真正的闭环交付体系的形成，却是多年以后的事了。在 2017 年的新年致辞中，华为轮值 CEO 徐直军说，"经过多年的努力，（华为）交付流程基本贯通"[二]，也足以体现交付流程闭环的挑战之艰巨，除了业务流程之外，信息化本身就是一大挑战。

这些年，工业 4.0 引起了大家广泛的兴趣，其实企业的最大挑战呢，仍旧来自工业 2.0，即基本的 MRP 能否运转、库存数据是否准确、端对端的承诺逻辑是否建立了，这都是集成供应链的基础。当然，**重复性的问题是没法在产生问题的层面解决的**，而是要在高出一两个层次的层面解决。希望工业 4.0 能够引起企业足够的重视，从而真正解决工业 2.0 的问题。

我讲这些，并不是想提供一个解决方案——信息化是个非常大的领域，不是我的专长。我想说的是，信息化任重道远，跟组织、流程一道，是供应链能力的关键构成，也是把供应链跟销售集成起来不可或缺的。信息化建设周期长，问题更难对付，所以一拖再拖，成了集成供应链的短板。这是个管理问题，因为能力建设是管理层，特别是中高层的主要职责之一，却由执行层买单。

【实践者问】

最近看到很多文章，都在提倡"数字化"，类似打造数字化的供应链，构建数字化的组织，前几年听得比较多的是集成、集成化供应链。这些新概念，有从根本上解决供应链的问题吗？我的理解是，现在说的数字化，底层逻辑是信息化，集成化的底层逻辑是协同。

[一] 《华为数据之道》，华为公司数据管理部著，机械工业出版社，2020。
[二] 《聚焦为客户创造价值，实现有质量的增长》，华为轮值 CEO 徐直军的 2017 年新年献词，www.huawei.com。

【刘宝红答】

这些都没错。供应链集成离不开数字化，数字化是工具，是基础设施。协作要靠绩效考核，协同要基于同一个计划，供应链集成本身要靠协作＋协同。

【案例】　希音通过信息化，提高供应链的响应速度

希音（SHEIN）是个快时尚电商，这几年经历了爆炸式成长，2022年的营收为227亿美元，比肩传统的快时尚巨头ZARA（329亿美元）和优衣库（157亿美元），一度成为估值千亿美元的全球第三大独角兽。⊖

希音以快速响应著称，而快速响应离不开供应链的信息化。

就如《第一财经》的记者施歌描述的⊜，希音供应链的信息化从需求端开始：在美国弗吉尼亚州的某个角落，一个爱美女生通过app下单，中国佛山一带的成衣工厂里，一个缝纫女工就开始响应。希音通过对用户浏览、点击等行为的追踪，预测需求、敏捷测试，更快地将热门款式投入生产，也得以一举甩掉了库存高企的包袱——靠线下门店渠道铺货的快时尚品牌最大的烦恼。

虽然是快时尚电商，但希音更像一家互联网公司，有大量的信息系统开发人员，开发了功能强大的供应链管理系统，帮助打通供应链的每个环节。《第一财经》的记者施歌继续写到，供应商的计算机里也安装了希音的供应链系统——系统里有完整的、动态更新的排产规划：希音新下了哪些任务、需要在哪天完成、距离完工还剩多少天、哪些产品已经完工上架、哪些可能即将超期得尽快处理……

通过这套信息化系统，希音将每日几千个"上新"或"补货"商品的生产任务，分派给中国数百家供应商。"商品企划、设计、打板、下订单、面辅料采购、生产、品控——服装生产链条上的每一个环节，通

⊖　《SHEIN真的打不倒？》，于松叶，微信公众号"新熵"。
⊜　《SHEIN为什么这么快？》，施歌，微信公众号"第一财经YiMagazine"。

过 SCM 系统完成上下游协同。设计师、采购、跟单员等不同角色，都能使用同一套系统完成自己的工作。"

强大的信息系统，助力希音实现了对整个供应链的透明化管理——眼下有多少个工厂正为它的订单开工、哪些款式正在生产、每张订单的结款金额是多少、上游面辅料应当从哪家购买、价格如何……每个细小的环节，都在希音的实时监控之中。这就是闭环的交付系统。

流程越透明，希音对供应链的管控力度就越强。一个供应商告诉《第一财经》，在这个环环相扣的链条上如果出现"飞单"，比如成衣厂接到生产任务后未从希音指定的面料供应商那里采购原料，系统能立即检测到。所以，按照希音的调度，上下游合作方都会很守规矩。

通过使用这套系统，希音实现了将原本零散的、工艺标准不统一的数千个供应商进行标准化管理，供应链的信息化也就成了希音的一道护城河。[⊖]

⊖ 《SHEIN 真的打不倒?》，于松叶，微信公众号"新熵"。

供应链的牛鞭效应

我们经常说供应链要协同，究竟"同"在什么地方呢？在运营层面，同一个计划，具体地说，同一个需求计划，是把众多职能和供应链伙伴协同起来的基础。那为什么这么多的企业，没有同一个计划呢？信息不对称、层层博弈导致的牛鞭效应和多重预测，就是一大根本原因。

牛鞭效应也叫长鞭效应，是指需求的微小变化，在沿着供应链从需求端传到供应端的时候，会层层放大。越是处于供应链的后端，需求的变动会越大（见图6-1）。就像西部牛仔挥舞的牛鞭，手腕轻轻一抖，鞭梢便会大幅度抖动，这也是"牛鞭效应"名称的来历。

举个例子。假定全球的计算机需求轻微增长2%，传递到联想（生产商）时就可能成了5%，传递到英特尔（一级供应商）时则可能是10%，到了英特尔的设备商（次级供应商）时可能变为20%，而到了设备商的供应商则可能成为30%。

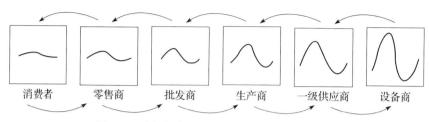

图 6-1　需求变动沿着供应链放大形成牛鞭效应

资料来源：*Clockspeed：Winning Industry Control in the Age of Temporary Advantage*，Charles Fine，Free Press，1999.

公司之间如此，部门之间也是这样。比如经济景气时，客户说预测是 100 个，销售不信任计划，万一供应不足怎么办，那就告诉计划是 120 个；计划不信任采购，就让采购按 140 个来准备；采购不信任供应商，告诉供应商是 160 个。经济不景气时，层层加码就变成层层打折，一切都倒过来了。

即便在同一个职能内，也存在牛鞭效应。比如很多企业采取层层提需求的方式——提需求就是做预测，其实也是做承诺，比如，一线销售报 100 个，销售经理想，经济看上去不景气，万一达不到怎么办？就给总监报 80 个。总监担心做不到，报给老总的就成了 60 个。再比如总库短缺的时候，各前置库位层层拔高要货计划，争取分到更多的库存，都是类似的问题。

不管是公司与公司、职能与职能，还是上下级之间的博弈，牛鞭效应的结果都一样：**多重预测**，让供应链上的各个环节失去了协同的基础。各个环节的预测不一样，就如销售念的是佛经，计划念的是《圣经》，采购念的是《道德经》，大家都念不同的经，怎么能协同呢？

多个预测中，最多只能有一个是对的，那其余的都是错的，而错的结果呢，就是短缺与过剩，以及相应的库存周转、产能利用和各种成本问题。

牛鞭效应下，短缺与过剩交替

牛鞭效应加剧了需求的不确定性，供应链的自然反应是要么增加库存，要么增加产能。需求变动越大，供应链上各环节的产能、库存变动就越大。这表现在短缺时建库存、建产能得加急赶工，运营成本高昂；过剩时消化过剩库存和产能，意味着库存积压，产能利用率低。上坡下坡，都给供应链带来很大的挑战。

让我们看个例子。图6-2展示了北美半导体行业的整体库存变化。这是个两级供应链：客户是芯片制造行业，比如英特尔、美光；供应商是设备制造行业，比如应用材料、泛林集团等。半导体行业是几年一个周期，行业景气时，芯片商的需求上升，就需要更多的库存来支持，库存可增加40%左右；同样的需求变动，一传到设备商，增幅就更大，库存增幅可达80%。一旦行业不景气了，一切都倒着来。

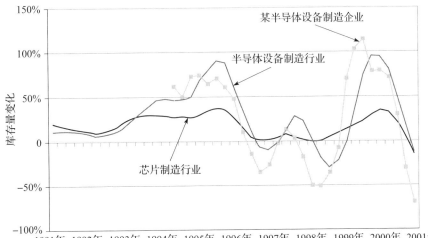

图6-2 半导体行业的"牛鞭效应"（以整体库存水平为例）

注：1. 芯片制造行业的数据包括26个美国的主要芯片制造商，例如英特尔、德州仪器等。半导体设备制造行业的数据包括17个美国的主要设备制造商，如应用材料、泛林集团、KLA等。

2. 数据是2001年的互联网泡沫破灭后整理的。有些人可能觉得数据有点老，我想说明的是半导体行业的周期性并没有改变。我在2003年进入半导体设备行业，在之后的十余年里，半导体设备行业的周期性仍然很强，并且在2008年的金融危机中，又经历了互联网泡沫破灭那样大的变化。全球新冠疫情加剧了又一轮的周期性，大幅的短缺已经结束，但是过剩至今（2023年）还在持续。

资料来源：Electronics Supply Chain Inventory Study，Merrill Lynch In-depth Report，10 December 2001，Jerry H. Labowitz，Vice President.

放到具体的企业身上，由于没有聚合效应，需求和库存的变化幅度就更大。图 6-2 中的那个半导体设备制造企业是我的老东家，当时每年的营收大致是一二十亿美元，后来成长为 170 亿美元的巨无霸（2023年）。在业务的周期性变动中，老东家的库存动辄翻倍，紧接着跌下来70%。上坡下坡，忙的时候忙死，闲的时候闲死，都是成本。

这背后反映的是，在牛鞭效应的作用下，供应链上各个环节对需求变化反应过激。当市场需求增加时，整个供应链的产能增幅超过市场需求增幅，超出部分则以库存或产能的形式积压在各个节点；一旦需求增长放缓或负增长，库存积压、产能过剩就成了大问题，大量资金将被库存和固定资产占用，导致整个供应链资金周转不良、产能利用不足，企业就得裁员、关厂，甚至倒闭，尤其是处于供应链末端的中小企业。

在牛鞭效应的作用下，越是处于供应链后端，需求变动越大，企业的响应速度就越慢。其结果是，当市场需求增加的时候，供应商往往产能不足，形成短缺；而当市场需求放缓时，供应商则往往继续过量生产，造成库存积压。整个供应链的产能过度膨胀，一旦经济不景气，整个供应链就被迫大幅削减人员，关、停、并、转。

就半导体设备制造行业而言，2001 年互联网泡沫破灭，各大公司动辄报销几千万美元的呆滞库存。2008 年的金融危机也类似：危机过后，半导体设备制造行业陷入严重的衰退，我的老东家在 2009 年春季的设备产量大减，连两个季度前的 10% 都不到。对众多的一级、次级供应商而言，这意味着新订单锐减，甚至很长时间没有新订单，处于崩溃边缘，甚至难逃破产厄运。

多年后，一个小供应商讲起这些时，两眼仍旧满是恐惧：高峰期来临时，一班变成两班，很快就是三班倒，员工从十几人一路增加到 50多人，雇人都雇不及。每天电话不断，都在催货，还是赶不上客户的需求增长。人员、设备总算都配齐了，还没来得及喘口气，突然间订单都消失了，催货电话一个也没有了，车间里空空荡荡，太阳照进门来，只见空气中的灰尘一缕缕往下掉。接着就是裁员，一路裁到只剩 9 个技术骨干，保留火种，苦苦挣扎，等待下一个高峰期的到来。

对大多数人来说，这听上去太恐怖了。我敢打赌，99.999% 的人都没有经历过。我拿半导体设备制造行业做例子，是因为这是个牛鞭效应非常明显的行业，即便不是最明显的。其实，是个行业都逃不脱牛鞭效应的折磨，无非是影响大小不同罢了。企业的业务变动，大都跟牛鞭效应脱不开干系。不变化的不需要管理——如果没有牛鞭效应，一半的人或许就不用上班了。

讲到这里，顺便讲个笑话。我刚进半导体设备制造行业时，同事们说如果这个季度发奖金了，你千万不要太高兴，因为下个季度就可能裁人；如果这个季度裁员了，你也不要太悲观，因为没多久就要发奖金了。行业变动大，组织就一直在变，人员一直在换。闲的时候闲死，忙的时候忙死，没有一天消停日子。

老东家初创之时，对这样的周期性显然认识不足，生意好的时候三天两头在庆祝，大楼前面集体吃烤肉，发皮夹克；没几天生意没了，钱也花光了，就裁员。吃了几轮苦，就变聪明了，把钱看得紧紧的，手头随时放着一堆现金，时刻准备"过冬"。就拿 2016 年来说，营收是 59 亿美元，现金最多时竟有 72 亿美元。[○]

我呢，则是生不逢时，既没有赶上三天两头吃烤肉的日子，又错过了后来股价一路飙升到 1000 美元的时光。虽说在这行十多年，经历了两个多周期，但大部分时间都在受苦。不过好处是，在这么动荡的半导体设备制造行业十多年，所见所闻和所经历的，放在风平浪静的行业大概得二三十年吧。

放到宏观经济上，我们经常说帝国主义的"经济危机"，几年过剩，牛奶都倒到河里了；几年又是短缺，拼命扩产建厂；然后又是过剩、短

○ 手头现金这么多，华尔街的大股东们就会来挑战你：钱放银行，一年就一两个百分点的利息，不行，你得找投资回报更高的方法。开发新产品、并购新公司风险都太高，那你就回购股票（来拉高股价，因为市值不变的情况下，股票数越少，股价就越高）。就我老东家来说，光 2023 财年就回购了 20 亿美元的股票，也就是说用掉同等金额的现金。

缺，短缺、过剩，循环往复，其实都是牛鞭效应在宏观经济上的体现。美国俗语云，死亡与税收不可避免，其实没法避免的还有牛鞭效应。

在中国，牛鞭效应，或者说行业的周期性也是存在的，光伏、风电、新能源车等行业就是例子。不过得益于经济的高速增长，牛鞭效应往往被掩盖或者弱化。比如牛鞭效应来了，企业无非是少增长几个点，但整体还是在增长，一俊遮百丑。但是，随着经济增速放缓，牛鞭效应会越来越明显，对企业的影响也会更大。

特别值得警惕的是，很多企业习惯了多年的高速增长，在宏观经济放缓和行业的周期性变化上，普遍心理准备不足，甚至根本就没有准备。作为企业，一个重要的举措就是**避免过度扩张**。特别是对于远离消费者、处于供应链末端的设备行业来说，牛鞭效应猛如虎。阳光灿烂的时候，一定要想着下雨天。这就如投资，你首先想到的不应该是回报（return on investment），而是保本（return of investment），而要保本，关键就是不要太激进。

保守，有时候并不是什么坏事情。发展的前提是要活着，太冒进，死得快，不是好事情。想必现在你能理解，为什么那些欧美日的名企，在产能扩张上那么保守了。这些企业都是身经百战，经历过多轮的起伏动荡，吃了多少苦头后才变聪明的；而那些激进的公司呢，则大都因为冒进而死在路上，早成了"关停并转"的对象。

有些行业比其他行业提前衰退，或滞后复苏，也可以从牛鞭效应上找到答案。

就拿半导体行业来说，芯片制造业处于供应链前端，先于后端的设备制造业衰退。这是因为芯片制造商给设备商的订单，动辄需要一两个季度才能做完。在飞机制造这样的行业，订单交付周期更长，这种滞后就更明显。而后端的设备制造业呢，复苏又滞后于前端的芯片制造业。这是因为芯片行业订单增加了，一般都会先通过增加现有产能利用率来应对，而不是马上下订单买新设备、建新厂。

对于企业而言，当经济复苏的时候，不仅要动员自身的生产能力，更重要的是要动员各级供应商。供应商在供应链的更后端，由于牛鞭效应，经受的业务变动更大，所受的经济影响也更显著，面临更大的财务压力，从而更难也更不情愿扩张产能，供应链就没法协同。在经济腾飞、行业景气时，后端供应商往往由于没法及时扩张而影响整个供应链的销售业绩。

这不，2016 年到 2022 年的半导体芯片短缺，正是牛鞭效应的结果。

这事儿说来话长，得从 2008 年全球金融危机以来的衰退开始说起。当时芯片行业，特别是存储芯片，产能过剩，日本、中国台湾地区、韩国的芯片厂家大多不盈利，芯片只能卖个白菜价。于是，整个行业经历了痛苦的动荡、整合、"关停并转"，消化产能。当然，作为采购方，大家还是不忘找那些芯片厂家的麻烦，每 3 个月砍一次价。

后面的几年里，全球 GDP 持续增长，转化成差不多 10 倍的芯片需求增长，产能开始短缺。2020 年的全球新冠疫情以来，更多的人居家办公，电子产品的需求大增，这大幅增加了对芯片的需求，让短缺问题变得更为严峻。而受制于供应商以及供应商的供应商，芯片制造商没法迅速扩张产能，短缺情况没法及时解决。

风水轮流转，供应短缺，芯片商就提价，这时候采购们就觉得很不公平。当然，在那些"我的是我的，你的也是我的，你的不是我的就不公平"的人眼里，这的确不公平。你咋就见不得穷人家的孩子端碗呢？

当然，所有的短缺最终都会过去，接下来发生的事想必猜也猜得到——过剩。2022 年初，芯片过剩刚显端倪，股票市场已经感知。截至 2022 年 11 月 4 日，英特尔的股价相比年初下跌 47.7%，台积电下跌 52%，AMD 下跌 59.2%。到了 2023 年第二季度，三星电子的营业利润同比下滑 95%，创 14 年新低。作为最大营收来源的半导体业务呢，该季度巨亏约 244 亿元，而 2022 年同期还有 558 亿元的盈利呢。[⊖]

我写这本书的时候，半导体行业的过剩还没结束；你看书的时候，

[⊖] 14 年新低！三星电子二季度营业利润暴跌 95%，半导体巨亏 4 万亿韩元。澎湃新闻记者戚夜云，2023 年 7 月 27 日，www.thepaper.cn。

可能又在面临新的短缺。可以说，**所有的行业性短缺，最后都以过剩结束；而所有的行业性过剩，也都从短缺开始**。周而复始，根源都是牛鞭效应，供应链没法协同。

牛鞭效应的成因及应对措施

长期以来，牛鞭效应一直是学术界和工业界的研究重点。根据斯坦福大学李效良教授（Hau Lee）及其同事的研究，牛鞭效应有以下四大主要成因，我们一一介绍。[⊖]

成因 1：多重需求预测。

企业在预测需求时，会加一定的安全库存或富裕系数，以应对变化莫测的需求和可能的供应中断。预测和安全库存一道，形成给下一环的订单，作为其预测的基础。下一环在做预测时，也会加上一定的安全库存或富裕系数。依次类推，多个环节的偏差累计下来就十分可观。越是远离需求，业务变动也越大（见图 6-3）。

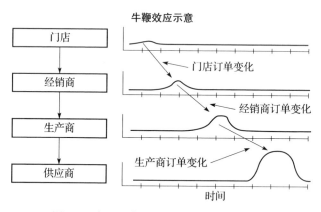

图 6-3　多重需求预测下，系统性偏差叠加

⊖ The Bullwhip Effect in Supply Chains，by Hau L. Lee，V. Padmanabhan and Seungjin Whang，*MIT Sloan Management Review*，Spring 1997. 这是针对实践者的版本。该论文的学术版发表在《管理科学》（*Management Science*）上，名为 Information Distortion in a Supply Chain：The Bullwhip Effect，被该杂志评为 50 年来（1954 ～ 2003 年）发表在《管理科学》上的最有影响力的 10 篇论文之一。

有些预测方法也会系统地扭曲需求。比如前三个月的趋势是每月递增 10%，那么第四个月的预测也是递增 10%。但需求增长不是无限的，总有一天实际需求会降低，这中间的差额就成了多余的库存。如果供应链的各个环节都采用同样的预测方法，这种系统性的放大就会非常明显，累计误差就会很大。

应对措施呢，就是避免各个环节独立做预测，从而避免多重预测。

在公司内部，就是销售与运营计划（S&OP）；在公司之间，就是协同计划、预测和补货（CPFR），变多重预测为一重预测，我们稍后还会谈到。

成因 2：批量生产、采购。

为了达到生产、运输上的规模效应，厂家往往批量生产或采购，以积压一定的库存为代价，换取较高的生产效率和较低的生产、物流成本。比如需求是 10 个，最小起订量是 100 个，那就订 100 个。但供应商不知道我们的真实需求是 10 个，而是按照订单的 100 个准备未来的产能、库存。

以前我管过的一家钣金供应商，都关门停业几个月了，还没用掉生产积压的数种机箱，主要原因就是大批量生产。这背后其实也是因为供应链的刚性。丰田体系提倡的精益生产、柔性制造中，一大根本目的就是降低对批量的依赖，提高供应链的灵活性的同时，减小牛鞭效应。

精益制造之外，另一应对措施就是用多少买多少，这对小批量行业尤其重要。或许有人会说，低于最小起订量的话供应商不愿意卖给我们。这是在瞎说：只要你愿意付钱，供应商半个半个卖都愿意。之所以讲这些，是因为我们要么花明钱，用多少买多少，单价高但库存呆滞少；要么花暗钱，批量采购，单价虽然低，但最后形成呆滞浪费。

这后面也有绩效考核的影子。在更低采购价的单一指标驱动下，采购倾向于大批量买进；在产能利用率的单一指标驱动下，生产倾向于大批量生产。两者的共性呢，是都在牺牲库存。这可通过更加均衡的考核来应对，比如有些企业让采购背原材料的库存指标。[⊖]

成因3：促销。

厂家为短期效益，常常会采取各种促销措施，其结果是买方大批量买进而导致库存积压。促销使市场需求更加不规则，人为加剧了需求的变化，严重影响整个供应链的正常运作，在电商、零售业尤为显著。

当这样的促销没有通知供应链伙伴时，后果会更糟糕。

比如零售商在促销，会给制造商几个大订单。制造商不知道这是一次性需求，还以为是产品的销量好，就拔高预测，增加产能、库存，并驱动供应商和供应商的供应商来响应。促销停止了，零售商的订单量就降下来了，但制造商和供应商的库存、产能已经加上去了，需要一段时间才能消化掉。

促销是牛鞭效应的助推器

大量研究表明，促销只是"寅吃卯粮"，把未来的需求提前，或者把现在的需求推后，到头来整个供应链很难从中获利，人为导入的波动反倒造成更高的成本。

当然，存在的都是有原因的，促销的助推器就是"活在当下"的企业绩效考核体系。在月度指标、季度指标、年度指标的驱动下，促销就

⊖ 整体而言，库存是计划职能的指标，因为计划在决定数量和时间（要多少，什么时候要）。但是，有些企业的采购兼职物料计划的一些任务，能够影响物料的数量和时间。比如，采购设置安全库存，让供应商提前或推后送货，增加订货批量来获取更好的采购价等。那么，采购对原材料的库存负责也是有道理的。

成了销售利器，渠道就成了压货的重灾区。[一]

树欲静而风不止，即使你不促销，但竞争对手会啊。猪队友可怕，猪同行更可怕——你不发狂他们发狂，然后就是互相伤害。结果呢，就是把原本比较平滑的供应链，人为整出一个又一个的波峰、波谷，而波峰跟波谷之间的沟壑呢，就得一堆堆的库存、产能来填平。

那怎么办？最简单的就是及早规划，让供应链伙伴及早知道，有充分的时间来准备，以平滑促销带来的影响。而最根本的解决方案呢，就是不促销。

比如在美国，我们很少看到苹果促销，连"黑色星期五"也不例外。苹果有的只是给学生的常年折扣，以及返校季的礼品卡。再比如沃尔玛在美国也不促销，而是采取"天天低价"，把花在促销上的钱以低价的方式直接给消费者。

当然，如果消费者已经习惯了促销，你还不能简单地拷贝"天天低价"，不然可能死得更惨，美国百货巨头杰西潘尼（JCPenney）就是活生生的例子。

2012 年，杰西潘尼业务不佳，就把苹果的零售业务高级副总约翰逊给挖了过来，担任 CEO。约翰逊一手打造了苹果的零售业务，头顶耀眼的光环，一到杰西潘尼，就开始导入苹果不促销的做法。结果一年下来，销售额下降 29%，净亏损接近 10 亿美元，约翰逊就只好卷铺盖走人。[二]

约翰逊失败的原因很多，其中不可忽视的是消费者的习惯。杰西潘尼的老顾客们都习惯于促销，即使已经给他们"天天低价"了，他们还是在等着继续打折。这也是"路径依赖"，短期内要改变很困难。[三]当然，消费者的心深似海，我不敢冒充内行，所以就此打住。

[一] 渠道压货在我的《供应链的三道防线：需求预测、库存计划、供应链执行》（第 2 版）有详细阐述，第 286 ～ 288 页。解决方案呢，可从增加销售绩效考核的频次，监控渠道库存，设置渠道库存高压线等入手。

[二] Ron Johnson Ousted As JCPenney CEO, by Robert Passikoff, Forbes, www.forbes.com.

[三] 作为美国最老的百货公司之一，杰西潘尼在开掉约翰逊后，又惨淡经营了 7 年，最终还是没有逃过全球新冠疫情的致命一击。2020 年 5 月，杰西潘尼宣告破产重组。

成因 4：理性预期。

如果出现供不应求，且可能持续一段时间，厂家给供应商的订单可能大于其实际需求，以期供应商能多分配一些库存和产能，但同时也传递了虚假需求信息，导致供应商错误地解读市场需求，从而过量生产。

比如这次你的需求是 100 个，给供应商 100 个的订单，但供应商对你的需求打了 6 折，给你供货 60 个。下次你的需求还是 100 个，但你会给供应商 200 个的订单，希望 6 折后能满足你的需求。可供应商已经没法 6 折了，只能 3 折。那下下次你的订单呢，就变成 300 个，尽管实际需求还是 100 个。

这里的关键是供应商不知道你在博弈，或者知道但不知道究竟博弈了多少，就参考订单的数量来计划产能和分配库存，埋下了过度扩张、过度生产的种子。随着市场供需渐趋平衡，有些订单会被取消，导致供应商有多余的库存，也使供应商更难判断需求趋势。等供应商搞清已经为时过晚，又成了"计划跟不上变化"。

短缺时的过激反应，为牛鞭效应推波助澜

分享一点我自己的经历。

2006 年前后，全球金属短缺。当时我的老东家采购一种特种铝锭，正常交期是 13 周。短缺开始时，冶炼厂说交期得 18 周，我们的第一反应就是再加订一个铝锭。短缺的恐慌传播开来，人人都这么做时，冶炼厂说18周已经不够了，需要26周。我们的反应就是马上下发第三个铝锭的订单。

人人都这么干，冶炼厂虽然知道有博弈的成分，但不知道博弈究竟有多大。刚开始，冶炼厂扛着不加产能，但架不住订单雪片般飞来，销售、客户端的压力越来越大，于是冶炼厂就走上了产能扩张的路。重资产的扩张周期很长，意味着短缺要持续很长时间。短缺持续得越久，需求端越是本能地拔高预测、订单来应对。

你知道，**所有的行业性短缺，最后都会以过剩结束**。就拿我的老东家来说，冶炼厂的产能最终总能加上去。那3个铝锭都送来了后，老东家发现手头的库存两三年都用不完了，于是就捂紧钱袋子，不再给冶炼厂订单。人人都这么做，冶炼厂一看，世界末日到了，先是减少班次，然后裁员，最后是"关停并转"，走上了"去产能"的艰难旅程。

钢铁、煤炭、水泥、化肥等，这些行业的共性是基础产业，远离最终消费者，在供应链的后端，而且是重资产运作，要加产能不容易，要消化产能也很难，就成了接下来"去产能"的重灾区（见图 6-4）。

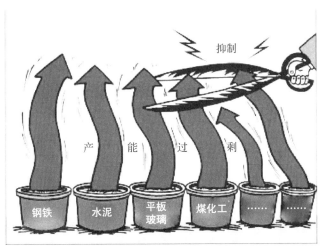

图 6-4　"去产能"也是牛鞭效应惹的祸

资料来源：百度百科"去产能"词条。

好不容易产能"减肥"成功，市场库存也消化得差不多了，却发现又进入了短缺状态：库存下降，订单交期就拉长；采购方过激反应，就开始拔高预测，多下订单；供应方伤疤刚好还记着痛，先是扛着不加产能，但架不住订单雪片般飞来，竞争对手可能先走一步的风险，最终又走上产能扩张之路。

那怎么办？**短缺时的分配，不能基于客户现在给的订单量，而是按照短缺前客户所占的需求份额分配**。比如在短缺前，某个客户占总需求的比例为 20%，那么不管客户现在给多少订单，手头的库存就分配20% 给这个客户。这抑制了信息不对称下客户操纵订单的冲动。

这也是为什么在决定扩张产能时，那些有经验的企业不会简单地参考客户的在途订单量。或许有人会问，这些经验从哪里来？以前吃的亏、受过的罪、交过的学费。

对于需求方来说，我们要避免凭"动物本能"做计划。也就是说，**行业性的短缺下，供应商的整体产能不足，我们不应本能地拔高需求预测、安全库存来应对**。毕竟，供应商没法送货，不是因为我们给的订单不够，而是因为它们没产能、没库存。我们拔高了计划水位，供应商还是没货给我们，所以拔高需求预测解决不了短缺，但注定会造成过剩。

消除信息不对称，减小牛鞭效应

牛鞭效应是导致行业周期波动、供应链没法协同的重要因素，几乎没什么行业能摆脱牛鞭效应的影响。正因为这样，牛鞭效应及其根源获得广泛的关注。在美国，至少从 20 世纪 50 年代起，就对牛鞭效应展开系统的研究。比如麻省理工学院的系统动力学，就是研究供应链上不同伙伴之间的互动对整个链条的影响。

后来，20 世纪八九十年代，以斯坦福大学的李效良教授为代表，学者们和工业界进一步完善牛鞭效应的研究，指出牛鞭效应的成因会有不同，但最后都能归咎于**信息不对称**。比如采购方知道的供应商不知道，供应商知道的采购方不知道；销售知道的计划不知道，计划知道的采购不知道。

那解决方案呢，也得从**信息共享**着手，让信息变对称。公司内部的销售与运营计划（S&OP），公司之间的协同计划、预测和补货（CPFR），其着眼点都是消除信息不对称，消除多重预测。

销售与运营计划（S&OP）的一大核心目标是制订"同一个计划"，即通过整合营销、市场、产品管理、供应链等各职能，有效对接业务与运营，从数据开始，由判断结束，制定一个"准确度最高的错误的预测"，作为供应链协同的基础，然后围绕这同一个预测来运作。这些我有另一本书来详细阐述，这里不再赘述。[⊖]

协同计划、预测和补货（CPFR）消除企业之间的信息不对称，避免公司与公司之间的多重预测。让我们看看沃尔玛和宝洁的案例。

实施 CPFR 之前，沃尔玛每卖掉一瓶洗发水，销售数据需要先在公司内部整合汇总，经过几道手后转化成订单或者预测给宝洁。我们都知道，**数据凡是经过人的手，就有被扭曲的可能**——人看到数据，总是喜欢做点什么，不然觉得自己没有增加价值。所以，在准确度和时效性上，宝洁得到的信息都不够好。

实施 CPFR 之后，沃尔玛每卖掉一瓶洗发水，收银台的 POS 机一扫描，宝洁就得到实时的销售数据，时效性、准确性更好，因而能够更好地安排计划、生产和补货，提高响应速度的同时，降低了供应链的库存和成本。

CPFR 看上去挺宏观的，但其实每个人都是可以做点什么的。

比如一级供应商给二级供应商预测时，往往会拔高，加剧了牛鞭效应。那好，采购方可以直接给二级供应商提供预测，让它们看到给一级供应商的预测。这样，大家都在同一个预测下运作，减小了牛鞭效应的影响。

⊖ 《供应链的三道防线：需求预测、库存计划、供应链执行》（第 2 版），机械工业出版社，2022。

你可以在电子商务网站上加个功能，二级供应商键入相应的零件号，就能看到你给一级供应商的预测；你也可以通过 Excel 表格、邮件来定期更新。在这里，技术，即怎么做是次要的，重要的是心态，即愿不愿做。

当然，S&OP 和 CPFR 还有很多内容，我们这里点到为止。两者的核心都是消除信息不对称，**拿信息换库存**：供应链上的波峰波谷，你要么用库存、产能来对付（产能其实是固定资产的库存，而且更难对付），要么拿信息来填平。显然，拿信息换库存是成本更低的解决方案。

用沃尔玛创始人山姆·沃尔顿的话说，"人们以为我们变大，是因为我们在小镇上建大店；实质上，我们变大是因为我们拿信息换库存"。20 世纪 80 年代开始，沃尔玛就通过卫星系统传递库存、订单、销量等信息，增加供应链的透明度，从而能够更好地降低整个供应链上的库存，提高资产回报率。

【小贴士】　**理顺关系，优化连接，消除信息不对称**

跟做好任何事情一样，消除信息不对称也要解决两个问题：不愿意和不能够。前者是个**关系**问题，比如部门壁垒；后者是个**连接**问题，比如缺乏信息系统支持，业务前后端没法拉通。关系费神，伤脑筋；连接费力，花时间。两者的解决方案也有区别。

关系费神，伤脑筋；连接费力，花时间

供应链的那些根本问题，其实都能在关系和连接上找到根源。

关系问题呢，得在**绩效考核**上做文章。就如图6-5所示的漫画，你不但要修好自己的铁轨，而且要保证与对方对接，才能够领走你的工程款。当把这些写到两组人的绩效合同里后，相信两组人每修一段，都会互相通气，确保大家都在朝正确的方向修。

图6-5　愿不愿意要靠绩效考核

资料来源：网络。

比如让销售对最终的成品库存负责的话，就会抑制销售藏着掖着，在提需求时拔高预测的冲动。再比如供应商按照客户的预测备货的话，客户得买单，那么就会减小客户虚高预测的动力。在操作上，就是前文讲的，给每个职能的每个人都设立至少一对矛盾性指标，避免单一指标驱动，使其能更好地平衡。

不能够沟通信息，很多时候是个连接问题。从**信息系统**角度讲，就是有没有基本的信息系统、信息系统是否对接。比如有个手机厂家，业务遍布全球，但提需求时，公司内部几十上百人通过Excel表格完成，效率低下不说，也为层层加码提供了客观条件，助长了牛鞭效应。

很多中国本土企业高速发展了二三十年后，业务年年增长，但天天忙于救火，没有时间搞建设。流程有，但满是补丁，效率低下；系统也有，而且很多，但互不搭接，形成一个个信息孤岛。这都影响了部门跟部门、员工与员工的有效连接，即便他们想协作，也很难协作；想集成，也没法集成。

此外，不管是理顺关系还是优化连接，必须得从公司内部做起。如果一家公司连部门之间的信息不对称都没法解决，那公司之间的信息不对称就别谈了。毕竟，外部关系是内部关系的延伸。我经常看到一些文章，动不动就写公司之间的宏伟战略，高谈阔论，其实都是假大空。

【实践者说】

供应链的放大效应关键来自预测与缓冲库存的层层放大。之所以层层放大，关键还是大家相互不信任，沟通困难。而要做到相互信任，必须在相互之间的协议上设立奖惩措施。

我们做 EMS（电子制造服务）的，如果完全按照客户的预测跑 MRP，就会变成客户的银行。这就是我们为什么应自己分析对比预测和实际出货。譬如一段时间后，如两周，我们发现客户的实际订单远远小于预测，我们会提出要求让客户修改预测，但客户往往不搭理我们，原因是他希望自己的预测高于订单以获取所谓的灵活度。但这样就会导致我们、我们的供应商堆积大量额外库存。

解决的办法呢，就是如果我按照你的预测跑 MRP 而不做任何调整，我持有库存（譬如积压超过 30 天），就向你收取库存持有费用，比如每月 2%。但很可惜，由于相对于客户的劣势地位，我们的销售很少有人要求客户这么做。所以最终的结果就是，我们不相信客户，客户不相信我们，我们的供应商也不相信我们，这就是为什么协同计划、预测和供货（CPFR）在实践中难以奏效。

说白了，供应链的放大效应实际上是由供应链上下游的不信任造成的，而之所以大家相互"不信任"是因为契约是不平等的。——程晓华，伟创力全球物料总监

外包非核心业务，应对周期性业务

牛鞭效应造成的周期性业务，对重资产的影响最大。因为工厂、设备这样的重资产不管是扩产还是减产，都需要时间，特别是垂直整合的情况下。一个解决方案呢，就是把那些非核心竞争力的业务外包出去。或许有人会问，那外包供应商就没问题了？有，但没有那么大，让我们举个例子来说明。

假定你有自己的仓库，现在业务增加了30%，你就需要增加30%的仓库容量。一般库容没有那么多的富余量，那你就得再建一个仓库。如果你把仓储外包给专业的仓储供应商，你的业务只占这供应商的三分之一，那供应商看到的业务增长就只有10%，稍微挤一挤就解决了问题，更不用说别的客户、别的行业可能在减少业务。

这就是说，专业供应商处于更好的位置来应对业务变动，根本原因是它们的业务更加多元，在需求聚合效应下，不同客户、行业的业务变动更可能互相抵消（错峰）。这也是为什么当年我的老东家大量外包生产、物流、仓储等非核心业务，走上轻资产之路。

或许又有人会问，那为什么这么多的企业没有外包呢？原因有很多。

首先，企业得有能力识别、培养核心竞争力，外包非核心业务。没有核心竞争力的企业是没法外包非核心竞争力的（否则企业干什么？）。其次，企业得提高对供应商的选择和管理能力，确保能通过市场的方式获取资源，否则就会走上垂直整合之路。最后，外包会显著改变企业的做事方式，需要产品设计模块化，并且提高整体的计划能力等。

需要强调的是，重资产带来的固定成本最难管控，特别是在业务进行周期性变动时。外包非核心业务，让固定成本变动化，是应对业务变动、降低供应链成本、提高投资回报率的有效举措。这些说起来话长，我有一本专门的书来讨论——《供应链管理：从重资产到轻资产的解决方案》。

管理复杂的供应链

美国领先的不一定是技术密集，但一定是管理密集，以复杂的供应链为特征。

有人问通用汽车的前采购副总裁安德森，你们（采购）的挑战是什么？安德森说，"（通用汽车的）采购有三个挑战：复杂度、复杂度，还是复杂度。通用汽车在全球采购的零部件达 16 万种，这也意味着每天出问题的机会有 16 万个。而要让生产线停顿下来，缺一种零件就够了"（见图 7-1）。

图 7-1　通用汽车采购的最大挑战是复杂度

资料来源：http://www.rpmgo.com.

供应链管理挑战多，倒不是因为有多难，而是因为**复杂**。

试想，如果一辆汽车只有 1 个零件、1 个供应商，那么从设计到生产再到配送，供应链有什么难？难就难在一辆汽车有 3 万个零件[一]，后面有几十上百个一级供应商，几百几千的二级、三级供应商……这些供应商来自世界各地，有着不同的文化，操着不同的语言，有的有整合能力（比如一级供应商），有的有技术优势（比如关键的二级、三级供应商）。这些都让供应链的复杂度大增，而正是复杂度决定了供应链管理的难度。

对通用汽车这样的整车厂来说，它们的竞争优势也早已不是**技术**——几十年来，通用汽车早就没有能力独立设计、制造一辆汽车了，有技术含量的事大都交给供应商做；整车厂不可避免地成了系统集成者，它们的竞争优势是**管理**，即对复杂供应链的有效管控和整合。

汽车这样的大批量行业如此，飞机这样的小批量行业也是。就拿波音来说，每架飞机有 40 万到 600 万个零件，每年的采购额达 280 亿美元，来自 5400 个工厂，总共采购 7.83 亿个零件（见图 7-2）[二]。要把这么多的零件计划好，采购来，组装好，全球供应链的复杂度可想而知。而波音的竞争优势呢，就在于有效地管理复杂的供应链，整合全球的最佳资源。

737	767	787	777	747-8
40万个零件	310万个零件	230万个零件	300万个零件	600万个零件

每年280亿美元的采购额，来自5400个工厂，共7.83亿个零件

图 7-2　波音的全球供应链

资料来源：World Class Supplier Quality，787updates.newairplane.com.

[一]　*How many parts is each car made of*？丰田汽车网站。

[二]　World Class Supplier Quality，787updates.newairplane.com.

这也解释了，为什么前些年一款手机出来，没多久遍地都是"山寨"版，而波音 737 都飞了半个多世纪了，还看不到有人能"山寨"出来。这里的根本不是技术有多难——我们头顶上飞过的飞机，用的大都是多年前的老技术，而是供应链管理能力不够，没法有效整合全球的资源。

毕竟，短期内你可以"山寨"一个简单的产品，但没法"山寨"一条复杂的供应链。这不，丰田的精益供应链敞开着让大家来学，戴尔的直销供应链也不是什么"火箭技术"，但这地球上还是没有产生，估计永远也不会产生第二个丰田、第二个戴尔。

复杂度不同，中国制造的竞争优势也不同

产品的复杂度很难量化，这里拿零件数量作为一个参考维度。

如图 7-3 所示，根据物料清单（BOM）零部件的数量，我们可以把产品大致分为三大类，每一类的零部件数是上一类的 100 倍：第一类的代表是家电、手机，大概有 300 个零部件；第二类产品的代表是汽车，大概有 3 万个零部件；第三类是飞机，大概有 300 万个零部件。

传统上，中国制造的竞争优势在相对简单的产品上，比如电视机、洗衣机、空调和电冰箱。这些产品的物料清单中一般有几十到几百个料号，中国制造毫无疑问已经走到了世界最前列，中国厂家击败欧美日韩厂家，在全球市场份额上领先。

在这个层面，智能手机可以说是最为复杂。一个智能手机大约有 300 个零件，[⊖]在那么小的空间里，要容纳几百个零件绝非易事，更不要说管理配套的几十个全球供应商。中国已经有相当多的国际知名品牌，华为、OPPO、vivo、小米等品牌已经相当有竞争力，让中国在中高低端手机上都具备全球竞争力。

⊖ 我在网上查找手机究竟有多少零件，有网站说 300 左右。问一个做手机的朋友，他也说是 300 个左右，还说以前老手机的零件多，现在越来越集成，零件号就越少。我到中国的手机厂商，听有人讲是 1000 个，不是特别确信，但看样子一部智能手机的零件数在几百个，应该在数量级上没有问题。

约300个零件
中国有国际知名品牌
进入全球第一梯队

约30 000个零件
中国制造商众多
电动车初现国际竞争力

约3 000 000个零件
"大飞机"完成试飞交付
国际竞争力尚在起步阶段

图 7-3 三类产品，复杂度不同，中国企业的竞争力各不相同

【实践者说】

手机最早也不是简单的组装，主要还是因为在整个手机的供应链里面，有几家强力的供应商打包做好了核心的零部件的管理。手机以前的通讯、射频、音频电源全是独立的功能芯片，芯片到功能模块又是一个门槛，硬件完了还有软件，都是门槛，那时候凡是做出来的都不差，直到联发科搞出了SOC一套式解决方案，这时手机成品就变成了组装外壳的游戏。技术变革对供应链的运作模式的影响还是不容小觑的。——周登阳，武汉东隆科技有限公司采购经理，"供应链管理实践者"微信公众号读者

汽车大约有3万个零件，是手机的100倍。一辆汽车动辄跑一二十年，几十万公里，在各种极端的环境里操作，对安全、耐久性的要求更

高，供应链的管控也更加困难。从 20 世纪 80 年代开始，汽车就成为中国的战略重点，也是重点扶持的行业，各地政府投入很多资源，跟世界上几乎所有的整车厂都成立了合资企业，走的是以市场换技术的路。市场是给人家了，燃油车的关键技术呢，还是牢牢掌握在外企手里。

不过话又说回来，汽车又能有多少技术呢？用吉利汽车前董事长李书福的话，不就是一个沙发加四只轮子吗。这话说得"无知无畏"，也不无道理：作为成熟产品的燃油车，要说关键技术，越来越多地集中到各种专业供应商手里。整车厂做的呢，更多是整合全球资源，扮演集成者的角色，其竞争优势呢，也是管理的成分远大于技术。中国的挑战还是在于管理，即对全球供应链的管控和整合能力。

前些年有种说法，说中国企业的竞争优势以 BOM 数量 1000 为上限，比这复杂的产品都不是中国企业的强项。现在，这一上限上升到万级。就拿这个复杂度上的典型产品汽车来说，中国企业在燃油车上虽然缺乏美欧日那样的三巨头，但在新能源车上却展现了相当的实力，实现了弯道超车。在电动车的助力下，2023 年的 1 ～ 7 月，中国出口 234.1 万辆汽车，半年度汽车出口量首次超过日本，成为世界第一。[一]

在传统制造领域，最复杂的产品当属商用大飞机。[二]商用大飞机大致有 300 万个零件，是汽车的一百倍，手机的一万倍。智能手机平均寿命为 2 ～ 3 年，美国路上跑的汽车平均使用年限是 11.5 年，[三]而飞机的生命周期更长，维护得当，安全飞行 25 ～ 30 年不成问题。[四]三者比较，飞机特别是商用飞机对安全、耐久性的要求最高，其供应链也最复杂，供应链的整合难度也高出几个数量级。

难怪艾伦·穆拉利刚从波音到福特担任 CEO 时，能那么自信地说

[一] 中国汽车出口量首超日本，出海成车企"破卷良药"。百度百家号"第一财经"，2023 年 8 月 1 日。

[二] 这里的"传统制造"，是与半导体芯片相对应。芯片的制造在复杂度上不输飞机。

[三] Average age of cars on U.S. roads breaks record, by Nathan Bomey, *USA Today*, www.usatoday.com.

[四] How old is the plane you're flying on？ by A. Pawlowski, CNN, www.cnn.com.

百倍复杂的飞机，他都能整上天，而且不掉下来，这汽车又算得了什么——当时有人质疑他缺乏汽车制造的经验，嘲笑他甚至分不清汽车和卡车。穆拉利没说错，他力挽狂澜，拯救福特于水火之中，让福特安然度过 2008 年的全球金融危机，是底特律三巨头中唯一没有破产的。而他在这之前挽救了波音的民用飞机业务，早已家喻户晓。⊖

中国在商用飞机方面虽说起步相当早，比如运 -10 客机从 20 世纪 70 年代就开始研制了，与波音的第一代大飞机 707 算是同时代的，但并没有商业化，直到支线客机 ARJ21 于 2002 年立项、2015 年交付运营，这比汽车制造在中国的发展大概晚了二三十年，但意义重大，因为这是中国自主设计、自主研发的，有力带动了整个供应链的发展。

过去二三十年来，中国制造已经深度参与到全球航空供应链。沈飞、西飞、成飞等已经给空客、波音"打工"多年，制造了机身、机头、机翼、舱门、垂尾等大批关键部件，积累了相当多的经验。中国有完整的军机体系，覆盖飞机制造的每一个领域，也带动了航空供应链的发展。

大飞机 C919 已经完成试飞，于 2022 年交付，成功实现了从 0 到 1，在技术上经住了考验，但商业化从 1 到 N 的诸多挑战还在后面：大飞机 C919 的目标不只是把几百万个零件整合到一起，飞到天上不掉下来；真正的挑战是质量好，成本低，安全性能高，在商业上具备全球竞争性，更多是对供应链管理的挑战。

是的，中国商飞没有能力造第五代发动机，但波音和空客也没有——它们也得依靠 GE、罗罗、普惠等三大引擎巨头。航电系统、动力系统、燃油系统、电源系统、起落架等关键领域，也是同理。相对波音和空客，中国商飞要补的课还是**管理**，即对全球供应链的有效管控和整合，这是控制成本、提高质量、确保安全，让技术能够**商业化**的关

⊖　百度百科"艾伦·穆拉利"词条。穆拉利在 2006 年担任福特 CEO 之前，负责波音民用飞机业务，与波音一起度过"9·11"以后的艰难岁月，波音 787 就是在他的领导下开发成功的。

键。即使是关键技术的国产化，也要靠中国本土的顶尖供应商，而作为链主和集成者的中国商飞呢，主要扮演的是引导、督促和帮助的角色。

汽车行业，如何应对复杂的供应链

一般来说，批量大的产品复杂度低，复杂度高的产品批量小。汽车是个例外：一辆汽车大致有 3 万个零件，复杂度相当高；汽车也有一定的批量，长期以来是大批量行业的代表。兼具批量和复杂度，可以说是汽车制造的独特和有挑战性之处。这也是长期以来，汽车能代表一个国家制造能力的原因。而供应链的最佳实践呢，大部分都可以追溯到汽车制造。

对于复杂的产品、复杂的供应链，汽车行业是如何应对的呢？这里简单地总结三方面。

第一，推动标准化、系列化、模块化，降低产品的复杂度。

第二，供应链分层分级，把复杂的产品化整为零，由供应商来完成。

第三，整合供应商，以简单化的供应来应对复杂化的需求。

先说标准化、系列化、模块化。

美国人有个笑话，说买回一辆雷克萨斯，掀开车盖一看，里面装着个凯美瑞。这当然是在调侃丰田汽车，但也从侧面反映了丰田的标准化已经跨越不同车型。比如，雷克萨斯和凯美瑞分别是高端、中端车型的代表，但很多零部件都是通用的。本田汽车也类似，比如，思域和 CR-V 是两款完全不同的车型，但用的却是相同的底盘。

我们再看看大众汽车。大众在标准化、系列化、模块化上经历了三个阶段：平台化、模块化、组件化。这三个阶段层层递进，不断深入。

在**平台化**阶段，大众的目标是在同一汽车等级[⊖]内，让不同的车型

⊖ 汽车等级是大众将车型平台按照大小进行的定位，比如 A00 是微型乘用车，A0 是小型乘用车，A 级是紧凑型乘用车，B 级是中型乘用车，C 级是中大型乘用车，D级指的则是大型乘用车。引自百度百科词条"汽车等级"。

用同样的平台，但可以有不同的上装（车身）设计。这相当于大楼的地下结构都一样，但地上部分可以不同。

到了**模块化**阶段，大众追求的是多个汽车等级的标准化，共用更多的模块。这相当于不但地基一样，楼盘的梁、柱、板等主要构件也采用标准件。

等到**组件化**阶段，大众就追求不同等级、不同车身的标准化，共用更多的组件。这相当于大楼的地基一样，梁、柱、板标准化了，连门窗和内装修都标准化了。

从平台化到模块化，再到组件化，三个阶段不同，但本质却相同，都是降低产品的复杂度和增加规模效益，以降低生产和库存成本，提高资产周转效率。这套做法已成为汽车行业的基本实践，以应对燃油车大众化后的成本压力。

模块化也便于整合最优的供应资源，推动了汽车供应链的分层分级。

典型汽车供应链的**分层分级**就像这样：主机厂，比如通用、丰田、大众负责整车的设计、组装与营销；一级供应商，比如博世、电装、采埃孚负责模块的设计与制造（像传动装置、座椅、仪表盘就属于典型的模块）；二级供应商，比如英特尔、英伟达提供芯片这样的关键零部件；三级供应商提供原材料等。○要说"汽车行业"，其实主要指的是主机厂和一级供应商——它们都聚焦汽车行业，而二级、三级供应商呢，则往往服务多个行业，其产品有更大的通用性。

一级供应商相对强大、完善，是汽车行业的又一大特点。严格意义上，汽车行业的一级供应商有特定含义：它们不光直接跟整车厂做生意，更重要的是能够代替整车厂，负责特定**模块**的设计、组装、测试工作，以及相应的项目管理和下级供应商、供应链管理。

伴随着分级分层的是专业化和外包。越来越多的事由专业的供应商

○　The Automotive Supply Chain，Explained，by David Silver，May 30，2016，medium.com.

来做，也让整车厂得以减少重资产。专用重资产集中到专业供应商处，而专业供应商服务多个客户，需求聚合效应更明显，客观上提高了资产投资回报率。这也是提高整个汽车供应链投资回报的关键，以应对华尔街的巨大压力。[○]

在别的行业，比如家电，一级供应商的综合能力就相对弱多了。

2009 年，我和一个美国咨询公司到中国，帮助一个家电制造商外包生产，我们面临的一大挑战就是没有合适的一级供应商。这也容易理解：长期以来，汽车行业由一级供应商做的事情，比如模块、系统的组装和测试，在家电行业一直由家电制造商自己做，一级供应商自然就没法成长。

一级供应商，如果是自然成长的话，一般会经历三个阶段（兼并整合会加速这一进程）：零部件的制造；模块的制造；模块的设计。

当到达第三阶段后，供应商的技术和管理能力进一步加强，就成了**集成供应商**，为整车厂提供技术、设计、制造服务，以及管理产品开发和供应链的服务。相应地，技术和创新的领导权也逐渐转移到这样的供应商，而整车厂则更多地聚焦品牌、市场、客户服务以及全球的销售网络。

这些变化改变了供应链上的力量对比，也改变了供应链伙伴之间的关系。

一级供应商变得更强大，系统增加了整车厂的管理难度。对于这些集成供应商，北美车厂的管理方式却长期停留在过去，继续把它们当作以前的零部件供应商来对待：**短期关系，一切向钱；谈判降价，不行就换**。简单粗暴的管理方式制造了很多问题，没法有效整合供应链的优质资源，也是北美车厂没法跟日本同行竞争的一大原因。

分层分级后，整车厂需要和一级供应商紧密合作，因为一级供应商

○ 20 世纪 90 年代，互联网行业兴起，股价节节攀升，对汽车、家电这样的传统行业带来很大的压力。压力之下，这些行业开始外包以减少重资产，通过全球寻源、低成本地区寻源来降低成本。这些都是实质性的供应链变革。

做的事，本来就是由整车厂做的。这就注定不能有太多的一级供应商，否则管理难度会太大，会管不细、管不好。正是这个原因，决定了供应链的分层分级和**供应商整合**是相伴而行的，分层分级的过程也是整合供应商、选择数量有限的优质供应商的过程。如果你看北美这几十年来的发展，供应商整合是个非常清晰的趋势，不光在汽车、家电、快消品等大批量行业，也包括飞机制造、大型设备等小批量行业。

供应商整合带来规模效益，反映的也是**以简单对复杂**的思想。需求已经很复杂，如果供应也很复杂，我们的风险就是以复杂对复杂，会导致规模效益彻底丧失。作为企业，我们要么在需求端"收口子"，降低需求的复杂度；要么在供应端"收口子"，整合供应商，减少供应商的数量。如果两个口子都收不起来，就注定供应链的成本做不下来，速度做不上去，失去竞争力。

【小贴士】 前端防杂、后端减重、中间治乱

经济低迷，唯有低成本者方能生存。这是我的老东家，硅谷一家设备制造商的前CEO的名言，也是他在高科技领域经历了几十年风雨后的经验总结。

高科技行业如此，一般行业也不例外。那成本怎么才能降下来？从供应链的角度，我们得**前端防杂、后端减重、中间治乱**，三管齐下来应对。

前端防杂是降低产品的复杂度。多年快速增长后，企业的普遍挑战是产品线越来越长，产品型号泛滥，独特设计越来越多。供应链是从产品开始，而产品的复杂度高，就注定规模效益做不上去，单位成本降不下来。所以，我们要精简产品线，推动标准化、系列化和模块化，通过降低产品复杂度来降低产品成本。

后端减重是对于**非核心**竞争力，要走轻资产之路，以降低固定成本。垂直整合的重资产（比如自建工厂）需求单一，规模效益不如专业供应商；长期竞争不充分，能力必然退化。结果呢，你最糟糕的供应

商，就是自家的生产线。解决方案呢，就是依靠专业供应商，但前提是提高选择、管理供应商的能力。⊖

中间治乱是有效对接销售和运营，提高计划的准确度，从而降低库存和运营成本。计划不到位，既做不到精益求精，也免不了大错特错，直接表现就是库存高企，但客户要的我们没有，我们有的客户不要；加急赶工多，运营成本高。这一切表面上是没做到，实际上是没想到，得从改进计划着手来改善。

但是，常识并非常行，深陷困境的企业往往在反其道而行之。

比如在新能源行业，这几年需求不振，内卷严重，行业巨头们却纷纷推出更多的产品、更多元的设计、更多的定制化；采购额下降，老供应商已经够多了，却一直在导入更多的新供应商；老工厂开工不足，却在建更多的新工厂，跟供应商竞争，把原来供应商做的拿来自己做。有个企业在 2020 年初只有 5 个自建工厂，三年后我再去时，发现已经有40 多个。这一切都导致高成本、高库存和重资产问题越来越严重。

就前端防杂、后端减重、中间治乱，我有一本专门的书来阐述——《供应链管理：高成本、高库存、重资产的解决方案》(第 2 版)。其中对于产品复杂度的控制，我们要在新品导入时做好设计优化、设计选型，尽量提高试错成功率；一旦试错失败，我们要尽快精减营收、盈利不达预期的产品，做到尽快止损，这里点到为止，不再赘述。

小批量行业，如何应对复杂的供应链

在飞机制造这样的小批量行业，供应链的复杂，一方面体现在产品的零件数量、技术和工艺本身的难度上，另一方面体现在多层多级的供应商上。汽车、家电等大批量行业在管理复杂供应链上的做法，放在小批量行业同样适用。

⊖ 供应商管理能力不足，供应商选不好、管不好，另一体现就是供应商数量膨胀，供应越来越庞杂。所以，后端减重和后端防杂应并肩而行。

就拿飞机制造来说，波音 787 采用模块化设计，化整为零，主要依赖供应商来开发技术，分担财务和技术风险，对供应商分层分级管理。波音也在减轻资产，比如把自己在堪萨斯州威奇塔的工厂剥离出去，生产制造更多地依赖专业的供应商。波音也在做精益，前几年我在参观波音时，发现其西雅图附近的产线就是丰田帮助设计改进的。在几乎每个小批量行业，从飞机制造到农用机械、医疗设备、电信设备，都经历了一轮又一轮的供应商整合。

传统上，飞机制造行业高度垂直整合。随着飞机的研发成本越来越高，风险越来越大，飞机制造商就开始推动外包，构建分层分级的供应链结构。[一]比如在开发"环球快车"喷气机时，庞巴迪就一改垂直整合的做法，率先导入 10 多个风险共担的一级供应商，给它们分包多个子系统，并赋予系统设计的责任。这一模式取得成功，一级供应商承担了"环球快车"一半的开发成本。

当然，波音在梦想 787 上外包过度，造成了一系列的问题，后来也在调整。比如，为了更好地控制全球供应链，波音并购了一些关键供应商，增加了垂直整合的戏份，[二]这里暂不细表。

我个人的职业生涯呢，大部分是在小批量的制造行业度过的。基于我个人的经历，这里我还想补充三方面的内容，从整体管理上看北美的小批量行业如何应对复杂的供应链。

其一，化整为零，分而治之。

其二，专业化，以及专业化后的团队协作。

其三，从管理的角度，而不是光从技术的角度来应对。

我们先说**化整为零**。开发原子弹的曼哈顿计划、人类登月的阿波罗计划、开发波音 787 那样的大飞机，都要求几千几万甚至更多的人通力协作。那么对于复杂的产品和项目，如何协调供应链的每个环节，管控

[一]　Post-Tier 1：The next era in aerospace supply chain evolution? by Kevin Michaels，www.linkedin.com.

[二]　Boeing acquires second 787 supplier plant，by Hal Weitzman and Kevin Done，*Financial Times*，www.ft.com.

进度、成本和质量？需要层层分解，化整为零，各个击破，"费米思维"到处都是。

费米是诺贝尔物理学奖得主，原子能之父。他在技术上是个天才，在管理上也有独到之处。他的"费米思维"就是对于复杂的对象，不管有多复杂，如果我们分解得足够细，总会分解到我们有能力判断（亦即有能力管理）的层次，然后在那个层次做判断，有些你会高估，有些你会低估，汇总起来会神奇地互相抵消，让我们对整个事物有更好的判断。

这就如你第一次装修房子，你当然不知道要花多少钱，需要多长时间。但是，如果你分解为地板、墙壁、屋顶、家具、照明等，你就有更好的了解。家具要花多少钱，你还是不知道，那就继续分解：客厅、卧室、客房，桌子、柜子、茶几、凳子，总能分解到你能判断的层次。然后基于每个单项，我们来估计进度、成本，汇总起来，就成了整个项目的交期和预算。

放在项目管理上，这就是我们熟悉的任务分解法（WBS）。这套方法最早由美国国防部和美国宇航局（NASA）于 20 世纪 60 年代导入，用来计划和管控大型项目。[一]在同一时期，美国海军导入了 PERT[二]，跟关键路线法（CPM）一道，用来管理北极星核潜艇的开发项目。那个年代的美国，有很多巨型的民用、工业和军工项目。对这些复杂项目的管控，催生了这一系列的方法。而这些方法的一大共性就是分解，把一个没人能搞懂的复杂体分解到人们能搞懂的层面。

这些方法论后来进入生产制造领域，被工业界广泛应用。跟任务分解法（WBS）对应的就是物料清单（BOM），配以物料计划（MRP）逻辑和计算机，让工业界有了系统化、自动化的方式来化整为零，然后又层层汇总起来。作为企业信息化的内核，ERP 系统成为管理复杂供应链的

[一] Work Breakdown Structure（WBS）in Project Management，wiki for doing projects，http://wiki.doing-projects.org.

[二] Program evaluation and review technique，维基百科。

关键工具。

产品上的层层分解、精细化管理，对应到组织上，就是**专业化**，专业人做专业事。在供应链上是分级分层的供应商，在公司内部就是职能的细分。

在北美的小批量行业，一个普遍现象是职能分工很细。以前我在一家硅谷的半导体设备制造商工作时，有个新同事来自批量较大的行业，起初很不理解，像我老东家这样几十亿美元营收的企业，还算不上严格意义上的巨无霸，为什么分工那么细，那么复杂。

就计划来说，我的老东家有主计划、生产计划、生产控制、物料计划。对于售后备件，我们还有一套专门的计划班子，有负责总库计划的，有负责地区库计划的，还有负责客户寄售点计划的；有负责量产产品计划的，还有负责新产品计划的；在新产品计划中，还单列出一个专门对付设计变更的小分队。

我给他解释，半导体设备那么复杂的产品，BOM 一打开就是几千、上万个零部件，涉及那么多的部门、人员，要做到精细化管理，客观上需要专业化。

就拿设计变更来说，一旦有新的变更导入，就需要理清整个供应链上，从总仓到产线到分仓，再到在途订单，每个环节有多少库存；相应零件可能用于多个组件、产品，每个组件、产品有 N 个版本的 BOM，都得一一更新；大部分操作都得在 ERP 里完成，而 ERP 的各种细节功能又很复杂，没有几个专业的计划人员来支持设计变更，还真搞不清楚。

这位同事半信半疑，不过做了几个月，有了亲身体验后，就再也不提这个问题了。

小批量行业就如高复杂度的北美社会，而北美社会是建立在专家基础上的，啥事都有专门的人来做。比如在美国，光律师就有三十多种，而医生更多，有六十几种。就连两口子闹点小矛盾，你得到的第一个建议都是咨询家庭顾问。而家庭顾问呢，又可能把你推荐给专长愤怒管理或者抑郁的心理调节师什么的。不过在这个国家生活久了，你会深刻地体验到，术业有专攻：**专业化了不一定能做精，但要做精却离不开专业化**。

职能专业化的结果是每个人的视野越来越窄，跨职能协作的挑战也越来越大。于是企业就开始围绕管理对象进一步专业化，比如围绕客户设立**客户管理**，围绕项目设立**项目管理**，围绕供应商设立**供应商管理**，围绕产品设立**产品管理**。⊖这些职位的名称不同，但扮演的角色都一样：**集成者**，也就是把多个细分职能串联起来，实现 1+1>2 的效果。

专业化程度越高，集成化的挑战就越大。这在美国是通过**团队协作**来解决的，体现在整个教育系统中。

我在中国读了快 20 年书，从小学一直读到研究生，团队项目的作业屈指可数，记忆中都是埋头单干，自己做好就行了。当然，这是二三十年前的事了，现在肯定会有不同。在美国，我的女儿一上小学，就有小组项目，几个孩子一起做。孩子从幼儿园就知道，干啥都需要一个团队，团队是解决复杂问题的关键。相应地，作为领袖，孩子们在锻炼领导能力；作为成员，孩子们在锻炼协作能力。

女儿申请大学时，成绩占很小的一部分，学校看重的还有领导力、课外活动、对多元文化的包容——这些都是团队协作的关键，要在申请文书中体现出来。⊖可以说，美国的教育，从小学到大学，很大程度上是奔着解决**复杂问题**去的；而比如原来苏联体系的教育呢，则更多的是冲着解决**困难问题**去的，殊不知真正的难是因为复杂，而不是因为问题本身有多难。前者的结果是，虽然每个人拉出来单练往往不行，但三个

⊖ 这里的专业化，并不是说应该设很多细分的职能，暂请抑制住无限专业化的冲动。组织的专业化要靠流程和信息系统来支持。流程不健全，信息化程度低，你是没法实现组织的专业化的。即便实现了，也会成为"寡妇岗位"，没法生存。这就是为什么同是餐饮界的大公司，肯德基这样的跨国企业能够专业化，有专职的计划人员，而很多中国本土连锁餐饮却是店长、厨师长兼职做计划。详细案例可参考我的《供应链的三道防线：需求预测、库存计划、供应链执行》(第 2 版) 第 134～138 页。

⊖ 美国大学招生与中国的高考不同。高中四年的成绩、标准化考试的成绩（比如 SAT）、个人陈述、推荐信、课外活动等都是美国学校特别是顶尖的私立大学关注的内容。

人凑到一起，就能整出更好的东西来。

以教会为主的社区活动也是。有一年圣诞节期间，朋友邀请我们去看他们教会的演出，演员至少有几百人，每一个人都有自己的角色，男女老少，高矮胖瘦，不一样的服装，不一样的性别，不一样的习惯，不一样的年龄，操不一样的语言，来自不同的国家，整合到一起来，却能迸发出如此的能量，呈现这样气势恢宏的演出，真是让人印象深刻。

放在供应链上，供应链伙伴的诉求各不相同，每一环都在最大化自己的利益。整合诉求不同的合作伙伴，兼顾每一方的利益，最后达成共识，实现共同目标，这是北美管理复杂供应链的强项。这后面是对多元文化的包容，对个体诉求的尊重。求同存异，在满足个体目标的基础上，避免被集体主义绑架，最终实现群体目标，是美国管理的精髓所在。

有趣的是，欧美文化首先强调的是个体，然后才是团体，教育的核心是团队协作；东方文化强调的是集体，但教育和工作中更多的是单打独斗，受几千年的集权思想影响，习惯于自上而下推动，成了横向跨职能协作的绊脚石。

相对而言，印度几千年来大部分时间是分散的，印度人更能够容忍多元思维。我在硅谷二十多年了，对此深有体会。越来越多的印度裔成为技术公司的老总，《财富》美国 500 强中，有 60 位 CEO 是印度裔。[一]而有些国家来的移民呢，则是看谁都不顺眼——非黑即白的思维下，断难成为团队领袖，只能做个技术专家，埋头干活。

最后，我们谈一下**管理**。从供应链管理的角度，小批量行业有几点突出的问题。

其一，小批量行业受**周期性业务**的影响更大。这些行业一般在供应链的后端，在牛鞭效应的作用下，需求层层传递，变动层层放大，越往后越失真。飞机制造、半导体设备、工程机械、农用机械、风力发电等

㊀ What makes Indian origin CEOs rise to the top of Fortune 500 companies，by Shereen Bhan，Aug 11，2022，CNBC，www.cnbctv18.com.

都有明显的周期性，几年一个波峰，几年一个波谷，造成严峻的产能、库存和交付问题。

解决方案呢，一方面是消除各个环节的信息不对称和组织博弈，另一方面是外包非核心业务，但前提是提高供应商的选择和管理能力，我们在牛鞭效应部分已经谈过。

其二，每个小批量行业里，主要的供应商就那么几个，主要的客户也那么几个。选择有限，我们要改变对供应商广种薄收、轻选择重淘汰的做法，跟关键供应商建立战略合作关系。小批量行业的脉动一般较慢，产品的生命周期就更长，动辄几十年，跟关键供应商保持长期关系至关重要。

这需要成套的供应商管理体系来支撑。保持长期关系，跟数量有限的供应商做生意，协作解决问题而不是简单地转移问题，以及后文要详细探讨的供应商管理五步流程，同样适用于小批量行业。跟供应商合作时靠**管理措施**，而不是一味依赖**市场竞争**，这是技术含量高的小批量行业跟大批量行业的一大区别。

其三，小批量行业的业务复杂，很难建立健全、细致的流程，让一个高中生按部就班走下来，就把事情做好。但是，我们必须要有基本的流程，比如新产品开发流程、销售和运营协调流程、供应商的选择和管理流程，否则跨职能协作就很难开展。信息系统也是同理，必须有基本的系统来支持组织和流程。

流程和系统的不足，要靠组织也就是人的主观能动性来弥补，可以说是**组织在驱动流程和系统**，对人的依赖度更高。这是小批量行业的一大特点（相对而言，大批量行业更加依赖流程和系统来驱动组织）。在美国，小批量行业的员工一般薪酬更高，因为需要经验更丰富、能力更强的人。就职业发展来说，从小批量转入大批量相对容易，从大批量进入小批量往往更难。

解决方案呢，就是重视组织能力建设。所谓重视，归根结底都是资源的投入，最直观的就是给这些员工的薪资待遇。在供应链领域，特别是采购和计划，这些人动辄都在做千百万元的决策，花在他们身上的钱可不能省。我到过很多小批量行业的中国本土企业，很多都是几十亿元甚至几百亿元的营收规模，普遍对供应链管理的重视度不够，员工待遇差，部门地位低，难以吸收和留住优秀人才，边缘化严重，是个共性问题。

【小贴士】　北美小批量行业的挑战

小批量行业，例如飞机制造、半导体制造、通信、医疗、电力、化工设备等，向来以技术为主导。这些行业的复杂度很高，要么是有政府保护，要么入行门槛很高，全球竞争有限，客观上为"死于安乐"提供了条件。

但是，一旦大环境变了，这些行业就面临灭顶之灾。

比如20世纪70年代，美国航空业解禁，基本上任何公司都可以进入航运业。用新加坡航空前总裁许文辉的话说，皮包公司都可以办航运：飞机有专门的公司给租用，机场是租用的，飞行员和机组人员也可以租，航运公司要做的就是宣传和卖票了。解禁的结果是竞争空前激烈，导致整个行业多年来亏多赢少。

到了20世纪90年代后期，美国航空业所有的亏损加起来，超过了历史上的总盈利，也就是说，把怀特兄弟试飞以来的所有利润都给亏掉了。以前低效运作下的各种问题浮出水面，企业为了生存，不得不在价格、质量、交期等各方面做得更好。

2001年的"9·11"恐怖袭击更是雪上加霜，让整个航空业几乎陷入万劫不复的深渊。好不容易熬过来了，2008年的金融危机来了。这当然不是最差的，因为还有2020年以来的新冠疫情。光就波音来说，2020年一年就亏损120亿美元（部分是787Max的质量问题造成的）。在我的记忆中，很少有哪个行业比这更苦命的了。

英语中有句谚语，石头沿着山坡往下滚：压力就沿着供应链向飞机制造商、引擎制造商、零部件制造商传递，客观上给这些公司带来了求变的动力。

这些行业在中国看来很不起眼，但在美国却是举足轻重：空运是美国中长途旅行的主要方式，就如铁路运输在中国；政府是美国最大的买主，而国防开支又是政府预算的重头戏，主要采购的是军工设备；大型设备制造行业，例如半导体、医疗、通信、化工、发电等是美国制造业的龙头，每个都是一年几百亿、上千亿美元的市场，近年来也受到全球竞争的有力挑战。多年来，美国一直都是世界上第一、第二的制造大国，靠的就是这些小批量行业（见图7-4）。

图7-4　小批量行业支撑着美国的制造大国身份

这些小批量行业的周期性明显，业务变动大，资产重，忙的时候忙死，闲的时候闲死。高技术，高投入，高风险，低回报，三高一低很好地总结了飞机制造这样的小批量行业的特点——看看波音、空客平均只有两三个点的净利润就知道了（详细数据如图7-5所示）。

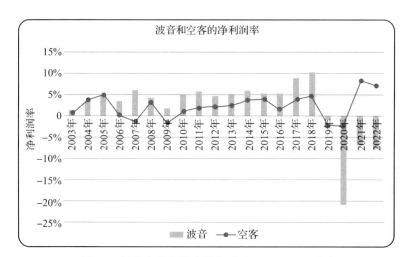

图7-5　波音和空客的盈利水平（2003～2022年）

资料来源：Ycharts网站。

当然，飞机制造业的价值不能光从市场回报来看，它们带动了多个行业，作用就如吕布麾下的陷阵营[○]。这就如华为对中国的影响，不光是几千亿元的营收一样，而是带动几个行业进入顶尖领域。苹果也是，光iPhone一个产品就消灭了几个行业，也带动多个行业。

【小贴士】"大飞机"可不是简单的组装

网上看到很多文章，说"大飞机"用的很多零部件都来自海外，中国商飞做的无非就是组装工作。言下之意呢，没什么技术含量。这是"唯技术论"的延续，其实很片面。这就如面、油、调料都是别人做的，但把这些变成香喷喷的面包，没有面包师傅的"组装整合"，能行吗？

将整合组装作为核心竞争力，看看iPhone就知道了：苹果不生产芯片，也不生产显示屏，更不生产电池；苹果的价值就在于把那几百个零部件整合到一起，做出一个人见人爱的好产品。没见谁在挑战苹果作为整合者的价值，但为什么总有人低估中国商飞在"大飞机"中的价值呢？

况且"大飞机"与iPhone的复杂度可大不相同，对供应链的挑战也是。让我们看看《野心与梦想：国产大飞机浮沉五十年》[○]一文的描述：

"飞机制造本质上考验的是对几十万零部件进行选型、协调、管理的'系统集成能力'，以及整体设计规划和精密控制的水平。

做消费电子，把CPU内存硬盘等零部件往主板上一插，就是台能用的电脑；但造飞机，把发动机买回来装进飞机壳里——这玩意它飞不起来。

……组装好之后，还要做到'完全'不出错。举例来说，商用飞机

○ 陷阵营是东汉末期一支独特的部队，人数不多，但作战极为勇猛，它的指挥官是吕布手下的大将高顺。人称高顺所将八百余兵，号为千人，铠甲具皆精练齐整，每所攻击无不破者，名为"陷阵营"。摘自百度百科的"陷阵营"词条。

○ 作者叶子凌，微信公众号"远川研究所"，2023年3月6日。

有一个 10^{-9} 标准[⊖]，可以简单理解为，假如每周往返北京上海一次，军用飞机的安全性设计标准是 20 年发生一次机毁人亡事故，商用飞机则是 2000 年发生一次。"

这后面对技术、质量和整合能力的要求，可见一斑。技术是硬的，可以从供应商那里买；管理是软的，需要多年的积累，鲜有短平快的解决方案，而整合能力更多是项管理能力。

就拿"主供模式"下的供应商管理来说，在中国，航空制造一直是国有经济为主，主力是中航工业以及旗下无穷无尽的子公司、孙公司，精于行政命令下的"国内配套单位大协作"路子，疏于国际上通行的"主制造商—供应商"模式。

《大国工程》一书中写到，中国商飞曾经就"主供模式"联系波音、空客，"希望它们能提供供应商组织管理方面的培训，但是至今也没有收到反馈"。[⊜]这也不难理解，谁会去培训自己的竞争对手呢。不过也不需要它们来培训，本书后面谈到的供应商管理五步流程，就是从飞机制造等多个行业发展过来的，讲的就是"主供模式"。

这"主供模式"其实就是市场经济下的合同关系。二十多年来，我在商学院学的是这套做法，在工业界用的也是这套做法。

⊖ "每一个因系统故障造成的飞机灾难性事件每飞行小时发生的平均概率低于 10 的负 9 次方。"《快而无极，大需有度——我看未来民用客机发展》，张聚恩，微信公众号"聚恩君"，2023 年 3 月 13 日。

⊜ 《大国工程》一书由赵忆宁著，中国人民大学出版社出版，2018 年。

供应链的全球化和反全球化

对于全球化，哥伦比亚大学教授、经济学家巴格沃蒂形象地写道：

一位英国的王妃，带着埃及的男朋友，在法国的一条隧道里撞车，开的是一辆德国车，车上安装着荷兰的发动机，司机是一个比利时人，喝多了苏格兰的威士忌。追赶他们的是意大利的狗仔队，骑着日本的摩托车。为她治疗的是一位美国医生，用的是巴西的药品。

这个消息是个加拿大人传出的，用的是比尔·盖茨的技术。而你可能正在一台电脑上阅读这个消息。这台电脑用的是中国台湾地区造的芯片、韩国产的显示器，由一个印度的卡车司机运输，由硅谷的工人卸货，然后一个墨西哥非法移民送给你……我的朋友，这就是全球化。[⊖]

巴格沃蒂说这话的时候，正是 2000 年前后。注意到没有，不是说

中国是世界工厂吗，这其中竟然一次也没有提到中国大陆。中国成为世界工厂，那是后来的事，2000 年，中国大陆占全球贸易的 4% 还不到。但这一切都在改变，特别是在 2001 年中国正式加入世贸组织，深度参与经济的全球化后。

十年生聚，中国在全球经济的戏份逐年增加。2023 年，中国占全球制造份额的 28%，比第 3 到第 10 加起来还多——那可是包括日本、德国在内的八个制造大国啊。从成品到零部件，从制造设备到制造工艺，中国成为全球供应链的关键构成。

与此同时，美国在全球贸易中的比例逐年下降，从 2000 年的 12%，一路降到 2020 年的 8%。[○]既然跑得没你快，那我就给你下绊子，让你也慢下来。这是美国多年来对付欧洲和日本的伎俩，现在轮到了中国。慑于美国的霸权，欧洲和日本都先后退让了；中国有自己的底线，在关键国家利益上不妥协。

这就如你培养供应商，它几年间成长迅速，一不小心竟然成了你的最大供应商。供应商大了，对你的话也不是言听计从了，还想跟你竞争。你想，这还得了，你长这么大，还不都是我给你的生意。于是就跟这供应商过不去，给它寻找竞争对手，减少给它新生意，甚至威胁它把老生意也移走。[○]

不过作为供应商，它的想法可不大一样：我成长到这么大，并不是你的施舍，你给我那么多的生意，哪一样不是我努力的结果？我的东西好，我的东西便宜。那你想怎么样，就怎么样呗。既然关键利益上谈不

○ China：The rise of a trade titan，by Alessandro Nicita and Carlos Razo，UNCTAD，2021 年 4 月 27 日，https://unctad.org.

○ 这也是彼得·蒂尔一类的美国保守主义者的看法：中国经济之所以发展了，是因为做了美国人的生意，"窃取"美国的知识产权（是的，蒂尔的演讲和采访中多次用了"窃取"一词）。对蒂尔的《从 0 到 1》一书，我是充满敬意；但对他的政治观点则否。每个国家在经济崛起的时候，都需要学习别的国家，但这跟"窃取"是两回事——光靠"窃取"是不可能发展到世界数一数二的。具有讽刺意味的是，你看那些美国当年崛起的老文献中，英国对美国当年的评价，跟美国保守者对中国的评价如出一辙。

拢，你给我找竞争对手，那我也开发更多的客户。

国家保守主义、贸易保护主义重新抬头，罕见地成为美国两党的一致战略。这就有了这几年的贸易摩擦，以及接下来的反全球化、供应链"去风险"。特朗普就如当年通用汽车的采购老总洛佩兹㊀，所有的合同都推倒重谈，从一些国家拿到一些，但还是没法解决"最大供应商"中国的问题；拜登时代就更加聚焦，专门围绕中国开始做文章。

淘汰你最大的大供应商难，反全球化就更不容易了，连那些权力登天的美国参议员也无可奈何。

参议员霍利的绝望

在美国，政府高官、业界巨子们可以不怕州长，不怕总统，但不能不怕议员。

多少次，你看电视直播，盖茨、扎克伯格、贝佐斯那样的巨头们被议员们训得跟猴一样，丝毫情面也不留——议员们制定游戏规则，啥事都有权过问；如果他们想找你的麻烦，那可就真的麻烦了。美国总统任命的内阁官员，要经过参议院的批准和授权方可履职，日常工作也要接受参议院的监督、问责。㊁

在现场直播、众目睽睽下，出席参议院的听证会，接受议员们的质询，对官员们来说就如过鬼门关。这不，这里要讲的就是这样的一个听证会，时间是 2023 年 3 月 23 日，参议员是乔什·霍利，一位共和党的反华急先锋；官员是普什·库玛，美国能源部网络安全、能源安全和应急办公室主任（这里简称为"网络安全主任"）。

在 YouTube 上有一段视频，题目是《"你彻底耗尽了我的耐心"：乔什·霍利怒斥拜登政府官员不回答他的问题》，讲的就是这个听证会。㊂

㊀　此人的故事多多，细节参见后文第 385 页"合作降本不能做成洛佩兹的铁血降价"。
㊁　《美国参议员的权力到底有多大》，微信公众号"Shigeyoshi"，2023 年 7 月 5 日。
㊂　'You're Exhausting My Patience'：Josh Hawley Lambasts Biden Official For Not Answering His Question，Forbes Breaking News，youtube.com.

究竟什么事让参议员霍利大光其火，怒斥政府官员呢？我们在这里简单回顾一下。

听证会的主题是美国电网的网络安全。美国有几千个高压变压器，只占变压器总数的 3% 不到，却承载着 60% ～ 70% 的电力。这些大型变压器如果受到攻击，就会带来灾难性的后果。前些年，美国主要担心的是恐怖袭击；近年来，网络安全却成了首要顾虑。

参议员霍利发问了，美国电网的设备中，多大比例来自中国，或者包括中国制造的零部件？网络安全主任库玛先是迎合参议员所谓的"中国威胁论"，然后就开始长篇大论，说他们在做这做那，做各种各样的分析，但就是决口不回答霍利的问题。

霍利接着问："这是不是说，你不知道多大比例的电网用了中国制造的产品？"库玛继续绕圈子，说中国制造的设备倒好对付，挑战是设备不是中国制造的，却用了中国制造的零件；政府当前聚焦的是，对于整个设备及其零部件，看哪些部分有这样的零部件。显然，还是不回答霍利的问题。

霍利有些不耐烦了："我的时间有限，看上去你不知道答案。那你什么时候会知道？"在这样的听证会上，每个参议员只有 5 分钟来发问，所以都想拿到短平快的答案，而错综复杂的问题很难有个黑白分明的答案。这就是听证会上常见的情景：议员们一再甚至是粗鲁地打断政府官员，要求给个"Yes"或"No"的答案；政府官员一再迂回解释，就是给不出议员们想要的答案。

库玛继续嘴里打转："我们在做广泛的研究，看电力领域有哪些关键部件，应该优先测试哪些，根据风险高低来决定……现实是……"霍利打断他："什么时候你会知道？我不认为这有什么难，我在问你，美国电网包含了中国制造的产品，你说你不知道，在做分析，我想知道什么时候会调查清楚。"

库玛："先生，这是个复杂的问题，电网有千千万万的硬件……"

霍利："我想知道个日期。你彻底耗尽了我的耐心。什么时候会做好分析？"

　　库玛："中国可能不会利用他们自己制造的设备，他们可能利用别人的设备……"言下之意是，中国要"使坏"的话，不一定利用中国制造的设备，而是通过采用中国零部件的别国设备……

　　参议员霍利彻底绝望了：老天啊，这咋看咋就像个 filibuster[⊖]。让我换个问题：多少比例的大型变压器是中国制造的？显然，这老兄想简单点，把问题的范围从整个美国电网缩小到那些大型变压器上，来确定多少有中国元素。

　　可以想象的是，库玛还是没有答案：大型变压器有那么多的品牌、那么多的制造商，每台变压器的零部件动辄以万千计。千千万万台变压器，制造商是谁弄清楚了，后面还有那么多的二级、三级甚至四级供应商，这可是天文数字，有谁能搞清楚都是从哪里来的，有没有中国元素？

　　2010 年日本大地震后，丰田花了巨大的代价，才建立了零部件的来源库，算是摸清了供应链结构，比如每个零件是哪个供应商在什么地方的工厂制造的，从而更加有针对性地应对供应链中断的风险。那是针对汽车，而且是由丰田这样的管理能力、执行能力顶级的全球企业来推动的；电网设备、大型变压器要比汽车复杂多了，产品遍布美国，供应链遍布全球，怎能寄希望一帮政府官僚去搞清楚？

　　参议员霍利是学历史的，后来进了法学院，毕业后先当律师，后做政客，当然不能也不愿意理解这样复杂的供应链，难怪觉得"难以置信"，异常沮丧，把这事怪到库玛这帮官员办事不力上。作为曾经的电力工程师，库玛在电力行业从业多年，深知这一问题的复杂性，但秀才遇到兵，有理说不清，在霍利的咄咄逼人下自顾不暇。

　　身为律师和政客，霍利在找黑白分明的答案，也喜欢通过规则来

　　⊖　指参议员可以无时间限制地发言，恶意拖延辩论时间，使得法案最后因为没有时间来投票而被迫流产。摘自"Filibuster 的前世今生"，彭拜新闻。

解决复杂问题。比如他在听证会上问到，特朗普时期下达了一个行政命令，限制采购外国的电气设备，为什么拜登政府中止了这一行政命令？库玛的解释就理性多了：供应链安全异常复杂，我们必须全面看待，并非光靠一纸禁令就能解决问题。

对于恐怖分子，国门一关，似乎就是普通选民，特别是那些心智低于平均水平的选民意识中的解决方案。特朗普也的确这么做过，比如不让一些中东国家的人进入美国。但放到全球供应链上，要像明朝"片板不许下海"那样阻断"中国制造"，跟全球制造的 28% 绝缘，那只能说是政客们的白日梦。

制造业回流的水中月

这就是全球供应链的现实：在高度全球化的今天，供应链错综复杂，你中有我，我中有你。美国强硬派议员们希望的"去中国化"，显然是低估了全球供应链的复杂度。这也是为什么在美国，强硬派议员们关于中断与中国正常贸易关系的提案，先后几次都被否决。

当然，你永远不能低估人类的愚蠢度。2023 年 3 月，参议员霍利在"工人重建美国议程"的幌子下，再度提出终止与中国正常贸易关系的法案，建议提高对中国产品的关税，让更多的工作回流到美国，让美国工人受益。

这看上去政治正确，但底层逻辑并不成立：在全球供应链上，很多中低端产品，即便不从中国进口，也会从别的低成本国家进口，还是没有美国工人的份。相反，以泛政治化的措施，比如提高关税来强行改变供应链结构，结果会让美国人付更多的钱。

想想看，特朗普提高关税前，为什么美国在向中国买那些东西？很简单，因为中国产品的总成本更低、性价比更高。现在提高关税了，如果中国的产品变得太贵，那就从别的国家进口，总成本是更高了，由美国消费者买单；如果中国产品仍旧最具竞争力，加关税是针对所有中国

企业的，那大家最终会把它加到价格中，还是美国的消费者买单。[一]

是的，**贸易摩擦、反全球化可能让中国失去一些，但绝不会让美国工人得到多少**。制造业不会回流。失去了就回不来了。它可以离开中国，但绝不会回到美国。作为政客的参议员霍利当然心知肚明，但在选票的驱动下，聪明人还是违背自然规律，一遍又一遍地做傻事。

那高端制造呢？美国并不是没有高端制造，特别是高端的芯片制造。

IBM 可以说是芯片制造的始祖，在纽约州建有顶尖的制造设施，但谁见过 IBM 生产的芯片？大概听过的也没几个。IBM 的芯片制造没有竞争力，亏本多年，最后倒贴 15 亿美元卖给了格罗方德（看清楚了，是倒贴）。这事发生在 2015 年，跟中国制造没有半毛钱的关系——中国当时只占全球芯片销量的 3.8%，根本没有能力影响到 IBM。[二]

英特尔呢，作为全球顶尖的芯片制造商，在大众化的芯片制造行业，多年来坚持垂直整合，结果就是抱残守缺，创新无力，新产品、新技术的开发屡屡拖期。一年不如一年中，英特尔在制造工艺上跟台积电的差距越来越大，现在连最新的技术都要外包给台积电了。

多难时代，英特尔就从 CEO 开刀：斯旺上任三年就下台，换上了能说会道的基辛格[三]。我在 YouTube 上听过他的多个采访，那可真是巧舌如簧。他四处游说，影响政府决策，撺掇通过《芯片和科学法案》，努力为英特尔获取好处，竭尽全力为英特尔续命。

政府救不了英特尔，何况基辛格。

尤为滑稽的是，作为美国《芯片和科学法案》的最大受益者，英

[一] 截至 2023 年 7 月，美国对从中国进口的产品中，大约 2500 亿美元征收 25% 的关税，大约 1120 亿美元征收 7.5% 的关税。摘自 Tracking the Economic Impact of U.S. Tariffs and Retaliatory Actions，by Erica York，Tax Foundation，2023 年 7 月 7 日，taxfoundation.org。在中国，制造业的净利润大概在几个点上下，当然不可能亏本让利 25 个点，那你用脚指头思考都能知道，这关税最后是谁在买单了。

[二] Chinese Mainland's Share of Global Chip Sales Now Surpasses Chinese Taiwan's，Closing in on Europe's and Japan's，Jan 10，2022，by Semiconductor Industry Association，www.semiconductors.org。

[三] 英特尔的基辛格跟前国务卿基辛格可不是一家人，前者的英文是 Gelsinger，后者是 Kissinger，中文音译凑巧一样。

特尔享受巨额的政府补贴，计划投资 300 亿美元在美国建厂，把制造带回美国，首要目标却不是"让美国重新伟大"，而是用来满足中国的需求。而且以此来"要挟"美国政府：不让我卖给中国，我就不能建那些新厂……

再说美光，美国的另一个芯片巨头。多年来，美光并购了英飞凌的存储芯片业务，并购了日本的尔必达、新加坡的特许半导体、中国台湾地区的力晶和华亚科技。十一次大大小小的并购后，美光跟三星、海力士一道，成了世界上存储芯片行业最后还站着的那几个公司。

在欧美，成熟行业整合到最后的两三个巨无霸，其共性就是为达目的不择手段。商业手段达不到目的，那就动用法律手段、动用政府力量。美光这些年游说美国政府，制裁中国的存储芯片制造商，所扮演的角色相信大家都有所耳闻。[⊖]

作为美国政府保守主义的拥趸，英特尔、美光这样的企业可以说是全球化的最大受益者。2022 年，英特尔的 630 多亿美元营收中，只有 26% 来自美国；[⊜]美光的 300 多亿美元营收中，48% 来自美国以外的国家。[⊜]这些曾经从全球化中获利最多，如今"江郎才尽"的准失败者们，也就摇身一变成了反全球化的帮凶。

多年的傲慢，让英特尔、美光这样的巨无霸成了历史。努力想想，它们上次推出顶级产品，都是啥年头的事呢？在硅谷，你见过哪个技术公司靠游说政府创新？靠政府续命，做食腐者的大都是些当年曾经阔过，如今不再创新的巨无霸。通过政府力量打压别国企业，以"制造业回流""国家安全"为说辞，撺掇政客们通过保护主义法案，这些曾经的技术巨头彻底走上靠拳头而不是靠创新的不归路。

⊖ "2018 年以来，美光向政府部门提交了超过 170 个游说内容，其中，贸易、知识产权、中国竞争内容几乎直指中国，技术、制造、移民内容也与中国高度相关，除去税收、拨款游说内容之外，与中国相关的游说内容占比高达 67%。"摘自《再谈美光，一个背刺同行和中国芯片的存储大厂》，芯观察旗下"芯潮 IC"官方账号，2023 年 5 月 25 日。

⊜ 数据来源：www.statista.com.

⊜ 数据来源：Stock Analysis on Net，www.stock-analysis-on.net.

　　客观地说，美国在高端制造的困境呢，并不是真正因为技术上"江郎才尽"。就拿芯片研究来说，直到今天，IBM 仍旧是下一代芯片技术顶尖的领军者。比如 2021 年，IBM 开发了世界上第一个 2 纳米的芯片。[一]美国高端制造的困境呢，还是在于人的进取心：美国员工和欧洲一样，也是越来越好吃懒做，野性全无。

　　就如台积电创始人张忠谋讲的，在中国台湾地区，（芯片制造）设备凌晨一点坏了，两点就换上新的；在美国，要等到第二天。[二]这点我深有同感。以前我在半导体设备行业，同样的质量问题，台积电、三星这样的客户每天逼着我们这些供应商快速解决，敲得你满头是包；欧美日的客户呢，更多是不求有功，但求无过，就这样在一团和气中沉沦，成了历史。

　　在中国台湾地区的芯片制造行业，每天工作 12 个小时，周末加班加点，半夜起来解决产线问题是标配。但到了台积电在亚利桑那州的新工厂，这些都成了美国员工抱怨的焦点。台积电董事长刘德英强硬地答复："不想这么干，就到一边去。"[三]20 世纪 80 年代初，刘德英在英特尔工作时，或许这也是当时美国半导体行业的标配。但是，四十年过去了，今天美国还能做到这些的，大概只有硅谷屈指可数的几个技术公司。

　　难怪台积电在亚利桑那州的新工厂会延期。难怪台积电外派到美国的工程师、经理们会很不习惯。这点我也有切身的体会。以前我在硅谷，管理一个二十多人的全球团队。同样的任务下达下去，三天后亚洲的回复来了，哪些能做，哪些不能做，哪些需要帮助；北美的回复呢，很多理由，都是为什么这事做不到。不作为，特殊化自己的问题，错的都是别人，也就成了美国的主旋律。

[一]　IBM Unveils World's First 2 Nanometer Chip Technology，Opening a New Frontier for Semiconductors，IBM Newsroom，www.ibm.com.

[二]　TSMC founder warns of chip price hikes caused by the US' on-shoring efforts，by Lisa Wang，台北时报，2023 年 3 月 17 日。

[三]　As TSMC's Arizona chip foundry setbacks show，geopolitics is a terrible way to run a business，by Stanley Chao，南华早报，2023 年 11 月 8 日。

做到极点，就是特朗普上台以后，几乎撕毁了跟所有主要国家的贸易协约，友邦敌邦"一视同仁"，重新谈判。其基本逻辑是，大家都在占美国的便宜，美国的问题都是别人制造的；之所以美国不再"伟大"，都是因为别国的错；而为了"让美国重新伟大"，就得从别国下手。

我在海外二十多年来，系统了解过日本的崛起、亚洲四小龙的兴衰，还有这些年欧洲、北美和亚洲的起伏。在我看来，这些国家或地区的差距产生，更重要的原因是人的选择：一些国家的人整天在后院喝啤酒、吃烤肉的时候，另一些国家的人整天在学习、在干活。就那么简单。从俭入奢易，从奢入俭难。制造业的苦日子，让闲散惯了的美国人来重新习惯，用清华大学的朱恒源教授的话说，那是"逆向学习"，很难很难。

既做不快，也做不便宜，是美国的大问题。我在美国这么多年还是不能理解，即便在效率最高的硅谷，通往硅谷腹地的高速公路，就那么一点点拓宽工程，几年也修不好（直到临近大选，几天就修好了）；街口要树个红绿灯，也是几年的工程，几十万美元的项目。[⊖]

工作上的要求不高，生活上的标准却一点也不低。

这不，2023 年美国汽车工会大罢工，提出的条件是在接下来的 4 年里，工资提高 46%；每周工作时间从 40 小时减到 32 小时，但拿到手的钱还是按 40 小时算。[⊖]如果把蒸馒头的劲头放在争气上，美国工人还不早都把日本、德国车厂打得满地找牙，通用汽车哪能在 2007 年让出全球销量第一的宝座，2022 年连美国销量冠军的位子也丢了。

工会在漫天要价，政府会向着谁？当然是工会，因为工会后面是众多的选票。不管是在野的特朗普还是当政的拜登，扮演的都是工人的

⊖　以前老东家就在现在特斯拉硅谷的工厂旁边，两栋楼被街道隔开，没有红绿灯，员工来往危险，公司就向当地市政府提意见，让建一个。大概都一两年了，还是没有动静。公司老总实在受不了了，就让告诉市政府，我们自己来建，费用也自己出。政府说费用几十万美元（你们要付钱可以），但还是得政府自己建。立那么两个红绿灯的柱子，就要几十万美元，还不知道猴年马月能够建成。

⊖　Potential UAW strike：Where labor talks stand and what's at stake，NBC News.

"保护人"角色，就如"漫天霹雳 Plus"微信公众号上的形象描述：

> 美国总统拜登加入到了汽车产业工会的罢工运动中，拿着高音喇叭向汽车工会的会员们喊话："是你们拯救了他们（资本家），你们应该得到你们需要的大幅加薪和其他好处，伙计们，坚持下去！"

> 可是，汽车产业联盟也是美国强大的压力集团，现在给工人加薪了，自己利润下降，随后就会开始给拜登施压、游说立法，给汽车产业争取各种产业政策，从纳税人口袋里掏钱。

> 工人成本远远超过了市场状况，企业根本无利可图，要关门倒闭，工人要失业，拜登又会坐不住的。因此就会对其他国家的汽车加征关税、设置贸易壁垒、开征反倾销税，总之要阻断进口、排除竞争，这样美国的汽车产业就能够享受垄断利益，从消费者口袋里掏钱。

> "干预递增效应"的原理就是这样的。因为一个干预措施根本达不到效果，只能在干预之上不断叠加干预，用一个错误掩盖另一个错误。最终把一切控制在手里。一来二往，除了汽车工会成员，所有人都会受损，一个闭关锁国的美国，也会出现。[一]

这就是为什么美国的汽车制造没了竞争力。

美国最初的解决方案呢，是让丰田、本田在美国设厂。自 1979 年以来，本田在美国设立了 12 个工厂，丰田在美国制造了 3100 万辆车。[二]但是，美国汽车制造业的问题却一点也没有少：三巨头中，通用汽车和克莱斯勒破产重组；克莱斯勒被多次并购、剥离，剥离、并购，先后四度易主，现在弄得连公司的名字都没了。[三]

[一] 美国，遥遥领先，"漫天霹雳 Plus"微信公众号。

[二] 丰田和本田的官网：toyota.com/usa；honda.com；hondainamerica.com。丰田的汽车产量数据截至 2021 年。

[三] 克莱斯勒可以说是一部美国汽车制造的辛酸史。1998 年，克莱斯勒和戴姆勒"强强联合"，其后却几乎一直在亏本，9 年后各奔东西。2009 年克莱斯勒宣布破产后，跟菲亚特"弱弱联合"，两个失败者叠加到一起，没起到"负负得正"的奇效，那就再加一个，2019 年，菲亚特克莱斯勒与标志雪铁龙联合，成了连中文名字都没有的 Stellantis。参考自《克莱斯勒的四次易主》，百度百家号"汽车之心 Autobit"。

如今，美国在芯片制造上重复这一战略，在《芯片和科学法案》下，美国要建更多的芯片大厂，让台积电、三星来美国，重复丰田、本田的故事。

根据台积电的估算，在亚利桑那州建造晶圆厂，成本可能是在台湾的 5 倍；制造芯片的成本比在台湾高一半。离开了巨额的政府补贴，再加上各种劳工问题，这些大厂能赚钱吗，还能跟亚洲的其他芯片制造商竞争吗？看到网上说，台积电在跟苹果这样的客户谈，希望客户能够承担更高的价格。你不用是个 MBA 都能猜到，苹果会给什么样的答复：从亚洲能买到更便宜的芯片，凭啥要花高价买在美国制造的呢？

这跟企业在对待供应商的问题上有点像：大家对某个供应商很有意见，总觉得这个供应商靠我们的生意长了这么大，而现在"忘恩负义"不"听话"。于是同仇敌忾来开发第二供货源；第二个供应商开发好了，但因为你给它的生意少，没有规模效益，尚且还有很多一次性投资需要回收，导致这个供应商的成本更高。结果，销售、设计、采购谁都不愿用第二供货源，这个供应商就成了昂贵的备份，变成跟现有供应商讨价还价的筹码。

我在美国的职业生涯都在半导体设备行业，客户就是英特尔、台积电这样的芯片制造商。刚开始，美国客户占半导体设备业务的相当比例，最新的设备往往是给北美客户率先开发的。慢慢地，重心就开始往亚洲移，台积电、三星的名字屡屡被提起。如今，在半导体设备行业营收创纪录的 2022 年，只有 8.6% 的业务来自北美客户，在全球七大工业区中排名第六。[⊖]

美国的汽车制造有完整的供应链，甚至可以说是全球最完善的供应链之一，而芯片制造呢，这些年来则根本没了基础，只能说是一年不如一年。不但缺乏人才，而且缺乏配套设施。现在软硬兼施，把台积电空降

⊖　Global Semiconductor Materials Market Revenue Reaches Record $73Billion in 2022，SEMI Reports，www.semi.org，June 13，2023.

过来，投资 400 亿美元来做一个"形象工程"，[一]咋看咋像富士康第二。

2017 年，富士康宣布在威斯康星州建厂，在威斯康星州、美国乃至全世界都掀起轩然大波。2018 年正式协议签署时，特朗普还到现场剪彩。当时富士康高调宣布，计划投资高达 100 亿美元，给威斯康星州带来 13 000 份工作，把 LCD 显示屏的制造带回美国（美国是全球第二大电视机市场，就近建一条 LCD 产线看上去合情合理）。[二]

五年过去了，富士康的投资变为 6.7 亿美元，雇了不到 1500 人。当年的目标是建 10.5 代显示屏产线，生产大尺寸液晶面板；实际上建的是 6 代产线，主要给手机、平板做屏。[三]这个工厂据说在给谷歌制造服务器，但没有得到证实；也计划做电动车电池，但富士康在汽车行业的优势有限，只能说是计划而已。有案可查的就是在 2020 年，新冠疫情期间造了 10 万只口罩捐出去；而同期的比亚迪呢，一天就能生产 500 万只口罩。

说起口罩和个人防护用品，当时在美国可算是奇缺，连给医护人员都不够用。硅谷这边的妈妈们都在带着孩子手工做保护面罩，捐给当地的医生、护士们用。那么大的需求，威斯康星州的富士康在当时的美国，可谓天时地利人和，为什么就不造出个几十亿只口罩出来，大赚一笔呢？很简单：美国制造成本太高，没有竞争力。

如果要在美国制造，产品必须要有超额利润，否则是不可能跟低成本地区竞争的。一旦技术大众化了，成本压力越来越大，美国制造就算走到头了。汽车、家电、芯片就是例子。而政客们口口声声宣讲的"回流"目标呢，你能找到一个有超额利润的吗？

所以，任何关于制造业回流的说法，大概只能当作政治笑话来处

[一] 台积电美国工厂：400 亿美元的形象工程，叶子凌，"远川科技评论"微信公众号，2023 年 10 月 11 日。

[二] Wisconsin Senate OKs up to $3 billion bill for Foxconn plant as Kenosha drops out of hunt, by Jason Stein, Patrick Marley and Meg Jones, *Milwaukee Journal Sentinel*, September 12, 2017.

[三] What's happening at the Foxconn site in Wisconsin five years after the company announced its plans, by Ricardo Torres, *Milwaukee Journal Sentinel*, March 23, 2023.

理，选民们喜欢听，政客们就讲给他们听，大家有意无意地把头埋在沙子里，继续在虚幻中过日子。

【小贴士】 竞争是给撸瑟的

一提到美国的那些名企，特别是以硅谷为代表的高科技企业，大家想到的就是"创新"二字。其实这大错特错。这些企业不靠创新，也不靠竞争：它们当初或许创新过，竞争过，但一路走来成长为巨无霸后，就鲜有例外地都变为靠独占来"收租"为生。

这也是为什么"大富翁"游戏在美国经久不衰——"大富翁"的英语直译过来就是独占（垄断）。美国人从 1901 年就开始玩这个游戏，20 世纪 30 年代在玩，90 年代我上大学的时候在玩，今天的小朋友们还在玩。"大富翁"的主题从来没变，美国企业的根本思路也从来没变，那就是掰手腕分胜负，赢者通吃，通过独占来赚钱。

创新还是有的，不过主力是那些小公司。一旦有创新能力的小竞争对手冒出来，这些巨无霸们就要么用专利战来围困，要么打价格战去逼死，要么软硬兼施给买下来。那些知名的"创新"企业，鲜有例外，最后都是靠保守来"收租"，越来越远地偏离创新之路。

硅谷的创业教父彼得·蒂尔有句名言：竞争是给撸瑟[⊖]的。如果你能把所有的对手都打趴下，成为胳膊最粗的那个，你当然是双手插兜，吹着口哨轻松地收"保护费"了，卖力创新、整天熬灯油的事才不会做呢。在硅谷待了 20 多年后，特别是经历了中美贸易摩擦，看清那些美国巨无霸的所作所为后，我终于理解了这句话的真谛。

这些巨无霸们在创新上鲜有作为，持续改进就更不在它们的词典里了。它们在每个行业登顶后，首要任务就是采取守势，打击冒尖的竞争者。竞争力不够了，斗不过全球竞争对手，就游说政府，借助政府力量。仅 2022 年，美国企业花在游说政府上的钱就达 40.9 亿美元，连续

⊖ 撸瑟是从英文"loser"音译过来的，意为"失败的人"。在美国，"loser"是一个鄙视程度很严重的词语。

6 年增加，比中美贸易摩擦开始的 2016 年高出 29%，注册在案的游说师超过 12 000 人。[一]

美国有句谚语叫 follow the money——跟着钱顺藤摸瓜，凡事都能找到根源。美国政府的每一项反全球化举措背后，都能看到那些美国巨无霸企业的影子。不信，网上查一下美光这几年都游说了些什么就知道了。

怎么来的，就会怎么去

美国巨无霸们的衰落，并不能改变中国企业的处境：中国企业还是要面对全球供应链转移的挑战。我想说的是，**其实全球供应链一直在转移，怎么来到一个国家的，就可以怎么离开**。网上有很多声音，有些是过度悲观，唱衰中国在全球供应链的未来；有些是盲目自信，说离了中国不灵，因为整个供应链现在都在中国。这里我想讲三点，分享自己的看法。

第一，这些年来，中国的人工成本持续上升（这是好事，表明人民生活水平得以提高），构成供应链转移的内在驱动因素，不过在强大的惰性下，欧美日的巨无霸们作为有限。新冠疫情和贸易摩擦等带来的不确定性，则可能是压垮骆驼的最后一根稻草，将驱动企业做出战略性转变。

要知道，巨无霸们做事不会轻举妄动，一触即发；但是，一旦战略定了，就不能低估战略驱动的力量，以及克服困难的决心。让我们看个硅谷的例子。

2010 年前后，一个营收规模百亿美元级的供应商关闭硅谷的工厂，搬到成本更低的马来西亚去。这个工厂的主要业务是修理旧的 PCB 板。行家都知道，旧的要远比新的难对付，有很多细节都得靠熟练员工。硅谷的老美们都要丢工作了，有多少动力教马来西亚的员工，培养自己的

一 Total lobbying spending in the United States from 1998 to 2022，Statistica.com.

"掘墓人"？于是马来西亚工厂的质量、交付问题不断，连客户副总层面的人都在整天催货。

你问我怎么知道这些？这些客户中就有我的老东家。记得有一次我到中国出差，老东家的供应链副总给我打电话，说短缺实在太严重，大家就在互联网上满天下找料，发现中国有个供应商，似乎有类似的库存，让我正好在那里确认一下。极度的短缺前后持续了一两年，堪称灾难深重。想想看，这家供应商面临的压力该有多大！但挣扎归挣扎，无可奈何花落去，该转走的还是转走了。

这后面的终极动力呢，是资本：企业盈利达不到目标，在华尔街的压力下，高管们会丢了饭碗。虽然客户至上，客户体验差会拿脚投票，但那是一年、两年、三年之后的事，在高管们保住眼下的饭碗面前，自然是不值得一提的。至于供应链的改变是否会影响到基层员工，那就更管不着了。这也是为什么当年汽车工会的势力那么强大，工会跟企业签订的合同那么苛刻，也阻挡不了通用汽车一个接一个地关掉美国的工厂，将业务搬到海外。

不要忘了，驱动美国企业的不是总统，不是议会，更不是选民；驱动美国企业的历来都是资本，也就是"资本主义"里的那个资本。今天的资本，虽然跟原始积累阶段的资本大不一样，表现得越来越低调，越来越"温顺"，不过不管尾巴夹得多紧，还是那句俗语说得好，某种动物是改变不了吃某种东西的，资本逐利的本性没有任何改变。所以，**不要小看资本的力量，低估资本驱动下巨无霸们的决心**。

这也是全球供应链的普遍现象：刚到一个低成本地区采购时，供应商的价格很好，但质量不好，链主企业就督促、帮助供应商改进；等供应商的质量达到要求时，一分钱一分货，价格就不好了，于是链主企业就找成本更低的地区，重新来过。一旦链主企业的产品差异化优势不再明显，盈利能力下降，来自华尔街的压力更大时，这一转移就更加迅速。

这不，人们终于对"中国制造"的质量信心满满，对中国的基础设施和配套供应链赞不绝口的时候，也是中国开始失去那些中低端业务的时候。供应链的转移就如生老病死，都是自然规律，贸易摩擦、泛政治化等无非是加速了这一过程。

第二，**不要小看后起之秀**。一说起越南、印度等相对低成本地区，有些人颇不以为然，甚至极尽嘲笑之能事。莫笑少年穷，当年中国也是这样过来的。有位摩托罗拉的前总监讲起，20 世纪八九十年代，摩托罗拉刚到中国的时候，中国的供应商连个像样的手提袋都做不出来，都得摩托罗拉手把手地教。

2000 年我在上海做项目，同事主要来自香港地区、新加坡和马来西亚。一帮人抱怨上海这不好，那不好，连吃点海南鸡饭都找不到可口的，其口吻就跟现在有些人讲印度没什么两样。结果没几年，上海就完成了国际化，基础设施、服务业哪样比香港差呢。（而今天的香港呢，跟 20 年前有多大区别？）

IBM 刚开始外包的时候，对供应商来说啥都是秘密，因为不管技术还是工艺，供应商都不如 IBM。采购的一大任务呢，就是起"看门"作用，确保供应商不要偷走 IBM 的知识产权。而今，IBM 还能制造什么？通用汽车、通用电气、波音呢？在我的记忆中，通用汽车能够独立设计、制造一辆汽车，至少都是几十年前的事了吧。现在谁在干这些活？全球各地的供应商。

就拿苹果来说，是的，苹果现在的代工厂在中国，大批的二级、三级供应商也在中国。大家看到的都是工厂、设备，其实实体供应链并不重要，重要的是知识和经验。在链主企业的驱动下，各级供应商到低成本地区设厂，把知识和经验传授过去，用不了几年，低成本地区的能力就上来了。当年的供应链就是这样转移到中国的，当然也可以用同样方式转移到别国。

第三，**不要悲观**。低附加值供应链的转移，并不是多么糟糕的事。大家奋斗的目标是什么，不就是为了下一代不要跟自己一样过苦日子。现在，那些低端的制造业务转移了，中国慢慢地上升到供应链的顶层，做附加值更高的事，这不正是大家的目标吗？

当年进口一架大飞机，需要出口 1 亿双鞋，或者 8 亿件衬衫。中国不想继续处于全球供应链的底端。三四十年的快速发展后，中国的企业从资本到技术，都有了实质性的积累。低端产业转移正好是动力，逼着中国更上一层楼，做好产业升级。

大家当然不想让任何企业离开中国。但人们必须清醒地认识到，假以时日，没有什么是不可替代的。中国企业要做的是居安思危，提前布局。其实众多企业早都看到这点，各行各业的领先者已经在往供应链的顶端移动。

混乱的是某些媒体，以及这些媒体影响下的大众。而媒体中，能够真的深思熟虑的，没有深陷现象中的，寥寥。它们要么过度悲观，要么盲目自信。对那些宣扬中国供应链不可替代的媒体而言，它们看到的都是箭头已经落地，然后围绕箭头画圈，说射得真准。殊不知，同样的箭头，也可以同样的方式落在别的地方。

而正是同样的这些人，今天在鼓吹中国在全球供应链上不可替代，明天又会说谁都不是不可或缺的。这就如当年埃及总统萨达特去跟以色列谈判，几十万人到机场送行，口号满天响，都是跟以色列人不可共天；跟以色列媾和后，萨达特最担心的就是没法给这些"支持者"交代，结果一回到机场，同样的几十万人口号连天，都在歌颂跟以色列的和平协议是多么英明。

兴也忽，衰也忽。横贯美国多个州的"铁锈带"，几十年前可是全球供应链的中心，一个中学毕业的蓝领工人，连加减乘除都不熟练，就可以过上"一座房子两部车，三个孩子一条狗"的中产生活。谁能想到，今天会有那么多的鬼城空空如也。

我曾经翻开 20 世纪 80 年代的《读者》（当时还叫《读者文摘》），上面写着香港地区是全球成衣、玩具的第一第二的供应商，产量占全球的百分之多少多少，恍若隔世。一个小岛，那么有限的人口数量，竟然曾经在这些劳动密集型产品上称霸全球。如果告诉"90 后""00 后"，还有几个人会相信呢？

兴兴衰衰，都是自然规律。对自己能控制的，要有**勇气**来改变；对自己没法控制的，要有**耐心**来忍受；同时祈求上苍给予自己**智慧**，分清哪些是可控的，哪些是不可控的。远离媒体的喧嚣，脚踏实地地干活，得到什么，就是什么。

那么，对企业来说，什么是不能改变的？全球的政治局势。一切企业利益，不管多大，不管在哪个国家，在国家的政治利益面前都是不值一提、不堪一击的。这是全球供应链的普遍挑战，企业只能尽可能地预判，然后适应。什么是可以改变的？那就是练好内功，开发出好产品，搭建出好的供应链，向全球供应链上附加值高的地方跃迁。

最好的防守是进攻。在全球供应链的变迁中，中国企业的目标不能是守成，维持当下在全球供应链上的位置；而是开拓进取，向增值更多的环节跃进。这是个两阶段过程：**从制造环节延伸到自主品牌，然后上升为顶尖的全球品牌**。这需要提高供应链管理，特别是整合最佳供应商资源的能力。

很多中国本土企业的传统角色是执行者，以制造的角色融入全球供应链。刚开始是简单的代工（OEM），也就是纯制造；然后是设计加制造（ODM），覆盖供应链的更多增值环节；有了一定的行业经验和财务积累后，这些企业就开始推出自主品牌，从市场到产品到供应，掌控供应链的所有环节，成为品牌商。

成为品牌商后，很多企业先是追随策略，紧盯行业的龙头企业，这只能说是谋个基本生存。从追随者到领先者，成为全球的顶尖企业，才算完成了全球供应链上的跃迁。而要成为全球顶尖企业，就需要做以前顶尖竞争对手们做的事，那就是整合供应链的最佳资源，赢得链与链的竞争。而这些资源呢，离不开那些顶级的供应商。

任何一个行业，只有那些顶级资源的**整合者**才可能成为龙头企业。它们自己做的其实越来越有限，其优势在于有效整合最优资源。就拿苹果的 iPhone 来说，产品设计在美国硅谷，芯片制造在中国台湾，显示屏、元器件都是全球顶级的供应商在做。再拿波音的梦想 787 来说，日本供应商承担了工作量的 35%，欧美的供应商承担了 26%，而波音自己只做三分之一强的事。

还有 ASML 的光刻机，虽说是荷兰制造，但最关键的反射镜却是来自德国的蔡司，高端光刻胶和光罩来自日本的供应商，激光器、极紫光源、光刻检测等来自美国供应商。正是整合了全球顶级的资源，ASML 的光刻机才成为行业翘楚。相反，尼康和佳能主要依赖自制，**封闭体系斗不过开放体系**，便在光刻机市场竞争中败下阵来。⊖

中国本土企业的挑战呢，则是在多年的最低价导向下，习惯于跟没脾气但也没能力的供应商打交道，没法跟那些有能力但也有脾气的供应商有效合作。而产品和品牌的差异化优势呢，是离不开那些关键供应商的。光靠便宜是没法成为顶尖的全球企业的，因为这很容易陷入价格战，导致利润太低而无以为继。在全球供应链上攫取大部分利润的企业，鲜有例外，都是整合全球的最佳资源，基于差异化优势来竞争。

要实现在全球供应链上的跃迁，就得学习那些顶尖的全球企业，看它们如何形成跨职能、跨层级的合力，有效驱动有能力也有脾气的关键供应商；看它们如何让关键供应商早期介入，优化需求定义，缩短新产品开发的周期；还有就是如何投入资源，督促、帮助关键供应商解决问题，在链与链的竞争中胜出。

这就是下一篇要详细探讨的。

【小贴士】 这个世界会好吗

1918 年一个深秋的早晨，北京。"世界会好吗？"梁济临出门前，正好遇到儿子梁漱溟，就随口问道。梁漱溟回答，会好的。梁济说，

⊖ 这里要注意的是，贸易保护主义并不能成为建立封闭体系的理由。我到某个新能源企业去，企业有千亿级的营收规模，行业产能过剩，该企业却在自建一个又一个的工厂，做垂直整合的事。问为什么，其中一个理由是应对贸易保护主义。美国人不卖给你，你也应该开发自己国内供应商，毕竟那是它们的核心竞争力，不是你的，你是斗不过它们的。

"能好就好啊"。[○]当时国际上"一战"正酣，中国国内军阀混战，生灵涂炭。三日后，清末学者梁济在绝望之余投湖自尽，让人不胜唏嘘。

如今，经过一个多世纪的努力，历尽无数的屈辱和劫难，千百万人的奋斗和牺牲，这个民族终于重返强者之林；总算能吃饱饭了，又面临反全球化、供应链"去风险"。我想说的是，树欲静而风不止，世界没有一天平静过，但这并不影响世界一天比一天好。

几千年来，人类社会都是波浪式前进，螺旋式上升。政客们可以影响，但没法改变。未来是光明的，要乐观；但会有挫折反弹，要谨慎。年轻的北大教授梁漱溟往前看，往乐观处看，一直活到 95 岁；清朝的遗老梁济往后看，往悲观处看，在 60 岁生日前跳湖自尽。

2023 年 4 月，我在欧洲旅行，一家人坐在科隆大教堂附近的一家餐馆，其特色竟然是中国陕西的 Biangbiang 面（见图 8-1）。大师傅是个欧洲小哥，一门心思地拉着 Biangbiang 面；斜对面坐着两个德国女生，一门心思地吃着 Biangbiang 面；女儿一边吃饭，一边在听韩国的流行乐（是的，我家的硅谷女孩是哈韩族）。门外游人如织，来自世界各地。全球化是如此和谐，看不到任何理由不会继续。

图 8-1 拉 Biangbiang 面的欧洲小哥

不过，台积电的创始人张忠谋却悲观地说，全球化和自由贸易已经快死了，而且不大会回来。对于一个 91 岁的老人来说，在他的有生之

○ 《这个世界会好吗?：梁漱溟晚年口述》(增订版)，梁漱溟，艾恺，三联书店，2017。

年的确是不大可能回来的。但时间能疗愈一切伤痕：片板不许下海的闭关锁国还是结束了，大萧条时的各种贸易壁垒还是消除了，冷战时的两套贸易体系也最终难逃解体。世界在越变越好。没有迈不过去的坎，这次的反全球化也不会例外。

本篇小结

这一篇我们谈了供应链的全局观，希望让大家从整体上了解供应链管理。

我们先把供应链纵向切分，从职能的角度看供应链管理：供应链就是**采购**把东西买进来，**生产**去加工增值，**物流**去配送给客户，环环相扣，就形成了供应链。这是供应链的三大执行职能，得听从**计划**的指令。计划加三大执行职能，就构成完整的供应链。计划是供应链的引擎，供应链的绩效问题，往往看上去是没做到，实际上是没想到，这是计划问题。

供应链不是一个职能，而是多个职能的组合。但是，职能之间的**协作度**不够，还是形不成供应链。而促进跨职能协作的关键是建立**强相关**的横向指标。强相关意味着两点：其一，做不到的话要挨板子；其二，可以相对客观量化。客观量化是关键：没法客观量化就没法管理，这也是你没法让兄弟职能"背指标"的根本原因之一。

供应链的存在，是为了支持产品和营销。所以，供应链战略要和产品、业务战略相匹配。这就是合适的产品配合适的供应链：对于创新性产品，我们要建立响应型供应链，以满足时效性要求；对于功能性产品，我们要建立经济型供应链，以满足低成本要求。

供应链的成功取决于内部客户的成功。从 0 到 1 阶段，供应链要早期介入，推动产品设计和工艺设计的交互优化，帮助开发出好产品，这是集成产品开发的核心；从 1 到 N 阶段，供应链要和营销紧密对接，提高预测准确度，形成闭环的交付体系，这是集成供应链的核心。

最后，我们探讨了三个小专题：

（1）牛鞭效应导致多重需求预测，让供应链失去协同的基础。有数据的出数据，有判断的出判断，整合跨职能的最佳智慧，消除信息不对称，是应对牛鞭效应的关键措施。

（2）供应链从产品开始，产品复杂度是供应链成本的驱动器。产品上推动标准化、系列化、模块化，组织上专业化，供应链上分层分级，都有助于控制复杂度，控制成本。

（3）全球化催生了供应链管理，在反全球化的潮流下，怎么来的就可能怎么离去。我们要避免建立封闭系统，而应力求整合最佳的供应商资源，完成在供应链上的跃迁。

没有覆盖到的内容

供应链管理的内容非常广泛，有些关键的内容在本书没有展开讲，并不是因为不重要，而是因为我有专门的书来覆盖。

其一是需求计划。比如需求计划如何做、由谁做、错了怎么办；不确定性大时如何避免大错特错，可预见性强时如何做到精益求精，可参考我的《供应链的三道防线：需求预测、库存计划、供应链执行》（第 2 版）一书。

其二是库存控制。库存是供应链运营的核心，为供应链提供了一个独特视角。究竟多少库存算合适，如何采取"七分管理，三分技术"的手段来控制库存，可参考我的《供应链的三道防线：需求预测、库存计划、供应链执行》（第 2 版）一书，以及《需求预测和库存计划：一个实践者的角度》一书。

其三是重资产，垂直整合的解体，以及核心竞争力、外包。垂直整合的解体，从客观上催生了供应链管理。聚焦核心竞争力，外包非核心竞争力，是降低重资产，提高投资回报率的有效举措。这些可参考我的《供应链管理：重资产到轻资产的解决方案》一书。

此外，供应链从产品开始，产品的复杂度直接决定供应链绩效。在产品的复杂度控制上，比如在新品开发中如何降低复杂度，尽量提高试错成功率；如果试错失败，如何及时精简产品，力求做到尽快止损，可参考《供应链管理：高成本、高库存、重资产的解决方案》（第 2 版）一书的第一部分。

【资源】 更多供应链管理的文章、案例、培训

- 我的供应链管理专栏网站（www.scm-blog.com）。
  - 这是我的个人专栏，写了快 20 年了，有 700 多篇文章
- 我的系列供应链专著，填补学者与实践者之间的空白。
  - 《供应链管理：高成本、高库存、重资产的解决方案》（第 2 版）
  - 《供应链的三道防线：需求预测、库存计划、供应链执行》（第 2 版）
  - 《需求预测和库存计划：一个实践者的角度》
- 我的微信公众号"供应链管理实践者"，更新、更快，定期发布新文章。

管好供应商，才能管好供应链

导读

供应商与供应链只有一字之差，离开供应商管理，供应链管理就无从谈起。

在制造业，70%左右的产品成本来自供应商；在非制造业，这一比例更高。表面上看，供应商在赚我们70%的钱；实际上，供应商在为70%的供应链增值活动负责，选好、管好供应商至关重要。

（1）选择合适的供应商，也叫战略寻源，相当于生下一个健康的宝宝。

（2）管好供应商绩效，也叫供应商的后评估，相当于对孩子的后天教育。

（3）督促、帮助供应商，让供应商绩效更上一层楼，这是让孩子真正成才。

总结起来，就是对供应商要有选择、有管理，谁选择、谁管理。这些进一步可以细化成供应商的选择与管理五步流程，如图 P2-1 所示。

第一步是**供应商分类**，对供应商分门别类、区别对待。分类的结果是要么供应商太多，要么太少。太多要整合，太少要开发新的。不管怎么样，都得评判供应商的好坏，这就是第二步：**供应商评估**。第三步是**供应商选择**，在评估的基础上，**选择**合适的供应商，兼顾今天和明天的

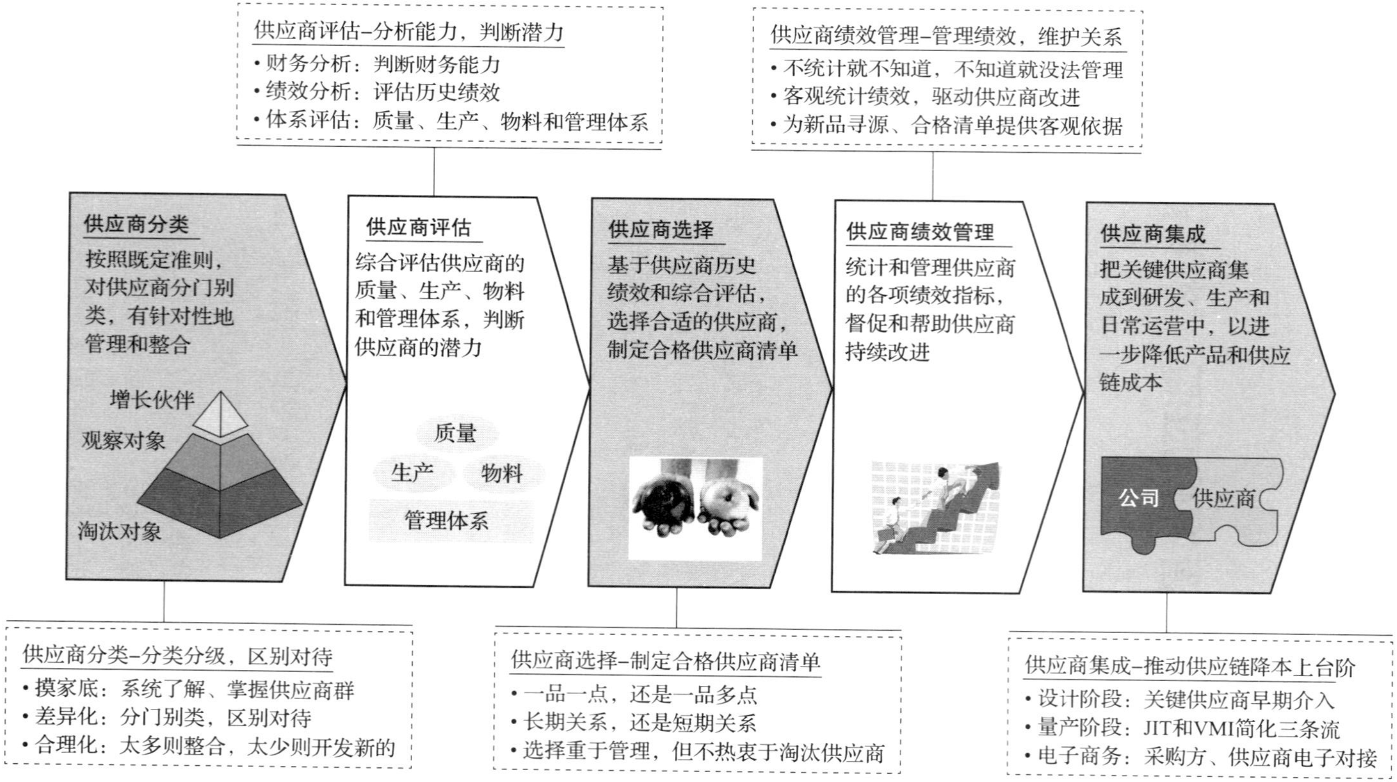

供应商评估－分析能力，判断潜力
- 财务分析：判断财务能力
- 绩效分析：评估历史绩效
- 体系评估：质量、生产、物料和管理体系

供应商绩效管理－管理绩效，维护关系
- 不系统计就不知道，不知道就没法管理
- 客观统计绩效，驱动供应商改进
- 为新品寻源，合格清单提供客观依据

供应商评估
综合评估供应商的质量、生产、物料和管理体系，判断供应商的潜力

质量　物料
生产
管理体系

供应商绩效管理
统计和管理供应商的各项绩效指标，督促和帮助供应商持续改进

供应商集成
把关键供应商集成到研发、生产和日常运营中，以进一步降低产品和供应链成本

供应商

公司

供应商集成－推动供应链降本上台阶
- 设计阶段：关键供应商早期介入
- 量产阶段：JIT和VMI简化三条流
- 电子商务：采购方，供应商电子对接

供应商分类－分类分级，区别对待
- 摸家底：系统了解，掌握供应商群
- 差异化：分门别类，区别对待
- 合理化：太多则整合，太少则开发新的

供应商分类
按照既定准则，对供应商分门别类、有针对性地管理和整合

增长伙伴

观察对象

淘汰对象

供应商选择
基于供应商历史绩效和综合评估，选择合适的供应商，制定合格供应商清单

供应商选择－制定合格供应商清单
- 一品一点，还是一品多点
- 长期关系，还是短期关系
- 选择重于管理，但不热衷于淘汰供应商

图 P2-1　供应商的选择与管理五步走流程

需求，制定合格供应商清单。这三步结合起来就是**战略寻源**，即找到合适的供应商做生意。

然后是第四步：**供应商绩效管理**，统计、管理并改善供应商的绩效，确保供应商能够满足公司的需要。第五步**供应商集成**，对于关键的供应商，让它们早期介入设计，降低设计决定的成本；把它们与公司的流程、系统对接，让它们做 VMI、JIT 等，降低运营和库存成本。

围绕众多的案例，本篇会从供应商管理的三大误区开始，然后系统介绍供应商的选择与管理五步流程，并在最后探讨如何管理关键的下级供应商，以及客户指定的供应商。

供应商管理的三大误区

经常有人问，在企业发展的不同阶段，供应商的选择是否要调整。是的，企业规模不同，产品的生命周期不同，经济大环境不同，企业对供应商的主要诉求会有不同。但不变的是，不管规模大小，企业都有与供应商相关的问题（见图 9-1）。

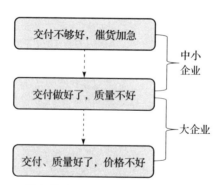

图 9-1　不管规模大小，企业都有与供应商相关的问题

　　企业小的时候，采购额不大，价格自然是很难谈，连交付也引不起供应商的足够关注，得花很多时间来催货。所以，交付不够好是大问题。到了一定规模，企业成了供应商相对的大客户，能够获得供应商的关注度，交付问题不多了，但质量却跟不上了：企业的资源更加丰富了，就开始产品的升级换代，向中高端产品过渡，对质量的要求更高，而原来的老供应商就跟不上了。等到企业的规模变得更大，成了行业、地区的大企业，供应商的质量和交付都好了，但一分钱一分货，价格就不好了。

　　这些问题，不管是交付、质量还是成本，都发生在具体的订单、料号、项目层面。企业是活在当下的，我们不能对订单、项目层面的具体事务视而不见，但你知道，对于**重复发生**的问题，我们没法在问题发生的层面真正将其解决；我们必须上升到更高层面，那就是通过选好供应商、管好整体绩效，来解决订单、料号、项目层面的问题。

　　这么多年来，我发现日常的那些交付、质量问题是解决不完的；价格只有更低，没有最低，价格谈判也是没有底的。相信很多人有同感。真正的解决方案呢，就是在更高的维度发力，让那些低维度的问题自动消失。这就如上下班高峰期挤地铁，什么技巧也解决不了人贴人的问题，最根本的解决方案是要么远程工作，要么有很多钱而不用去上班。

　　这里的高维度呢，就是供应商层面。企业的普遍挑战呢，就是有订单管理，没有供应商管理。1996 年前后的华为也不例外，总结起来就是：①与供应商只是简单的交易关系；②对供应商缺少全面和公正的评价；③接口关系不清晰；④双方的承诺不对等。翻译过来就是价格至上，政出多门，让供应商承担不成比例的风险，可以说是很多企业的典型问题。

　　作为采购职能，我们要一手拿显微镜，脚踏实地应对订单层面的问题；一手拿望远镜，仰望星空解决好供应商的战略问题（见图 9-2）。这一篇的重点是后者，即聚焦供应商的品类战略，选择合适的供应商做生意，并把它们的绩效管好，通过在战略层面有所作为，来系统应对在运营层面的诸多挑战。

图 9-2　在供应商管理上，既要脚踏实地，又要仰望星空

资料来源：VectorStock 网站。

我们这里先从常见的误区出发，探究供应商选不好、管不好的一些根本原因。

误区 1：多权分立，供应商成了"公共草地" ⊖

1968 年，环境经济学家哈丁发表了《公共草地的悲剧》一文，分析公共草地为什么长不好：这块草地是大家的，你把牛赶去放，他把羊赶去放，人人都毫无节制地向草地索取，但因为是无主财产，所以没有人来维护，必然导致草地退化。或许有人会说，谁说没主人，不是公共所有吗？人人都拥有，其实是人人都不拥有，就如人人都负责、人人都不负责一样。

这不，活生生的例子就在眼前：在图 9-3 中，左边的海地奉行的是某种形式的公有制，这山是大家的，结果山上连草都不长；右边的多米尼加是私有制，山是有主人的，你看那树长得多茂盛！虽然这是两个国家，但图片中所展示的只是一沟之隔的两片山坡。

⊖ 这部分最先发表在我的《供应链管理：高成本、高库存、重资产的解决方案》一书，收编在本书，主要是为了体系的完整性。有修改。

图 9-3　一沟之隔，多米尼加的有主山地保护良好，海地的公共山地光秃秃

资料来源：Tribal Interloper 网站。

但这跟我们管理供应商有什么关系？且听我详细道来。

我们知道，在供应商的选择与管理上，质量负责品质问题，设计解决技术问题，采购对付商务问题，三大职能互相支持，互相制衡，是良性的"三权分立"。但是，为了预防供应商相关的贪腐，很多公司就继续分权。比如在采购部里，第一个组负责寻源、找新供应商，第二组负责谈价钱、签合同，第三组负责核价，第四组处理订单，第五组跟料，第六组负责验收，再加上负责技术的设计、负责品质的质量、负责合法合规的审计，以及负责支付的财务，就是典型的七权、八权、九权分立。

多权分立的结果是，供应商作为一个整体，对此谁也不负责，供应商就成了公共草地。你知道，**一件事如果落实不到一个具体的人头上，这事儿注定做不好**。这是组织管理上的**唯一责任人**制度。供应商战略不明，供应商选不好、管不好，最大的根源就在这里。

于是，人人都找供应商的麻烦，为了拿到自己想要的。比如核价的只管砍价，跟单的只管催货，设计要求供应商免费打样，财务不按时付款，连仓库也巧设名目，不给好处，就在来料验收上给供应商小鞋穿。

供应商受了委屈，合理的诉求得不到满足，但是却没人替它们出头：去找寻源，寻源的说，我的任务只是把你引入，量产阶段的事我管不着；找订单处理，采购员说我只负责发送订单，商务关系不归我管；

找所谓的"供应商管理"部门，那几个人说他们只负责汇总绩效，出一些不痛不痒的报表，实际的管理工作也不归他们。

多权分立就如"铁路警察，各管一段"，而且不设总协调，就是希望避免出现强权职位，以及相应的贪腐。你现在如果超出自己的职权范围做事，有人就会怀疑你拿了供应商的好处。过度分权的恶果有二：一是采购方难以形成合力，在与强势供应商的博弈中，容易被各个击破，保证不了公司的应得利益；二是把供应商变成了公司的"公共草地"，供应商的合法权益得不到保护，不得不通过非正常渠道找靠山，反倒系统地造成腐败。

作为"公共草地"，供应商的命运就是被"沙化"。那为了生存，供应商就只有两种选择：要么不跟你做生意，这就导致了优质供应商流失；要么找个靠山，把自己变成"有主人"的。两种情况，对采购方都不利。

先说不做生意。这主要适用于那些优质供应商，它们选择多，有条件淘汰劣质客户。优质供应商流失是个大问题。我到一个房地产公司，发现每年有近半的供应商、承包商是新的，项目上花了大量的精力来磨合；好不容易磨合好了，下个项目来的又是一帮新的。劣质客户加劣质供应商，公司和供应链就失去了竞争力。

再说找靠山。什么样的人会成为靠山？要么是管理层，要么是技术、质量强人。无利不起早，没有好处的话，这些"靠山"凭啥替供应商出头？所以找靠山就是个权力寻租的过程。拿人钱财，与人消灾。这些靠山本来就是些胳膊粗、拳头大的主儿，能够影响企业决策，而且处在暗处，更难监督，现在拿了人家好处，就做了很多有利于供应商，但不利于企业的决策，更大的腐败就是这样来的。

多权分立对制衡"小采购"还是有点用的。有些企业的采购连跟供应商直接通信都不敢。我曾经服务一个几百亿元的企业，发现凡是发过去的邮件，回复都是通过一个小姑娘——该企业为了防止腐败，竟然不让采购跟供应商直接接触，这又会制造多少问题啊。但是，前门驱虎，后门进狼，却产生了更大的腐败。不信，你去查一下，看哪个多权分立的公司根治了供应商相关的腐败问题？

那怎么办？解决方案就是设置**专门的职位**，对内负责协调各职能，对外代表公司维护供应商关系。在北美企业，商品经理、品类经理、供应商关系经理等就是这样的职位。这样做的好处是多方面的。一方面，供应商的合理诉求有专人负责，背地里找靠山的情况就会减少，客观上减少了腐败；另一方面，这个职位利于公司内各职能形成合力，一致对外，保护公司的应得利益。这对管理强势供应商尤其重要——强势供应商难管理，一大原因就是技术、质量和采购形不成合力。

不过话又说回来，这个职位的权力过大怎么办？**权力大并不可怕，可怕的是没有约束的权力**——没有约束的权力必然导致腐败。而这约束呢，就得从供应商的寻源流程与绩效管理说起。

这里拿我个人的经历为例。

二十多年前我从商学院毕业，第一份工作是做采购，一部分责任是管理钣金件供应商。作为供应商业务经理，我对钣金件供应商的整体绩效和管理负责，却不存在权力过大的问题：在供应商选择方面，公司有完整的选择流程，留给个人的发挥余地很小；在供应商绩效管理上，公司有健全的系统，能及时反映供应商的绩效。

比如在供应商准入上，供应商必须通过公司的质量、生产和物料管理体系评估，每个评估都有几十个非常具体的问题，每个问题都有相应的打分标准，由相应的专业职能来打分。供应商必须达到最低标准，或者有清晰的改进达标方案，才能成为公司的供应商。这些措施有力地限制了供应商业务经理的个人权限。

在供应商管理上，我的老东家是简单的三权分立，供应商业务经理协调质量、设计，权力很大。但是，即便我干了坏事，对设计、质量施加影响，选了不合适的供应商进来，也很难过后续的绩效管理关：每一周，我们都会回顾供应商上一周、上四周和上一季度的交付和质量指标；如果我选的供应商绩效不达标，那就上了高层的雷达，我得给高层解释，为什么我选择了按时交付率只有35%的供应商，我在采取什么措施，把它提高到我们的目标 95%。第二周还是 30%、40% 的按时交付，我得继续解释，继续改进。第三、第四周的绩效还没有实质性改善，公司就开始怀疑我。第五、第六周，公司已经在调查取证。第七、第八周，他们已经把我移交法院了。

我的老东家之所以能这样做，是因为有细致的供应商绩效管理。比如对于每一个订单的每一行，采购员都会在电子商务系统的协助下，拿到供应商的具体承诺日期，确认交付按时还是不按时；对于每一个质量问题，质检人员都会确认合格还是不合格，并投入大量精力来做根源分析，确认合适的责任方。这些累计起来，就能相当**客观**地得到供应商的按时交付、质量合格率等绩效数据。

但在那些管理粗放的企业，这些却是没法做到的。

比如我问一家万亿元营收的企业："你们统计供应商的按时交货率吗？""我们当然统计啊。""怎么统计？""我们打分。""多久打一次分？""每个季度或半年。"想想看，如果我问你，两个月零 29 天前的那票货，供应商是按时还是不按时，你这分怎么打？你只会瞎打——你根本记不住那么久的事儿，也记不了那么多的事。

于是，如果分打得高，采购就据为自己的功劳，拍着胸脯说，瞧我选的供应商多好；如果分打得低，采购就跳脚了，说我的供应商每次都按时，就是因为前天那颗螺丝钉晚了 3 分钟，你就给它不及格，不公平！告到老板那里，老板也没办法，主观打分就这样。

供应商绩效中，按时交货率可以说是最直观、最简单的了，都没法**客观**量化，质量等指标就更不用谈了。**没法客观量化的就没法管理**。这就是为什么在有些公司，人人都知道那个供应商有问题，大家都知道那个供应商是谁选的，但就是没法证明，因为没法**客观**量化绩效，证明这个供应商有问题。就这样，劣质供应商成了秃子头上的虱子，人人都看得到，却没法捉，除非这个供应商弄出大事来，比如出了严重的安全、质量事故，这才一竿子捅到底，抓出一堆贪腐分子来。

现在你看出区别了：供应商经理这样的职位，在管理相对完善的全球企业（注意，这里的前提是"相对完善"，有些全球企业的管理也同样很粗放），敢于干坏事的概率就比较小，因为系统、流程相对完善，供应商绩效可以相对**客观**地统计，企业能够通过**结果**来约束员工行为，所以在过程管控上就松点；在那些管理粗放的中国本土企业，贪腐的风险就相当大，因为系统、流程不完善，绩效没法有效**客观**量化，没法有效地通过结果约束员工行为，就只能通过**过程**来管控，而多权分立、人盯人正是过程管控的集中体现。

我想强调的是，**贪腐不是人性问题，不是思想境界问题，而是管理能力问题**。不信？和管理粗放的中国本土企业相比，为什么那些管理能力更强的全球企业贪腐问题一般更轻？那些资本主义国家的员工，人人为自己，上帝为大家，有什么思想境界可言？根本原因是那些企业的管理能力更强，更可能通过客观量化结果，来有效约束员工的行为。

企业如此，国家也是。比如不管是哪个国家，公共采购的廉政问题一般都要比企业采购更严重，因为在整体管理水平上，政府一般都不如企业强。

在管理能力强的企业，相当一部分资源是花费在数据统计、量化结果上。而在管理粗放的企业，大家有能力干活，没能力统计。解决方案呢，是企业得构建基本的信息系统，员工得按照流程来操作，关键节点要收集数据，力求客观地量化结果，以通过结果来有效约束员工行为。

系统、流程的能力不够，企业就习惯性地通过组织措施来应对；但组织措施的边际效益递减，于是就一路从三权分立到七权、八权、九权分立，直至董事长半夜都在批订单，不但根治不了供应商相关的贪腐问题，还造成了更多别的问题。

【案例】　董事长半夜批订单[○]

这是一家每年几百亿元营收的企业，在全国多地有工厂。多年的高

○　这个案例选自我的《供应链管理：实践者的专家之路》一书，机械工业出版社，2017。为了内容的完整性，收编在本书，并做了修改。

速发展后，组织、流程、系统能力建设都跟不上业务的需要。表现在采购领域，就是廉政问题不断。

董事长病急乱投医，先是把采购人员一年一换，没解决问题；然后就集中采购，把主要的采购权都集中到总部，还是没解决问题；最后董事长亲自上阵，凡是超过一定金额的合同、采购订单，都得自己来审批。

想想看，每年百亿元级的采购额，该有多少合同要审，多少订单要签啊！这不，董事长有时候签字到凌晨3点，采购副总签到凌晨1点——现在办公自动化，谁审批的，什么时候审批的，系统里都看得清清楚楚。

董事长那么忙，审合同、签订单是象征意义大于实际作用。采购一年一换，对延续性来说是灾难，注定供应商层面难以形成长远战略。集中采购也非解决方案，无非是把贪腐问题从工厂、子公司集中到总部罢了。

这些弊端，想必董事长也是知道的，那为什么还要这么做呢？我想原因很简单：董事长不知道问题的根源在哪里，所采取的措施自然就不到位了。

表面上看，贪腐是个**行为**问题；实质上，贪腐是个**能力**问题。**要改变行为，就得改变能力**。这里能力的短板是系统和流程：信息系统和流程没法有效地**客观**量化结果，企业就没法通过结果来管控员工，于是就只能通过组织措施来弥补。

但是，系统、流程的能力短板太明显，没法有效匹配组织措施，导致组织措施的边际效益快速递减。于是，企业就出台更多更"猛"的组织措施，比如采购一年一换，采购只能由本地人做（"跑得了和尚跑不了庙"），甚至让采购们集体参观监狱[⊖]。

这也解释了，为什么同样的组织措施，在一些全球性企业起作用，但在有些中国本土企业就效果甚微；同是民主政体，分权制衡的举措都

⊖ 有一次我在深圳，周末两天服务一个几百亿元规模的制造商。他们当时正在庆祝公司成立××周年，把全国各地的中高管都召集到总部。随口问一帮采购经理、总监们周一有啥安排，答曰参观监狱。

差不多，但越是落后的国家，腐败问题就越严重。人们习惯性地归咎于文化、大环境，其实跟文化和大环境没有太大的关系，我们要在系统、流程的能力不配套上找原因，通过整体提高组织、流程和系统的能力来应对。

【实践者说】

"可是××的文化是，几个采购团队跟同一个项目，保安都有询价的权力……直白一点说，对人，对供应商都是不信任到了极点"。××是个世界级的高科技企业，几百亿元的营收规模，在供应商相关的贪腐上草木皆兵，搞得沸沸扬扬。创始人的应对方案还是分权、监督，把贪腐当作人性问题来对待。

【实践者问】

您怎么看待轮岗？轮岗带来种种问题，如交接不清、物料不了解、漏下单等问题，影响到计划、生产、仓库等部门，频繁被投诉。

【刘宝红答】

轮岗对于职业发展有帮助，但对防止贪腐呢，你不用是个 MBA 都能知道，作用有（如果我知道我的工作三个月后归别人做，我当然得小心点），但有限。想想看，屋子里晚上钻进来一只蚊子，吸饱了你的血，你不会傻到第二天赶走老的，再放一只新蚊子进来吧。

如果只是在采购内部轮转，这些人还能找得到，知识、经验还留在采购部。有些企业轮到一定年限，就轮出去了，不能再做采购，那就更糟糕了。

误区 2：采购额太分散，没法有效驱动供应商

每每有了新的料号、项目，不管是招投标，还是询价谈判，我们

总能在一堆供应商中找一个最便宜的，或者最合适的，实现料号层面的优化。但是，几年下来，供应商数量膨胀，比如本来几家供应商就足够了，后面却跟着十几家。供应商太多，管理资源摊得太薄，哪个也管不好；采购额太分散，公司对哪个供应商来说都不是主要客户，一旦产能短缺，谁也不把你当回事。

还有，供应商的配合改善意愿低，不愿推行寄售模式、增加到货频次、减小最小起订量、缩短采购提前期等；质量问题引不起供应商足够的重视，摁下葫芦起了瓢；年度降本就更难谈——你的采购额就那么一点，还要我年复一年地降价？劣质供应商太多，容易导致恶性竞争，劣币驱逐良币，导致优质供应商流失，就更不用说了。

这就是很多企业的现状：料号层面实现了小优化，却是以供应商层面的不优化为代价的（见图 9-4）。这些都成了供应商后续管理的灾难。

图 9-4　料号层面小优化，供应商层面不优化

供应商管理的技巧千千万，但最根本的一条莫过于把自己做成大客户。有些人说，等我长到苹果、华为那么大，我就是人人的大客户。其一，苹果、华为也没有足够的生意养活所有的供应商；其二，没等你长那么大，就死在路上了。既然不能指望做大"分子"（企业规模），给供应商更多的生意，那就要聚焦做小"分母"，跟数量有限的供应商做生意，集中采购额，把自己做成相对的大客户。

具体做法就是建立数量有限的合格供应商清单，以后有了新料号、新项目，就在这个清单上的供应商里，找一个最便宜，或者最合适的。这也是把供应商的"口子"收起来。

　　我敢打包票，如果漫天撒网，我们在清单外的供应商中，总能找到一个更便宜、更合适的供应商。但这样做的结果呢，就是采购额分散，以供应商层面的"大优化"为代价——供应商层面的"大优化"可以弥补料号层面的不优化，但料号层面的"小优化"很难弥补供应商层面的不优化。

　　这些道理都不难懂，那为什么有那么多的企业，一直在找新供应商，没法把供应商的"口子"收起来呢？这里的关键是供应商的选择和管理：供应商选不好、管不好，现有的供应商干不了活，那企业的自然选择就是再找一个；而再找一个的时候，还会面临同样的选不好、管不好问题，供应商的数量就一直膨胀。

　　供应商的"口子"能否收起来，是企业管理能力的一大体现。尤其是在小批量、多品种的行业，每个料号的业务有限的情况下，更要把类似的产品、项目集中到数量有限的供应商那里，以便集中采购额而获取议价权。企业面临的挑战是，前端的需求复杂，后端的供应商选择、管理不到位，导致供应商越来越多，陷入恶性循环。

误区 3：供应商有选择，没管理，注定绩效不好

　　企业都知道选好供应商很重要，所以把大约 60% 的时间用在战略寻源上。但是，供应商选来后，后续管理不同，供应商绩效也大不相同（见图 9-5）。

　　战略寻源结束时，供应商给我们最好的承诺，比如最好的价格、交付和承诺。但很多企业对供应商有选择、没管理，供应商绩效就每况愈下，便想方设法地把降的价又升回去了，质量、交付也一日不如一日，就如图 9-5 中的①。

　　这就像你考上大学后，刀枪入库，马放南山，把那些高中的书都给烧了，三个月后让你再去考大学，还能考上吗？六个月、一年后呢？当然只能是越考越糟了。

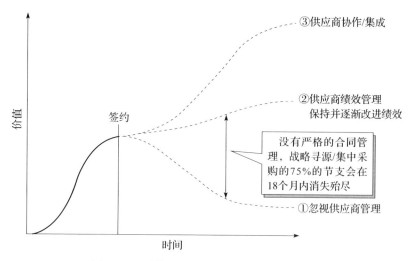

图 9-5　后续管理不同，供应商绩效也大不同
资料来源：Operations Executive Board.

那怎么才能保证你随时考得上大学？很简单，那就是继续考试——两周一小考，一月一大考，保准你把那些有用没用的知识都记得牢牢的。放在供应商管理上，就是每周看上一周、上一月、上一季的绩效，一旦发现交付、质量等问题，就及时跟进，采取纠偏措施（见图 9-5 中的②）。

很多企业的现状是有供应商选择（寻源），但没有供应商绩效管理，一个根本问题就是**以选代管**。你知道，这有问题：你买把菜刀（选择），如果光用不磨（管理），自然就会变迟钝，不再好用了。你的解决方案呢，不是扔掉旧的，再买把新的。

一旦开始考核绩效，供应商的绩效就会稳定，并且小幅提升。这是因为绩效考核传递了一个非常重要的信息：我们在关注你的绩效。这就如两组人在打篮球，不计分的时候大家都懒懒散散，随便打打；一听有人说开始记分了，大家马上就认真起来。

但光凭"考试"，能让原本只能考上三本的孩子考进清华北大吗？不能：你不能**以赛代练**，你得教给孩子点新东西，这就是供应商集成和协作（见图 9-5 中的③），即在设计阶段让关键供应商早期介入，通过推动设计优化来降本；在量产阶段跟核心供应商建立 VMI、JIT，降低供应链的库存和运营成本。

供应商集成也是培养供应商的关键举措。想想看，一个优秀的供应商是怎么变优秀的？鲜有例外，都是跟要求最高的客户长期合作的结果，比如早期介入新产品开发，吃了很多苦，受了很多罪，但也练就一身好本领。

就拿我的老东家来说，一家营收 170 多亿美元的半导体设备制造商（2023 财年），能够成为行业的标杆，就跟当年上了 IBM 的船，跟 IBM 合作开发有关：直到今天，IBM 一直是半导体技术上的领头羊。我的老东家跟 IBM 合作研发，为满足 IBM 的要求，克服了众多困难，同时也成长为这个领域的佼佼者。

苹果的供应商也是。以前乔布斯在发布新的 iPhone 时，台下经常有供应商的老总失声痛哭：为了达到苹果的严苛要求，这些供应商不知吃了多少苦。但同时，成为苹果的供应商也意味着很多，为成为华为终端、OPPO、vivo 和小米的供应商扫清了道路。

很多企业习惯性地抱怨现有的供应商不够好，一直在找新供应商。可别忘了，**你没法光通过选择得到好供应商；你还得通过管理，特别是通过与关键供应商的深度协作、集成来开发供应商**，尤其是当你成为行业顶尖的企业后。

对供应商进行绩效管理，也是最基本、最重要的风险管控措施。

几年前，有三个中国大型本土企业，通过不同的渠道，先后向我问起供应链风险的管控。它们都是营收超千亿元的大企业，在各自的行业举足轻重。它们的问题也一样：家大业大，供应商遍布全球，任何供应链风险，其负面影响都会被无限放大，该如何规避？

除了天灾人祸、国际争端、战争等不可控因素外，最大的供应链风险莫过于供应商破产断供。但供应商会不会一夜之间突然破产？不会的。供应商的破产总会有个过程，有各种端倪。比如销售经理三天两头换人，客服人员三天两头换人，按时交付也不稳定，质量问题迟迟得不到解决。如果我们统计供应商绩效的话，我们至少可以领先竞争对手几个星期，甚至几个月发现问题，采取措施。

这三个企业问我，无非是希望我能点石成金，空降一些跨国企业的好点子。我想说的是，供应链风险管控有很多可为之处，但离开了供应商绩效管理，多好的风险管理也是纸上谈兵。这就如你想长寿，就在长生不老药上打主意，却不愿吃饭喝水一样。

顺便讲个小故事。有一次我在北京乘出租车，见车上供着三尊神像，包括如来佛、关云长，还有一尊我不认识的。我问的哥，供这么多的神做什么？答曰：保平安。保平安？保平安你怎么不系安全带？这位的哥大概四五十岁的模样，理着寸头，穿着老头衫，趿拉着拖鞋，就是没有系安全带。[⊖]

对供应链风险控制来说，供应商绩效管理就是我们的安全带。

对于很多企业来说，在寻源上，稀里糊涂选了些高风险的供应商，为后续风险埋下了祸根；在后续管理上，没有系统的绩效管理，对供应商绩效掌控不够，没法及时探知、识别和应对供应商的绩效风险。结果就如盲人骑瞎马，不要说天灾人祸，就是对一般的供应链风险，也是没有多少抵抗能力的。

供应商很多了，却一直在找新供应商

三大误区各不相同，结果却都惊人的一致：供应商很多了，却一直在找新供应商。

找新供应商，有时的确是因为新业务。比如原来做房地产，现在要进军新能源；原来做短视频，现在要做网络游戏；原来做家电，现在要制造机器人。但大多数情况下，业务还是老业务，每样业务都已经有了一堆供应商，但绩效不好，于是就得另找新供应商。

不过想想看，为什么老供应商做不到，但新供应商就可以？而等新供应商变成了老供应商，为什么就又做不到了？为什么与新供应商关系

⊖　当然，这事有些年头了。估计北京街头现在没人敢不系安全带开车了。

情同手足，而一旦成了老供应商，关系就变得势同水火（见图9-6）？不要动不动就拿新技术、新工艺说事——更换供应商最频繁的，往往反倒是些没什么技术含量的行业。

新供应商　　　　　　　老供应商

图 9-6　选择和管理不到位，一直在找新供应商
资料来源：网络。

比如价格，为什么老供应商没法给你的，新供应商就可以？因为新供应商想做我们的生意，愿意亏本进场。但亏本进场后，发现我们这帮采购把钱管得可紧了，新生意没有更多，老生意涨价无门，这供应商马上就变成了老供应商。供应商亏本进场，总是有所企图的。如果我们没法满足其后续企图，我们就不应该让其亏本进场——供应商不赚钱的生意不是好生意。

不管大小，企业的运作都离不开稳定，要稳定的不光是自己的员工，还有配套供应商。无恒产者无恒心。没有稳定的员工，就没有稳定的企业；没有稳定的供应商，也就没有稳定的供应链。这并不是说不更换供应商，但如果你时刻都在找新供应商，那八成是有问题。

做到极端，有个家电巨头甚至坚信，供应商的选择与淘汰就如一个风筒，前端不断纳入新供应商，后端不断淘汰老供应商，还美其名曰"推陈出新"。供应商是"愿者上钩"，只要价格足够低，就进来；等被榨干后，就淘汰掉，再选新的。到最后，所谓的"合格供应商"呢，在质量部门的眼里，都是些淘汰对象。

当然，对于那些朝不保夕的企业来说，就只能频繁找新供应商，希望每次能便宜几分钱，苟延残喘。它们知道，这么做，三年后企业就死了；不这么做，今年就熬不过去。这只能怪它们命苦。但对于志在长远的企业来说，这更多是因为对供应商有选择、没管理，或者基于单纯的价格，没选好，也没管好，根源都是供应商的选择与管理不到位。

供应商选择与管理：组织、流程和系统

> 草率选择埋下争利的伏笔，粗暴管理引发互损的结局。
>
> ——火苗，"供应链管理实践者"微信公众号读者

供应商管理的一系列误区，其解决方案都离不开供应商的选择与管理能力：选好供应商，提高首发命准率；督促、帮助供应商持续改进，管好后续绩效；而能力，又是组织、流程和系统的三位一体。提高供应商选择与管理能力，就得在这三方面着力（见图 9-7）。

第一，结构清晰，职责清楚的组织结构。

第二，标准的、闭环的选择与管理流程。

第三，统一的、跨职能共享的信息系统。

让我们先看看**组织**。

一个公司里，究竟是哪些职能在跟供应商打交道？负责商务的采购、负责品质的质量，还有负责技术的设计部门。这三兄弟的利益诉求一致吗？不一致。这不，采购在威胁供应商，说我知道你今年能够给我5个点的降本，但就是不给，那以后的生意就不麻烦你了，意思是要淘汰供应商。但设计那边呢，新图纸出来要赶快打样验证，谁打样快？当然是老供应商，因为它们熟门熟路。这不，图纸就隔墙扔给供应商了。质量边看边盘算，你们两个职能在那掰手腕，但不能牺牲我的质量标准。

三兄弟的利益诉求不一致，就形不成合力，没有合力，就形不成战略。**没有战略，注定会出现两种情况：短期利益牺牲长期利益，局部利益牺牲全局利益**，没法实现企业价值最大化，跟供应商博弈时也会被各个击破。

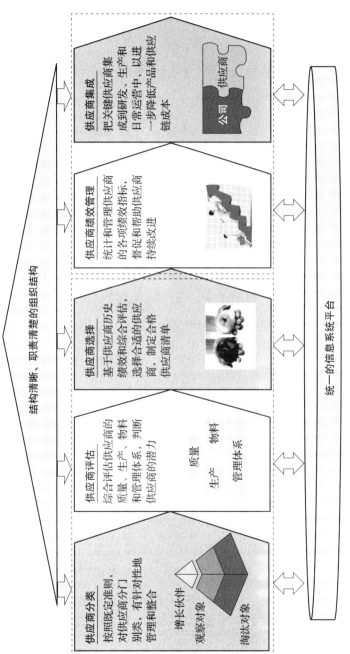

图 9-7　供应商的选择与管理

那么，谁来协调这三兄弟的利益诉求呢？**采购**。道理很简单：供应商是采购的供应商。这个时候你就会想，如果我的采购员平均只有两年的工作经历，有没有能力站在资深的研发和质量工程师面前，承担领导力的角色，侃侃而谈供应商战略？你现在明白，你有组织问题，得找更资深的人来负责供应商战略。

企业一般都认识到，销售要与客户掰手腕，就需要经验丰富、能力突出的资深员工。采购嘛，花钱的事，谁干不了呢？其实采购对外要与强势供应商掰手腕，对内要协调跨职能部门的诉求，同样需要能人。我不是说订单处理需要十年八年的工作经历，但负责供应商关系的人一定要有相当的经验与领导力，因为**经验不可替代**：你没吃过那么多年的饭，受过那么多的苦，有些事情就是做不到位。

有一次，我访问一个百亿元规模的制造商，发现他们有七八十个采购员，平均工作经验只有两年多，很多是大学刚毕业。而他们的供应商呢，很多都在海外，规模大，技术优势明显。供应商关系复杂，供应链管理难度高，不是这样的年轻团队所能应对的。供应商呢，基本上处于没管理的状态：交期长，价格高，质量问题也不积极解决，整个采购团队疲于应付，按下葫芦起了瓢，催货成常态。

这个公司的董事长很年轻，"70后"，白手起家。当我解释了供应商负责供应链上 70% 的增值活动，为什么这样稚嫩的团队无力负责这么重要的业务时，他理解了，当场拍板招聘 10 位更资深的采购经理。在一个四五线城市，10 个采购经理的成本大概每年也就三四百万，而这10 个人到位了，从那 40 亿元的采购额中挤出一滴水，一年可要省多少钱，更不用说供应商交付、质量和服务上的绩效改进。

讲完了组织，我们说**系统**。系统就是信息系统，相当于企业的基础设施、高速公路，在供应链管理的能力构成中扮演重要角色。

第一，信息系统给我们**工具**——你是用 Excel 还是 ERP 做生意，效率大不一样。

第二，信息系统给我们**反馈信息**，以判断组织和流程的运作是否正常。

第三，信息系统在**固化流程**——企业的基本流程，比如订单处理流程，其实固化在信息系统里，而信息系统不健全，往往是基本流程没法固化的一大根本原因。

有些企业的信息系统能力不足，连花了多少钱都不知道。有一次我到一个大型企业，问他们最大的供应商是谁？"华为"，大家异口同声道。"那去年在华为那里花了多少钱？"大家就都面面相觑。这是个营收规模几千亿元的大公司，在全国三十几个省、自治区、直辖市都有一级分公司，下面有更多的二级、三级子公司，信息化水平大不一样，有的在用 ERP，有的还在用手工台账。即使有信息系统，不同分公司用的系统也可能不同。大家都在跟华为做生意，但如果不花个一两周时间，把那几十张 Excel 表格汇总到一起，还真不知道跟华为做了多少生意。

在供应商处花多少钱都是这样，交付、质量等绩效指标就更不用提了。作为解决方案，该企业不断推动信息化。前两年再次见到他们的时候，已经有了公司统一的 ERP，至少是构建了信息化的统一平台。

我们接下来谈**流程**，亦即图 9-7 中的五步流程。这五步流程看上去挺复杂，其实就做两件事：前三步是选择合适的供应商做生意，就如生了一个健康、聪明的宝宝；后两步是把它们管好，让其绩效更上层楼，就如孩子的后天管教和培养。

让我们在**品类管理**的框架下，来阐述这五步流程。也就是说，针对具体的采购品类，我们如何对现有供应商分门别类，区别对待；评估、选择合适的供应商，制定合格清单；管理好整体绩效，并把关键供应商集成到新品开发和量产阶段，进一步降低成本、改善绩效。

五步流程从**供应商分类**开始。说是分类，其实是分类分级：包材和芯片是两个不同的门类，相应的供应商也没有可比性；对于一个具体的采购门类，有些供应商是我们的优先合作伙伴，有的是淘汰对象，其等级也是不同的，相应的管理措施也有区别。

分类可以帮助**摸清家底**——有多大的采购额、有多少供应商；供应商太多还是太少；哪些是优选供应商，哪些该淘汰等。分类也有助于

区别对待，精细化管理要求差异化管理，比如，对战略供应商和优选供应商的管理方法、管理重点各不相同，就如对孙悟空和沙和尚要区别对待一样。供应商分类还有个目的，就是**内部沟通**，比如哪些供应商是优先合作伙伴，要多做新生意；哪些是淘汰供应商，不许参加任何新产品的开发等。

分类的结果是要么供应商太多，要么供应商太少——能干活儿的太少，不能干活儿的太多。太多需要整合，太少需要开发，两者的前提都是得知道供应商的好坏。这就是五步流程的第二步：**供应商评估**。供应商评估就是通过分析供应商的历史绩效（如果已经在跟公司做生意），以及其质量、生产和物料管理体系，判断其好坏，为下一步的供应商选择做准备，也作为后续改进的基准，制订进一步的供应商改进方案。

在供应商评估的基础上，根据公司的需求，选择合适的供应商，成为未来的合作伙伴，制定合格供应商清单。这就是五步流程的第三步：**供应商选择**。

比如包材有几十个供应商可选，但我们的采购额有限，养活不了这么多供应商。在分析评估后，决定只选择其中 5 个优质供应商。为什么是 5 个而不是 4 个或 7 个？这要基于采购品类分析：我们的采购额是每年 500 万元，5 个供应商每个平均 100 万元，我们是大客户，它们是大供应商，有规模效益；这 5 个供应商中，有的在国内，有的在国外，有的能够支持新产品，有的能够支持老产品，有的质量好价格也不错，有的价格低而质量也不错。也就是说，这 5 个供应商能够满足我们所有的需求，这就是为什么要选择 5 个。

前三步的产物是**合格供应商清单**[○]，相当于给供应商收起了"口子"。对于这个"口子"，像设计这样的内部客户喜欢还是不喜欢？喜欢，是因为以前得在 30 个供应商里选择一个最合适的，现在从这 5 个中间选一个即可，简单多了；不喜欢，是因为这也限制了选择的空间，尤其是"口子"里的供应商没法满足内部客户的合理需求时。

○ 在有些公司，凡是跟公司做生意的都被视作"合格供应商"，结果"合格供应商清单"非常长，这是一大误区，起不到应有的作用。

比如合格供应商没法有效支持新产品开发，工程师们就到处去找新供应商，想方设法找第六、第七、第八个供应商进来，把供应商的"口子"又给打开了。那采购怎么办？采购只能"凉拌"：凡是个采购都知道，采购与工程师斗，被拍死是个大概率事件；采购的供应商没法满足工程师的合理、正当诉求的时候，被拍死就是必然事件了。

采购真正能做也是应该做的呢，就是光选好供应商还不够，还得管理好供应商绩效，让合格清单上的供应商能够满足内部客户的需求，让他们没有理由去找新供应商。这就是五步流程的第四步：**供应商绩效管理**。

供应商绩效管理就如考试：考试不一定能让孩子学好，但不考试，则孩子大概率学不好。作为采购方，制定合适的考核指标重要，统计绩效、定期反馈给供应商同样重要。围绕绩效目标和绩效水平，采购可敦促供应商制订改进计划，以及调整公司的采购战略。

俗话说，不能以考代学、以赛代练——考核只能维持供应商的绩效，并稍许提高，但没法让供应商绩效迈上大台阶。针对关键供应商，需要把它们早期纳入设计阶段，通过优化设计来降低设计决定的成本；把它们的流程与公司的对接起来，以降低交易成本；帮助它们改善生产工艺，以降低生产成本。这就是五步流程的最后一步：**供应商集成**，也是供应商管理的最高阶段。

上面简单谈了供应商的选择与管理的五步流程。需要说明的是，这五步流程看上去有严格的先后顺序，操作的时候并非如此。比如在分类的时候，就可能做评估；评估的时候，已经在做选择工作；选择供应商的时候，就可能在制订绩效改进计划。所谓的步骤，更多是为了叙述的方便。

五步流程的成功实施取决于结构清楚、职责清晰的**供应商管理组织**。供应商管理是跨职能、跨层级行为，职能与职能、总部与分部之间分工不清，就没法形成合力，以制定统一的供应商战略、选择和管理供应商，以及与强势供应商抗衡。而**统一的信息系统平台**则为与供应商有关的决策和绩效管理提供充分的信息，同时帮助固化供应商管理的流程。

在接下来的篇幅里，我们会详细探讨五步流程的每一步。

供应商分类：区别对待，重点管理

供应商分类是针对具体的采购品类：①摸家底——有多大的采购额、有多少供应商、钱都花到哪里去了；②差异化——不同类别供应商的管理方法各不相同，把管理资源投入到回报最高的地方；③合理化——供应商太多要整合，太少要开发新的，确保新生意流入最合适的供应商（见图 10-1）。

想想看，一个放羊的人都知道他有多少大羊，多少小羊，多少公羊，多少母羊。在供应商管理上，很多公司却是一笔糊涂账：只有订单管理，没有供应商管理；供应商"一视同仁"，管理上简单粗暴。要知道，**区别对待是精细化管理的前提**。没有差异化，胡子眉毛一把抓，就没法确保把有限的管理资源投入到回报最高的供应商上。

供应商分类其实是两个概念：**分类**和**分级**。

分类就是我们平常说的"品类管理"，把有共性的采购对象归并到一起，设置专门的采购、技术和质量团队来管理。比如纸箱、纸袋、包

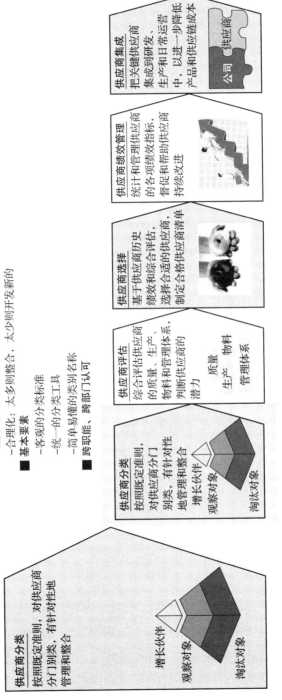

图 10-1　供应商分类是为了区别对待

装盒有共性，属于包材类；铝制件、不锈钢、塑料件都离不开机械加工，可以划分为机加件类。制造商的品类一般较少，MRO（维护、修理、运营）供应商、代理商的品类一般更多；互联网、游戏开发商的品类则更多是服务类型，比如软件开发、市场营销等。

采购品类不同，所要求具备的商务、技术知识也大不一样。

比如包材类，你可不要小看其技术含量。我每次买手机，不管是苹果还是 OPPO 还是 vivo，最喜欢的不是里面的手机，而是外面的盒子（听过"买椟还珠"吗？我就是它的现代版）。而要把盒子做得那么精美，不管是材料还是工艺，都有很高的技术含量。所谓包材的品类知识，就是积累包材的工艺、材料、商务等知识，比如供应商主要集中在哪些地方，最新的材料都有哪些，常见的生产工艺如何。而**品类团队**呢，就是品类知识和经验的汇聚地。

一个品类管理核心团队一般包括一位采购经理（或者叫品类经理等），一位或几位供应商工程师（有的公司叫 SQE 或采购工程师），几位主要设计此类产品的技术人员，外围是这个门类的采购员。这些人长期管理特定的品类，积累了大量的知识和经验，成为公司里最懂相应品类的人。

品类管理是个典型的跨职能团队，在采购经理的组织协调下，制定**品类策略**，达成跨职能共识，决定跟哪些供应商做生意，跟哪些不做，并定期更新品类策略——这些都是品类管理的重要输出。如果供应商有重大的质量或技术问题，也归这个跨职能团队负责，跨职能团队要督促、帮助供应商改进。

分级就是在同一品类内，把供应商分成不同的级别，以便进一步区别对待。

比如万科把供应商分为一线、区域、集团采购等三级。一线供应商只能跟一线公司做本地生意，区域供应商可以服务特定的大区公司，而集团供应商则没有地域限制。就能力而言，区域强于一线，集团强于区域，集团供应商可参与的项目最多。基于能力提升、合作深度和历史绩效，供应商可以逐步提高级别，从而得到万科更多的业务。

需要注意的是，同一供应商，在不同的品类其分级也可能不同，相应的供应商战略也不同。比如这个供应商是钣金件的优选供应商，在同等条件下公司优先与其合作，但其可能是机械加工件的淘汰对象，不能参与任何机械加工件的新产品开发。这也是为什么分类、分级要结合使用。

【案例】　某制造商的采购品类

案例企业在硅谷，是个高科技产品制造商，年度营收二三十亿美元，采购金额几亿到十几亿美元。它们把采购对象分为四大类，分别由四个供应链总监来负责；每个大类下又细分，由几十个供应商经理来负责相应的品类管理。

第一大类是**加工件**。案例企业自己设计，拥有完全的知识产权；供应商按照图纸、规格来加工。相对而言，这是最简单的采购类别。按照工艺、原材料的不同，又细分为机械加工件、钣金加工件、特种件、表面处理等。

第二大类是**货架品**。这类产品由供应商独立设计、制造，供应商有完全的知识产权，案例企业采购的是现成品。这里面有相对简单的，比如紧固件；也有非常复杂的，比如泵、发动机，相应地有细分品类，专人管理。

第三大类是**组装件**。此类产品的原材料来自加工件和货架品，供应商的任务是按照案例企业的规格、性能要求，组装、测试一个个组件。这个品类相对更加复杂，有些组装件原来是由案例企业自己做，后来外包给供应商。

第四大类是**外包**，对象是更加复杂的子系统，甚至整个产品的组装、测试。这部分工作原来是由案例企业在做，后来在轻资产战略的驱动下，外包给供应商做。根据外包对象的不同，又有细分的品类，由专人负责管理。

这四大类在复杂度上逐渐增加。相对而言，加工件最为简单、直观，供应商按图加工即可；外包最为复杂，供应商成为公司制造的延伸。相应地，管理难度也逐步增加。比如对于加工件，可选择的供应商较多，供应商规模一般较小，相对好管理；但对于复杂的货架产品，供应商一般规模较大，管理难度也高。外包供应商就更加复杂：可选择的不多，一旦锁定，要转厂非常困难。

供应商的五分法

根据供应商的绩效和可替代性，我们可把供应商分为五类，如图 10-2 所示。

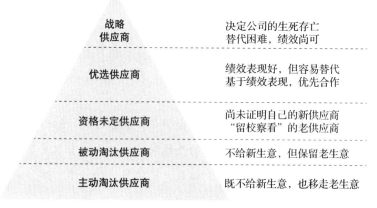

图 10-2　基于绩效和可替代性的供应商分类

（1）战略供应商（决定公司的生死存亡，替代困难，绩效尚可）。

（2）优选供应商（供应绩效好，但可替代，公司优先合作）。

（3）资格未定供应商（未经验证的新供应商，或者"留校察看"的老供应商）。

（4）被动淘汰供应商（不给新生意，但老生意继续做）。

（5）主动淘汰供应商（不但不给新生意，而且移走老生意）。

战略供应商指那些决定公司的生死存亡，而且绩效不错的供应商。

这类供应商的采购金额大，一般有独特的技术、产品或工艺，可能是唯一供应商，也可能有替代，但替换成本高、风险大、周期长（当然，假以时日，任何供应商都是可替代的）。

这里要强调的是绩效：战略供应商的绩效不一定最好，因为它们往往走在技术、工艺的最前沿，而那些最新技术、最新工艺往往没有经过充分验证，质量、交付问题较多。但是，战略供应商要满足我们的基本要求，或者有清晰、可信的改进方案来达标，如果绩效差且无改进意愿的话，则要归为被动淘汰供应商。

需要说明的是，这里的"战略供应商"的标准是采购额大，**难以替代和绩效达标**，并对我们的成功至关重要，而不是像有些企业那样简单粗暴：你今年给我 × 个点的降本，就是我的"战略供应商"；明年给不了时，这"战略供应商"的头衔就拿掉了。在有些企业的供应商大会上，一旦供应商被"评"为"战略供应商"，其老总都是哭丧着脸，你就知道为什么了——更重的年度降价。

此外，除了技术、专利，产能等也可能是难以替代因素。比如对苹果而言，富士康的代工虽然是"粗活"，但因为在代工领域，别的供应商没有那么多的产能，更不用说一流的技术工人——虽然苹果一直在导入竞争对手，但富士康还是难以替代，至少在短期内没法替代，苹果还是得把它当作战略供应商来对待。

战略供应商都是不好惹的主儿，是典型的"有能力，但也有脾气"。摊上这些战略供应商，是不是很悲催？其实不然，如果没有战略供应商，那表明这个行业的入行门槛很低，餐饮业就是典型的例子，你面临的将是一片红海的竞争，你的日子注定会更苦。也就是说，行业壁垒很大程度上取决于战略供应商。所以，珍惜你的战略供应商。

优选供应商的绩效好，但是可替代。公司之所以愿意优先跟它们做生意，是因为它们的绩效表现好。例如机械加工件有很多供应商都能做，但公司优先选择供应商 A、B、C，把新生意优先给这三个供应商，就是基于它们的总体表现更好。

那么，唐僧的三个徒弟中，谁是战略供应商，谁是优选供应商？孙悟空是战略供应商，因为他虽然脾气差点，但活儿干得还可以，更重要的是难以替代——他不跟你玩，无非是到花果山上浑浑噩噩过日子；你不跟他玩，你就被妖怪吃了。沙和尚是优选供应商，因为符合两个特点：①活儿干得好；②可替代——把担子交给猪八戒的话，猪八戒也能挑，无非挑得差点儿罢了。可以说，**可替代性**是战略供应商和优选供应商的根本区别。

此外，获得战略供应商的身份更多是靠**功劳**，靠给我们的价值——我们的产品好，是因为它们的产品好；而获得优选供应商的身份则是靠**苦劳**，靠干活卖力，必须在价格、质量、交货、服务等各方面都出类拔萃。这是两类截然不同的供应商。

经常有人说，我们要好好培养优选供应商，让它们成为战略供应商。这不大现实，就像要把沙和尚培养成孙悟空一样。那潜在的战略供应商在哪里？在**资格未定供应商**那里。

资格未定供应商分两种情况：要么是新供应商，公司对其表现还不够了解，于是给一定期限来考察；要么是原来的优选或战略供应商，一时糊涂，做了些对不起你的事，"留校察看"一段时间。

所以，资格未定是**暂时性**的。比如期限是半年，在这半年间，要么补齐短板，升级优选或战略供应商；要么启动淘汰程序，降级为被动甚至主动淘汰对象。

资格未定供应商**风险**与机会并存：新供应商可能带来别的供应商没有的东西，但它们还没有证明自己，所以有风险；"留校察看"的老供应商熟门熟路，避免了导入新供应商的风险，但它们需要重新证明自己，所以也有风险。

这点相信大家都有经验：对于资格未定供应商，你总是吩咐你的手下多留神，不要让新供应商坑了你们，也不要让老供应商再坑你们一遍。这也体现了供应商分类分级的好处：它传递了清晰的信号，便于内部沟通。

被动淘汰供应商不会再得到新生意，但公司也不主动把老生意移走。随着老产品下市、老项目结束，这样的供应商就自然而然被淘汰出局。对这种供应商要理智对待。如果绩效还可以的话，不要破坏现有的平衡。从供应商的角度来说，产品已经在生产，额外的投入不多，也乐意继续支持你；从采购方来说，重新找供应商可能成本太高——双方有好合好散的基础，维持现状往往是最好的选择。

当然，有些情况下，产品有可能成为"鸡肋"，供应商不怎么盈利，或不愿意继续供货；采购方也由于技术、工艺难度高，或批量太小，难以找到新供应商。那么，供方的力量就相对更大，给你的重视度不足，绩效可能不够理想。这就成了我们经常说的**瓶颈供应商**，对采购方是个挑战，很难对付，必要时需要多备点安全库存。而真正的解决方案呢，则是确保最初就不要流入这样的供应商。

我经常问职业人，你们公司的被动淘汰供应商多不多？如果答曰不多，那意味着两种可能性：第一种是供应商管理做得很好，供应商已经经过多轮整合与优化，该淘汰的都已经淘汰了；第二种是供应商管理做得很烂，从供应商层面还没开始系统管理，比如没有供应商的分类分级，把凡是跟我们合作的都当成合格供应商。

大多数企业的问题都是供应商太多，或者说，不能干活儿的太多，能干活儿的太少。所以，一旦开始整合管理，相当一部分会成为被动淘汰对象。可以说，**被动淘汰供应商是从大乱到大治的过程产品**。

主动淘汰供应商不但得不到新生意，而且连老生意都得移走。这是供应商管理中最极端的情况。对这类供应商要防止"鱼死网破"，因为一旦供应商知道自己现有的生意要被移走，就有可能采取极端措施，比如抬价、断供，或者破罐子破摔，绩效变得更差。所以，在扣动扳机之前，一定要确保另一个供货渠道已经开通，或者手头有足够的库存以应不测。

采购在导入供应商时，可在合同中加入相应的保供条款，比如采购方下订单，供应商就得接受；供应商要终止服务，必须提前 × 个月通知客户等。像英特尔这样的企业，对供应商提供的备件有一定年限的保供要求；如有设计变更，需要有英特尔的许可等。当然，大多数公司没有英特尔的胳膊粗，没法跟供应商制定那样苛刻的条款。但未雨绸缪，还是有很多可为之处，特别在对付两类淘汰供应商的时候。

从战略角度来看，主动淘汰相当于"下策攻城"。除了供应风险外，资源投入也是一大挑战。主动淘汰表面上看是一件事，实际上是两件：淘汰一个老供应商，再找一个新供应商。但结果呢只有一个，那就是有个供应商能帮你干这活。两倍的投入，一倍的产出，投资回报太低。所以，即便能够主动淘汰的，采取被动淘汰战略也往往是更好的解决方案。

讲到这里，顺便讲个小故事。

有个老总先前负责质量的时候，深受劣质供应商的苦，每每要求采购去主动淘汰，采购都以各种理由不予支持：质量主张换，变成采购的寻源问题；采购主张治，变成质量的管理问题。职能不同，诉求不同，可以理解。现在轮到他做采购老总了，心想终于可以出口恶气了，就给采购团队定下了硬指标，说每年 ×% 的供应商必须淘汰掉。主动淘汰消耗了大量的资源，就没有足够的资源投入到更重要的事，比如新产品寻源。机会成本惊人，整个团队怨声载道。

【实践者问】

这五类供应商之外，还有没有别的供应商，比如备份供应商、一般供应商、待选供应商？

【刘宝红答】

五分法是个很严谨的方法，把我们能想到的供应商都包括在内了。比如绩效好，很难替代的是战略供应商，容易替代的就是优选供应商。绩效不好，很难替代的属于被动淘汰供应商，容易替代、淘汰成本低的就成为主动淘汰供应商。对于尚未充分证明自己的新供应商，以及需要重新证明自己的老的优选或者战略供应商，我们归入资格未定门类，考察期限一到，要么往上走，成为优选甚至战略供应商；要么往下走，归入被动甚至主动淘汰供应商。

除此之外，其实没有别的供应商。有些人说，我们有"备份"供应商，或者"待选"供应商。这些供应商还没有跟我们做生意，其实不是我们的供应商。就跟你还没赚到手的钱不是你的钱一样，也不要费太多的时间来盘算怎么花这钱。至于"一般"供应商，如果绩效好，就纳入优选；如果不好不坏，没有改进希望，就归入被动淘汰：供应商要么是好孩子，要么不是；不好不坏，骑墙不是解决方案。

当然，刚开始系统分类的时候，有些采购金额小，杂七杂八的供应商会没时间研究，那可暂时归入"未分类"以示区别。这些供应商最终大都会归入"被动淘汰供应商"类别，随着产品的更新换代而自然淘汰。

【实践者问】

我们是 MRO 企业，采购对象有几百万个 SKU，后面跟着数万供应商，很多长尾采购，如何应对？

【刘宝红答】

这里要分清哪些是可为的，哪些是不可为的。几百万个 SKU，绝大多数是长尾，客户管不好，你管不好，你的竞争对手也管不好，对谁来说都是硬骨头一块，投入多少资源，回报也非常有限。所以，你很难在那些长尾产品上获取竞争优势。

真正可为的，是那些相对短尾的产品。这些产品需求量大，技术要求一般也不是最高的，可选择的供应商和品牌多。其中有些品牌的知名度不高，如果我们能把这些供应商选好、管好，给客户更好的性价比，来取代那些成本更高的知名品牌，反倒可能成为我们的竞争优势。

【实践者问】

分类的结果要不要告诉供应商？

【刘宝红答】

我的看法是对战略和优选供应商，或许可以告诉，但对于淘汰类供应商，最好不要告诉。要知道，人都是生活在希望中，供应商也是：我们要让供应商有希望，好好做，未来还是可能得到更多的生意的。

当然，有的供应商会问，那为什么一直看不到你们的询价单？你可以解释，这是因为还有绩效表现更好的供应商。这更可能驱使供应商"向善"，向好的同行看齐。如果你直接告诉它们，你们的绩效太差，结果可能导致破罐子破摔。当供应商问了几次，还是没什么新生意后，它们自然也就明白了，但这比采购方亲口告诉更容易接受。

讲到这里，顺便讲个小故事。

有个公司对客户分门别类，区别对待。比如生意多、增长快的属于A类客户，规模小、走下坡路的是B类客户等。这直接指导该公司的资源分配。比如手头有最后一颗料时，要优先分给A类客户，而不是B类。有个客服人员为了方便，就把这个表打印出来，贴在墙上。有个B类客户来访问，正好看到了，说难怪我每次催货都拿不到我的料！

想必你现在也明白了，虽然供应商分类是一个重要的沟通工具，但一定要分清里外，该保密的还是要保密。

【小贴士】　管理资源有限，重点管理哪些供应商

不管是什么公司，供应商管理的资源总是有限的，我们应该重点管理哪些供应商？

不是主动淘汰类供应商。主动淘汰是"下策攻城"，资源的无底洞，

风险最大，投资回报最低。一旦陷入主动淘汰供应商的泥淖，就可能没有足够的资源来支持新产品开发，结果新产品往往落入以后要淘汰的供应商，陷入"吃二遍苦，受二茬罪"的恶性循环。

也不是被动淘汰供应商。此类供应商一般数量众多，其中有些是"瓶颈"类，刀斧不入；有些烂泥扶不上墙，需要很多资源。那就小车不倒继续推，把它们交给时间：维持现状，只要保证新生意不流入，随着老产品的下市，这些供应商自然就被淘汰了。

有些人说，那就是优选供应商啦。企业的主要业务是优选供应商在做，如果管理不善，一旦优选供应商撂挑子了，影响就很大。但这种管理呢，并不是说每天早晨9点半了，你打电话给它们的老总，问生产线上那150名员工都签到了没有。优选供应商就如那些老黄牛员工，干活卖力，靠得住，你要做的就是告诉它们目标，并定期跟进，管理例外。

比如，以前我管钣金件供应商的时候，每周一看上一周、上四周、上十三周的按时交货率，一旦低于目标95%，一个电话就打过去，探究为什么低，供应商在采取什么措施来改进。钣金件的技术含量有限，主要是些优选供应商在做。它们知道有竞争对手，如果不好好干，这活儿就归别人了——市场竞争在管理这些优选供应商。作为管理者，你得留神优选供应商的所作所为，但不用太多介入其日常运作，提防过度管理。

为什么要这么说呢？因为优选供应商"服管"，有些人就经常指手画脚，发号施令瞎指挥，结果给供应商制造了很多额外成本。要记住，优选供应商的那些事儿虽然看上去人人都会，但作为采购方的你不会，尤其是没有经验的采购人员（正因为没经验，所以企业就往往给他们比较好管的优选供应商来练兵）。我们得尊重优选供应商的专业性，**信任但要确认**，紧盯结果，试着了解过程，通过结果来督促供应商管控过程，往往是更明智的选择。

更有甚者，因为优选供应商好欺负，就使劲欺负它们，把生意从供应商A移到供应商B，便宜5分钱；再从B移到C，便宜3分钱。生意就那么点，池塘就那么大，里面的鱼一大群，结果导入的竞争太多太激烈，水搅得太浑，没有一条鱼能够生存。供应商面临的不确定性那么大，还敢备库存、备产能吗？时间一长，即便是好欺负的优选供应商，也开始"不见兔子不撒鹰"，不把你的生意当回事儿，继而绩效难保。

于是企业就陷入被两根棍子痛击的局面：一根棍子来自"有能力，但也有脾气"的战略供应商，尚值得同情；另一根棍子来自"没脾气，但也没能力"的优选供应商，却是自作孽，不可活了。比如一家手机大厂的质量人员诉苦，说他们连数据线的纸盒子都缺货，采购在逼着质量人员开发第二供货源，你就知道采购做得有多好了。

扯得有点远，我们言归正传。

资格未定供应商需要投入资源管理，因为它们要么还没有证明自己，有风险；要么需要重新证明，有风险。前者是新供应商，就像刚招的新员工，要多花时间培训、辅导来开个好头，早日走上正轨；后者是老供应商，由于暂时绩效问题，处于"留校察看"状态，拉一把就上、推一把就下。这些老供应商熟悉公司的系统、流程和政策，对企业有很多价值，能挽救的话，往往比寻找新供应商要好。

不过对于成熟企业来说，到了一定规模，业务也相对稳定时，资格未定的供应商数量应该有限（不然的话，就表明整体供应商管理有大问题）。所以，虽然管理强度很高，但花在资格未定供应商身上的整体资源比较有限。那大部分资源花到哪里去？战略供应商。

战略供应商要么拥有关键技术，拥有战略资源；要么规模很大，议价能力强，在与它们的合作上注定不会一帆风顺，需要投入大量资源来维护商务关系。这类供应商往往走在技术的最前沿，技术、工艺难度高，尚未经过充分验证，质量、交付问题注定多，采购方需要投入资源来应对。

战略供应商就如青春期的孩子，你说，他不听；你不说，他会更糟糕。常见的误区是，很多企业因为战略供应商"不服管"，就对它们听之任之，没有实质性的管理；要么不加区别地对待，跟管理一般供应商一样来对待战略供应商。管理不当，会带来很大损失，就如 2016 年的小米。

2016 年的小米怎么了

2016 年，小米的营收大跌，据说出货量减少 36%，供应链短缺是一大因素（当然也跟线下渠道乏力、产品升级换代不是非常成功等有关）。[一]元器件、显示屏短缺，没法发货，小米的营收下跌不难理解。但是，同年的华为终端、OPPO 和 vivo 呢，营收却都创造了历史新高。同一行业，大家都在用同样的一帮供应商，为什么天上下冰雹，专打小米家的庄稼？

这跟小米管理战略供应商，特别是三星，不无关系。

"在小米 5 发布前，三星半导体中国区高层带团队与小米供应链团队见面，在现场 PPT 演说过程中，由于小米方态度很差，三星方也很强势，双方在现场发生了很激烈的争执，直接拍桌子，这位三星高层站起来就离开了……三星 AMOLED 显示屏那段时间出货量很大，但不给小米供货"。[二]

对于三星这样的战略供应商，我们能意气用事，动不动就拍桌子吗？战略供应商名义上是供应商，但我们要当作客户来尊重——它们有独特的资源，跟我们是平等的。很多"小采购"认为我们给你们很多生意，就把自己当爷，把供应商当孙子。但三星这样的**战略供应商不缺生意：它们缺的是好生意，特别在行业性产能短缺的时候。**

那几年，小米手机主打中低端，毛利低。在巨大的采购量支撑下，小米对供应商压价压得很厉害，相信在相当多的产品上拿到了行业最低价。就连一个医疗设备企业的员工都在说"公司老板要求学小米供应

[一]　全年出货量暴跌36%，小米手机究竟怎么了？，邻章，TechWeb 网，2017 年 2 月 7 日。

[二]　小米重生故事，王潘，微信公众号"深网腾讯新闻"，2017 年 9 月 18 日。

链，要求价格要最低，品质要最好，要不停谈降价，能把降的价执行到已交付未付款的订单上去就更好"。

人们总担心拿不到供应商的最低价，但问题是，一旦拿到了最低价，你也成了供应商的最不盈利客户，从而"成功地"把自己做成了供应商的"备份"：淡季的时候，供应商不赚钱，甚至亏本，拿你的生意养活生产线；旺季的时候，它就把有限的产能给高盈利的客户，首先断的就是你的货。这又一次印证了，你得到的，都是你应得的。

我们得理解，战略供应商给我们的贡献不是**最低价**，让我们的成本最低，而是**差异化**优势，让我们的产品更加有竞争力，从而卖个好价钱来最大化营收。我说这些，并不是说不让你跟战略供应商谈价钱。价钱当然要谈，但要期望合理：你从优选供应商身上能得到的东西，不一定能从战略供应商身上得到。[○]对于战略供应商，如果我们一直在最后 5 分钱上死磕，那注定问题多多。

与华为终端、OPPO 和 vivo 等经验丰富的同行相比，2016 年的小米在供应商管理上还很年轻，在为自己的年轻交学费。后来雷军自己接管供应链，亲自到访三星总部。"据传雷军还联系了 4 位手机行业里的朋友，让他们分别通过电话帮自己和这位三星高管道歉……雷军又好几次飞到韩国三星总部……"[○]经过了漫长的几个月，雷军总算扭转了跟三星的关系。

大公司之间的关系就如大国政治，得讲策略。强大如苹果者，虽说都跟三星对簿公堂了，但还不得不在 iPhone 4、iPhone 5 等产品上继续使用三星的芯片，直到 iPhone 6 才导入台积电，前后长达几年时间。在此期间，两个老对头，该干吗还得干吗。同样是跟三星这种有能力，但

○ 有个企业对战略供应商的定义是"Open BOM，承诺最低价，优先排产交付"等。战略供应商有能力也有脾气，才不会给你打开 BOM，告诉你每个零部件的采购价，我也没有听说过哪个战略供应商会承诺最低价。至于优先排产交付嘛，大概只能是采购方的一厢情愿了。这些都是典型的对优选供应商的期望，套在战略供应商头上，注定供应商关系挑战重重。

○ 雷军与小米这十年，北辰财经，百度百家号。

也有脾气的战略供应商打交道，与苹果的理性相比，小米就吃亏在意气用事上。

当然，对于战略供应商来说，我们不能一味靠道歉来解决问题。那究竟该怎么管理这些"有能力，但也有脾气"的战略供应商呢？下面，让我们分享一个高科技行业的案例。

【案例】 战略供应商怎么管：以某高科技公司为例

这是家硅谷的高科技设备制造商，其关键零部件主要来自供应商，而供应商一经选定，更换的话成本极高，甚至几无可能。那些供应商的规模一般都相当大，有能力，也有脾气，管理难度很高。

作为应对，这个企业制定了成套的供应商管理措施，如表 10-1 所示。

表 10-1　某公司对供应商的差异化管理，重点在战略供应商

管理方式	增长型 -战略供应商	增长型 -优选供应商	资格未定供应商 -升级	资格未定供应商 -降级	被动淘汰供应商	主动淘汰供应商
季度业务汇报评审	是	或许	否	否	否	否
新产品开发优先拒绝权	是	或许	否	否	否	否
获准参与新产品开发	是	是	有限	否	否	否
供应商月度绩效卡	是	是	或许	否	否	否
全球采购合同	是今年签订	是明年签订	否	否	否	否
价格协议（微型全球采购合同）	否	否	或许	或许	几乎永远不	否
供应商行动小组	如果有需要	如果有需要	如果有需要	否	否	否
公司高层会议（首席采购官及以上）	>1 次 / 年	如果有需要	否	否	否	否

最上面的横栏是不同类别的供应商,比如战略供应商和优选供应商是优先做生意的,属于增长型合作伙伴;资格未定供应商呢,如果改进前景良好就属于升级对象,否则是降级;而淘汰供应商呢,根据淘汰战略分为主动和被动淘汰。

最左边的竖栏是一系列的管理任务,从长期协议到定期会议再到供应商改进。**所谓的管理,其实就是把该做的事儿做到位。**俗话说得好,火到猪头烂——火候到了,猪头就煮熟了;供应商管理不是打屁股,而是投入资源,只有把该做的事都做到位,供应商才可能管好。

对于不同类别的供应商,具体要做的事儿也不同:对于战略供应商,基本上每件事都要做;对于淘汰供应商,基本上每一件事都不用做;而优选和资格未定供应商介于中间。

对于战略供应商管理,这里主要讲三点:季度业务汇报,形成合力,给供应商压力;达成长期协议,设定合作标准,约束双方期望;成立跨职能小组,督促、帮助供应商改进,协作解决问题。

我们先说**季度业务汇报**。

对于每个战略供应商,案例公司安排定期的业务汇报,每个季度(最长半年)召开一次。在业务汇报上,供应商的高管站在台上讲,下面听的是采购的老总、设计的老总、质量的老总,有时候公司的 CEO 和 COO(首席运营官)也参加。严格意义上,一个公司的战略供应商并不多,一两把手指头大概就数完了,老总们每个季度花一个小时,参加这样的业务汇报,还是挺值得的。

面对这帮老总听众,如果你的按时交货率只有 60%,质量次品率一直在上升的话,作为供应商的高管,你自豪不自豪?当然不,因为研发、采购的老总,有时候公司的老总在下面听着呢:交付这么差,以后的新项目、新产品还能给这个供应商吗?这就是形成合力,给战略供应商压力。

要知道,**真正能够驱动供应商的,不是我们已经给它们的生意,而是它们还没拿到的新生意。**越是供应商的高管,越有新业务的指标,

越能感受到这种压力。[⊖]

季度业务汇报：形成合力，给予压力

资料来源：VectorStock 网站。

供应商的高管继续汇报：上个季度承诺给研发的 10 件事，只做到 7 件。那剩下的 3 件为什么没做到，什么时候能做到？长期协议规定的质量改进，阶段性目标是否已经达成？上季度计划招聘的两名工程师到位了没有？产能扩张项目是否按期完成了？供应商做到了，好样的，公司的高层也看到了，给予认可；没做到，供应商就得做根源分析，重新承诺，下个季度再次汇报。

供应商的高管知道每个季度都要来"考试"的话，自然就会想办法把事做好。这就是形成合力，给予压力。要知道，**战略供应商远非采购职能、采购经理能够独立应对的，需要整合公司不同层次、不同职能的力量，形成跨层级、跨职能的合力跟供应商掰手腕**。但这并不是说采购可以袖手旁观：采购仍然是第一责任人，需要扮演领导者的角色，整合公司的各方资源，给相关各方提供贴切的信息，整合它们的力量，来督促、帮助供应商改进。

比如，在案例公司，老总参加战略供应商会议的话，采购经理要准备一页纸的总结，除了供应商的基本情况外，比如历史上跟供应商做了多少生意，今年、明年计划做多少，按时交货、质量等绩效如何，还

⊖　你拿新生意来威胁供应商的客服人员，效果往往很有限——很多基层人员活在当下，没拿到手的新业务一般不是他们的 KPI。

要特别注明两点：过去一段时间，或者自从上次会议以来，这个供应商有哪件事做得非常棒，需要老总表扬？哪件事做砸了，需要老总敲打敲打？

要知道，老总是个大忙人，对一个战略供应商的会议，准备时间可能只有 5 分钟。他拿着这页纸，很快看一下，就能对供应商有大致而全面的了解。

这时候，供应商已经进来了。寒暄过后，老总拍着供应商高管的肩膀说："上次那件事，多亏你们帮忙，否则我们可真是要死惨了。"供应商一听，都有点感激涕零了：我们做的好事连老总都知道，看来我们没有白忙啊，以后一定要做得更好。这叫正向激励。

接着，老总话锋一转，说某某事儿，如果你们能够加强支持力度的话，下次请你们到最好的饭店吃饭。供应商听了后背发凉：我们做砸的事儿，老总也知道啊，看来我们在老总的雷达上啊。

恩威并用，这就是采购在借助老总的力量，增强对战略供应商的管控。戏是老总在演，但后面的策划和导演还是采购，需要采购经理投入大量时间和资源来准备。

再比如光是核对双方的绩效统计，采购就得花不少时间。不然的话，采购说按时交付率是 35%，供应商说是 95%，双方当场争论起来，好让设计、质量在旁边看笑话？采购也得预先跟设计、质量和高层协调好，谁唱红脸，谁唱白脸，都得提前约定好。

采购还得控制现场气氛，不能让工程师掀翻桌子，指着供应商的鼻子大骂——我对工程师们充满敬意，这里绝没有冒犯他们的意思，但一些智商高的工程师往往情商缺一点——**供应商关系事关情商，你不能让工程师们来主导**。

我们接着说**长期协议**。

对于战略供应商，案例公司跟它们签订长期协议，默认期限 3 年，到期后一年一年地自动顺延。合同一般会这样说，对于你拿到的生意，未来三年都是你的（对于没拿到的新生意，你还是得铅笔削得尖尖地，报出最好的价格和交付、质量条件来争取）。但是，作为回报，你得今年给我 x 个点，明年 y 个点，后年 z 个点的年度降本；今年的按时交付率是 $x\%$，明年提高到 $y\%$，后年达到 $z\%$。质量也是每年改进，比如次品率逐年以对半的速度降低等。

对于新产品开发中的知识产权，长期协议也会约定，比如是一次性买断，还是双方共享，还是归供应商。如果没法约定，至少会约定双方以后如何应对知识产权争议，比如双方工程师要记录各自的点子，只能对自己的点子申请专利等。

有时也会约定新产品开发中的优先拒绝权（这往往是应战略供应商的要求而增加的条款）：你是我的战略供应商，我有了新产品，所需技术正好是你的强项，你有第一个跟我合作的机会，当然前提是你的报价等要有竞争力。一方面，这是在约束公司内部人员，避免设计、采购擅自把战略供应商排除在外；另一方面，这也是以实际行动表明，战略供应商关系的维护不光是嘴上讲讲。

长期协议的好处是**明确双方的期望，约束双方的行为**，达成共识，确定合作基调。特别是约定了年度降价，把双方最伤感情的那件事给结了——供应商啥都好谈，就是钱不好谈。如果你整天跟战略供应商谈钱，就跟员工三天两头要你加工资一样，这关系注定难管好。新产品的价格相对好谈，因为供应商还没拿到生意，它们得按照市场规则，与别的供应商竞争。即便拿不到生意，供应商在心理上也更容易接受。年度降价则否，因为这是让供应商把到口的肉吐出来，它们心理上更难接受，所以更伤感情。

在案例公司，以前的年度降价一般

长期协议：达成共识，
确定合作基调

资料来源：VectorStock 网站。

从 9 月开始谈判，顺利的话在圣诞节前达成共识，各自鸣金收兵回家过节；不顺利的话，一直拖到次年 3 月。几个月下来，双方斗狠斗勇，互相威胁，新项目、新产品也动不动就搁置下来，有时候甚至不惜导入新供应商来要挟。旷日持久的拉锯战终于结束了，双方都是大伤感情，伤痕累累。半年后，伤口好不容易结了疤，新的年度降价谈判却又开始了，伤疤又被血淋淋地揭开了。

那怎么办？长期协议，一下把三年的都谈好。也就是说，要伤就把感情一下伤到底，一刀就砍到骨头上，而不是每年割一次肉，每年谈一次价格协议。这也好让大家节省更多的时间用来"搞建设"。有些人或许会说，我们不能一下谈三年的，因为不知道后两年该降几个点。[一]那好，我们一下谈三个季度的吧，也比每个季度砍一次价要好。如果以后情况果真大不同了，比如竞争对手低价进入了，为了保护市场份额，我少赚点，你也少赚点，再跟供应商具体问题具体分析。

长期协议是双方做出实质性的承诺：采购方做出业务承诺（比如已经授予的业务不换供应商），供应商做出绩效承诺。然后在日常绩效管理、季度业务汇报中定期回顾，不达目标的话就展开根源分析，投入资源来改进。正因为要做出实质性承诺，这样的协议只能由双方老总级别的人来签订。老总们是掌控资源的，他们做出了承诺，才更愿意驱动公司层面的资源投入，确保后续绩效。

高层达成协议了，关系理顺了，资源保证了，也就避免了在运营层面习惯性地陷入一城一池的争夺战。要知道，**运营层面的问题，很多时候都是因为当事者人微言轻，没法驱动双方的资源投入，就在一些鸡毛蒜皮的事情上死磕，力图把问题转移给对方来解决，加剧双方本来就紧张的关系。**

　　㊀　在有些企业，年度降价指标完全是基于业务"诉求"：一旦销售卖不了个好价钱，采购价格就不够低了。这里讲的年度降本，是基于客观的原因。比如生产效率逐年在提升，原材料价格逐年在下降，我们给供应商的业务越来越多等，我们在后面的"年度降价：师出有名"部分会详细谈到（第 319 页）。

【实践者说】

在中国竞争极其激烈的电子制造行业，签署有实质性意义的长期协议是非常困难的。根本原因是双方供应链负责人甚至老板都难以承担判断失误的风险，双方都是赢得起输不起。比较实用的还是备忘录性质的协议，意愿和原则明确一些，执行条款宽泛一点，约束松一些，双方签字人的级别高一些。这样当市场发生重大变化时，一方面双方都有妥协的回旋空间，另一方面有高级别签字人的情面在，考虑长远合作，优势一方往往会做相当的让步。——Lawrence Hu，供应链管理总监，H&T Intelligent Control International Co. Ltd.

【刘宝红说】

实质性的承诺往往伴随着实质性的风险。如果风险超过一定限度，双方可以坐下来重新谈判。比如主要元器件价格浮动在一定范围内时，双方互不干扰；超出特定幅度，一方要补偿另一方等。这些都可以在长期协议中约定。

最后，我们讲**协作解决问题**。

我们前面多次说过，战略供应商一般都在技术、工艺发展的最前沿，但最新技术、工艺往往没有经过充分验证，甚至还在试错阶段，质量、工艺问题都较多。那好，对于特定的技术，案例企业安排一位采购经理、一位设计骨干、一位质量工程师，组成**供应商行动小组**，督促、帮助战略供应商改进。

为什么要**督促**？供应商是几百几千人的企业，如果自己都没法救自己的话，光靠采购方的这三个人，能解决多少问题？所以一定要督促在先，让供应商投入资源自救，比如雇人、买设备等，提高自我造血功能。这就是为什么行动小组要有个采购经理，从商务角度督促供应商投入资源。

光有督促还不够，因为供应商的很多问题都跟我们的需求定义有关。

比如刚开始设计时，技术人员对产品不熟悉，各项参数就设计得比较保守；现在生产一段时间了，我们对相应的技术、工艺更了解了，要力争通过设计优化、工艺优化给供应商"松绑"，**帮助**供应商降低成本、提高良率、改善交付。这些问题牵扯面广，没法完全由供应商来推动，必须有采购方的资源投入，并且分担可控的风险。

协作解决问题：督促、帮助战略供应商改进

资料来源：VectorStock 网站。

战略供应商一般能力强，脾气大。作为采购方，我们很难通过转移问题来解决问题。我们得跟战略供应商协作解决问题，这需要实质性的资源投入，但资源的投入是值得的：战略供应商之所以重要，因为公司离了它们没法生存；我们的产品好，是因为它们的产品好。那对待它们的方法、策略就自然与其他供应商不同。这就是差异化管理。

当然，我们这么管理，并不是说战略供应商就没问题了。但是，只要我们形成合力，给供应商压力；达成长期协议，确保双方都做出实质性承诺；协作解决问题，而不是转移问题，我们的战略供应商就可以管得比以前好，比我们的竞争对手好，这就是差异化的优势。

另外，人们习惯性地妖魔化战略供应商，把这类供应商描述得"刀枪不入"，软硬不吃。其实，战略供应商也是供应商，无非是对于一般供应商，我们可以通过转移问题来解决问题；对于战略供应商，我们没法简单地转移问题罢了——我们本来就不应该那么做。

下面这位实践者说的海外供应商，有些就是我们这里谈的战略供应商。

【实践者说】

对于电子消费品行业的海外供应商，我有几点感受如下。

（1）所谓门当户对，不可对牛弹琴。即在合作过程中，要对胃口，比如都对技术痴迷，而且在各自领域具备领先地位等。如果长期合作过程中没有共同语言，时间长了，双方就只有买卖关系，谈不上战略。

（2）在与海外供应商的合作过程中，通过维护战略性的双边关系，除了能获得有竞争力的价格之外，更重要的是获得对方在这个领域的知识、信息和经验。尤其是经验积累方面，有时更多是我们竞争对手走过的弯路，供应商可以及时提醒我们。所谓听君一席话，胜读十年书，这种感觉时常产生。

而且还有一个很好的资源可利用，即给工程师做免费培训，尤其是针对新加盟的大学生。这种结合市场的技术发展新信息，是大学教授也难以掌握的，更不要说在课堂上系统地讲给学生听。

（3）在与有点垄断性质的海外供应商合作过程中，所谓"战略"，非常讲究公司高层之间的定期会议、会餐、会球，形成双方稳固的"战略心理"，这些比任何"协议"都管用，尤其是日本公司。

我们这些底下做具体事情的，该砍价还得砍，而且砍了还不怕他们"生气"。如果实在找不到一个与其实力对等的竞争对手，也要在其个别薄弱环节找个竞争对手（我称为"保姆"）来参与竞争，化整为零找对手，通过价格与订单份额的配比来调节，不断促进降价。

幸好在消费类电子行业没有什么垄断非常严重的元件，只是有些大公司的产品全，市场份额高，像 MuRata、富士康这样的公司，可以打包采购，如果形成战略伙伴，系统成本的节省还是非常可观的。

最后要提醒，在与这些海外战略合作伙伴的合作过程中，诚信非常重要，包括公司的各个相关部门，信息的沟通要坦诚和及时，所谓"伤身体也不能伤心"。——顾凤军，寻源经理，夏新电子股份有限公司

【小贴士】 新生意给什么供应商

供应商分类的一大目的是区别对待，比如新生意的授予。那么，新生意究竟给哪些供应商？

不是主动淘汰供应商，也不是被动淘汰供应商。资格未定供应商呢，要特别小心，因为它们要么还没有充分证明自己，要么需要再次证明自己，都有风险。例如一家美国公司明文规定，如果要给资格未定供应商的话，需要总监层次签字批准。

在一家欧洲公司，只有最高级别的供应商审核师，才有资格纳入新的供应商（成为资格未定供应商，有可能获取新生意）。而在中国的分公司，获得过最高级别审核师资质的，只有总经理和供应链总监，这意味着只有他们才能决定与资格未定的供应商做生意。

那新产品、新项目的生意究竟给谁？战略供应商、优选供应商——它们是公司的**增长型伙伴**，也是常说的"合格供应商"。然后再考虑资格未定供应商，绝不能给被动淘汰供应商，主动淘汰供应商就更不用谈了（见图 10-3）。这些都要成为书面政策，沟通给公司内各个部门。

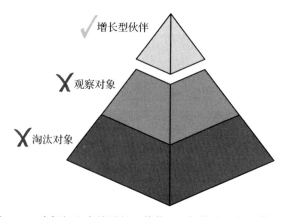

图 10-3 确保新生意给增长型伙伴（比如战略和优选供应商）

新生意给优选供应商好理解，但给战略供应商则不然。这不，工程师们就在抱怨：战略供应商那么不听话，你还要给它们更多的业务？不过想想看，战略供应商不待见你，常见原因是你的业务量小，不是它的战略客户。那么，如果给更多的生意，能把自己做成相对大客户的话，也是一种理性的选择（当然，并不是唯一选择）。

这就如一个男孩子追女孩子，此时的她好比男孩子的"战略供应商"，但男孩子不是她的"战略客户"。男孩子怎么才有可能把这关系做匹配？投入资源。男孩子给女孩子送花，请她看电影，接她送她，通过投入时间、金钱和感情以期获取她的芳心。战略供应商也一样，给它更多的生意，抱着把它们当客户的心态来管理，把它的问题当作自己的问题来解决，与战略供应商的关系一般会更好。

在公司内部，供应商分类是跨职能沟通的重要工具：哪些供应商可以用，哪些供应商不能用。这增加了跨职能协作的可预见性。对供应商来说，供应商分类也传递了**清晰的信号**，那就是你不好好干活，一旦被剔除合格供应商清单，要拿到新生意可就不容易了。这客观上驱使供应商向善。

对于采购方来说，公司最大的议价权，或者说对供应商的制约权就是**新生意**。一流的企业在新生意上做文章。这些公司慎始如终，确保新生意授予给最合适的供应商，避免供应商选择不当带来的诸多后续绩效问题，或者采购额太分散导致的议价能力下降等问题。**二流的企业在老生意上做文章**，不停地把现有生意从一个供应商转移到另一个，以淘汰为主调，花掉太多的精力，导致在新产品寻源上工作不到位，注定后续绩效问题忙不完。

【案例】　某公司的供应商分类体系

根据对供应商的打分，一个公司对供应商分门别类如表 10-2 所示，该公司想听取我的意见。我想谈一下该分类背后的几个问题，因为这些问题有相当的普遍性。

表 10-2　某公司的供应商分类

	战略	优选	资格未定	淘汰
分数	100	80～99	60～79	<60
半年评估	否	是	是	是
参与设计	是	是	是	否

其一，战略供应商更多是由其**价值**和**不可替代性**来决定的，而不是绩效得分，当然绩效也要达到基本的标准，至少要有清晰的改进方案，否则就成为被动淘汰供应商，在下一代新产品中弃用。

其二，正因为技术难度高，供应链复杂，战略供应商的绩效注定会问题多多，尤其是那些挑战性能、工艺极限的新产品。如果简单地按照绩效评分一刀切，这些供应商就不可避免地成了淘汰供应商，这种做法显然是个错误。

作为采购方，督促、帮助战略供应商改进，尽量通过现有供应商解决问题，往往是最理性的选择。否则的话，就容易陷入一直在找新供应商的怪圈，因为不管哪个供应商，在顶尖的技术、工艺和产品上，都可能面临同样的问题。

其三，在参与设计上，我们对资格未定供应商要非常谨慎。这类供应商之所以是资格未定供应商，是因为要么它们是新供应商，还没有证明自己；要么它们是老供应商，因为出了绩效问题，需要重新证明自己。不管怎么样，它们的风险都相当高。

特别是那些新导入的供应商（资格未定），头上往往戴着亮眼的光环，比如是某某名企的供应商，你可要特别警惕才对，因为它们也可能是那些名企的淘汰供应商。试想，如果这些供应商真像自己说的那么好，那些名企应该给它们足够多的业务，为什么还要低价打入，抢我们的生意呢？要知道，真正一流的供应商是不缺业务的，在选择客户上也是很挑剔的。

【小贴士】 五类供应商和采购四象限

在采购管理中，卡拉杰克四象限矩阵广为应用。基于采购金额（或收益影响）和供应风险，卡拉杰克把采购对象分为四类，采取不同的采购策略（见图10-4）。[一]比如采购金额大，供应风险低的产品，一般有很多供应商，是典型的买方市场，所以我们的采购战略是"杠杆"，也就是多家竞标，能挤出几分钱，就挤出几分钱来。相反，采购金额小，供应风险高的产品是典型的"瓶颈"类物料，卖方居于强势地位，采购方能做的就相对有限。

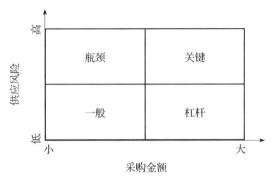

图 10-4 采购四象限

但是，采购四象限并没有告诉我们，究竟该和什么供应商做生意。

可以说，四象限在谋取物料层面的优化，而五类供应商在谋取供应商层面的优化。在实践中，四象限和五类供应商要结合使用，供应商战略要高于物料战略。

首先，具体物料的采购战略要在供应商战略下制定。比如对于任何物料，淘汰类供应商给的价格再好，也不能给它们生意。

其次，四象限识别出的有些问题，要上升到用供应商的五分法来应对。比如在四象限中，瓶颈物料是近乎无解的，但在五分法中，如果生意给了优选或战略供应商，我们可以借助别的业务，从而更可能得到供

[一] Purchasing must Become Supply Management，by Peter Kraljic，*Harvard Business Review*，September 1983.

应商的重视（事实上，这正是应对瓶颈物料的关键所在）。

在具体操作中，我们要避免局部优化，不要被料号层面的小优化驱动。比如对于瓶颈类物料，优选和战略供应商的报价并不一定最低。但如果为了最低价，将生意给了未来的被动淘汰供应商，那么该物料就成了真正的瓶颈料，则可能造成更多的问题。

【实践者问】

对于合作问题大，而我司又不能替代的供应商该如何管理？

【刘宝红答】

假以时日，所有的供应商都是可替代的。你说不能替代，不过是没法短期内替代，或者立即替代罢了。在供应商管理上，我们本来就不应该指望"立即替代"，这会助长"轻选择，重淘汰"的粗放管理风气，导致重复试错。这就如你招聘员工，解决方案从来都不是随便招一个，不行的话马上解雇，再招一个。

你说的这种供应商有很多是**瓶颈供应商**，是最难对付的。最根本的解决方案就是不要选进来。现在很不幸，已经选进来了，那我们的**战略**要清楚：如果认为跟供应商有未来，就进行供应商的绩效改进，双方都要投入资源来改善；如果没有未来，那就维持现状，不要给新生意，采取被动淘汰战略。那也意味着要调整内部客户的期望，避免在内部客户的压力下采取激进措施，让供应商关系恶化，变成主动淘汰，否则问题可能会更糟糕。

供应商评估：识别短板，敦促改进

　　供应商分类的结果是要么供应商太多，要么供应商太少——能干活儿的太少，不能干活儿的太多。太多需要整合，太少需要开发，两者的前提都是得知道好坏，这就需要综合**评估供应商**。

　　供应商评估就是通过分析供应商的历史绩效（如果已经在跟公司做生意）、财务状况以及质量、生产和管理体系等，来判断其优劣，识别短板，制订进一步的改进方案，以成为我们的合格供应商（见图 11-1）。这也是制定合格供应商清单，选择合适的供应商做生意的基础。

　　供应商评估是个跨职能行为，需要采购来领导协调，质量、设计等共同参与，分别从商务、质量、生产、技术等角度综合评估，判断供应商的合作意愿和技术、工艺水平，以及成本和质量的竞争力。在建制完善的企业，一般会有成套的表格和流程，以及清晰的评判标准，以达成跨职能共识，做好对关键供应商的"重选择"，避免后续的"轻淘汰"。

供应商评估
综合评估供应商的质量、生产、物料和管理体系，判断供应商的潜力

质量　物料
生产
管理体系

供应商分类
按照既定准则，对供应商分门别类，有针对性地管理和整合

增长伙伴
观察对象
淘汰对象

供应商评估
综合评估供应商的质量、生产、物料和管理体系，判断供应商的潜力

质量　物料
生产
管理体系

供应商选择
基于供应商历史绩效和综合评估，选择合适的供应商，制定合格供应商清单

供应商绩效管理
统计和管理供应商的各项绩效指标，督促和帮助供应商持续改进

供应商集成
把关键供应商集成到研发、生产和日常运营中，以进一步降低产品和供应链成本

公司　供应商

■ 综合评估
　－财务分析
　－质量、生产、物料系统
■ 供应商评估是跨部门行为
　－采购；质量；设计/技术
■ 统一的评估方法、标准

图 11-1　供应商评估

评估供应商的财务状况

我们先看看比较"学院派"的做法，也就是评估那些财务指标（见表 11-1）。对非财务背景的人来说，这些指标比较枯燥。但是，如果你要并购一个公司，你一定会看这些指标。关键供应商对企业至关重要，同样需要详细地了解这些财务表现。

表 11-1 供应商的财务能力分析

	关键财务指标	计算公式	描述对象	备注
清偿能力	流动比率	流动资产 / 流动负债	公司清偿短期债务的能力	越高越好。一般情况下应该在 2 左右 尽管行业不同，这一指标有所不同，但高于 2 的话，往往表明公司对资金利用不足，低于 2 的话，则表明公司可能有短期清偿困难
	速动比率	（流动资产－库存）/ 流动负债	公司清偿短期债务的能力	越高越好。速动比率低于 0.5，表明公司现金流的风险高。尽管行业不同，这一指数不同，但总体来说，0.5 到 1 之间比较合适
	净运营资本周转率	（流动资产－流动负债）/ 总资产	公司的清偿能力	必须是正的
盈利能力	资产回报率	净收入 / 平均总资产	公司利用资产的效率	最常用的财务指标，尤其是公司之间对比的时候。当一个公司的资产回报率低于竞争对手的时候，往往表明竞争对手在财务手段、技术、质量控制或库存管理上做得更好
	净利润率	净利润 / 营业额	公司的盈利能力	越高越好。与竞争对手、历史表现相比，可看出公司的盈利水平。逐月比较，可看出公司对间接运营成本的控制能力
周转能力	应收账款周转率	销售额 / 平均应收账款	公司及时收回账款的能力	应收账款周转率越高，说明公司收回账款的能力越强，资产利用效率越高
	应付账款周转率	销售成本 / 平均应付账款	公司管理应付账款的能力	应付账款周转率越高，说明公司从采购到付款的周期越短。注意：应付账款周转率较低，表明公司可能面临资金周转问题，有支付困难
	库存周转率	销售成本 / 平均库存	库存周转能力，满足需求和把流动资产转化成现金的能力	总体上说，库存周转率越高越好，表明从销售到现金的时间越短。库存周转率低，表明更多的资金压在库存上，公司资本的利用率不高

（续）

	关键财务指标	计算公式	描述对象	备注
资本结构	总负债与权益比率	总负债/总权益	公司的资本结构	越高风险越大。但也不是越低越好，因为公司的股价会受这一指标影响。最好与行业平均水平比较
	长期负债与权益比率	长期负债/总权益	公司的资本结构	总的来说越低越好。公司的股价会受这一指标影响。最好与行业平均水平比较

资料来源：Corporate Executive Board.

首先要看的是**清偿能力**。供应商破产的最大原因不是资不抵债，而是资金流中断，丧失清偿能力。清偿能力体现在流动资产上，严格地说，是流动资产扣除库存，即现金或变现很容易的资产。流动比率、速动比率、净经营资产周转率是常用的指标，侧重点略有不同，应从不同角度衡量企业的清偿能力。

接下来我们会看**盈利能力**，也就是资产回报率和净利润率。盈利能力越强，产生的净现金越多，企业的清偿能力就越强。盈利水平是财务结果，跟企业的**周转能力**息息相关，反映在应付账款、应收账款和库存上。沃尔玛引领零售业多年，突出表现在周转能力上：采购体量大，跟供应商议价的能力强，应付账期长；信息化程度高，卓越运营水平高，库存周转就快。

此外，还要理解供应商的**资本结构**，特别是短期负债比例。负债权益比太高，特别是短期负债比例高的话，可能增加融资成本，影响供应商获取更多贷款。这些都可能影响到供应商的产能扩张，特别是采购方需求暴增的时候。要注意的是，供应商的财务风险不光会出现在生意不好的时候，还可能会出现在生意快速增长的时候。

对这点我深有体会。我在硅谷工作十多年，经历了三个大的经济周期。每当行业周期下行探底，经济开始回升的时候，也是供应商的财务最为紧张的时候：供应商的现金储备已经消耗得差不多了，现在要买更多的设备，进更多的原材料，雇更多的人，就成了"黎明前的黑暗"。有些供应商甚至因此被并购。我们这时也会未雨绸缪，对主要的供应商进行财务分析，采取措施。

要注意的是，这些财务指标虽然有一定的目标区间，但其本身的绝对意义并没那么大。重要的是跟供应商的竞争对手比、跟供应商自己的历史表现比，这样才有可比性。

对于上市企业，这些数据都在公开的财务报表中；对于未上市企业，你也可以直接要它们的财务报表，有的供应商会乐意提供（在美国，供应商也有权不提供）。非上市企业的财务报表一般没有经过审计，准确性不能保证，也不能排除作假的可能。但比较不同时段的财务指标，比较同类供应商的财务报表，还是可以发现很多有用信息的。

对于非上市企业，很多数据搜集不到，就得采取别的方法来弥补。比如在邓白氏（Dun & Bradstreet）报告上，你能看到一个企业支付账单的平均周期是拉长还是缩短了，可凭此来判断该企业的现金流是否稳健，是否有清偿风险等。

此外，还可通过很多别的方法来判断供应商的财务能力。

最简单的就是看实际绩效：如果按时交付、质量合格率在走下坡路，客服、销售、送货司机三天两头换人，供应商八成有财务困难。你也可以问供应商的竞争对手。俗话说得好，家有千缸油，邻居百把秤——你有多少财产，邻居心里一清二楚；同处一个行业，人员经常来往，供应商之间都是知根知底的。供应商有好事儿，它们的竞争对手不一定讲；但供应商有了问题，竞争对手巴不得你知道呢。

当然，街头智慧更不可少。

比如你问净利润率，供应商当然不会告诉你。但你问这个行业的整体利润率如何，一般的销售都会给你估个数字。过会儿继续"套话"，了解这个供应商在行业里，盈利能力是居中、偏上还是偏下，对其净利润率就有了相当好的理解。你还可以问供应商的同行，来多方面佐证。

再比如你问这几年的盈利走向，供应商一般不会告诉你；但你问这几年的奖金情况，供应商十有八九会告诉你，是一年比一年发得多，还是"王小二过年，一年不如一年"。再加上对方的神态、口气，就可很好地佐证这个供应商的整体盈利趋势。

还有呢，你问供应商去年、前年做了多少生意，供应商不一定会告诉你；但如果问今年、明年的销售目标是多少，比去年增加多少个百分点，有没有新的建厂计划，则往往可能得到更具体的答案。

不过不管多好的数据，都是二手的，没法取代现场考察。

那些财务状况良好，管理有方的供应商，其员工的士气一般更加高昂，整体氛围更加宽松，办公室、生产线、仓库里也是井井有条。当财务状况不良，奖金、加薪无望，裁员在即时，员工看到访客时那充满戒备的眼神，都可以告诉我们很多。为什么有经验的采购会经常、定期拜访供应商，这就是原因了。

质量管理体系的评估

对于制造型的供应商，我们要评估其**质量、生产和物料管理体系**。这三大体系是供应商运营绩效的保证，也是供应商财务能力的源泉。有些企业把这三方面放在一起评估，统称"质量管理体系评估"。

在管理完善的企业，这三大体系的评估都有成套的问卷，以及具体的评分标准。比如每个具体问题，达到什么标准得 3 分，达到什么标准得 5 分。比如有个高科技企业规定，质量管理的那七十多个评估项，每项都要达到及格线的 3 分（5 分最高）；如果暂时达不到，供应商要有清晰的改进方案，保证限期达标，否则不能成为正式供应商。

质量管理的核心是一致性，通过体系、流程、操作规程等，确保每次做出来的东西都一样。这要求供应商具备基本的质量管理体系，稳健的流程，成套的工序和操作说明。

我们首先要看供应商是否通过质量体系认证。很多人一听到"认证"二字，就有点颇不在意。是的，通过这些体系认证，并不能保证供应商的质量好，但至少说明供应商有了基本的体系保证。要知道，我们要看的那些流程、工序、操作说明，其实也是 ISO 9001 等质量体系认证所关注的。很多短板，已经被那些专业的认证机构给识别、督促补齐了。

质量体系认证不是一锤子买卖。除专业机构的初次认证外，还要有持续的再认证（比如三年一大审）、监督审核（比如中间两年的年度小审）。此外，企业还要做内审，保持动态合规——质量管理不能靠外力，而是要靠自己。我以前就担任过兼职的内审，接触到企业的很多流程，特别是供应链以外的流程。

要知道，不管是专业机构的外审，还是供应商自己的内审，这些措施就如定期体检，你当然不能期望保证不生病，但体检会降低生大病的概率，至少及时发现能及时治疗。

对供应商质量体系的评审，并不是去重复质量体系认证的那些条目——那是专业认证机构的专长。我们可更多查看记录，确认供应商是否定期内审、外审；对于每次审核识别的问题，改进措施是否落实到人，完成期限是否明确；对于改进措施，抽样确认是否落实到位等。

对供应商的评估不能停留在体系审核上。专业机构的体系审核是第三方的，是透明的市场信息，我们能用来评判供应商，我们的竞争对手也能。我们必须通过**管理措施**，来获取不透明的部分。那就是进一步的评估，对供应商的过程和产品做针对性的评估，获取差异化的优势。

对于过程审核，我们要评估供应商的主要流程、工序和操作说明。比如质量问题的分析和反馈，质量溯源，质检和测试，纠偏措施，环保、卫生和安全等。有经验的审核人员首先会问有没有书面文档，有的话拿出来看一看。这听上去有点无聊——纸上一套，实际上另一套的事，见过的还少吗？不过想想看，说到不一定能做到，但连说都说不到，做到的概率能有多大？

那好，供应商"说到"了，该如何确认"做到"了呢？带我到生产线上，随机抽查一个正在加工的产品；再把三个月前完工的产品，随机抽查一个，看是不是这么做的。你说你统计次品率、按时交货率，那好，把上周的、上月的、上个季度的找出来看看，有没有具体的指标，如果没达标的话，整改措施都是什么，具体责任人都是谁，是否按计划落实呢？

总结起来，这就是审核中的"你说你这么做，那你做给我看，证明以前也是这么做的"。现在你知道，质量体系评估表格上的那几十条，如果要逐条评估到位，要花很多时间。第一次评估新供应商时，花上两三天甚至更长时间，一点也不稀奇。

质量关注的是**一致性**，也就是每次做出来的东西都一样。人的天性是喜欢自由发挥，那每次的结果就很难完全一样，是质量一致性的大敌。这就是为什么"咖啡机调制不出最好的咖啡，但最糟糕的咖啡肯定是人做出来的"。**要让结果一样，那过程也得一样**。最简单，也是最有效的，莫过于把要做的事、做的过程一步一步写下来，每次照办。一个人不管记忆力多好，经验多丰富，总会有漏掉的。靠经验，大概也就只能做到十之八九，显然是不够好的。

我在北美访问供应商（主要在小批量行业），发现供应商的生产线上，每一批产品都附着一张纸，清楚地写着整个产品的加工过程，关键步骤做完了由执行者签名，有的还要主管、质检等签字。这张纸叫traveler，意思是跟着产品一路走（我一直找不到合适的中文翻译），订单录入系统时就产生，工单产生时打印出来，指导生产线每次按照同样的工序加工，每一步都做好后，归档成为后续质量问题溯源的关键依据。[○]

【小贴士】 世卫组织的手术安全核对表

医疗手术事故多，凡是可能发生的，都会发生。有些甚至是匪夷所思，比如给错误的人开刀，在错误的地方开刀，在错误的一侧开刀，把

○ 供应商的一大区别不是能否把活儿干了，而是干活的同时能否留下清晰的"印记"：优质供应商的文档齐全，每做一步，都能留下数据；如果重复，就能得到同样的结果。

纱布遗留在病人身体里。至于伤口感染之类，那就更普遍了：有些县级医院连个简单的阑尾手术也做不好，伤口感染几个星期也不能愈合。

即便在发达国家，这些低级错误也屡见不鲜，乃至成了世卫组织（WHO）眼中的全球问题。解决方案很简单：手术安全核对表。"从20世纪30年代开始，飞行员起飞前都会核对一个清单。现在，WHO想让全球的外科医生也这样做"。⊖WHO制定了一个手术安全核对表，共22项，翻译成13种语言，列明麻醉、动刀、患者离开手术室前分别要做的复核工作。

比如麻醉前，要确认病人的姓名和手术部位，患者有没有过敏史，失血、呼吸风险高低；动刀前，要确认每个人的职责（说起来你可能不信：在美国，很多手术团队是临时组建的，大家互不相识），再次确认手术部位，以及可能发生的关键事项；手术后，要清点手术器械、敷料和针头，带进来多少，就得带出去多少——对于纱布落在病人肚子里这类耸人听闻的医疗事故，其实这就是最简单，也最可靠的解决方案。

作为受过多年专业教育的精英，有些医生对此当然不屑一顾。在他们眼里，这样的清单是给生产线工人等基层人员用的，他们这样的大博士自然是用不着的。但精英们也不能忽视事实：《德国医疗学刊》上有专文指出，手术安全核对表在一项研究中把手术期死亡率降低了47%，在另一项研究中降低了62%，术后发病率也降低三分之一左右。⊜

评估生产管理能力

一提起生产能力，我们首先联想到的就是硬实力，比如供应商有多

⊖　WHO Proposes Checklist to Reduce Surgery Errors，NPR，www.npr.org，June 27，2008. 即便是飞机处于危险状态，机长和飞行员也是用这样的清单来帮助决策。

⊜　The effect of the WHO Surgical Safety Checklist on complication rate and communication，by Axel Fudickar，Kim Hörle，Jörg Wiltfang and Berthold Bein，*Deutsches Ärzteblatt International*，2012 Oct；109（42）：695-701.

少工厂，有多少设备。没错，找供应商就是让它们干活的，这些硬件能力不可忽视。行业不同，企业不同，对硬件能力的要求会有不同，这里不予细谈。

行家看门道。有经验的管理者同样重视供应商的**软实力**，主要是对**变化**的管理能力。要知道，不变的不需要管理，变化的才需要管理。不管是设计变更、计划变动，还是质量异常，供应商的有效应对能力，是其生产管理能力的重要组成。

我们先说**设计变更**。

客户的设计变更了，产品配置变化了，供应商能否准确、高效地落实到生产线？这些变更是按照什么流程落实下去的，有什么管控点，由什么职能管控，从业人员的资质如何？如何有效落实到下级供应商，以及供应商的供应商？变更落实到生产线，平均要多长时间？有没有积压，积压多少，每月、每周处理多少变更等，都反映了供应商对变更的处理能力。

对于设计频繁变动的行业，供应商处理大量变更的能力很重要。在产品的生命周期早期，特别是小批量、多品种行业，设计变更一般也会很多。而这些行业一般都有周期性，生意越好的时候，变更一般也越多，供应商能否有效处理这些变更？业务爬坡时，变更处理周期的变化趋势如何？供应商能否识别变更管理的短板、持续改进？

接下来，我们来看**生产计划**的变动。

客户端的预测、订单来了，供应商如何落实到生产计划系统？如果要加急赶工，供应商是如何调整计划的，指令是如何层层传递到生产线的，对整体计划的影响是如何评估的？那么长的生产线，那么多的工序，加急信号是如何传递，让每个环节的员工都知道的？有的供应商会通过彩色的纸张来标识，一线员工看到就优先处理；管理粗放的供应商呢，则更多靠口口相传，专人跟进。

在管理能力强的企业，催货加急有清晰的流程，来确定优先级、主导人，以及相应的绩效统计。想想看，企业用那么多的资源来应对加急赶工，当然应该有相应的流程来提高效率，减少混乱和重复工作。这方面我有个完整的案例——"催货是有学问的"，收录到另一本书中了。○

我们还要评估生产计划的支撑体系，比如生产线有没有统计交付指标？生产效率指标都有哪些？供应商是否跟踪产能利用率，如何决定要增加产能？是通过建模，还是拍脑袋决策？产能瓶颈是否被识别出来，得到妥善管理？产能利用率有没有上限？

生产线的顺利运行也离不开对工艺、设备的工程支持。评估时，需要确认设备、模具、量具是否有日常维护记录，是否在用统计过程控制（SPC）等工具来管理主要工艺参数等。而相应的人员呢，要有上岗培训，定期复训，这些都得体现在具体的记录中，确保有案可查。

我们接着看生产过程中的异常，那就是次品。现场发现质量问题，次品是如何归置的？ERP中有没有专门的库位，仓库里有没有上锁的空间，来归置那些次品？次品识别后，处理周期有多长，趋势是改善还是恶化？有哪些质量统计指标，趋势如何？什么样的人在处置质量问题，专业资质、在岗培训如何？

最后，客户端的质量问题反馈过来后，生产线是如何溯源的？虽说质量问题在形式上是"不幸的家庭各有不幸"，但其产生的根源并不是随机、无序的。对每个环节的质量问题分门别类，做根源分析，采取改进措施，是供应商持续改进措施的关键构成。

物料管理体系的评估

物料管理是需求进来后，供应商层层分解，计算每一层的净需求，驱动生产线和供应商有序响应。这包括供应商的物料计划（MRP）、物料的进出存、下级供应商管理等。

先看物料计划。供应商有没有ERP，有的话都上了什么模块，能否

○ 《供应链的三道防线：需求预测、库存计划、供应链执行》（第2版），机械工业出版社，第312～316页。

自动跑 MRP，各事业部、子分公司能否整合需求、整合供应？各种报表比如短缺报告能否跑出来？对于客户订单、生产工单和给供应商的采购订单，交付日期能否层层承诺，形成闭环的交付体系？从业人员有多大比例通过了专业认证，多大比例有大学学历，以及是否通过了在岗培训、再培训？

跟物料计划相关的是库存控制。通过呆滞比例（比如占销货成本的百分比）、库存周转率（趋势、根源分析与改进方案）、库存的准确性（账实相符）等指标，我们可以相当精准地判断供应商的整体计划和执行能力，特别是在与其历史趋势和同行表现的比较下。

供应商的物料计划转化成采购订单后，需求的变化信号比如催货、延迟、取消，是如何传递给下级供应商的？对于需求异动，比如按要求催交或延迟，有没有统计下级供应商的响应成功率？此外，是否有针对下级供应商的成本管理（比如年度降本）、质量管控和溯源等？而要做这些，供应商的采购人手是否充足？每个采购员要处理多少订单？有没有两层分离，通过专业化来保障足够的人力资源投入到供应商管理？

物料管理评估还有个重要目的，就是判断供应商管理下级供应商的能力。这在供应链分级分层的行业很重要。比如在汽车行业，整车厂对一级供应商的期望越来越高，不但希望一级供应商负责相应模块的开发和整合，还期望它们管理下级供应商，承担更多的供应商管理责任。在硅谷的高科技制造业，这些年来外包盛行，公司也期望外包供应商有更好的下级供应商管理能力。

当然，对这些大企业来说，一大挑战就是让供应商按照它们管理供应商的方式来管理下级供应商。本书讲的一系列供应商管理措施，比如战略寻源、供应商整合、绩效管理，很多链主企业都做不到位，其供应商就更难了：毛利低，资源少，没法负担优质的管理人员；管理粗放，体系、流程不完善，这些都是下级供应商管理不到位的原因。

【小贴士】 没有评估表格怎么办

经常有人问，有没有供应商评估表格可以分享？我没有，不过你在网上就能找到很多。但行业不同，公司不同，评估标准和侧重点也会不同，那些表格其实帮不了多少忙。我想说的是，你用不着找那些表格，也用不着花巨资请咨询公司来帮忙。智慧在民间，整合公司的最佳经验，迭代改进，就能得到相当不错的评估表格。

就拿新供应商评估来说，每个人都会问一系列问题，来评估其质量、生产、技术能力等。这些问题要么放在各自的计算机上，要么装在每个人的头脑里。那好，把采购、质量部工作最出色的那几个人找来，让他们背靠背，每人把自己常问的那些问题、评分标准都列出来，然后归并同类项，整合到一起，稍做调整，得到的就是部门的最佳智慧和经验。

从下周开始，凡是访问、评估供应商时，大家都带着这个清单，问同样的问题，按同样的标准打分。三个月后，大家坐下来，回顾整个问题清单，看哪些问题要拿掉，哪些问题要加上；哪些标准要放宽，哪些标准要收紧。这就得到了第二版。再过三个月，大家再坐下来，再一次改进。一年半载后，保准你有套相当不错的供应商评估标准，适合你的行业，适合你的公司。

【实践者问】

对于第一次合作的供应商，如何确保其服务能达到项目部的要求？

【刘宝红答】

你没法确保。即便做了详尽的供应商评估，比如质量、生产、物料管理体系，但还是没法替代实际项目中的验证。问这个问题的实践者来自房地产企业，其整体供应商管理粗放，优质供应商流失率高，每个新项目都有一大堆的新供应商，最低价中标进来的，便宜是足够便宜，但糟糕也是足够糟糕，留给业主的就是重复试错，有教训没经验。

这就是为什么跟关键供应商要长期合作，从而更好地保障质量和服务。

【小贴士】 你得尊重评估表格上的问题

在建制完善的企业，一般都有成套的供应商评估表格。我经常会问那些企业的员工，你们觉得表格上的问题含金量如何？这时候就会看到各种表情，其中颇有不屑一顾的。我知道那是什么意思：那些表格上的有些问题实在太低级啦。

对于管理粗放的企业，这话或许有道理。但在那些建制完善的企业，这些表格都经历了多轮更新，每个问题都经过了一轮又一轮的讨论，能够留下来总是有原因的：要么是解决什么问题，要么是预防什么问题。如果我们认为那些问题太傻，八成是我们太傻，不能真正理解为什么要问那些问题。

举个我自己的例子。那是二十多年前的事儿，商学院刚毕业，我就到硅谷，第一份工作是管理供应商。在公司的供应商质量体系评估表格上，我发现这么一个问题：这个供应商有没有质量统计指标？当时我就想，这不废话吗，有又怎样，不照样送来一堆堆的次品！

好多年过去了，我接触了很多企业，发现了一个普遍现象：一个企业有供应商绩效管理，供应商绩效不一定好；但没有的话，供应商绩效注定不好。我这才意识到，那个貌似大实话的简单问题，其实已经把那一半的烂供应商给排除在外了：这个供应商有质量统计指标，质量并不一定好；但如果没有质量统计指标，它的质量肯定不好。

企业多年的智慧、几代员工的经验教训，很多都是沉淀在表格、流程和规章制度中的。保持空杯心态，**先接受后批判**，有些做法你可以不喜欢，但你一定要先理解其存在的合理性，然后改变其不合理的地方。这样你发现自己会进步更迅速，世界因你而不同。

到大企业里学本事，很多本事就在这成套的表格、流程和规章制度上。我刚在美国工作的那几年，花了很多时间，把公司能看到的流程、文档都读了，不管是供应链还是产品开发。那也是我长进最快的几年。要说采购和供应商管理，其实我只做了 3 年，亲身经历有限，更多的都是通过阅读、思考、总结得来的。

我到过一些营收规模千亿美元级的欧系、日系车厂，发现员工的知识面普遍非常窄，对别的职能所知既有限，也不感兴趣。在专业化的今天，做深做精很重要，但只有深没有广，就容易陷入现象，一叶障目。这个问题其实可以通过阅读那些文档，了解更多的跨职能流程来解决。跟那些企业的员工开玩笑，说他们坐在金山上还不知道：那些流程、表格、文档是宝贵的财富，是大企业几十年经验的结晶，外人花一百万都买不到的，自己人守着却不知道去学。在蓬勃发展的中国，有那么多企业需要帮助，光把那些搞清楚，学精通，还怕一年赚不了几百万？

供应商评估的严肃性

选择合适的供应商做生意是件大事情，不过很多公司却是"跟着感觉走"：打几个电话，发个简单的问卷让供应商填；采购方去趟现场，听听汇报，参观一下生产线，吃顿饭，这评估工作就算完成了。派去的多是文科性的采购人员，既不懂质量，也不懂生产，更不懂技术。评估本身没有流程、没有标准，无章可循；即便有标准，有供应商准入的"门槛"，但假大空，既不是充分条件，也不是必要条件。[○]这就给人为操作留下余地。供应商当然也清楚，除了把现场打点得井井有条、给客

　　○　对于"既非充分条件，也非必要条件"的"门槛"，让我来举个例子。有一次，一位中国本土名校的在职研究生找到我，希望我做他的校外导师。他的选题也是我的兴趣点之一，相关工作我在硅谷做了七八年，于是就答应了。没过几天，他又联系我，说很抱歉，学校有规定，校外导师得有高级职称。我一直在硅谷工作，自然没有中国的高级职称，但我认为我有能力辅导他做论文；有这样高级职称的，大多是国企央企体系内的员工，但是否有能力指导论文，也不一定。招投标的很多"门槛"也类似：满足条件者不一定能干活，不满足条件者不一定不能干活，既非充分也非必要条件。

户一个好印象外，甚至在歪门邪道上下功夫。

做得精细的公司呢，事先会把详细的评估表格发给供应商，让供应商自我评估，然后派人到现场评估，评估结果跟供应商逐一复核。对于双方评分不同的地方，要跟供应商深度交流。有些日本公司甚至做得更细：对于相同的问卷，由采购方两个人独立打分，然后逐项对比，如果对某项的打分不一致，则须进一步分析，直到达成共识。

这样的供应商评估，如果要做细的话，断断续续得两三个星期，几个工作日的投入。这都是为了确保采购方**了解供应商的能力，供应商理解采购方的期望**，通过对关键供应商做好"重选择"，来避免日后的"轻淘汰"。

【小贴士】 现场访问不是走过场

现场访问是供应商评估的重要组成，有经验的管理者会做好事前准备、现场访问、事后总结。

事前准备。采购牵头跨职能团队，确定访问议程，包括日期、时间、目的、要解决的问题、重点关注的对象等。如果想参观生产线，要事先确定生产线届时运行，以免供应商到时候以各种借口，让你没法参观；尽量避免在刚上班、临下班时参观生产线，以免太"扰民"，看到的也不具代表性。如果想看自己的产品，那就更得跟供应商提前确认，免得空跑一趟。

现场访问。到了现场，多看多听多问，多角度了解供应商。从前台到生产线，从生产线到仓库，看员工士气高昂不高昂，环境整齐不整齐，物料、设备、工具堆放到位不到位。吃饭从简，不喝酒；少在会议室里待，多在现场看——谁都知道PPT更好蒙混过关，供应商当然希望你整天在会议室里听汇报。按照既定议程，逐条推进，简短的会议介绍后，就进入现场确认。边听边写，做好笔记——我们不是来视察的，而是来搜集信息的。

事后总结。现场访问结束回到公司后，乘着记忆犹新，大家要对笔记，针对评估各项逐条打分、写备注；识别供应商的短板，指导后续改进；形成文档，积淀经验；内部沟通，达成共识。

最后要补充的是，现场访问供应商重在**理解**，而非**评判**：我们可以问详细的问题，来理解供应商做什么，为什么这样做，而不是挑战供应商的做法，给它们下结论，否则容易激起供应商的戒备心理，它们就不会畅所欲言。

【小贴士】 要不要定期综合评估供应商

在有些企业，一旦出现供应商质量问题，管理层和内部客户的第一反应呢，就是问定期评估做了没有？他们的逻辑是，**定期**综合评估供应商的质量、生产、物料管理体系，把那几十、上百个评估项都过一遍，是系统识别短板、预防问题的关键。

这逻辑看上去没错，但执行起来则否：一个全面的供应商评估，动辄需要两三个工作日，对那几十、上百个主要供应商，不管企业规模有多大，都没有足够的资源来定期做。管理层想"主动"发现问题，定期推行撒网式的"全民"评估；执行层面没有足够的资源，但又不得不做，供应商评估就变成了走过场，注定流于形式。

有些企业甚至把这样的评估当成一种事后应急的惩罚措施：供应商出了大问题，采购派几个质量人员做评估，找问题，让供应商花点钱，作为对问题的交代（瞧，我让供应商做了什么什么），以平息内部客户的怒气。于是评估变相成为一种惩罚措施，达不到真正识别短板、解决问题的目的。

注意，我们这里说的是针对供应商体系、流程的**综合评估**，而不是定期的绩效管理，虽然有些企业把这样的绩效管理也叫"评估"。比如以前我们在管理供应商的时候，每周都要看供应商上一周、上四周、上十三周的绩效，一旦发现问题，马上着手解决，这类做法都是典型的日常绩效管理。

在那些管理粗放的企业，这样的日常绩效管理往往是缺失的，它们寄希望于每年一次的综合评估或打分来解决问题。这就相当于我们拿每年一次的体检，来代替日常的健身措施一样，自然是行不通的。

综合评估是个重武器，要用在做重大决策的时候，比如下面三种情况：其一，初次纳入实质性的供应商伙伴，我们必须全面了解供应商的能力和短板；其二，供应商发生了大的质量、安全问题，后面一定会有系统性的问题；其三，整合供应商，制定和调整合格供应商清单的时候，就跟下面的这个案例一样。

【案例】 供应商的绩效和能力评估

案例企业在硅谷，跟众多的成熟企业一样，多年来积累了太多的供应商。就拿钣金加工件来说，每年的采购额只有两三千万美元，却有二三十个供应商。供应商太多，采购额太分散，案例企业就推动供应商整合，通过增加规模效益来降本，以应对经济下行。

要整合，首先得评估供应商的优劣。这些供应商已经在与案例企业做生意，案例企业有其相当多的历史绩效，那就利用这些最准确、最可信赖的数据。对于按时交付这样的指标，案例企业有客观的标准，比如过去 13 周超过 95%，而且呈上升趋势，供应商就得 4 分；如果只有80%，供应商就得 2 分。但对于另一些指标，比如响应速度、合作容易度，则更多依赖评分者的主观判断（见表 11-2）。

对于这些评分标准，不管是客观还是主观的，总会有争议。比如按时交货率，为什么 4 分的标准是 95% 而不是 92%，或者 97%？这其实不重要，不怕不识货，就怕货比货，重要的是基于同样的标准，供应商之间就有了可比性。当然，这些具体的评分标准放到别的行业、别的公司、别的采购项不一定适用，但整体的方法论还是有共性的。

有些人可能要问，对于非客观项，比如降本积极性、合作容易度、质量体系、技术能力，我们需要相应的职能来打分，因为他们熟悉情况，能更好地评估判断；但对于有客观标准的，比如按时交货率、百万次品率，数据都在信息系统里，为什么还需要专门的职能来评估？

表 11-2　供应商的绩效和能力评估

评分	质量		成本		交期		服务				
	13周百万次品率	质量事故	成本	降本积极性	13周按时交货率	合作容易度	电子商务	及时汇报订单状态	响应速度	快速打样	产能爬坡
4=优秀	x<300	没有	最好的	分解成本、建议降本、协作意愿强	95%以上，且呈上升趋势	优秀	95%以上的交易使用网上系统	发时更新交货时间	所有问题当天回复	1天报价、3天交货	3个月翻一番
3=良好	300≤x<1000		高出0~5%	积极提出降本建议	90%以上	良好	85%以上的交易使用网上系统	每周更新交货时间	所有问题24小时内回复	2天报价、1周交货	4个月翻一番
2=一般	1000≤x<3000		高出5%~10%	有时候提出降本建议，不彻底	80%以上	一般	低于85%的交易使用网上系统	偶尔更新交货时间	通常会回复，但需要采购方跟进	4天报价、10天交货	
1=差	其他	一个或多个，供应商质量原因	高出10%	没行动	其他	差	不用网上系统	不同则不更新	不跟进则不回复	其他	其他
评分责任人	供应商工程师	供应商工程师	供应商经理/采购员	供应商经理/采购员	采购员	供应商经理	采购员	采购员	供应商经理	采购员	供应商经理
备注											

（续）

评分	技术						资产管理	财务状况		全球支持	售后市场
	管理系统	生产系统	提供关键技术给现有产品	技术能力	质量体系	设计体系	缩短交期	财务稳定性	行业依赖度	是否有全球网络	是否在售后市场竞争
4＝优秀	从报价到交货，有系统/流程，应用并且在不断提高、改善	有MRP，有产能模型，推行精益生产5S等	是的	具备所有要求的技术能力，并在不断提高	通过ISO认证。根源分析与改进方案在两周内即可做出	有能力设计模具，有CAD和CNC编程能力	所有采购前置期缩短到2周以内	营业额超过1.5亿美元，盈利	＜20%营收来自半导体设备行业，10%～25%来自我公司	有	不竞争
3＝良好	流程存在	有MRP，有部分产能分析，推行精益生产5S		具备90%的能力，不缺关键能力	在1年内计划通过ISO认证。有根源与方案分析能力		所有采购前置期缩短到3周以内	营业额介于8000万到1.5亿美元之间，盈利	21%～50%营收来自半导体设备行业。3%～30%来自我公司	没有，但在构建过程中	竞争，我会与公司协商
2＝一般	一些流程	有MRP，部分推行精益生产5S		能满足80%的技术要求，缺失一些关键技术，但可接受	计划在2年内完成ISO认证	有CNC编程能力，没有模具设计能力	所有采购前置期缩短到4周以内	营业额在3000万到8000万美元之间，盈利	＜60%营收来自半导体设备行业。＜40%来自我公司	没有，愿意与公司协商，但没有主动联系	竞争，愿意与公司协商，但没有主动联系
1＝差	其他	没有MRP	没有	不可接受	没有	没有编程能力	其他	其他	其他	没有，设计计划建立	竞争，不愿意与我公司协作
评分责任人	供应商经理/供应商工程师	供应商经理/供应商工程师	供应商经理/设计	供应商工程师/设计	供应商工程师	供应商工程师/设计	采购员/供应商经理	供应商经理	供应商经理	供应商经理/售后服务	供应商经理/售后服务
备注											

　　这样做的一个原因是**集体参与**：这些职能参与了，是决策过程的一部分，对达成共识、落地执行更有利。供应商管理是个跨职能任务，供应商评估也是。要避免的是采购或质量在评估供应商绩效时，没有别的部门参与，最后别的部门不认可评估结果，这样的评估就成了采购的自娱自乐，对供应商选择、整合、开发等重大决策起不到应有的作用。

　　把表 11-2 中的 22 个小项汇总成 7 项，就得到图 11-2 中的雷达图。

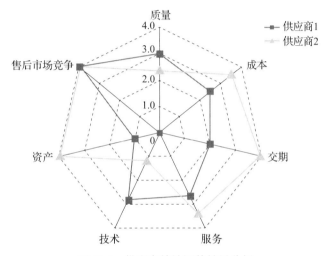

图 11-2　供应商绩效评估结果分析

　　在这个雷达图上，每项的分数越高，表明供应商在这个领域越好。比如供应商 1 的质量是 3 分，供应商 2 是 2.4 分，表明供应商 1 的质量好于供应商 2。但是，供应商 1 的成本、交期、服务都不如供应商 2，而且不帮客户建 VMI 和寄售库存（资产项只得 1 分）。

　　这表明，供应商 1 有质量，有技术，但别的都不好，"有能力，但也有脾气"，可能是战略供应商一类的主儿。供应商 2 正好相反，价格低，交付快，服务也让你满意，而且愿意给你建库存，但掩盖不了一个事实，那就是它没有技术，质量也不好，典型的"没脾气，但也没有能力"。

　　这就是我们经常遇到的问题：**有能力的供应商也有脾气，没脾气**

的供应商**也没有能力**。有没有第三类供应商？没有。有能力、没脾气的供应商凤毛麟角，即便有，也早给采购方欺负致死；⊖没能力，但脾气很大的供应商呢，你不用看我的书，早都给淘汰掉了。这就是说，跟我们合作的供应商主要就两类：有能力的有脾气，没脾气的没能力，我们总是在跟**不完美**的供应商打交道。

这不，海外企业刚来中国寻源的时候，中国供应商的成本很好，但质量不好。二三十年后，中国供应商的质量终于赶上来了，但成本又不合适了。这不，全球寻源的热点就向更低成本地区，比如越南、印度转移，把中国的故事重新来过。

产品升级换代也是。几年前，我访问一个中国本土车厂。该公司正计划向高端车型迈进，面临的问题有二：（1）国内供应商跟随公司一路成长，很听话，能满足中低端车的要求，但没法满足高端车的质量和技术标准；（2）海外供应商能够满足新车型的质量和技术要求，但价格远比本土供应商高，而且配合度低。

没有完美的供应商

讲到这里，给大家分享个无名段子，微信群里看到的，我稍微做了些文字编辑。

段子手说，他以前在农村养过一段时间大型牲口，总结出了不同牲口的特点。

牛的力气大耐力足，能干很重的活但实际上效率不高，拉重货是可以，但是速度很慢。马能跑能拉，但是耐力差，强度大一点做久了就要歇菜。而且马腿很娇贵，走不了太差的路，万一骨折或者马蹄坏了，这马就彻底报废了。

⊖ 比如这供应商能力强，脾气也很好，那你三天两头便去砍价，没多久供应商就赚不了什么钱，还能养得起那么多的工程师和中层管理人员吗？其能力自然就没法继续强下去了，成了没脾气也没能力的供应商。

驴的速度和耐力都适中，但是脾气特别倔，一旦发起脾气来，大半天死犟不动，要么满地打滚撒泼。据说还咬人，所以老农都不让他这种生手随便对付。[⊖]骡子非常完美，脾气好、做事快、效率高，可惜不能生育。[⊜]

这意味着不管用什么方式选择供应商，我们都是在矬子里拔大个儿，虽然找到了个子最大的，但还是个矬子，跟我们的要求还有差距。而这差距呢，要靠后续**管理**来补齐。这就是对供应商不但要**有选择**，还要**有管理**。在供应商管理上，如果你只想记住一点的话，那这就是我想让大家记住的。

企业都知道选择的重要性，因为练兵不如选兵。但是，我们不能把宝都压在"选"上：就算选对，管还是不管，怎么管，结果也大不相同。这就如同样一块石头，你可以用来垫厕所，也可以用来盖楼房，这说的就是管理的重要性。

这也注定网易严选的那套逻辑站不住脚。网易严选说，你买的那些名牌货，大多数都是我们中国国内的供应商做的，之所以贵，是因为名牌效应，我来找到那些给名牌公司代工的供应商，让它们做产品，以更低的价格卖给你。网易严选咋就不想想，一群羊，如果给狮子带，就成了狮子；一群狮子，如果给羊带，就成了羊吗？

越是粗放的企业，就越是迷信选择，对供应商越是**有选择，没管理**。比如招投标、最低价中标是个很糟糕的供应商选择方法，不过还算

⊖　我小时候跟驴打过交道，这里特地为驴"正名"：驴的确是犟，但没见过犟到满地打滚的；性格也相对温顺，咬人是极少的。倒是有些骡子会咬人，我家的那匹就是，这是坏习惯，一旦养成就很难改变。

⊜　这里摘录段子的最后部分，博君一笑。

　　"有一次我筋疲力尽坐在石头上想，能不能进化出这么一种牲口：条件要求低、吃得少，住得差，得了病自己能给自己治，能主动给我创造财富（长膘快），能干活，效率高，少休息甚至不休息，脾气好，最好智商低点。如果真的有，那真是地球上进化得最高级的最完美的牲口啊。可惜我在农村时间不长、见识有限，没见过。

　　直到我在潭头看到了自己的倒影。"

有选择。但选进来后，后续管理纯粹没有。这注定供应商绩效没法满足
我们的需求，于是就不得不去找新供应商，陷入供应商数量膨胀的恶性
循环。

【小贴士】 红黄牌黑名单有逻辑问题

红黄牌黑名单的做法相当普遍，表 11-3 中的知名房地产商就是例
子。其基本假定是供应商之所以能够成为我们的供应商，是因为它们都
经过严挑细选，进来的都是好孩子（人人都是 100 分），然后就开始犯
错：第一次犯错给黄牌，第二次给红牌，第三次就上了黑名单……

表 11-3　某知名房地产商的红黄牌及黑名单管理办法

序号	类别	事项描述	说明
1	黄牌	因乙方原因造成供货或工期严重延误，经甲方努力未影响项目交付	● 每出现 1 次符合黄牌标准的行为，计黄牌 1 张，双方合作暂停 6 个月 ● 协议期内累计黄牌 2 张，双方合作暂停 1 年 ● 3 张黄牌按照红牌处理
2		产品出现质量问题，严重影响观感或使用，引发甲方客户零星投诉且乙方服务跟进不力	
3		合作期间连续 3 次进入甲方总包评估"黑榜"	
4	红牌	出现商业贿赂甲方行为	● 每出现 1 次符合红牌标准的行为，计红牌 1 张 ● 协议期内累计红牌 1 张，双方合作暂停 2 年
5		因乙方原因影响甲方项目交付，造成实质性交付延期	
6		交付产品货不对版，且存在以次充好未达到合同约定标准的情况	
7		出现产品严重质量问题或质量事故，乙方服务跟进不力，给甲方造成经济损失及声誉负面影响	
8		乙方单方面毁约	
9	黑名单	乙方出现性质或影响较上述红黄牌事项规定更为严重的事项	符合黑名单条件的合作方，双方合作暂停 3 年

这个假定是不成立的。要知道，不管用什么方法选择供应商，选来
的供应商都是不完美的——**有能力的有脾气，需要调教；没脾气的没
能力，需要提高。**也就是说，供应商虽然在跟我们做生意，但它们不是
100 分，而是刚到及格线。有选择没管理，供应商注定会"退步"，变成

不及格。红黄牌、黑名单的做法，本质上是拿淘汰代替管理，陷入频频导入新供应商的怪圈，而供应商绩效没法得到实质性改善。

指标权重怎么分配

在供应商绩效评估上，经常会有人问，这么多的指标，权重应该如何分配，这样我们好加权平均，决定选择哪个供应商？

首先我想说的是，供应商选择是个高级决策，而人类做高级决策的方法不是加权平均。打个比方，你感到不舒服，就去看医生。医生量你的血压，给你做心电图、脑电图。这些指标都出来了，他是怎么加权的？他不加权。他把那些图表扫了一眼，就拍着胸脯说，根据这些指标（"从数据开始"），以及我多年的行医经验（"由判断结束"），你感冒了。

我能够理解，企业不信任员工，总是希望能够量化成一个数字，由计算机来做出客观的决策。但是要实现加权平均，完全依赖数字来量化，有一系列挑战。

其一，权重的分配也许永远也没有最佳值。不同行业、不同企业、不同采购项，甚至同一公司的不同发展阶段，对供应商关注重点都会有所不同。这意味着权重得经常调整，容易被操纵、滥用，最后成了数字游戏。想必很多人有这样的经历：为了选中特定供应商，不管是上级指定的，还是自己心仪的，就一遍又一遍地调整权重，直到"合适"的供应商"名列前茅"为止。这就相当于等箭射出去后，再绕着命准的地方画圆圈。

其二，数据经过汇总后，会丧失很多信息，甚至误导。比如就图 11-2 来说，加权汇总后，一个供应商是 3.2 分，另一个是 3.3 分，分数是如此接近，好像两个供应商差不多。但你知道，这其实是两个天壤之别的供应商：有能力的有脾气，没脾气的没能力。所以我们没法就靠一个加权平均后的数字做决策。

那怎么办？你还是得回到医生看病的方法论上来。

首先，医生是有标准，或者"门槛"的，这是客观数据，必须满足。比如民航飞行员要求任何一眼裸眼近视力不应低于1.0。[一]那好，我的近视力是0.7，不达标，但百米冲刺是世界冠军，能不能给我加点分，让我成为飞行员？不行。这些都是硬标准，每个指标是"一票否决"。

放到供应商选择上，就是在价格外设定质量、交付等门槛，达不到门槛就没有资格竞标，不管其价格有多好。当然，这也要求我们能够客观量化这些绩效。比如过去三个月的质量次品率到了一定程度，供应商就失去报价资格；质量管理体系评估中的每一条应该都得及格，或者不及格的有明确、可靠的改进方案限期达标，否则就不能参与新产品、新项目。

很多时候，**我们不是在找到最好的，以最大化收益；而是排除最糟糕的，以最小化风险**。前者很难精准定义，后者却相对好对付，设定"门槛"就是常见的做法。而我们的挑战呢，往往是为了最佳选择，而选到了最糟糕的。

其次，光有客观数据还不够，还得结合职业判断。很多病的指标都很像，比如肠梗阻、伤寒、肠结核严重的时候，都会出现肠道严重水肿、腹腔积液、严重腹泻的现象。对这个具体的病人，这些症状都很明显，究竟是哪个病，计算机哪能判断得了？还得靠医生的经验，原来是得了红斑狼疮。[二]

放在供应商选择上，就是该做的数据分析还是照做不误。基本的"门槛"满足后，在数据的基础上，采购要由职业判断结束，选择合适的供应商。企业雇我们这些有经验的人来，不就是看中我们的经验吗。

但光有专业能力还不够，我们还必须具备**领导力**：采购在发挥领导力，使内部形成共识。同样的东西，你能说服内部客户，我说服不了，区别就在领导力上。

[一] 《民用航空招收飞行学生体检鉴定规范》，中华人民共和国民用航空行业标准 MH/T 7013—2017。
[二] 《亲爱的 ICU 医生》，殳儆，人民卫生出版社，2021。

放在图 11-2 的案例中，如果产品的技术比较成熟，成本压力很大的话，那可以选择低成本的供应商 2。这个供应商是没脾气，但也没能力，价格好，不过风险是质量和技术不好。既然质量部门一起做了这样的决策，就意味着以后出了这些问题，质量部门得帮助改善，而不能把皮球踢给采购，让采购启动淘汰流程，临阵换将，找新供应商了事。

反之，如果技术、质量要求高，那就选择了技术好的供应商 1。这是个有能力，但也有脾气的供应商，意味着后续的年度降价会很困难，需要技术部门协助，更多地通过设计优化来降本，而不是逼着采购在谈判降价上一条路走到黑。这些都是"经过计算的风险"，各职能在做供应商选择的时候就得理解。

商业决策复杂，我们要避免工程师思维的唯一解。很多时候没有所谓的正确决策，关键是从数据开始，由判断结束，消除信息不对称，自信地做决策，努力地去实现。

还有，有选择，没管理，什么样的供应商都没法满足我们的需求。次优化的选择，辅以后续管理，也能成功；最优化的选择，离开后续管理，也会失败。

【小贴士】　数据分析是弱势职能的保护措施

离开了图 11-2 中的数据，供应商选择就成了拍脑袋。谁的脑袋拍得好？谁胳膊粗谁就拍得"好"。丛林法则下，哪个部门强势，谁的级别高，谁就说了算。在很多公司，这个角色往往是设计部门和技术人员。虽然设计跟供应商打交道很多，但他们的专职不是管理供应商，往往信息不对称，并不能全面评估供应商。

以前我负责管理供应商时，有一个设计总监抱怨我的供应商，说他给这供应商花了那么多的钱，供应商还是不重视他的项目。我就问，你花多少钱？他说，每月都有好几万美元。是的，对于设计人员来说，几万美元可不是个小数目。但我没告诉他的是，这个供应商的竞争对手中，好几个跟我们的业务每月都有几十万美元，无非是那些主要是量产的业务，不经过工程师们的手罢了。

在这里，你不能怪工程师：他们的主业不是管理供应商，不知道自己不知道的。那采购的任务呢，就是把客观的数据呈现在跨职能团队面前。大家看着同样的数据，就可以更好地避免丛林法则和单方面决策。**数据分析是弱势职能的保护措施**。跨职能如此，跨层级沟通也是同理。

离开了客观的数据分析，不良供应商只需买通关键人员即可通过寻源关，犯罪成本也较低。系统的供应商评估以客观分析代替了主观判断，也降低了强势人员人为操纵的风险，从根子上减少了供应商相关的贪腐。比如，质量最低标准是 3 分，供应商 A 的得分为 3.4，B 为 2.8，你就很难让 B 上榜而让 A 出局。

【实践者问】

这些评估似乎主要是针对制造企业。我们是贸易商，该如何评估供应商呢？

【刘宝红答】

这套做法是基于制造业总结出来的。相对而言，制造企业对供应商管理得更加细致。贸易类企业一方面供应商太多，管理不过来；另一方面也缺乏管理资源（贸易、零售类企业的毛利一般更低，养不起很强的采购团队，特别是 SQE 力量，也缺乏技术能力来评估）。结果都一样，那就是单纯的交易关系，没有供应商管理。

但是，如果贸易企业要增加更多的价值，比如一个工业品平台要导入自有品牌，先是单纯的贴牌（ODM），后来要强化设计，就跟供应商做 OEM。这都需要从制造业学习系统的供应商评估、选择和管理，做制造企业做的那些事。

【实践者问】

对于软件行业，该如何评估外包供应商？

【刘宝红答】

软件外包跟制造外包有很多共性。比如开发游戏时，让软件外包商造一堵虚拟的墙，跟砌一堵实际的墙，其实并没有多大的区别。无非是一个在信息的环境，用鼠标加键盘；另一个是在物理的世界里，用瓦刀和灰泥。虚拟环境里造一堵墙，甚至比现实世界里还贵，但人机料法环测的逻辑都一样，质量控制、工艺控制也类似。

就拿软件外包来说，我们还是要评估外包商的产能、人员资质、质量一致性、下级供应商管理等。制造类供应商需要时间来雇人、买设备，软件类供应商也是，需要采购方尽早提供预测、管理需求，给供应商更多的可预见性来帮助供应商做好产能规划。

供应商选择：制定合格供应商清单

经常有人问，如何扶持培育实力较弱、规模较小的供应商，帮助它们做大做强？一个供应商在行业里都那么多年了，还是个小公司，说明了什么？说明了其能力不行，烂泥扶不上墙。不管采购方的规模多大，我们都没有足够的资源把那一个个能力不行的供应商培育好。同理，对于不断出现的质量、交付问题，如果是因为选择了错误的供应商，我们也是没法管好的。

选择不可替代。如果不得不培养，那也一定要先选择，确保选择到整体水平最好的供应商，然后督促、帮助供应商改进。公司越大，选择就变得越重要，因为大公司的试错成本更高，要纠正供应商选择上的错误，代价也会更高。此外，公司越大，可供选择的供应商就越少，选错一个再换一个就越不现实，所以"首发命中"就更重要。

这就如动物世界的狮群，尽管相对于每头水牛都有优势，但还是要选择最合适的那头下手，而且越是有经验的狮子，越是花时间选择合适的猎取对象。首发不能命中，要换捕猎对象，狮群的体力消耗就太大了。即便如此，狮群捕食的成功率也只有 30%，单个狮子捕食的成功率就更低。[⊖]至于那些刚出道的小狮子们，愣头愣脑见猎物就追，追不上就换，一无所获就是当然的了。

我们这里讲的供应商选择，也要放到品类管理的范畴里谈。比如一个品类有那么多的供应商，能力和表现参差不齐，我们也没有足够多的生意给每一个供应商，那究竟应该跟哪些供应商做生意，哪些不做呢？

选择的标准是供应商要既有**意愿**，又有**能力**跟我们合作。意愿体现在供应商在年度降价上的承诺，以及质量、交付、服务、新品开发等方面的持续改进上；能力是指基于历史绩效和体系、流程的评估，既能满足我们当前的需要，又能满足我们未来的需要。

当然，你知道这是理想情况：选择供应商就如找对象，永远也找不到完美的。最终，我们需要权衡利弊，适当妥协，从众多的供应商中选择最合适的，明确双方期望，设定合作基础，然后督促、帮助供应商持续改进，如图 12-1 所示。

供应商选择是采购品类战略的关键构成，其成果是合格供应商清单。针对具体的品类，除了具体的技术、质量、工艺等要求外，从商务的角度我们需要考量三个因素，来制定**合格供应商清单**（见图 12-2）：

（1）**规模效益**，供应商太多不好，否则采购额分散；但太少也不好，否则我们的业务占供应商的营收比例太高，我们的业务量一变，供应商就难以有效应对。

（2）**竞争的充分性**，就是要有足够的供应商，保持竞争的充分性，因为供应商绩效改进离不开充分竞争。

（3）**供应风险**，即控制供应风险，减少和控制供应链中断的风险。

下面我们就这三方面详细阐述。

⊖　Deadliest apex predators in the wild：which mammals are the best killing machines？By James Fair，BBC Wildlife. www.discoverwildlife.com.

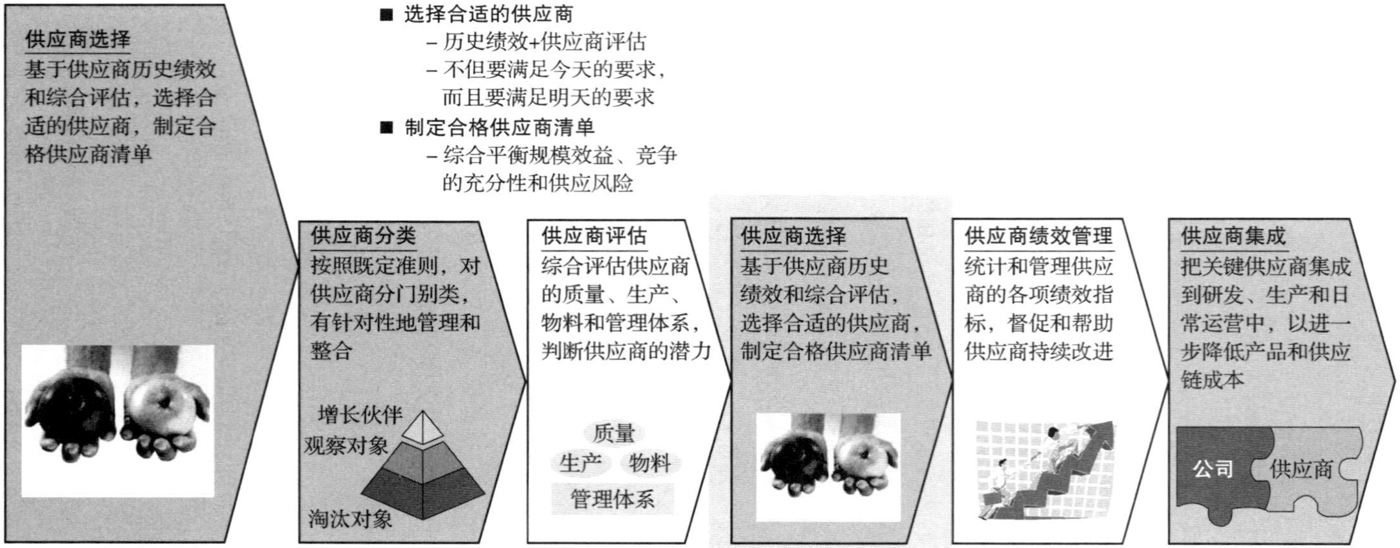

图 12-1　选择合适的供应商

供应商选择
基于供应商历史绩效
和综合评估，选择合
适的供应商，制定合
格供应商清单

■ **选择合适的供应商**
　－历史绩效+供应商评估
　－不但要满足今天的要求，
　　而且要满足明天的要求
■ **制定合格供应商清单**
　－综合平衡规模效益、竞争
　　的充分性和供应风险

供应商分类
按照既定准则，对
供应商分门别类，
有针对性地管理和
整合

增长伙伴
观察对象
淘汰对象

供应商评估
综合评估供应商
的质量、生产、
物料和管理体系，
判断供应商的潜力

质量
生产　物料
管理体系

供应商选择
基于供应商历史
绩效和综合评估，
选择合适的供应商，
制定合格供应商清单

供应商绩效管理
统计和管理供应
商的各项绩效指
标、督促和帮助
供应商持续改进

供应商集成
把关键供应商集成
到研发、生产和日
常运营中，以进一
步降低产品和供应
链成本

公司　供应商

图 12-2　从商务角度，供应商选择需考虑的三大因素

规模效益：究竟几个供应商算合适

企业要赚钱，最根本的一条是规模效益，这就是为什么企业都想做大。但做大后，供应商数量膨胀得更快，采购额太分散，规模效益又给做没了。这就是为什么要整合供应商，建立合格清单来给供应商"收口子"。

对于企业来说，每个采购品类花多少钱，平均每个供应商花多少，多少给供应商 A，多少给供应商 B，才能**既有规模效益，又不要占供应商的业务比例太高**，都是品类策略要考虑的。

这里的核心问题是，究竟多少个供应商算合适。通俗地讲，就是供应商的资源池多大算合适。这跟供需双方的**整合度**和业务**变动性**有关。

在一些成熟行业，比如家电、燃油汽车、计算机行业，采购方在一轮又一轮地整合，来获取更大的规模效益和议价力度；供应商也在一轮又一轮地整合，以便与采购方抗衡，那么占供应商营收的**比例下限**就该设得更高，否则就可能变成供应商的小客户，得不到足够重视。

业务变动越大，占供应商营收的**比例上限**就应该越低。比如我在半导体设备行业时，公司业务动辄半年翻一番，或者一个季度掉下来一半，我们的指导原则是不超过供应商营收的 35%（但不低于 20%）。其中有个供应商，我们业务占它营收的比例远超这个，供应商疲于应付业务量的上坡下坡，最后只好把自己卖了，成为我的老东家的一部分。

这一比例究竟要多高，更多是个经验值，我们这些有经验的员工心里是有杆秤的。经验本身就是吃过的亏、受过的罪、交过的学费。整合团队的最佳智慧和经验，把这些经验值总结写下来，定期调整完善，是把教训转化为经验，指导后来者避免重复试错、重复交学费的关键。

【小贴士】 占供应商业务比例太高怎么办

企业在快速发展的时候，稍不注意就发现自己的业务占供应商的业务比例太高。

比如有个电商，主要制造业务都由一个供应商做，占那个供应商百分之八九十的业务量。这个电商的业务快速增长，供应商的产能建成之日就是饱和之日；以后电商业务放缓的话，供应商又将面临产能过剩的问题。

占比这么高，表明这个供应商的能力不是最差的，否则拿不到该电商那么多的生意。但是，这个供应商也不是最强的，否则，它为什么没能开发出更多的客户，分散风险？毕竟，供应商比我们更了解业务高度集中的风险，因为它们整天在对付由此带来的产能、交付问题，势必更加有动力多元化自己的业务。

那怎么办？我们得适当分散采购额，导入第二个供应商。

但导入新供应商时，新供应商拿到的生意还不多，规模效益还不够，报价往往比现有供应商高。作为采购方，我们得理解这一点，适当给新供应商支付更高的价格，同时约定随着业务量的增加，新供应商要逐步降价，直到能够跟现有供应商匹配，甚至比现有供应商更好。这些都是采购品类战略要应对的，需要在品类管理层面通盘考虑。

在业务的集中度上，苹果这样的企业也常有失手。

几年前，我在深圳遇到一个供应商，当时它大概每年有四五亿元的营收。最近在硅谷又遇到他们的老板，一起吃饭，老板说现在业务很好，每年都十几亿元的营收了，不过自己还是寝食不安。原来，该供应商百分之七八十的业务来自苹果，老板买了一大堆设备，都是支持苹果业务的，问题是一旦拿不到苹果的下一代业务，公司就会死得很惨。老板自己来硅谷，根本目的就是开发新客户，比如谷歌、脸书、思科，以便分散风险。

这个供应商只做 iPhone 里一个很小的部件。作为苹果的二级或三级供应商，虽然苹果不直接跟它打交道，但这个供应商的供应链风险，比如苹果需求大增时，供应商的产能没法快速扩张，最终还是要苹果来承担。

以往 iPhone 发布时的"饥饿营销"，其实大多跟供应链没法快速响应有关；而供应商业务集中度太高，又是造成响应能力不足的一大根本原因。对一般企业来说，如果采购方要开二供，供应商一般都拼死反对；但对于苹果呢，有些供应商则巴不得开二供，以减少苹果业务变动带来的压力。

几个供应商才算充分竞争

对于一个品类，究竟多少个供应商算充分竞争？**当能形成实质性竞争的时候，两个供应商就是充分竞争**。注意这里的前提是"实质性竞争"：你有一米八的个头，你的同桌是一米七五的壮汉，你们俩可以互相掰手腕，形成实质性的竞争；前排的小姑娘一米五八，没法跟你掰手腕，就形不成实质性的竞争。

让我们举个例子。大家知道，商用大飞机在世界上只有两个供应商，波音跟空客（在 C919 商业化之前，中国商飞还不算）。波音和空客是典型的寡头，但远远不是垄断。这时候很多人就皱眉头，你怎么尽替这些企业说好话？且听我详细解释。

垄断的目的是什么？当然是赚钱，赚取超额利润。如果波音和空客是垄断的话，至少有一家会赚很多钱。如前文中图 7-5 所示，细看波音、空客 20 年来的盈利历史，你会发现根本不是那回事：波音的累计净利润率为 3%，空客则更低，只有 2.4%[一]——街道上卖红薯的至少还净赚十个二十个点呢。如果供应商的净利润率斗不过卖红薯的，我不认为这是垄断。

美国没发现有卖红薯的上市公司，却有卖糖水的。带着好奇心，我想看看卖糖水的那些企业赚多少钱。结果发现 2003 ～ 2022 年的 20 年里，可口可乐的平均净利润率是 19.99%，百事可乐是 11.64%。[二]以前说造原子弹的不如卖茶叶蛋的，以为是戏谑；现在是造飞机的不如卖糖水的，才发现确实不假。

赚这么点儿钱的波音和空客，还一再被贴上"垄断"的标签，真是有点儿让人出离愤怒了。根本原因呢，还是充分竞争——两个实质性的竞争对手就是充分竞争。在北美和欧洲，一旦政府说你垄断，你唯一要做的就是找到一个竞争对手，说 ××× 公司还没死，能够形成实质性的竞争，政府反垄断机构就不再找你麻烦。这也是为什么多年来，英特尔不敢把 AMD 整死，否则它自己就要被拆分。

但是，对于这些，很多职业人不理解，就像我跟一个供应链总监的微信对话。

总监问：波音、空客主导全球客机市场，它们应该也会积极地提升利润去回报它们的利益相关方。为什么它们在拥有价格主导权的情况下，不去调整价格，提升利润率呢？难道仅仅因为波音和空客之间的竞争？

作者答：不是竞争是什么？如果它们有价格主导权的话，还不把成本转嫁给客户，提高自己的利润率？

[一] 分子是 20 年的累计净利润，分母是 20 年的累计营收，就得到这里的累计净利润率。如果简单地把这 20 年里每年的净利润率平均，波音的值会更小，只有 2.37%。这是因为波音在 2020 ～ 2022 年期间，经受了 737Max 质量问题和全球疫情的双重打击，净亏损率非常高，拉低了 20 年平均值。空客的 20 年简单平均净利润率与累计净利润率相同，还是 2.4%。

[二] 数据来源为 Ycharts 网站。这是对 20 年来每年的净利润率求算数平均。

　　总监说：您引用该例子的用意是阐述飞机这个旁人看来一本万利的好项目也存在竞争，故而不存在绝对垄断一说。个人理解可能还有政府管控参与在内，试想如果波音、空客形成价格"卡特尔"联盟，双双价格提升 20%，市场也只有接受的份。不过飞机制造业如此低的利润率，也让我大跌眼镜了。

　　作者答：各国的反垄断机构扮演了重要角色，让波音和空客没法形成"卡特尔"联盟。造飞机可以说啥都是，但就不是一本万利。航空业是"高投入、高风险、高科技，最后一点也很重要，长周期、慢回报"[⊖]。其根本驱动因素呢，还是市场竞争：**双寡头，如果能形成实质性的竞争，就是充分的竞争**。

【实践者说】

　　这其实就是市场博弈的结果。博弈论里面讲均衡博弈很多都是二元博弈，从来没有说一个均衡必须要三个参与者。如果双方都是理性的参与者（大而成熟的行业基本上都是），最后市场价其实就是均衡价格，一时的价格战在长期来说是均衡不了的。——周登阳，"供应链管理实践者"微信公众号读者

【小贴士】 导入实质性的竞争

　　管理能力越低下，人们越倾向于跟没脾气（但也没能力）的供应商合作，因为那些有能力也有脾气的供应商不好管。导入实质性的竞争对手，以强制强是管好强势供应商的有效手段。

　　这是很多人没法理解的：村子里已经有一个人整天欺负我，现在要我再导入一个，两个来欺负我？还真是那么回事。导入个小个子，被那大个头一拳就打翻，还是没有形成竞争；导入一个大个子，势均力敌，

　　⊖　王光秋：我国航空发动机哪些关键技术被"卡脖子"，凤凰科技。此外，"饭统戴老板"微信公众号上有篇文章《坠落之路：波音和它陷进的时代泥潭》，作者张假假，很好地诠释了几十年来，波音和空客的竞争博弈。

才可能形成真正的竞争。

遗憾的是，很多人反其道而行之：为了应对技术优势明显、有能力但也有脾气的强势供应商，就导入没脾气但也没能力的烂供应商，结果既形不成实质性竞争，又丧失了规模效益；竞争不够，那就继续导入更多这样的供应商，导致采购额更加分散，强势供应商更加难管。

这也能部分解释新冠疫情期间，辉瑞的 P 药为什么不降价。

新冠特效药方面，中国当时的进口药只批准了 P 药，国产药只批准了阿兹夫定，但后者构不成对 P 药的实质性竞争——在早期阶段抑制病毒复制上，P 药明显优于阿兹夫定，中国自己的研究也证实了这一点。⊖

美国当时批准了三种新冠特效药，辉瑞的 P 药只是其一，以形成实质性的竞争。⊖新冠疫苗也是：美国疾病控制预防中心（CDC）一旦批准了一个，就会尽快批准第二个，乃至第三个，也是为了形成实质性竞争。毕竟，实质性的竞争是合理价格的最终决定因素。

【小贴士】 两个供应商串通怎么办

经常会有人问，如果只跟两个供应商做生意，它们串通的话怎么办？串通有可能，但形不成系统性问题，不然的话，波音和空客至少会有一个赚得盆满钵满。

你这么给审计人员解释，他们当然不相信；那你继续解释，说这是刘某某说的，都在他的书里写着呢。刘某某？刘某某是谁？审计还是不买账。这会儿，你可打个黄狗跟黑狗的比方，相信人人都能听得懂。

黄狗跟黑狗属于同一个主人，它们一起撒欢儿，一起晒太阳，一起汪汪叫，好得就差穿同一条裤子了——之所以没穿，是因为狗不穿裤

⊖ Antiviral effect of azvudine and nirmatrelvir-ritonavir among hospitalized patients with COVID-19，Yuan Gao，Zujin Luo，Shan Ren，Zhonghui Duan，Ying Han et al.，*Journal of Infection*. Volume 86，Issue 6，2023.

⊖ COVID-19 Treatments and Medications，CDC，www.cdc.gov.

子。那什么时候就不好呢？当厨房里扔出来的骨头只有一根的时候，两条狗就会打得头破血流。这就是市场竞争。

那聪明的审计可能继续问，如果厨房里扔出来的是两根、三根、四根骨头呢？两条狗只会斗得更厉害，因为可失去的东西更多了。

这就如公司还小的时候，每年只做几千万元、一两亿元的生意，老板想，我什么时候能做到10个亿，我就心满意足了，再也不跟×××拼死拼活地斗了。等做到10个亿，他又奔着20亿、50亿去了。等做到50亿，他又想着100亿、200亿了。欲望越来越大，而且是无穷的，这就是人性，也是市场经济的驱动力。

有一次，我去长三角的一个三线城市，那里有两个竞争对手，都是营收规模百亿元级的上市企业，大概合占市场份额的百分之七八十。两个老板说不定都是同一个村子长大的，应该说很容易串通来操纵价格，但价格战却打得头破血流。在我服务过的那个企业，2017到2021的5年间，有4年的净利润只有1个多点。另一个稍好点儿，也好不到哪里去。

两巨头的价格战是如此惨烈，连别人都看不过去了。当地另一位企业家（也是我的客户）就把两个老板约到一起喝茶，说你们都是成年人了，做事怎么跟小孩子一样。于是两个企业就稍微收敛了一下。但没过几天，新一轮的价格战就又开始了，而且比以前更凶。

那么什么时候供应商可能串通？无利可图的时候。有个电缆巨头的采购说，行业竞争异常充分，价格异常透明，采购方的议价能力巨大，加之项目小、工期紧、利润薄，有些供应商就开始串通，这次你干，下次他干，反正也没什么赚的，无非养活员工罢了。

有利可图时，供应商才不会互相串通呢。一位销售说，竞争对手曾经跟他商量，比如这次你报1元，他报9毛；下次他报1元，你报9毛。这位销售口头上答应，转眼报价的时候就报了八毛九。大家都这么想，市场竞争很快就把价格压到供应商能接受的最低水平。

讲到这里，我们顺便提一下国产大飞机 C919。

网上看到很多文章，说中国商飞进入商用大飞机领域的一大目标呢，就是打破波音、空客的"垄断"。垄断的目的不就是超额利润吗，波音、空客连 3% 的平均净利润都不到，还算垄断？既然垄断不存在，还用得着"打破"？

是的，商用飞机是寡头供应，供方力量相对较大，虽说竞争充分，但还是没有白热化到钣金、包材那样的程度，让你对供应商说什么就是什么。但是，你拿不到你想要的，不管是应得的还是不应得的，就怪罪到供应商"垄断"上，恐怕也不合适吧。

商用大飞机是制造业皇冠上的明珠，是一个国家制造能力的终极体现之一（另一个是半导体芯片）。我对中国的制造能力很有信心，相信中国能造出更好、更便宜的大飞机来，带动整个航空制造业。但我不认为这跟打破"垄断"有什么关系，大可不用上纲上线到那个高度。

再看看 C919 的订单情况（见表 12-1）[⊖]，你就不觉得那些数字有些怪吗？难道飞机有最小起订量，比如要买就买 15、20 或者 30 架？或者说，中国企业一旦买飞机，就以 5 架为单位？我还专门去看波音飞机的销售数据，发现没这回事嘛，这些同样的中国航空公司，有时候买 1架，有时候买 3 架。

表 12-1 中国商飞 C919 飞机订单详情

序号	用户	订单数量	序号	用户	订单数量
1	中国国际航空	20	9	泰国都市航空	7
2	中国东方航空	20	10	工银租赁	100
3	中国南方航空	20	11	农银租赁	75
4	四川航空	20	12	建信租赁	50
5	河北航空	20	13	平安金融租赁	50
6	幸福航空	20	14	中核建租赁	40
7	海南航空	15	15	中信金融租赁	36
8	德国普仁航空	7	16	交银租赁	30

⊖ C919 客机 104 架机完成首次试验飞行，将进入密集研发试飞新阶段，通讯员丁一播，民航资源网，news.carnoc.com，2019 年 8 月 1 日。

（续）

序号	用户	订单数量	序号	用户	订单数量
17	光大金融租赁	30	23	兴业金融租赁	20
18	招银金融租赁	30	24	华夏金融租赁	20
19	华宝租赁	30	25	浦银租赁	20
20	航空工业租赁	30	26	中银航空租赁	20
21	华融金融租赁	30	27	美国 GECAS 公司	20
22	中国飞机租赁	20	28	国银租赁	15

资料来源：民航资源网。

既然这些数字不是采购方造成的，那一定是由供应方决定的。如果一个供应商跳出来，对着那二三十家客户说，你们每家买我多少多少个产品，你马上就联想到哪两个字？

我为什么要连篇累牍讲这些呢？企业一旦从供应商那里拿不到自己想要的，不管是不是自己应得的，首先想到的就是竞争不充分。我想说的是，竞争任何时候都很充分：不管是啥，这地球上至少有两个供应商在做，能够形成实质性的竞争。**不是竞争不充分，而是管理不到位；我们缺的不是竞争，我们缺的是管理。**

比如供应商没产能，送不来货，做不了生意，符不符合它们自己的利益诉求？当然不符合。那为什么没产能？因为采购方不愿承担风险，不愿做预测，不愿督促、帮助供应商建产能。而供应商更加远离需求，自己做预测的话准确度更低，风险更大，那就不见兔子不撒鹰，最后还是害了采购方。

我们的解决方案呢，不是给供应商导入更多的竞争对手，而是作为大客户，我们处于做预测的最佳位置，就应该做预测，有所作为，督促、帮助供应商建产能。

比如以前在我的老东家，一旦预测到业务在未来一两个季度会反弹，我们就拿着预测到主要供应商现场，确认供应商能否满足需求。如果不能的话，供应商现在就得做点儿什么——你有什么条件可以提，但不能把头埋在沙子里，希望是虚惊一场。第二周再去，说上周要雇的几个人，招聘启事都发到哪些网站了，有多少人来应聘，多少经过了初试。第三周又去，说上次买的设备，现在到了哪一步，什么时候会抵达……这就是管理。

另外，竞争是**市场行为**——竞争是客观存在的，会驱使价格降低到合理水平，给客户更高的价值。单纯依靠竞争管理供应商，其实是通过市场行为来管理供应商。要知道，市场行为没法带来差异化的竞争优势——你可以用的市场行为，你的竞争对手也可以用；真正带来差异化优势的是**企业行为**，比如对关键供应商要有选择、有管理，客观量化绩效，督促、帮助改进等。

对于大企业来说尤其如此：在供应商管理上，选择有作为，更加符合大企业的利益。

【案例】 AT&T 的双供应商战略[⊖]

AT&T 是美国主要的电信商之一。跟中国移动、中国电信、中国联通一样，AT&T 每年要投入大量资金进行基础设施建设，其中相当部分是电信设备。

长期以来，AT&T 采用的是多家竞标，虽然在每个项目上都找到了最便宜或者最合适的供应商，但在供应商层面却导致供应商太多，采购额分散。后续运营的麻烦就更多：设备来自多家供应商，运营维护的复杂度大增；备件品类繁杂，规模效益成了问题。

从 2009 年开始，AT&T 改变关键技术的寻源策略，针对特定的技术，在众多供应商中择优选取两个，要求它们各自独立开发解决方案。以后这个技术领域的业务就给它们两家，但究竟能够拿到多少，供应商还是得服从市场规律，努力竞争来争取。

可以说，双供应商制最好地兼顾了充分竞争和规模效益：两个供应

⊖ 这个案例参考了两篇文章：① AT&T Readies Its Supply Chain for the Future，www.att.com；② New AT&T vendor strategy launches massive procurement process change，www.itknowledgeexchange.techtarget.com.

商势均力敌，能够形成实质性的竞争，所以竞争是充分的；采购额也相当集中，规模效应明显。

商用飞机行业也有类似的做法。比如就飞机引擎来说，波音787要么用GE的，要么用罗罗的；空客380要么用罗罗的，要么用GE与普惠联合制造的。

双供应商战略意味着整个管理思路由原来的多子多福、广种薄收转向紧密合作、信息共享，快速实施，快速获利，实现供应商和采购方的双赢。这要求跟供应商建立长期合作关系，短期导向、滥用市场竞争的管理方式不再适用，这也对采购的管理能力提出了更高要求。

【实践者问】

能形成实质性的竞争时，既然两个供应商就是充分竞争，为什么很多公司还是规定三家竞标？

【刘宝红答】

寡头型的两个供应商很难管理，很多企业没有能力有效管理，那就适当增加供应商的数量，比如三家竞标，牺牲一点儿规模效益，来降低管理难度。所以说，三家竞标的做法还是有一定道理的。

供应风险：备份是解决方案吗

一谈到供应风险，很多人首先想到的就是备份，即同一个料号[⊖]，选择两个或更多的供应商。比如70%给供应商A，30%给供应商B。这也叫一品多点，或者多点寻源，如图12-3所示。有些公司甚至硬性规定，凡是达到一定量的料号，一定要开发第二个供货源。

⊖　这里的料号，是物料识别的最小单位。比如纸箱子是一个品类，其中一个具体式样、尺寸的纸箱子就是一个料号。这跟有些行业讲的SKU是一个道理。比如衣服，一个具体的款式、颜色和尺寸算一个SKU，也是我们这里讲的一"品"。

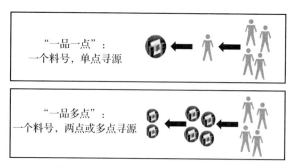

图 12-3　一品一点，还是一品多点？

　　与此相反的是一品一点：我们会评估多个供应商，但不管是通过询价、谈判还是招投标，最终只从中选择最好或者最合适的那个，把这个料号的所有业务都授予该供应商。

　　问为什么要一品多点，大家都有充分的理由：供应商 A 交不了货，还有 B（交付备份）；供应商 A 有了质量问题，还有 B（质量备份）；竞争更充分，能拿到更好的价格。这些看上去都有道理，但仔细分析，你会发现都站不住脚。

　　先说价格。同一个产品，给一个供应商的规模效益大，还是两个？当然是一个，除非量已经足够大，远超供应商的规模效益临界点。给两个供应商，供应商的单位成本更高，怎么才能给你更好的价格？那只有两条路可走：要么以次充好，牺牲质量；要么少赚点儿，比如原来赚 5 个点，现在赚 2 个点的净利润，导致采购方成为低盈利客户。产能短缺的时候，供应商把那最后一点儿产能和库存给谁？当然是高盈利的客户。这就直接决定了供应商产能短缺时，你拿不到你的货。

　　至于多点寻源导致采购额分散，降低了对供应商的管控力度，就更不用说了。2020 年前后，供方市场对新冠疫情过度反应，经济一回升，有些产品就大面积短缺，相信很多人记忆犹新。全面短缺，你找到供应商 A，的确没货；供应商 B 和 C 呢，你知道有货但它们不给你。为什么？因为采购额分散，你对它们谁来说都不是大客户——货得留给大客户呢。

　　从责任机制的角度看，**一品多点来保供，就如多子多福养老一样，**

是个伪命题。

相信这种情况大家都熟悉：一家有三个儿子，父母老了，老大两口子的逻辑是"天下老的，偏的是小的"，既然爸妈一直偏着小的，养老自然归老二、老三；老二两口子想，大哥是长子，自然应该承担更多责任，即使老大不养，父母也该跟着最小的；老三两口子想，老大老二不养，凭啥该我们养？人家即使骂，也先骂老大老二。

结果就是上演一出《墙头记》，老两口没人要。倒是很多只生一个孩子的家庭，从小就教育孩子以后爸妈就靠他了，优生优育，反倒老有所养。

在那些周期性强的行业，多点寻源下的"多子不多福"就更加明显。旺季来了，产能不够，哪一个供应商也不愿意加产能。大家盘算的都一样：为什么不让我的竞争对手干呢？作为采购方，你惯用的就是调整份额，但现在行业性产能短缺，你调给谁呢？反正我现在没有产能，你调整了，正好。大不了淡季我再便宜 5 分钱，那我的份额不就又回来了吗。

再看看质量。两个供应商，质量会一样好吗？当然不会：没有两根手指头会一样长，也没有两个供应商的质量会一样好。要知道，好供应商是不用差供应商来备份的，否则，在料号层面出现质量问题的概率反倒更大。

那为什么企业屡屡备份质量呢？很简单：我们前文讲过，很多企业没有能力客观量化质量指标，所以就没法识别供应商的质量好坏，那就选两个看上去差不多的，一个不行用另一个。

这也反映了一个根本问题：**企业之所以一品多点，以备份的方式应对供应风险，根本原因是管理能力不足，没有能力选择合适的供应商，并且把供应商管理好**。这就如老虎、狮子能力强，每胎只生一两个，少生优育，成活一两个；青蛙、蛤蟆能力弱，每次产几千甚至一两万只卵，广种薄收，最后成活的也只有一两个（见图 12-4）。○

○　我看过一个纪录片，说亚马孙雨林有一种蛙，一次产卵高达两万枚，最后成活的也就两只。对于别的蛙类，还有蛤蟆，我是反推：如果成活率更高的话，这世上满地跑的应该都是青蛙和蛤蟆了。

狮子精心呵护，一次生育一两个，成活一两个　　青蛙广种薄收，一次产卵多达一两万，最后成活的也只有一两个

图 12-4　备份为主是能力不足、管理粗放的表现

选择和管理供应商的能力越差，企业就越依赖备份来应对供应风险。比如欧洲和日本的车厂管理能力相对较强，一品一点的情况就较多；中国有些车厂的管理相对粗放，一品两点、一品多点的情况就更普遍。

丰田、本田可以说把一品一点的优势发挥到了极点（丰田甚至把整个品类集中在同一个供应商），系统地降低了供应链的成本，提高了质量，加速了新产品导入，这是日系车厂能够全面战胜美系竞争对手的一大原因。当然这也跟日本的文化和国情有关：在传统的财阀结构下，日本厂商和供应商利益相关，关系紧密，一品一点是常见的合作关系。

让时光倒转二三十年，一品多点在北美颇为通行，一方面是由于北美企业过于注重短期利益，另一方面也是因为缺乏系统的供应商管理。随着日本制造和供应链管理思想在北美兴起，多点供应的情况开始改变，尤其人们逐渐认识到，虽说市场是只无形的手，最终可以把一切都理顺，但是往往成本很高，整体效益也不好。

企业越来越深入地与供应商合作，可以说是欧美这些年来的一大特点。相反，传统的中国文化重视长远关系，而现今的一些企业却更加重视短期利益，一品多点大行其道，把短期关系推行到了极点，也把"市场经济"演绎到了极点，如果市场经济的鼻祖亚当·斯密知道了，恐怕也要被气得从棺材里跳出来。

一品一点下，风险如何管控

亚马逊的创始人贝佐斯说得好，计划 B 的价值就是确保计划 A 奏效（大意），言下之意是没有备份方案——我们不能一开始就计划失败，给自己准备逃跑路线；我们得深思熟虑，有所作为，争取首发命中。

要知道，人类对付风险的高级方法不是备份。人类通过**重选择、重管理**来对付风险。通俗点儿讲，就是找到最合适的那个篮子，把所有的鸡蛋都放到一个篮子里，然后看得紧紧的。这似乎有悖常理，特别对于那些备份为上主义者来说。让我们以婚姻为例来解释。

女孩子找对象可是件大事情，万一结婚后有问题怎么办？小姑娘的解决方案可不是再找个备胎，那样的话这日子就没法过；她的应对策略是重选择、重管理：恋爱过程中一再考验小伙子，自己考验还不算，闺蜜、妈妈一起来参谋（**重选择**）；结婚后约法三章，比如每天晚上 8 点前就得回家吃饭，回不来的话提前半个小时打电话说一声（**重管理**）。

经过几十万年的进化，所有的文明人都殊途同归，选择了"一品一点"的一夫一妻制，通过重选择、重管理来管控风险，还是有道理的。

有些人还是会说，一品一点成了独家供货，没有了竞争，供应商不作为，我还是感到不放心。我想说的是虽然独家供货，但并不是没有竞争：**竞争是客观存在的，你不一定非得实实在在地导入，才能产生竞争。**

比如你现在的职位是典型的"一品一点"，但你不敢因此就上午 10 点上班，下午 3 点就走了，因为你知道，跟你能力差不多，能做这事的人多了去——虽然他们没有坐在你旁边跟你"竞争"，但你知道竞争无处不在。

要知道，人类社会构建在"独家供应商"的基础上，不管是夫妻关系，还是亲子关系。让我们先看一下婚姻关系中，人类是如何管理"独家供应商"的。

在"一品一点"的婚姻关系中，先生是"独家供应商"，如果先生吊儿郎当不作为了，太太会用各种方法说服教育，但唯一不做的呢，就是导入竞争，再找一个——那样的话，长期关系就变成了短期关系，先生就会很不理性，这事儿就糟糕了。鉴于婚姻是个**长期关系**，先生有很多可失去的，所以最终会理性应对。反过来也是一样的。

再看看，我们的独家供应商有了绩效问题，或者说我们拿不到我们想要的，且不论我们想要的是否合理，我们的第一念头是什么？给它导入竞争，把这厮给换了！这下可好，和独家供应商的关系本来就如婚姻关系，是个长期关系，而我们动不动就导入竞争的做法，把长期关系做成了短期关系，供应商就变得不理性，这事情就不可逆转地恶化了。

所以说，**独家供应商不是问题，我们怎么管理独家供应商是问题**。

当然，一品一点的婚姻关系管理难度很高，一个人即便生理上成熟了，也得等几年才能结婚，因为心理还不成熟，维持不了那么复杂的关系。放到供应商管理上也是：如果都是些"小采购"在管理供应商，要管理经验没管理经验，要领导能力没领导能力，自然应对不了复杂的独家供应商关系，那就只能采取备份，一品多点，期望多子多福来解决问题了。

这也是能力决定行为的另一个版本——不改变管理供应商的能力，就很难改变一品多点的做法。

有读者说，"一品一点"我懂了，不过我还是不放心，万一这供应商给一把火烧了，或者说给水淹了，或者说给地震毁了，遇上天灾人祸我可怎么保供，控制供应风险？

解决方案：**料号层面一品一点来获取规模效益，品类层面两点或多点寻源来控制供应风险**。比如你采购包材（品类），纸箱子一是一个料号，给供应商 A 做；纸箱子二是另一个料号，给供应商 B 做。万一A 被火烧了，那 B 来做 A 的活儿。两种纸箱子的原材料差不多，生产工艺也差不多，你要承担的风险呢，就是转换期间供应紧张一点儿。

或许有人会说，这转换期的风险我还是没法承担。那好，那你就走一品两点的路，不过得承担相应的成本。这就如你开车，不管你的车多好，总有可能出点儿小故障，趴在那里不动了，你最安全的解决方案就是买两辆车，一辆开着，一辆在车库停着。但你不会那么做，因为那样虽然安全，但成本太高。你的解决方案呢，就是修车期间搭同事的便车。

我们为什么要长篇累牍地谈这些？因为**一品几点直接决定了规模效益，从而决定了单位成本。多点供应成本高昂**。就拿一品两点来说，意味着得建两套模具、设两条生产线、维持两条供应链；一有设计变更，你就得跟两个供应商落实，有两条供应链的库存要处理。

料号以算术级数增加，成本以几何级数上升。一品多点虽然是同一料号，但在供应链管理上，是多个料号 - 供应商的组合，管理难度跟多个料号无异。它不但降低了规模效益，增加了单位成本，而且需要巨大的资源来管理，容易让企业陷入广种薄收的恶性循环。

【案例】"一品两点"的一地鸡毛

这是中国某合资汽车整车厂物流专家黄雪川写的一个案例，发表在他的微信公众号"供应链日常"上。承蒙黄先生许可，转载到本书。下面是他的正文（本书做了文字润色和内容精简）。

最近天气很冷，可我们物料计划办公室却很热闹：新车型导入时，事情本身就多；而多家供货的老问题，在这个新车型上更是异常突出——大家一直在抱怨的一品多点，这些年来也没多少实质性的改善，反倒在新项目中愈演愈烈。

在这个新产品导入案例中，零件 M 由供应商 A 供应（简称"老供应商"），已经使用在车型 X 上。市场竞争激烈，公司决定上马更具竞争力的车型 Y，跟 X 混线生产、共用平台。车型 Y 也用到零件 M，而且零件编号一样，但寻源决定用价格更优的供应商 B（简称"新供应商"）。

在新产品项目组的领导下，各专业按部就班展开工作。

供应商质量 SQE 小组按零件 M 的技术图纸要求，对新供应商进行了供货认证。

采购在公司的 ERP 系统里，为零件 M 设定新老两家供应商，并按照各自所供车型的预测量，设定双方的供货比例。

物流按零件号、供应商代码、供货工厂、要货地、上线工位,为新供应商设定物料包装和路线。

在生产线上,两个车型的零件 M 正好都在同一工位,用同一工艺,所以车间在技术准备上没啥变化。

在大家的一致努力下,各部门都报出了项目状态骄傲的绿灯,正式交付批量生产部门。但是,运行的第一天就出问题了。

物料计划率先发言:"采购在 ERP 系统里面设定的供货比例是固定的,而实际上车型 X 和 Y 的投产量会随着需求变化而变化。"这意味着即便料号 M 的总量对了,分配到新老供应商的量也可能是错的。

工厂物流也发声了:"物流系统是按零件号、供应商、要货地区分的,无法按车型区分送货。"这意味着即便每个供应商的供货量是对的,也可能送给错误的车型。

车间也来凑热闹:"你们别吵,不管你们咋整,反正我是同一工位同一件号,无法保证新供应商的料用到品牌 Y 上,老供应商的用到品牌 X 上——60 秒一台车,一天上千台车,供应商代码在零件上只有 5 毫米高,靠工人的肉眼,一个个地识别零件上的供应商代码,既有风险,又无法保证生产节拍。"

这一说,SQE 不同意了:"质量部门是按照项目要求认证供应商的,那就是新供应商匹配车型 Y,老供应商匹配车型 X。匹配错了,混装有质量风险;出了质量问题,也无法准确、快速地追溯到正确的供应商。"

最后,大家建议质量部门投入更多资源,来完成等效认证,即老供应商的可以用在车型 Y 上,新供应商的可以用在车型 X 上。不做等效认证的话,就承担一定的混装风险。

质量部门还没表态,财务就插上一脚:"各位,两个车型是独立核算的,即便可以混线和混装,从财务的角度,你也得给我归到合适的品牌下,否则成本核算就有问题。"

······ ······

多么熟悉的情节啊。前端一个简单的一品多点,给后端带来多少复杂的问题。管理成本也增加不少，工作质量和效率都受影响。

当然，有些读者或许会问，给供应商 B 一个新料号，这问题不就都解决了吗？没错，不过又有别的问题：这是个合资车型，设计是德国的，德国人的图纸就一个号，也不做一品多点；要申请新的零件号，那又意味着调整图纸、BOM，还有一系列相关的认证，都意味着大笔的费用和时间……

【案例】 战略供应商建议开二供

有段时间行业性供应紧张，单货源风险很高；紧缺物料供需不平衡，看上去会持续一段时间，连战略供应商都在建议多货源，开二供。案例企业问该怎么办。

如果你是个小客户，业务只占供应商很小的份额，比如 0.2%，开二供或许是种理性的选择：因为你的需求太少，没法驱动供应商改变，就只能多条路多个选择；也正因为你的需求少，多出点儿钱，供应商可能把给大客户的偷偷给你一点儿，就解决了你的问题。

但如果你是个大客户，比如占供应商产能的 20%，你得非常谨慎开二供：一方面，没有哪个供应商会有那么多的富裕产能等你来"开发"；另一方面，开二供分散了你的采购额，可能导致你的竞争对手一家独大，任何一个供应商都不把你当回事。

要知道，**追一只兔子可能追不到，但解决方案不是同时追两只**。

战略合作供应商建议开二供，是一种非常糟糕、极端不负责任的做法。养兵千日，用兵一时，平日那么多的生意倾斜给战略供应商，就是希望关键时刻能得到它们的支持。如果你是个大公司的话，你不能给它们养成这个毛病：你么跟我们做生意，要么不跟我们做生意；如果我们要找二供，那所有的生意都给二供。这样逼迫战略供应商更加重视你的业务，在关键的时刻向你们倾斜资源，而不是首先牺牲你的利益。

顺便讲个家电巨头的故事。

有个家电巨头，原来采用 ×× 的显示屏，但有一年被坑了：供方产能短缺，××的资源倾斜给竞争对手了。该家电巨头就淘汰了××，信号很清楚：危难的时候你不支持我，以后你就没我的生意。你知道，所有的短缺都会过去，接下来的就是过剩。产能过剩了，××的高管就三天两头来拜访，这个家电巨头的老板呢，饭可以跟你吃，话可以跟你谈，但生意免谈。

××给的条件一次比一次好，甚至显著好过竞争对手，但就是拿不到生意。对这个家电巨头来说，虽然这意味着短期利益的损失，但杀一儆百，给所有供应商非常清晰的信号，还是值得的：跟我做生意，就得全心全意支持我。供应商的忠诚度也是这么来的：如果要投机取巧，会死得很惨。

清晰的战略是利益最大化的关键。

【小贴士】 开二供成了公司政治的延续

有一次我到一家企业，发现上上下下都在忙着开二供，找替代料。原因很简单：关键元器件短缺，再加上业务的井喷式增长，导致芯片、二极管、显示屏普遍短缺。但是，由于技术原因，该企业的 2000 多个关键料号中，独家供货的占比 90% 以上，这二供可有的开啦。

毋庸置疑，有些料号的确需要找替代。比如原来为了快速出货，工程师就在某宝上随便找个供应商，没法满足量产时的交付和质量。但更多的呢，则是企业管理能力不足，一有成本、质量、交付问题，没有能力跟现有供应商解决，就习惯性地打更换供应商、找替代料的主意。

开二供可不是件简单的事：设计要重新验证，质量要重新评估，有的还需要客户首肯，不但要耗费大量资源，而且会制造很多混乱。案例企业的业务连连翻倍，新生意都忙不过来，现在要把原来已经做过的事重新来过，大家都是叫苦连天，积极性不高。这就注定过不了多久，"二供运动"就会烟消云散，无疾而终。

这让我联想到我的老东家，一个半导体设备制造商。

半导体设备是典型的小批量、多品种，关键零部件基本上都是单点寻源，每个料号只由一个供应商做。这个行业的周期性非常强，一旦生意好起来，供应商的产能爬坡挑战重重，交付、质量问题频发。采购拿不到货，生产线无米下锅，销售整天被三星、台积电、英特尔这样的大客户追着打。大家的压力都很大，就把设计拖出来背锅：设计只验证了一家供应商，我们要开二供。

设计发话了，要开二供，可以啊，我们先坐下来谈谈，看要雇多少工程师，需要多少客户来批准，销售、生产和采购需要多少资源来支持。几千几万个关键料号，对资源的要求简直就是天文数字。不可避免地，这数字报到老总层面，球也顺便踢给老总。

老总一看，这数字太大，你们再看看，识别那些真正重要的，缩短需要二供的名单。得，球又踢回去了。这样来回扯皮 N 次，业务增长的势头慢下来了，供应商的产能也跟上来了，最终就不了了之，直到下一个高峰期重新来过。

我在半导体设备行业十多年，见过成功开二供的料号大概不超过两把手指头。其中有一个毫无道德底线的供应商，今天把次品给它退回去，隔两周就又送来了，企图蒙混过关。用尽各种措施，还是劣性难改，那就只能开二供，花了四五年，把生意转移了。除此之外，所有的"二供运动"都成为公司政治的一部分，死马当活马医，拿着一个不是解决方案的解决方案来互相踢皮球。

作为采购，我们不能动不动就拿二供作为解决方案；我们得通过**重选择**来争取首发命中，通过**重管理**来持续改善绩效，从而更好地控制供应风险。

【实践者说】

对飞机制造业来说，供应商管理主要就是机载设备供应商管理，花费 80% 以上精力去管理的就是动力、航电等机载设备供应商，波音、空客都是如此。如果这些机载供应商可二供，那就是颠覆性的问题，飞机就得换型号了，这也是基本不可能的事情。所以，真正的（飞机制造

业）供应商管理中，选择二供就是个伪命题。——王百锋，西安飞机工业（集团）有限责任公司成品处处长

【实践者问】

我在的消费电子行业，每个物料基本都有三家以上供应商，也做得顺风顺水，这块儿是不是我误解了？

【刘宝红答】

这跟丘吉尔抽很多烟，喝很多酒却长寿是一个理。

【小贴士】 一品多点什么时候用

存在的就有其合理性。一品多点也是人们吃了很多苦，受了很多罪，付出了很多代价后的智慧结晶，有些情况下还是合理的，不能一棍子打死。

其一是考虑**综合成本**，特别是物流成本，单点寻源不经济。比如纸箱子是泡货，体积大、价格低，从昆山运到东莞显然不合适。那就在昆山和东莞各找一个供应商，一个支持昆山的工厂，一个支持东莞的工厂。有些采购项没有合适的供应商，可以支持全国、全球各地的需求，那一品多点、本地寻源也就成了解决方案。

其二是**采购量特别大**，比如苹果对 iPhone、iPad 的有些部件会采取两点寻源。他们在开发阶段与一个供应商合作，条件之一就是等进入量产，部分业务会转移给一个竞争对手。这避免了供应商一家独大，让苹果保持一定的议价能力，也分散了供应风险。因为量很大，已经超过供应商的最佳经济批量，所以从批量经济的角度看也没多大损失。

其三是**采购量特别小，主要依靠市场调节来管理供应商**。比如通用元器件的生产原厂很大，一般采购方对其影响很小，而价格也主要由市场供需决定。供需力量相差太大，你没法有效影响到供应方。这些情况下，多找个代理商，这个没货，就到另一个那里碰运气，也可适当分

散风险。大宗原材料也是，如果你的采购量太小，多找几个供货源，这个不行用那个，也是一种应对措施。

但是，任何东西都不是绝对的。比如钢材，有个公司的营收达到二百多亿元，有种特种钢材用量一年几十万吨，完全可以影响供方市场了，却还是有七八个供应商，采购量无谓地分散。CEO 质问为什么这么做，采购的老总唯唯，不知其所。如此分散的采购现状也不是一朝一夕的事，但归结起来有一点是肯定的：**能力不足、粗放管理的结果**。

整体而言，供应商管理能力越薄弱，供应商数量就越多，一品多点也就越普遍。

这就如前些年在大西北的老少边穷地区，你会发现越是山大沟深，老百姓越是到处开荒，有些地方连牛都上不去，种点儿粮食，经常连种子都收不回来。荒地越开越多，植被破坏越来越严重，风调雨顺的年份就越来越少，收成也越来越差。老百姓的解决方案呢，就是开更多的荒，于是就陷入恶性循环。

人是理性的，为什么要做这种看上去亏本的广种薄收呢？这是因为**越是没法控制风险，就得越是想法分散风险**。这些年来，政府在那些干旱地区兴修水利，能浇上水的地越来越多，当地农民对收成的管控能力逐渐增强，就再看不见到处开荒了，退耕还林也得以顺利推进。

这在供应商管理上也是同理：因为管理能力不足，就一品两点、一品多点来分散风险；结果是管理资源分摊得更薄、采购额分散得更厉害，对供应商的管控能力就更低，而自然反应就是找更多的供应商，陷入恶性循环。老话说，一穷穷三代，供应商管理也是。这些公司打不破怪圈，就这么一年一年地挣扎下去。

但在有**能力**改变之前，你还得延续老的做法，靠天吃饭，在"多子多福"的泥淖里继续打滚，因为那虽然是恶性循环，却是死得更慢的一种活法。

这顺便也回答了有些读者的问题：您讲的跟老板讲的不同，我该听谁的？当然是听老板的，不是因为他给你发工资，而是因为他更了解企业的实际情况，要你做的虽然不合理，却是现有能力下的理性选择。但这并不意味着你就不必学习更好的方法：知道了并不一定能做到，但不知道注定做不到；那些老问题，最终还得靠新办法来解决。

【案例】 供应商越多，绩效越好吗

不少人认为，供应商数量越多，竞争越充分，供应商的绩效就会越好。其实未必。竞争太过充分，供应商对未来缺乏起码的可预见性，就不敢建库存、建产能，反倒造成整体绩效下滑，就如图12-5中的案例。

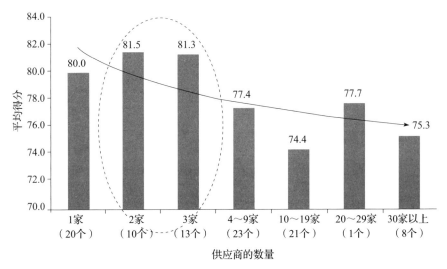

图 12-5　供应商数量与供应商的整体绩效

资料来源：某电信商。

这是家千亿元营收的企业。横轴是供应商数量，比如最左边的20个产品，每个产品只有一个供应商；最右边的8个产品，每个有30家以上的供应商。供应商的数量越多，整体供应绩效反倒越差，这一趋势相当明显。反倒是供应商只有两三家时，整体供应绩效最好。即便是那20个独家供货的产品，整体供应绩效也没那么糟糕。

当然，这只是单个案例，很多细节，比如供应商绩效的统计方法，也不是很清楚。我们不能就此得到"供应商越多，供应绩效就越差"的结论，但可以反驳"供应商越多，供应绩效越好"的偏见。这也符合常识：供应商越多，导入的竞争越"充分"，劣币驱逐良币，价格当然会更低，但交付、质量也会更差，整体绩效也是。

这就跟草莓种得太密，结的果子就少是一个道理。这方面我倒是有切身体验。

图 12-6 是我在后院种的草莓。作为一个新手，总想着最大化那有限面积的产出，我就种了很多草莓（多像我们选了很多供应商啊），密密实实，看上去很茂盛，但竞争太激烈了，草莓便一个劲儿地长叶子，根本就没结出几个果实来。

图 12-6　草莓太密，果实寥寥

这让我想到小时候一位老农说的：稠密好看，稀疏吃饭——庄稼种得越稠密，看上去就越好看，但因为太密，阳光、水分、肥料分配得太少，收成反倒更少。信也。

合格供应商清单与灵活性

对一个采购品类来说，供应商选择就是制定合格供应商清单。合格清单把供应商的"口子"收起来，以后的新产品、新项目主要跟"口子"里的供应商合作，集中采购额，产生更大的规模效益。但是，"口子"收起来了,就面临着灵活性的问题:"口子"外的供应商想进来怎么办?内部客户发现更好的供应商怎么办?

一旦你"收口子"了,有些被排除在外的供应商就来找你,给你更好的价格和承诺。你能不能把它们放进来?不能,否则对别的供应商不公平,也助长了这些供应商藏着掖着的习气。如果你真的对我们的业务感兴趣,那好,我们会定期更新合格清单,到时候把铅笔削得尖尖的,一步到位报给我们最好的条款,并把我们在评估中识别的短板补齐。

再说内部客户"发现"了更好的供应商。设计人员经常来找采购,说这是新技术、新工艺,合格清单上的供应商不能满足要求,这就是为什么得纳入这个新供应商。且慢,我们开发新产品也不是一夜之间的事,总要经过项目立项、概念验证、技术验证等过程,至少也有几个月了。这个过程中,你当然已经在跟供应商打交道,为什么在我们制定合格清单的时候只字不提,而一直等到图纸出来了,明天就要打样,才告诉我要导入新供应商?

这时候,**采购越是"灵活",就越是助长设计人员的随意性;采购越是"灵活",采购早期介入设计就越不现实**。反过来,如果采购坚持供应商战略,坚持原则,不在合格清单上的供应商不得采用,设计就会更加有计划性,就可以在新产品开发早期让采购介入,帮助做好供应商的前期评估、选择,识别和补齐供应商的短板,让它们成为我们的合格供应商,这样只要有了新产品,我们就可以用这个供应商。

要知道,在很多企业,特别是技术含量比较高的企业中,供应商选择其实是由设计人员做的,采购往往被视作障碍,因为一旦采购介入,就会更多地考虑量产、质量等一系列问题,约束甚至挑战设计人员的选择。在这些企业,设计在某种程度上天然抗拒采购。所以,有些设计人员就有意无意,偷偷跟供应商合作,等生米做成熟饭,才让采购与质量介入,"补齐手续",而很多不合适的供应商也就是这样被导入的。

或许有人会说,这样也太不灵活了吧,特别是对于新产品开发。要知道,我们的问题向来是太灵活,灵活到没原则,其实就成了缺乏计划性的代名词，也让供应商寻源准入形同虚设。这不，时间长了，合格清单就丧失了应有的价值。寻源工作本来是给供应商"收口子"的，但在"灵活性"的驱动下，这"口子"根本就没法收起来。

这就得有个战略，选定合适的供应商，在定期调整供应商清单前，你不能随便让新供应商进来。这有助于抵挡各种诱惑。那些诱惑的共性呢，就是**为了短期利益牺牲长期利益，为了局部利益牺牲全局利益**，是战略的天然杀手。

【实践者问】

供应商合格清单建好了，多长时间调整一次？

【刘宝红答】

这取决于业务情况。在一些建制完善的企业，会有定期的中高层会议，比如每季度、每半年、每一年，回顾每个品类的寻源战略，调整合格清单等。负责特定品类的采购经理要做相应的分析，汇报给在座的跨职能团队，比如采购的老总，质量、技术的负责人，为什么要做调整，如何调整等。

【实践者问】

供应商布局好了，但一招投标，就打乱；没法建立核心供应商，供应链就没有向心力；如果好的供应商不愿合作，就难以拿到最好的供应商资源。怎么办？

【刘宝红答】

这里的布局，其实就是我们讲的合格供应商清单。虽然都上了合格清单，但并不是说供应商都一样。比如合格清单上有A、B、C、D、E五家供应商，A和B有能力也有脾气，C、D和E没脾气也没能力，这是截然不同的两类供应商。整体来说，A 和 B 给企业带来的综合效益更高，是企业希望多合作的核心供应商，但这些供应商一般价格更高，如果用单一的最低价中标，注定拿不到多少生意。

一种办法是把业务分为两类：技术和质量要求高的，以及要求一般的。前者只让有能力有脾气的供应商参与竞标，从中找一个价格最低的。这要求：①能够清晰描述业务的技术、质量要求；②能够客观量化供应商的技术、质量等核心能力。我们也可以客观量化供应商绩效，比如 C、D、E 这样的供应商以前质量指标不合格，所以没有资格参与竞标。

另一种办法是客观量化价格以外的绩效，也就是给质量、交付等估个价。比如有个大型房地产商，对于中建的几个优质大型承包商，允许其报价高出底价 x 个点，因为他们认为这些优质承包商质量稳定，交付可靠，值 x 个点。这也有助于避免单一最低价中标规则下，劣质供应商系统淘汰优质供应商的问题。

跟关键供应商建立长期关系

经济低迷，为了增加规模效益和议价能力，有些企业会对供应商群进行一次性评估，选择部分供应商作为长期合作伙伴。这些供应商就会成为公司的**增长伙伴**，越来越多的新生意计划流入这些供应商，公司对它们的依赖度也会越来越高。所以，对于这些增长型伙伴（主要是战略和优选供应商），我们需要和它们建立长期合作伙伴关系，同时还要制订改进方案，进一步改善绩效。

如图 12-7 所示，对于其他供应商，有潜力的成为**观察对象**（资格未定），经过一段时间的整改，绩效达标的往上走，成为增长伙伴；绩效不达标的往下走，成为淘汰对象。对于**淘汰对象**，投资回报可行的话就主动淘汰，把业务转给增长型伙伴；杀敌一万，自损八千的话就被动淘汰，不给新生意，也不主动转移老生意，随着老产品的下市自动淘汰。

就这样，几年后，企业的供应商群会有显著的改观。

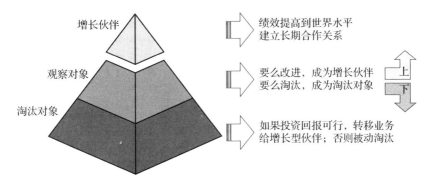

图 12-7　跟数量有限的优质供应商长期合作

这里想强调的是，长期关系的对象是**关键供应商**，即战略供应商和优选供应商，它们也是**合格供应商清单**的主体。长期关系并不意味着降低要求。相反，长期关系是给供应商的重要承诺，一定要获得实质性的回报，比如未来几年的年度降本，质量、交付的改善，新产品开发的支持等，为双方未来几年的合作确定基调。如果供应商没有做出实质性承诺，它们对长期关系就不会重视，而是把采购方当作冤大头，长期关系就成了宋襄公之仁。

【实践者问】

我们跟供应商是长期做生意，这不就是长期关系吗？

【刘宝红答】

长期做生意，并不意味着是长期关系。这就如老张两口子结婚 30 年了，时间是足够长了，但每两三个月就要鸡飞狗跳，闹一次离婚：N 个短期关系叠加到一起，并不是长期关系。

把长期做生意当作长期关系，也是美国企业当年常犯的错误。看到一篇 20 世纪 90 年代的文章，说美国汽车整车厂尝试对供应商"区别对待"，把供应商分为"合作伙伴"和一般供应商。不过在处理供应商关系上，除了合同年限不同（前者平均 4.7 年，后者平均 2.4 年），对供应商的做法并无二致。⊖新瓶装旧酒，还是旧酒。

那么究竟什么才算长期关系？在我看来，长期关系有三个特点：①跟数量有限的供应商做生意，因为长期关系需要很多资源来维护，供应商太多的话做不细；②有一定的框架协议构成合作基础（不一定是正式合同，长期合作形成的共识也算）；③协作解决问题，而不是转移问题。

另外，长期关系是一种心态。有些人跟你做生意，虽然是第一次，出发点却是保证你赚到你应得的那一份，这就是长期关系的心态。相反，在很多行业，主要的客户就那么几个，主要的供应商也就那么几个，大家却钩心斗角，风水轮流转，谁占了上风谁就坑对方，虽然是长期做生意，却断然算不上长期关系。

关键供应商要重选择、重管理、轻淘汰

作为小公司，我们资源有限，很难对供应商做到重选择——我们派不出一帮工程师，在供应商现场做 3 天的评估；就那么点儿生意，供应商也不愿意陪我们玩。所以，小公司八成只能派个有经验的员工，到供应商现场看一看，差不多就做生意（轻选择），不行就换呗（重淘汰）。

但公司大了，沿用小公司的轻选择、重淘汰，供应商变动带来的质量、交付、服务风险可能会要了你的命。或许有人会问，为什么这样的风险就要不了小公司的命？不是要不了，而是小公司的命不值钱，要了命也没人知道罢了。笑话归笑话，根本原因是大公司可失去的太多，相同风险对大公司的影响更大。

这就如你在大排档上吃了块坏鸡肉，肚子痛，对你来说是件大事

⊖ Strategic Supplier Segmentation：The Next "Best Practice" in Supply Chain Management，by Jeffrey H. Dyer，Dong Sung Cho and Wujin Chu，December 1998，*California Management Review*. 这篇文章比较了美日韩三国汽车行业的供应商管理实践。

情，对别人则不是——你那么有钱，还贪便宜吃大排档，活该。那些大排档呢，也没什么可失去的，即便你把他们给起诉了，又能有多少钱赔你呢？但如果你在麦当劳吃了块坏鸡肉，那还不上了头版头条，满天下都在讲，麦当劳在卖坏鸡肉了，第二天股价就掉下来一大截。[⊖]

公司越大，对风险的承受能力其实越弱，因为可失去的也越多，相同风险的影响要比小公司更大。为什么要讲这些呢？我们都是从小企业成长起来的，很多企业规模大了，但还在延续小企业的做法。对供应商轻选择、重淘汰就是典型的例子。

公司越大，逃避的自由就越少。比如作为一个大公司，你占供方行业产能的 15%，哪个供应商会有那么多的富裕产能，就等着你的首选供应商没产能了，来做你的活儿？如果有这样的供应商的话，也早就因为产能利用率低、单位成本高而破产了。[⊖]

外行在"找"上下功夫，那是小公司的不得已之为；内行在"管"上使力气，就成了大公司的理性选择。所以，对于大企业来说，对关键供应商要重选择，重管理；而不是随意更换，拿淘汰代替管理。

这就如狮王，它通过长期观察，找到一片合适的领地，拼死打败上一个狮王（重选择），然后每天在领地上巡逻，到处撒尿标识边界，赶走竞争对手（重管理），其最好的战略就变成守住自己的领地，而不是一直流浪，打一枪换一个地方，继续小白兔的逃避策略（见图 12-8）。

⊖ 公司大了，就更容易被放到显微镜下，被大众和媒体关注。就像在我在文章中，会时不时把通用汽车拖出来"暴打一顿"，倒不是因为通用做得一定是最差的（有些车厂比通用有过之而无不及），而是因为通用多年来一直是全球汽车行业的老大，直到近些年才被丰田、大众等超越。那么对于大企业来说，就要加注意一举一动，一个特点就是普遍变得保守。同理，位高权重的人一般也话少。当然，"推特总统"例外，大嘴巴过后就是一地鸡毛。

⊖ 规模大了，微小的业务变动，供应商也可能吃不消。比如在手机行业，现在是华为终端、OPPO、vivo 和小米等几家独大，每一家的需求波动 10% 就很厉害，供应商难以对付。解决方案不是再找个新供应商，而是尽量管理需求，提高预测的准确度，平滑需求，及早驱动供应商准备产能，就如丰田那样的做法。瑞幸咖啡这样的企业也是。开到 10 000 多家店后，瑞幸的需求变动对供应商影响也就越来越大，没法简单地通过找新供应商来解决问题。

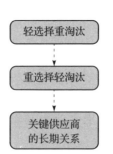

大公司就如狮子　　　　　　　　　　小公司就如小白兔
要有作为　　　　　　　　　　　　　逃避为上

图 12-8　关键供应商要重选择、重管理、轻淘汰

既然没法逃避，大公司就只有知难而上的份儿，在确保选择工作已经到位的前提下，督促、帮助现有的供应商把问题解决了。很多大公司有强大的采购管理部门，以及技术力量雄厚的供应商开发职能，走的就是两手抓、两手都要硬的路：在商务层面**督促**供应商改进，在技术层面**帮助**供应商改进。

比如在苹果，那些全球供应经理和技术人员差点儿都把深圳、成都、郑州当成家了，就是督促、帮助供应商，逐个解决 iPhone、iPad 开发和量产中的各种问题。再比如在本田，有个专门的供应商开发部门，专职任务就是帮助供应商改进生产、质量和优化设计。

在过去的二三十年里，北美企业也意识到了这点。一方面，整合供应商，跟数量有限的供应商深度合作，避免管理资源摊得太薄；另一方面，强化**供应商工程师**职能，把原来以质量检验为主的职能，提高到以生产流程改进、制造工艺优化、质量系统提高为主的供应商开发职能。

【小贴士】　**智猪博弈与大公司要有作为**

在博弈论中，"智猪博弈"是个著名的纳什均衡例子[一]。

假定猪圈里有一头大猪、一头小猪，两头猪共用一个食槽。食槽在猪圈的一头，控制猪食供应的踏板在猪圈的另一头。假定一踩踏板，就会有 10 个单位的猪食进槽，但是谁离开猪槽去踩踏板，谁就会首先付

　　一　智猪博弈的例子摘自"百度百科"的"智猪博弈理论"，文字有调整。

出 2 个单位的成本，并且丧失了先到槽边进食的机会。

如果小猪先到槽边进食，因为它小，进食的速度较慢，最终还是没有后到的大猪吃得多，大小猪吃到的猪食比例（收益比）为 6∶4；若同时到槽边进食，大猪进食速度快，最终大小猪收益比是 7∶3；若大猪先到槽边进食，最终大小猪收益比 9∶1。

猪是聪明的动物，长期博弈的结果就是小猪选择等待，大猪去踩踏板。这后面有一本经济账，如图 12-9 所示。

		小猪	
		行动（踩踏板）	等待（先进食）
大猪	行动（踩踏板）	5, 1	4, 4
	等待（先进食）	9, -1	0, 0

图 12-9　智猪博弈示例

我们先假定大猪选择行动（踩踏板）。如果小猪选择等待，小猪的纯收益是 4 个单位，大猪付出 2 个单位的成本，得到 6 个单位的回报，纯收益是 4 个单位；如果小猪和大猪一起去踩踏板，则它们同时到达食槽，纯收益分别为 1 个单位和 5 个单位（双方各自付出 2 个单位的成本）。

假定大猪选择等待，如果小猪选择行动，小猪只能吃到 1 个单位，扣掉 2 个单位的成本，纯收益为 -1；如果小猪也选择等待的话，那么小猪的收益为零，成本也为零。总之，小猪等待的结果还是要优于行动。

示例中的收益和成本还可以调整，但结果没什么两样：小猪会选择"坐享其成"来占便宜，而大猪选择行动才符合利益最大化的原则。其实我们天生就懂这点：天塌下来大个儿先顶着。以前村子里有事，比如铺路修桥这样的公益项目，也是乡绅们先出面，这不光是乡绅们的思想境界高，还因为乡绅们的产业多，这些公益项目带给他们的好处也多，有作为比没作为强。

这跟供应商管理有什么关系？作为大公司，我们跟小同行一道，用一些相同的供应商。供应商绩效有问题，大公司得**有所作为**，通过管理措施来改善供应商绩效，更符合大公司的利益，而不是坐等小同行们来解决这些问题。

比如在半导体设备行业，成本压力大，需要全球寻源的时候，行业老大应用材料就率先行动。等应用材料解决了供应商的技术、质量、工艺问题后，我的老东家这些小一点儿的同行就跟上，"坐享"那些已经开发或半开发的供应商。

大公司不能占便宜，占便宜是小公司的"特权"。作为资源最丰富，相关利益也最大的大公司，如果也想空手套白狼的话，那这事儿就永远没人干，最终谁也不得利。对领头企业来说，它们的回报是先发优势。当然，它们还可采取别的措施，来保障先发者利益。

比如当年丰田汽车刚到北美时，北美的供应商不能满足丰田的质量要求。丰田就帮助这些供应商改进，但同时约定，如果供应商要用这套做法服务别的客户，就得给丰田进一步的降本。苹果投资一些核心供应商，买断产能一段时间，也是类似的做法。

不管是丰田还是苹果，作为各自领域的"狮子"，重选择、重管理、有作为，知难而进，积极主导供应商关系，督促、帮助供应商改善，获得先发优势是它们的共同特点。而这也正是今天一些中国大型本土企业所欠缺的。

轻选择、重淘汰是中国本土企业的大问题

在过去三四十年里，中国本土企业在规模上越来越大。比如2023年的《财富》世界500强排行榜上，中国企业就占142席，数量连续5年超越美国占第一位。虽然说在体量上，中国本土企业完成了从"小白兔"到"大狮子"的转变；但在意识上，小国寡民的心态却还很普遍，还在延续小公司的做法。表现在供应商管理上，就是轻选择、重淘汰。

先说**轻选择**。短期效益至上，企业习惯性地活在当下。新产品开发总是太紧，客户订单总是太急，不是不知道选择的重要性，而是时间总

是不够用，匆忙之中，就在供应商选择上走捷径，结果选择了不合适的供应商。这虽然解决了一时的问题，却为后续绩效埋下了祸根，把本该一次解决的问题，分成 N 次来解决。

就如一家本土名企的职业人自嘲，在 ×× 公司，我们从来没有时间一次性把事情做好，但我们向来都有时间 N 次把事情做好——时间太紧，没时间计划好就开始做；一次做不到位，那就只好重复 N 次，结果是资源投入更多，花费的时间也更长。

从表面上看，这是在试错；实质上，这是缺乏长远计划，为了短期利益而牺牲长期利益。长期以来，这种做法被视为"实干主义"，但企业大了，几千几万人来回折腾，那就是盲动了，虽说不是犯罪，但也没什么值得自豪的。

再说**重淘汰**。对很多企业来说，虽说营收规模都到了几十亿元、几百亿元，逃避仍然是供应商管理的主旋律，淘汰仍旧是供应商管理的主要手段。企业规模小时，因为你是"小白兔"，不逃不行；企业规模大了，逃避主义就像浅尝辄止地挖井，没有一个挖到底，最后得出的结论是此地无水，自然就不能更上一层楼。

重淘汰的基本假定是问题在供应商。是的，当企业规模小的时候，供应商主导着双方的关系，你势单力薄，改变不了它，就只能逃避。但等企业规模大了，双方关系的主导者就变成了采购方，问题的根源更多地转移到了采购方，不改变采购方的行为，就没法改变供应商的结果。

有个大型制造企业，可以说是把重淘汰演绎到了极点，前面不断吸引新的供应商进来，后面不断淘汰老的供应商。其基本假定是总有更好的供应商。这是个营收规模千亿元级的企业，行业巨头之一，我就不信在一二十年的系统寻源，一遍又一遍地拉网筛选后，这世上还有多少"更好"的"漏网之鱼"。之所以总是有"更好"的供应商，主要是因为那些供应商为了"进场"，就低价，甚至亏本中标。进来没多久，油水被榨干了，供应商撑不住了，要么主动退出，要么被动淘汰。

而这个企业呢，就一直在跟劣质供应商打交道：新供应商在磨合期，质量问题频发；老供应商在淘汰期，同样质量问题多多。用他们质量部门的话说，采购最后选中的（优选）供应商，都是些（质量部门眼里的）淘汰供应商。这企业还美其名曰，这都是为了"创新"。不过你用脚趾头想想，供应商关系不稳定，短期关系下，供应商朝不保夕，连最基本的质量、交付都没法保证，还能做好"创新"？

【小贴士】 淘汰不是供应商管理

有些人习惯性地淘汰供应商，把淘汰当作管理的主要方式。

首先，淘汰供应商看上去贡献更大。你看看，公司多年来深受劣质供应商所害，现在我把这样的供应商淘汰掉，可谓是为民除害，功不可没。特别是新官上任的时候，这便是"政绩"。这其实是个误区，因为存在的不一定合理，但一定有原因：前任之所以没能动这些供应商，要么是供应商的可替代性低，要么是更换供应商的成本太高。不了解这些就大动干戈，往往会闹个灰头土脸，给公司带来更大损失。

其次，有些人拿淘汰供应商为不作为当借口。他们明知这供应商没法被淘汰，但还是"知难而上"，为的就是制造借口：你看我想淘汰这个供应商，是设计部门不愿意投入资源，生产部门不愿冒断货的风险，导致我没法淘汰，所以我就不对这个供应商的绩效负责。这其实是种极端不负责任的做法，也反映了这些人精神深处的劣根性：外在原因阻挡我成功——都是别人的错。

采购以淘汰为主的管理方式，也可能导致内部客户不愿暴露供应商的问题。

比如在一个大型中国央企，总部的采购一听到项目上的内部客户抱怨，就让供应商停工整顿。但总部的采购只管眼前问题，不管后续处理，供应商停工了，项目没法按期完成，却不关采购的事。于是，供应商有了问题，项目上的内部客户也不愿告诉采购。

这就如有些糟糕的爸爸们，平常不管孩子，一管就是打屁股，所以孩子干了坏事，妈妈也不敢告诉爸爸。不过这正是有些采购希望的：这是你不愿告诉我，不是我不愿"管"——"民不举，官不究"，供应商出了问题可别怪我哦。

最后，这些淘汰供应商的"积极分子"，往往也是制造"该淘汰的供应商"的始作俑者。这些人热衷于淘汰供应商，"修正"前人的"失误"，却"有意无意"地忘了自己最大的职责，就是在开发新产品时选择合适的供应商。在新产品供应商选择上，这种人的小算盘其实打得很精：我不做任何决策，因为任何决策都有风险；等别人做决策后，我再来批评、修正，显得我高人一等。比如工程师选了供应商（因为他们要出产品，必须得选择供应商），选得好则成为这类采购人员的功劳，坏的话就推到设计人员的头上，制造出"又是设计人员的坏点子"的闹剧。

资源有限，热衷于淘汰老产品的供应商，必将导致在新产品的供应商选择上投入不足。结果新产品的供应商选择不好，等老问题解决了，新问题成了老问题，陷入"一步赶不上，步步赶不上"的恶性循环，吃二遍苦，受二茬罪，供应商管理一直没法走上正轨。

那对那些该淘汰的供应商究竟怎么处理？**被动淘汰**：老生意尽量维持现状，但不要给新生意，等老产品更新换代了，老项目做完了，该淘汰的供应商就自然淘汰。相反，执意主动淘汰，直追穷寇，兔子急了也咬人，两败俱伤的情况也不鲜见。

所以，要着眼长远。有时候，"今日不雨，明日不雨，必有死蚌"看上去有点儿死心眼，但放在淘汰供应商上，未尝不是个好战略：今年不给你新生意，明年不给你新生意，后年老产品下市，你自然就被淘汰了。

当然有人会说，供应商很久没有获得新项目，万一不愿维持现状，不好好支持现有的项目呢？想想看，为了你的业务，供应商已经买了设备、雇了人、备了原材料，一拍两散也不符合它们的利益诉求啊，更不要说做坏了自己的名声——世界很小，低头不见抬头见，万一你换个公司，又成了它的大客户呢。

同理，供应商也不是故意要做砸：它们做砸，往往有很多客观原因，比如设计优化没做好，可制造性差；需求预测准确度太低，需求经常变动等。双方理性地正视这些问题，尽量想法改善，维持现状的概率还是相当高的。

当然，如果供应商当时是亏本进场，不管是自愿还是被骗，寄希望于新生意而不得，现在没什么可失去，破罐子破摔，那只能怪你何必当初——这样的供应商根本就不应该纳入。

最后我想强调的是，不管怎么惩罚或淘汰供应商，采购方失去的总是更多：它不做你的生意，少赚十块钱；你因为它的问题，少赚一百块。一次到位选好、管好供应商很重要，这就是为什么了。

【实践者问】

内部用户给采购压力，说供应商多次出现问题，实在受不了，要求我们主动淘汰。怎么办？

【刘宝红答】

说句玩笑话：你受得了，否则的话，供应商就不会有"多次出现问题"的机会，早被淘汰了。这听上去有点不近人情，其实符合企业利益最大化的目标：主动淘汰是下策攻城，投资回报最低，机会成本最高，要尽量避免。

【实践者说】

这个刚好我有亲身经历。我从上海的 IPO 项目被派到苏州一个工厂整合供应商，虽是"钦差"，但是个苦活，位置尴尬，而且一旦不成功，很容易出事，我的上一任好像就待了不到一年就走人了。

刚到的时候很多供应商劣迹斑斑，交货、成本、质量都不达标，但是也不乏一些业务占很大比重的，还有很多涉及高额的模具和认证费用，所以说要淘汰实际上很难，而且我们公司生产的是电子设备，涉及的产品几乎涵盖了所有工业用途的零部件的种类，有些产品量也不大。

我当时跟老板讲，我们其实也没有必要把那些问题供应商都淘汰掉。有些供应商实力不差，完全可以整合好。我打算先把问题供应商分类，做个大致的提案。有的就是直接淘汰，没人会有异议；有的可以继续做，但是必须做好后备；有的直接去跟他们谈，把僵化的关系扭转过来。

再说，还有很多其他的问题，比如工厂自身是不是也有问题。后来一查，果不其然，财务拖欠账款，技术部拖延样品确认时间，质量部多重标准验收，内部问题多得很。而且我就带了一个人在人家的工厂里，我做什么，要动谁，很快就会被供应商知道，然后威胁说要是动了马上停止供货。还有就是，我要是把这些问题明朗化，就是在挑战这里的总经理，所以阻力很大。

我一步一个小心，花了小半年才慢慢把这些关系协调好。

这段时间，整合供应商小有成绩，更有趣的是，个人政治水平也得到很大提升。

真的是，有人群的地方就有政治，无论中国人还是外国人。我们有时候本来是为了解决问题在做事，但是在别人看来未必如此。这就需要你有足够的准备，包括数据分析、安全的后备方案、风险分析等做基础，不然也很难向上走。——李伟，飞达仕集团，全球采购部分部项目经理

【小贴士】 不教而诛谓之虐

在美国的绝大多数州，公司可随时解雇员工，不管有没有理由。[○]但理论归理论，对大企业来说，因为**绩效**表现问题而解雇一个人还真不容易：你得先给这员工改进的机会，制订绩效改进计划，并确定具体的改进目标；改进期限一到，双方都尽了合理的努力，员工还是达不到目标的话，这才进入解雇程序。

用孔子的话讲，这是在避免"不教而诛谓之虐"的情况。事先不教育，不向人指明正误是非，一犯错就加以重罚或诛杀，这是孔夫子心目

　○　英文叫 at-will employment，可译作"自由雇佣制"。除了蒙大拿州，美国各州都奉行自由雇佣制，雇主可以随时解雇员工，员工也可以随时炒雇主的鱿鱼（以非法的理由解雇员工除外）。

中的四大恶政之首。○否则员工突然被解雇，难以接受，就可能以各种理由去告雇主，比如年龄、性别、种族歧视等，不管有理没理，对大企业的声誉总是有影响的。

孔老夫子两千多年前的话，放在今天的供应商管理上也同理，那就是要避免对供应商有选择，没管理，拿淘汰当管理。很多问题，是可以通过管理来改善的。

让我讲些自己的例子。

在职业生涯刚开始的时候，我管过一个供应商，按时交货率一直在70%左右，长期也不见改进，于是我就积极寻找替代供应商。几个月下来，找不到合适的，就回到现有供应商，寻求改进方案。到现场访问该供应商时，我问负责我们产品的生产计划人员，知道我们的按时交货率要求吗？不知道。知道你们有不能按时交货的问题吗？也不知道。

原来，不管对哪个客户，这个供应商的按时交货率都是70%左右，那些客户也准许。我们的要求不同，但供应商根本不知道。或许以前沟通过，但老员工走了，新员工还是不知道。等我们详细解释期望后，供应商这才意识到问题的严重性。解决方案其实很简单：供应商多用点儿心，计划得好一点，多留一两天的缓冲余地；双方每周电话会议，随时解决问题。几个月下来，这个供应商的按时交货率稳步达到95%。

还有个供应商，我刚接手的时候，听到的都是负面评论，说它的主要客户是我们的竞争对手，一旦产能吃紧，我们便成了牺牲品；又说这个供应商太欠灵活性，交货周期长，催货难，出了质量问题，也不肯配合解决。从工程师到采购员，大家都说该换供应商。

但是，细究之后，我发现淘汰成功的概率为零。为什么呢？该供应商的产能多，设备好，没有别的供应商能代替；换了供应商，就得要求客户重新认证我们的产品，成本太高，根本不可能；工程师们口头上义愤填膺，但一听要他们花那么多时间来验证新供应商，马上就不见踪影

○ 释义摘自"百度百科"的"不教而诛"词条。

了；行业的旺季转眼就到，先出货要紧。

折腾了大半年，发现还是回到了原点。不得已，与该供应商重新交流，请它的两个副总裁吃饭，详细了解他们的难处，发现很多担心都是莫须有的：是的，我们不是他们最大的客户，但也占他们30%的生意，他们当然不愿失去我们这个客户；是的，他们的交货周期是长，催货困难，因为是同类供应商中最大的，本来就没有小供应商灵活，但他们承诺的却是说到做到；他们被形容成一伙软硬不吃的家伙，但几杯上好的葡萄酒下去后，话都说开了，发现大家一样都是人。

我们对这个供应商意见多多，事实上，供应商也是我们的受害者：我们的计划太差，催货太多，生意忙起来雇人都雇不及，生意差了一半的人都得裁掉。那些说他们坏话的人呢，连真正去过他们工厂的都没几个，很多都是道听途说，以讹传讹。双方互相理解之后，一起做计划、排日程、解决问题，这供应商成了一个相当不错的合作伙伴。

现在你知道，要理性应对供应商问题，不要让感情因素占上风。离开了供应商的历史绩效和质量、生产和物料管理体系的评估，任何基于道听途说的消息所做的供应商决策都是片面的，制造的麻烦可能远超解决的问题。

"教"的出发点是沟通。《四个约定》[⊖]一书中有很重要的一条，那就是不要做任何假设。不要假设供应商知道你的要求，不要假设它们知道它们自己的问题，不要假设找新供应商是唯一的解决方案。很多问题，都是因为先入为主的假设，双方欠缺沟通造成的。问题摆到桌面上，摊开了，讲明白了，其实往往并没有想象的那么严重。

"教"也是履行管理义务和责任。在淘汰一个供应商的时候，我们是否问过自己，是否已经尽了自己的管理责任和义务，自己的管理方式对吗？很多时候，采购方并没有尽到管理义务，而是道听途说，以偏概全地得出结论，结果导致采购方与供应商的双输。

⊖　该书英文名为 *The Four Agreements：A Practical Guide to Personal Freedom*，作者是 Don Miguel Ruiz，我没看到中文译本。

供应商绩效管理：更上层楼，指导后续寻源

做好了供应商的分类、评估、选择，我们就算给供应商收起了"口子"，以后的新生意都跟合格清单上的供应商做，慢慢地采购额就越来越集中。那设计人员这样的内部客户喜欢还是不喜欢？喜欢，因为原来得在一堆供应商里漫天撒网，现在只在有限的几个供应商中选，更简单；不喜欢，因为合格清单限制了内部客户的选择面，特别是当清单上的供应商没法满足设计人员的合理、正当需求的时候。

设计人员没法从合格供应商那里拿到自己想要的，自然会把供应商的"口子"又打开，导入一个又一个的新供应商。作为采购，你怎么办？你只能"凉拌"：你在做采购的第二天就知道，采购跟设计斗，被拍死是个大概率事件；供应商没法满足设计的合理、正当需求时，被拍死就是必然的了。

采购应该做的，就是光把供应商**选好**还不够，还得把合格清单上的供应商**管好**，这就进入五步流程的第4步：**供应商绩效管理**（有些公司也叫后评估），以及供应商绩效的持续改进（见图13-1）。这是确保合格

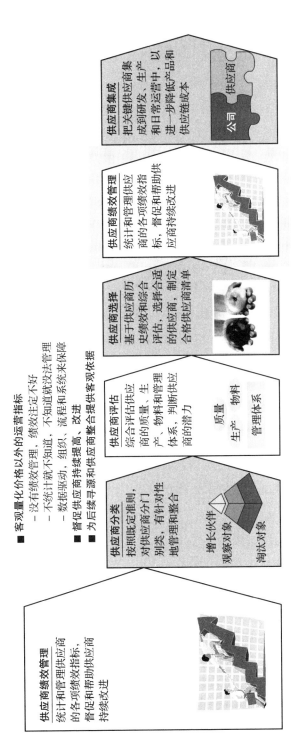

■ 客观量化价格以外的运营指标
—— 没有绩效管理，绩效注定不好
—— 不统计就不知道，不知道就没法管理
—— 数据驱动，组织，流程和系统来保障
■ 督促供应商持续提高，改进
■ 为后续寻源和供应商整合提供客观依据

供应商绩效管理
统计和管理供应商的各项绩效指标，督促和帮助供应商持续改进

供应商集成
把关键供应商集成到研发、生产和日常运营中，以进一步降低产品和供应链成本

供应商绩效管理
统计和管理供应商的各项绩效指标，督促和帮助供应商持续改进

供应商选择
基于供应商历史绩效和综合评估，选择合适的供应商，制定合格供应商清单

供应商评估
综合评估供应商的质量、生产、物料和管理体系，判断供应商的潜力

质量　物料
生产
管理体系

供应商分类
按照既定准则，对供应商分门别类，有针对性地管理和整合

增长伙伴
观察对象
淘汰对象

图 13-1　供应商绩效管理

清单上的供应商能满足内部客户的需求，也是防止供应商的"口子"被随意打开的关键。

供应商绩效管理有三个主要目的：其一，确保供应商达到绩效期望，满足公司的需求；其二，督促供应商更上一层楼，给公司做出更大的贡献；其三，沉淀客观的绩效数据，为后续的产品寻源、供应商战略提供决策依据（比如定期优化合格供应商清单）。

凭啥要求供应商改进

我们知道，有能力的供应商有脾气，没脾气的供应商没能力，没有完美的供应商，所以我们要督促、帮助供应商改进。那供应商为什么要改进呢？或者说，我们凭啥要求供应商改进？就凭我们给它们的生意？不是。已经拿到手的生意没有驱动力，就如已经拿到手的那份工资不会让你熬夜加班一样。

作为供应商，我改进了，也没有什么好处，你的生意还是谁价格最低给谁，而我投入资源改进增加了成本，让我在最低价竞争中更加处于劣势；我不改进，也没什么坏处——我给的已经是最低价了，你也找不到更低的价了。你因为质量差而淘汰我？才不怕呢，因为还有比我更烂的供应商垫底呢，它们本来就是以最低价进来的，同样也没什么可失去的。

改进的动力呢，要靠"选择"来导入，那就是**整合供应商，让剩下的供应商有更多的业务**。

比如原来有 10 个供应商，每个平均做我们 10% 的生意；现在整合到 5 个，每个就能平均做 20% 的生意。如果你想成为这 5 个之一，你就得针对评估中识别的短板，以及实际绩效的差距，给我一个改进方案，逐项落实，在约定的时间里达到既定目标。

对那些有能力也有脾气的供应商来说，我们清理掉那些烂供应商，在减少恶性竞争的同时，也提高了绩效标准；如果实质性的竞争不足，我们要导入更多有能力也有脾气的供应商。这都是给供应商更大的压力来改进。

这再一次说明为什么**选择不可替代**。美国企业也是经过几十年的挣扎，才系统认识到这些，开始反思广种薄收、粗放管理的问题，通过给供应商更多生意来驱动其持续改进。而供应商整合呢，也就成了多年来供应链管理的一大热点。

先选择，后管理；先督促，后帮助

供应商的绩效改善有个顺序问题，那就是先选择，后管理；先督促，后帮助，如图 13-2 所示。

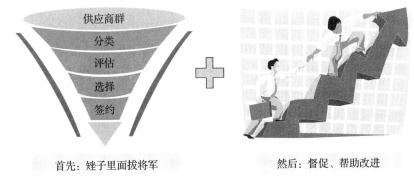

首先：矬子里面拔将军　　　然后：督促、帮助改进

图 13-2　对供应商要先选择，后管理；先督促，后帮助

我们先看**先选择，后管理**。从整体绩效改进上，选择是管理的前提：你想成为合格供应商清单上的一个，你就得做出实质性的改善，比如次品率每年下降一半，价格在未来三年分别下降 4%、3% 和 2.5%，按时交付率分别上升到 92%、95%、98% 等。基于这样的绩效目标，推动持续的供应商改进计划。

在管理上，我们要**先督促，后帮助**，这个顺序不能乱。前文已经说过，督促是让供应商投入资源，产生自我造血功能——想想看，有几百几千人的供应商如果自己不作为，我们派几个人去是帮不了什么的；帮助呢，则是因为供应商的很多问题是由我们的需求定义造成的，比如设计变更、计划不稳定等，我们要优化设计，做好计划，理顺需求从而理顺供应。

比如我们的机械加工件是大批量加工，自动化程度高，供应商调好了数控机床（CNC），一下子做出一卡车，一股脑儿发给二级供应商，希望后者都在标准提前期内交货；而负责电镀、发黑等表面处理的二级供应商呢，主要是手工操作，忙的时候忙死，闲的时候闲死，成了交付的瓶颈。那我们把一级和二级供应商叫到一起，适度平滑生产计划，细水长流地给二级供应商供货，二级供应商处的瓶颈随即消失了，细水长流地出货，整体交付大幅改善。

有些供应商的确没有能力改进。作为资源更加丰富的采购方，我们可以帮助供应商做点儿什么。

比如以前我管一些服务类供应商时，发现这些供应商普遍规模较小，在各自的领域内是专家，但在工夹具的设计、制造上却是外行。其中有个供应商全靠手工，速度慢不说，质量也不稳定。我们当时有个工程师，刚从大学毕业，学机械设计的，就给供应商设计了一个简单的夹具，谁看都不算什么"火箭技术"，只是举手之劳，但解决了供应商的问题，良率和效率都大幅提高。该供应商千恩万谢，看得出是发自内心的。

至于大公司帮助供应商推动精益制造，在丰田、本田等日本企业中很常见，在欧美企业中也不鲜见。

例如在我先前管理过的供应商中，有几个服务飞机制造行业，就接受了波音、柯林斯宇航等客户的精益生产培训。采购方派来几个工程师、质量管理专家，就具体的零部件展开培训，帮助缩短生产周期和降低成本。这些对供应商来说是免费的，对采购方来说一周是好几万美元的成本。但大公司还是乐此不疲，因为供应商改进给采购方带来的回报更大。

对领头羊企业来说尤其如此。作为行业的顶尖企业，我们一直在探索顶尖的技术、工艺，以前没有这样的需求，供应商自然没法选来就用。于是，先从矬子里面拔将军，然后督促、帮助供应商改进就成了必然之路。作为追随者的时候，我们可以"坐享其成"，使用龙头企业开发好的供应商；当我们成了领头羊企业的时候，就不能再期望空手套白狼的美事了。

【实践者问】

对多次出现质量、交付问题的供应商，应该怎样处理？

【刘宝红答】

首先，我们得判断选择工作是否做到位了。如果选择了错误的供应商，我们是很难系统改善的，那就需要选择新的供应商，基于投资回报，对老供应商要么被动淘汰，要么主动淘汰。如果选择工作已经做到位了，这已经是我们能找到的最好的供应商，那我们就得着手管理改进。

不管怎样，对于重复性问题，我们没法在问题发生的层面，即订单、项目层面来解决，一定要上升到供应商层面来应对，那就是商务上督促，质量、技术上帮助供应商改善。

客观量化供应商绩效

要管理供应商绩效，就得客观量化供应商的绩效。现代管理学告诉我们，不统计就不知道，不知道就没法管理——离开了绩效统计，我们就不知道供应商绩效有多好，或者有多差；不知道供应商的真实表现，自然没法督促帮助供应商改进。

跟其他绩效管理一样，供应商绩效管理也要求简单可行，尽可能**客观、量化**。考核流程要透明、一致，确保可重复性——不同的人考核，会得到同样的考核效果。这些都是常识，但在那些管理粗放的企业里，光客观、量化这一点就挑战重重，让我们看一个案例。

【案例】　某公司的月评分标准

案例企业是个房地产商，行业标杆之一。它的同行一定要我分享该企业的"最佳实践"，我就在网上找，偶然看到它的供应商月评分标准（见表 13-1）。该企业从 11 个维度来给供应商打分，每个维度都有扣分标准，看上去很全面，但相当多的维度难以客观、量化，因而难以落地。我选了一些有代表性的问题，注明在最右边的"不清楚之处"一栏。

表 13-1　某房地产商的供应商月评分标准

维度		最高扣分	评分标准	不清楚之处
1	质量体系评价	5	● 通过 ISO9001、ISO14000 等装饰行业标准的，得 5 分 ● 通过 ISO9001：2000 等通用标准的，得 3 分 ● 通过某某装饰公司审核、有贯标证书但已到期的，得 2 分 ● 未通过质量体系贯标或未经本公司审核，0 分	
2	交货质量检查	20	● 供货不良品每发生一次，扣 3 分 ● 每办一次让步接收，扣 5 分 ● 拒收一次，扣 20 分	
3	项目生产中发现问题（或影响生产）	30	● 影响生产正常进行的，每次扣 5 分 ● 影响生产，被迫调整生产计划的，每次扣 5 分 ● 影响生产，导致返工，一次性扣完	如何定义"生产正常进行"
4	售后质量问题	5		
5	质量整改/重复发生问题	5	● 接到通知未整改，一次扣 2 分 ● 整改无效，每重复发生一次扣 5 分	
6	数量准确性	5	● 每次供给不足（未影响生产），扣 1 分，扣完为止	如何界定"未影响生产"？供给不足是针对需求还是承诺
7	时间遵守性	5	● 每降低 1%，扣 1 分，扣完为止	如何统计按时交货率？计件还是计行

（续）

	维度	最高扣分	评分标准	不清楚之处
8	消息反映准时性	5	● 采购管理部发出《供应商整改通知书》等相关信息，信息一次未反馈扣3分，反馈不及时扣1分，扣完为止	什么是"等相关信息"？如何定义"未反馈"？反馈质量呢？什么是"不及时"
9	售后服务情况	5	● 公司各部门对供应商服务进行投诉，一次扣1分 ● 同一问题二次投诉，扣2分，扣完为止	
10	价格保护	10	● 供应商所提供产品价格低于市场同类同级产品价格	哪个市场
11	供应商登记	5	● 设置A、B、C、D级，分别给5至1分	

比如第3条讲到，"影响生产正常进行的，每次扣5分"。但问题是如何定义"生产正常进行"？特别是打分者往往不在项目现场，怎么才能知道是否影响生产的正常进行？靠现场项目人员汇报？项目人员整天忙，很多问题根本没时间汇报——一旦汇报，就得填报各种信息，应对种种扯皮。即便汇报，影响不影响生产，全靠项目现场人员的一句话，还是存在标准不清的问题。

第6条的"每次供给不足扣1分"，供给不足究竟是针对采购方提出的需求数量，还是供应商承诺的交付数量？是供应商承诺100个，到时候送来90个；还是原来说好90个，采购方突然说要100个？从内部用户的角度看，后者当然算"供给不足"；但从供应商的角度看，这是明显的不公平：不公平的绩效评分就如不公平条约，是没有约束力的。

第7条的"时间遵守性"也有众多的模糊之处。比如按时交货率的统计，是按件还是按行？两者之间的区别可大着呢：订单上的需求是100个，供应商送来95个，按件的话是95%，按行的话就是0。"每降低1%，扣1分"，这是跟上周比，还是上月、上季度、上年？是完整的日历月、日历季，还是滚动的4周、13周？如果原来是100%，现在降了2%，但还是高于目标，要不要扣分？

第 8 条的"消息反映准时性"就更加模糊。比如在"采购管理部发出《供应商整改通知书》等相关信息"中，究竟什么是"等相关信息"？你知道，最难对付的是"相关部门"。企业说话怎么能模棱两可，一口官腔。"信息一次未反馈扣 3 分"，如何定义"未反馈"？供应商收到整改通知书后，回复"收到"二字算不算反馈，算的话这种反馈又有什么用？"反馈不及时"又怎么定义？收到整改通知后 1 分钟、1 小时内"反馈"算及时，还是 24 小时、24 天？

第 10 条的"供应商所提供产品价格低于市场同类同级产品价格"，本来是大企业给供应商的"霸王条款"，从保护采购方的利益来说是好的，但执行起来却困难。比如如何定义"市场"呢？是村头的农贸市场，镇上的骡马市场，还是上海、伦敦的期货市场？价格是多长时间内的价格？交易发生的当天，还是发生后的一天、一周、一月或者十年？

这是个几万人的企业，那么多的子分公司，那么多的项目，供应商打分标准模糊，注定是没法客观、可靠地落地的；即便打分了，也因客观性不足，没有多大的参考价值。不要以为这是案例企业独有的问题，我看过很多企业的供应商评分标准，基本上都有类似的问题，这就注定其供应商绩效评估是走过场，成为供应商有选择、没管理的另一个注脚。

或许有人会问，你吹毛求疵，找出这么多的毛病来，那究竟应该怎么改进？让我们继续就上面的案例，选择三点来举例说明。

第 3 条：项目生产中发现问题（或影响生产）。你不能简单地只讲利害，不讲原则，以是否影响到生产来评判供应商是否有错；你得有个客观的评判标准，那就是你的图纸、规格、订单要求。如果供应商是按照你的图纸、规格、订单要求供货的，即便影响到生产，那也不能算是供应商的错。打个比方：生产现场要的是一只平头螺钉，供应商按照订单送来一只圆头螺钉，这是采购方的需求定义问题，不关供应商的事。

第 7 条：时间遵守性。这统计的是按时交付，你不能简单地以降低多少，给供应商相应的惩罚。你得有一定的标准，比如 95% 的情况下，供应商得在双方约定的时间内，完成分配下来的任务，或者交付相应的产品。再比如该指标按照滚动 13 周（一个季度）按件统计，按时交付低于 90% 的话要做根源分析，扣 1 分；低于 85% 的话会有警告处分，扣 2 分等。这样的话，指标就很清楚，不同的人、不同的项目执行起来会有一致性，而且会驱动供需双方事前约定交付日期、数量，避免日后的扯皮。

第 8 条可以具体化如下：采购管理部以邮件或微信形式发出《供应商整改通知书》后，供应商需在 x 个工作日内提交根源分析，y 个工作日内提交整改方案。采购方认可后，供应商需在 z 个工作日或双方约定的期限内，落实整改方案。由于供应商的原因，每拖期一周扣 1 分；根源分析、整改方案达不到质量目标扣 2 分；整改方案落实后，3 个月内重犯扣 3 分等。

而要做到这样的客观量化，**我们必须落实到具体的订单、项目、活动，对每个订单的每一行、每个项目的每一分项都客观量化，尤其是质量和交付，汇总成供应商的绩效**。你知道，这会花很多时间，但不这么做，就没法客观量化供应商的绩效，一方面没法督促供应商持续改进（因为你没法客观证明问题存在），另一方面在后续寻源中缺乏客观的历史绩效数据，导致选错供应商，带来更多的绩效问题，得花更多的资源补救。

供应商绩效管理哪些

总体上，供应商绩效管理可以概括为七个方面（见图 13-3）：质量、成本、交付、服务、技术、资产、员工与流程，合称 QCDSTAP，即各自英文单词的第一个字母。[一]行业不同，发展阶段不同，侧重点不同，

㊀　Q 是质量（quality）；C 是成本（cost）；D 是交付（delivery）；S 是服务（service）；T 是技术（technology）；A 是资产（asset）；P 是员工与流程（people and process）。

也可能在这个基础上取舍。

图 13-3　供应商绩效管理指标体系金字塔

凡是企业，都会关注**经济指标**，不过成本与价格可不是一回事，很多美其名曰"降本"的，其实焦点都是降价。优秀的企业也关注**运营指标**，比如质量、交付和服务，也是内部客户最关注的。真正一流的企业，特别是那些大企业关注**基础性指标**，比如管理体系、组织和流程建设、技术和资产管理、员工培训等，这是确保运营和经济指标的关键。

成本、质量和交付三个指标相对容易统计，属硬性指标，是供应商绩效的直接体现；技术、资产、员工与流程这后三个指标相对难以客观量化，是软性指标，但却是保证前三个指标的根本；服务指标介于中间，也是供应商增加价值的重要表现。

下面我们就这 7 大类指标，逐个展开分析。

指标 1：供应商啥都好谈，就钱不好谈

供应商啥都好谈，就钱不好谈。但谁也没办法不谈成本，就如北美的一位首席采购官所言，采购绩效的 70% 来自成本。这也是为什么我们率先谈成本指标，包括采购降本、成本规避和采购返利（见图 13-4）。

供应商啥都好谈，就钱不好谈

我们先看**采购降本**。说是降本，其实更多时候是降价。常见的有年度降价指标，以采购价差的形式统计，亦即外资企业熟悉的 PPV[⊖]。采购价差在道理上很简单：原来每件 100 元，现在 95 元，省下 5 元，就是 5% 的降价。但实际操作中，这一统计要复杂、困难得多。

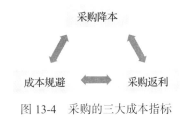

图 13-4 采购的三大成本指标

最难的就是如何定基准价。如果用以前的实际采购价，那究竟该采用什么时候的采购价？是最后一次的采购价，还是过去一段时间的平均价？没有采购历史的新产品呢？如果是市场价，哪个市场的价，什么时候的市场价？如果是全球采购的话，用哪个地区的采购价？

前些年，CAPS Research 在全球召开了数轮圆桌会议，与会者大都是《财富》世界 500 强企业的首席采购官、副总裁、总监，谈的主题不是如何节支，而是如何**统计**节支。这也反映了大企业的挑战：**干好活儿不容易，要证明干得好可就更难了**。采购体系、流程、政策等方面的官僚机制，很多都是围绕"证明干得好"，也就是绩效统计而构建的。没有完美的统计方法，关键是**统计口径要一致，才会有可比性**。

是个指标，就有被操纵的可能。年度降本方面，常见的就是对供应商初始报价睁一只眼闭一只眼。就如以前我的一个老同事抱怨的，别人 120 元买进价值 100 元的东西，然后每年降价 5 个点，年年有奖金拿；他一刀就砍到 96 元，接下来的年度降价就成了问题。这都是绩效考核的副作用，不难理解。对于职业人来说，我们还是要做正确的事，而你我都知道，什么是正确的事。

【小贴士】 年度降价：师出有名

与供应商博弈了几十年，美国企业在采购年度降价上，形成了一整套的游戏规则，力求师出有名，行王道而非霸道，那就是基于宏观、微观经济来寻找降价依据（强势压价仍有一定市场，但更多的是作为王道走不通的备选方案）。

1. 生产效率提高。在美国，从 1992 年到 2005 年，制造业效率年均复合递增 5.2%，增速还有加快的势头。例如在 2002 年到 2004 年期间，增长率在 6% 到 10.9%（这跟那几年公司大幅裁员有关：员工数量少了，总体产出不一定少，单位产出则高）。供应商不能独吞因此带来的利润增长，应该与客户分享。

2. 生产价格指数（PPI）下降。很多产品的生产价格指数是逐年下行的，例如个人计算机、半导体芯片、家电等。美国政府统计数据中有各种产品的生产价格指数历史。PPI 降低了，供应商的采购价在下降，客户也有理由拿到更好的价格。

3. 供应商的持续改进。供应商采用新工艺、新设备、精益生产等；采购方也可能放松规格要求、改进设计等，以求供应商降低生产成本。这往往要求采购方投入技术、质量力量来重新验证，所以采购方理应从这些改进中分一杯羹。再说，供应商的销售们一逮着机会，就喋喋不休地讲他们现在做得多好多好，"那好，给我们降点儿价吧"，保准他们以后再也不占用你的宝贵时间，自吹自擂了。

4. 学习曲线。产品刚投产时，生产效率较低，管理、工程方面的开支也较多；当产品进入成熟期，熟能生巧，产品良率和生产效率会更高，相应的节省也应该部分转移到采购方。这对复杂度高、生产工艺复杂的产品尤其适用。

5. 规模效益。给供应商的采购量增加，单位成本应该下降：总采购额的上升使得供应商的单位管理费、设备折旧、营销费等降低。这一点在降价谈判中很具说服力，也是年度降价和供应商整合经常一起出现的原因。

实在没有办法，那就是**最终客户的降价压力**。客户有年度、季度降价，相应的成本压力则转移到整个供应链，每个环节都得共同努力来保护市场份额。如果这种降价要求适逢市场低迷、采购量下降，难度就可想而知。不幸的是，经济越不景气，客户端的降价压力也就越大。

或许有人会说，你给供应商的销售人员讲这些，他们就会爽快地答应降价？当然不会：他们总会找出 N 多种理由，跟你诉苦为什么价格没有再降的余地。看上去你是在对牛弹琴，其实还是有意义的，因为一转身到了内部，供应商的销售就变成了你的同盟，把你告诉他的原封不动地讲给老总，说这就是为什么要给你降价 × 个百分点。

想想看，供应商的销售们整天忙于琐事，根本没有时间来做这样的研究。那好，我们是大公司，有专门的分析人员，就让他们统一准备这样的数据。这也符合供应链的基本准则：一件事，谁处于做事情的最佳位置，谁就应该做。

年度降价以外，采购降本还有**成本规避**：公司的采购价虽然没降下来，但也没有升上去，而同期市场价上升 5%。从财务统计的口径看，这不算节支，但你知道，这对企业也很重要。我们把自己做成供应商的大客户，一大目标就是行业性短缺时，我们不是第一批被抬价、被短料的客户。这给我们更大的回旋余地，可以让竞争对手率先由于采购成本上升而降低毛利；或者因此率先涨价，让更多的客户来到我们这边。

如果说采购降本是"攻势"的话，成本规避就是"守势"，即便不算功劳，也算苦劳。其挑战是统计更困难，更难以**客观量化**。

比如市场价很难跟具体的产品对等，除非我们买的就是大宗原材料什么的，有自己的价格指数。即便是标准产品，绝大多数的采购项也都有定制的成分，很难跟那些市场价格指数直接挂钩，更不要说那些我们设计，让供应商按图定制的产品。

再比如供应商要涨价 10%，采购砍成 4%，意味着 6% 的成本规避？新产品供应商报价 100 元，采购砍到 80 元，意味着 20 元的成本规避？这里面有数字游戏的成分，容易助长博弈。供应商深知这一点，也利用这一点漫天要价，来"配合"采购做个好工作。这也是为什么财务部门往往对成本规避很不感冒。

但不可否认，成本规避仍然是采购的一大贡献。让我们拿在 NBA
打篮球打个比方。

湖人有个天才中锋叫戴维斯（因为浓眉大眼，中国球迷送外号"浓
眉哥"），他在禁区一站，没人敢冲到篮下，虽然没有拿到具体的盖帽、
篮板球统计，但谁也不能忽视其价值（这有点像"成本规避"）。相反，
活塞以前有个中锋叫德拉蒙德（因为看上去有点神神道道，中国球迷送
外号"庄神"），此人喜欢把投手放到篮下，虽然抢到了很多篮板球，盖
了很多帽，各项统计很好看，却也让对手把更多的球投进去了。这也是
为什么以后庄神拿底薪，都快找不到活儿干了；浓眉哥拿超级顶薪，成
为 NBA 的 75 大巨星之一。

采购返利是指当采购额超过一定量时，供应商给采购方一定比例
的折扣。对购卖双方来说，这个条款让大家都有动力来增加采购额。生
意做得多，返利也多；生意做得少，返利就少，这对双方来说都容易接
受，特别是业务波动较大，采购量难以预测的时候。作为采购方，不要
局限于现有的采购量，应尽可能在合同里写入返利条款。

当然，对采购返利来说，有时候情况发展超出所有人的预料。

例如我管理过的一个供应商，以前一年只供货三四百万美元，因
为新产品进入量产，采购额突升到 800 万美元，结果光采购返利就好几
十万美元。供应商突然发现自己无利可图，因为它们没有很好地把采购
返利考虑到成本中。加之产能扩张，供应商投入了很多钱，于是开始亏
本。试想，采购量超过 300 万美元的部分，返利 2%；超过 400 万美元
的部分，返利 3%；超过 500 万美元的部分，返利 4%。如何准确反映到
几十种产品的报价中，确实是个难题。于是双方重新谈判，但由于有利
的合同条款，我们在谈判中占据有利地位。

付款条件包括账期和提前付款折扣。账期指货到后多长时间付款，
也是供求力量对比的写照。在那些技术含量不高的行业，采购方议价能
力强，账期就非常长，比如在家电行业，有些企业是"3+6"：3 个月后
付款，而且付的不是现金，是 6 个月的承兑汇票，其实是总共 9 个月的

账期。在议价能力比较弱的行业，比如餐饮行业，行业集中度较低，能够影响供方市场的企业较少，账期就比较短，甚至采用现款交易。

付款账期长，一般都是财务要求的。难道财务不知道，供应商的规模一般更小，资金成本更高，羊毛出在羊身上，最后还得我们买单，支付更高的采购价？当然知道，财务可以说是企业里最了解这一点的。那为什么还做这傻事？有两个原因。其一，企业的现金流确实困难，不得不这么做；其二，竞争对手在延长账期，我们不这么做会吃亏。

有些企业的规模相当大，现金流异常充分（上市企业，公开的财务报表上能看到），但给供应商的账期还是 9 个月。问为什么，答曰因为竞争对手在这么做。都说竞争让人向善，其实很多时候，大企业都是争着比谁作恶更多。竞争对手在做傻事，不能成为我们跟着做傻事的理由。你的账期短，供应商当然会知道，你会成为供应商更愿意做生意的客户，它们给你的报价、服务会反映出来，优质资源也会向你倾斜。

这么做的企业中，有相当一部分是行业巨头。凭借采购规模，这些巨头拿到了它们想要的价格，当然是行业的最低价格；也拿到了想要的账期，当然是行业的最长账期，但就是拿不到想要的交付和服务。

比如到了旺季，或者供方市场产能短缺时，有好几个行业巨头的采购诉苦，说供应商对他们的支持力度不够。这有什么稀奇的吗？凭着你的价格策略和商务条款，你已经非常"成功"地把自己做成了供应商的低盈利客户：如果你是供应商，最后一点儿产能是给高盈利客户，赚 5% 的利，还是给低盈利客户，赚 2% 的利？是给账期 30 天的优质客户，还是账期 270 天的劣质客户？

付款条件中的**提前付款折扣**，是指如果供应商想提前拿到货款，要付给采购方一定的折扣。例如货到 10 天付款，给采购方 2% 的折扣；货到 20 天付款，给采购方 1% 的折扣等。当企业现金充足时，提前付款给供应商，拿到折扣，也提高了资金运作效率。这对供应商也有好处：供应商的规模一般较小，融资成本高，给采购方适当的折扣付出的成本，也往往比从银行贷款支付的利息要低（这可能要算供应链金融的雏形了）。

这后面是货币的时间价值：今天的 100 元，跟三年后 100 元的价值是不同的。供应商需要算这笔账，采购人员也要会算。这会帮助采购与财务更好地沟通。比如在北美，有些供应商现金流紧张时，会主动申请提前付款，并给出一定的折扣。采购人员要根据现金的机会成本，来评估供应商提出的付款折扣是否合适。

顺便提及，在供应链领域，货币的时间价值还用在很多地方。比如自制还是外包的决策中，自制需要建工厂、买设备，这些固定资产需要多年折旧，我们要计算净现值，来与外包策略比较。当年我到硅谷面试，其中就有一个问题是货币的时间价值。这是因为老东家正在推动轻资产战略，需要采购经理来全面衡量自制和外包的总成本。

在实施中，提前付款折扣的一大挑战是实际兑现率：采购方的承诺不一定能按时兑现。比如说是货到 10 天付款，折扣 2%，但由于采购方的应付账款处理流程缓慢，供应商根本不可能在 10 天内拿到钱，结果只是付出了 2% 折扣的成本，自然就没有动力去接受这一付款条件。也不要小看这一问题：从下订单到付款，整个周期是反映公司运作效率的一个重要指标，管理越粗放，这一周期就越长。

【小贴士】 物美价廉，还是一分钱一分货

物美价廉，还是一分钱一分货？相信大部分人相信一分钱一分货：你偶然可以便宜买到好东西，但大概率，最低价买到的肯定是最糟糕的。赢得合同的，总是报价最低的供应商。这不，政府的停车场就塌了（见图 13-5）。美国大兵们有句笑话，说不要忘了，我们手上的武器弹药都来自报价最低的供应商，言下之意是质量就可想而知了。

那为什么又有最低价中标，也就是说花最少的钱，买最烂的货回来？决定最低价中标的是老板，老板们做了几十年的生意，难道就不知道一分钱一分货吗？这看上去是老板的问题，根源却在于采购没有能力花好钱，逼得老板不得不最低价中标。且容我详细道来。

图 13-5　物美价廉是偶然，一分钱一分货是必然

资料来源：网络。

就如前文讲过的，采购能力不够，没法有效评估供应商，不能客观量化其质量、交付，其实就是不知道供应商的好坏。这时候老板就面临两个选择：一种选择是给采购很多钱，但因为采购"不识好歹"，没法有效选择供应商，花了很多钱，还是买来一堆烂货；另一种选择呢，就是花最少的钱，买一堆烂货，先把钱省下再说。如果你是老板，你会怎么办？你当然是冲着确定性最高的那条路去，最低价中标，至少还可以省钱。

对于很多企业来说，因为供应商准入缺乏客观标准，后续绩效难以客观量化，就只能在唯一客观、透明的价格上死磕。在质量、交期、服务等指标难以客观统计，从而可以作假的情况下，价格总可以做得更低——价格高是腐败，相对好对付；其实价低质劣也是腐败，而且更难防。

经常有人抱怨，说公司对采购的期望只是价格，他们成了价格至上的牺牲品。员工做决策得基于客观信息，而价格是唯一客观的信息；管理层考核员工也得基于客观信息，而价格也是唯一客观的信息。从上到下，唯一客观的信息就是价格，你不价格至上，最低价中标，还能做什么？

所以，**你不能把价格至上简单地当作组织行为问题来对待；你得从系统、流程的角度来解决这一问题**，即围绕交付、质量、技术等有关价值的指标，在流程上收集结构化的数据，在信息系统里储存、统计、汇总这些指标，从而让企业能够更加客观地评估价格以外的价值。这是个非常艰巨的任务，要落实到每一个订单的每一行，需要投入大量的资源，也是企业管理精细度的重要体现。

所谓的中基层管理，其实相当一部分任务就是管理数据，围绕数据统计绩效，围绕绩效管理员工行为。绩效管理其实容易，难的是数据的收集和整理。价格与价值之争，最终还是得回到数据上。**离开客观数据的支持，价值永远也不可能战胜价格**。

最后，最低价中标虽然糟糕，但在没法有效客观量化别的指标前，有个客观标准要比没有强。网上经常看到"大声疾呼"，说最低价中标害死人，还把权威的某媒体搬出来，说该媒体曾两次发文，诟病"最低价中标"。那把最低价中标拿掉，比如来个"次低价中标"，或者合理价中标，会不会更好？那会更糟糕，因为"次低价"难以客观界定，供应商揣测"次低价"的结果是系统地拔高报价；尚且不论合理价格本身就很难定义，我们下面接着谈。

【实践者问】

劣币驱逐良币，优质供应商的保有率低，为什么？

【刘宝红答】

劣币驱逐良币，优质供应商被系统淘汰，根本原因是没法**客观量化**优质供应商价格以外的绩效，比如质量、交付和服务。**没法衡量的就没法管理**。供应商选择就只能基于能够客观量化的指标，即价格，而优质供应商在价格上是没法跟劣质供应商竞争的，于是被系统淘汰。

这就有点像硅谷和深圳的餐饮业。在这两个地方，中餐馆普遍足够便宜，但差也是足够差。我的个人看法是这两个地方太年轻，文化积淀少，小资阶层尚未成气候（这里的小资跟收入上的中产是两回事），一般消费者只看价格，而服务好、情调好的餐馆价格高，很难存活下来。上海就相对好点儿，因为文化积淀久，小资阶层强大，更愿意为价格以外的价值买单，所以就有更多有情调、菜品精致的小餐馆（当然，这完全是个人管见，欢迎不同意见）。

【小贴士】 合理的价格是什么，要不要二次议价

二次议价是询价或招标没达到期望时，采购方与供应商继续价格谈判。

有些时候，二次议价是最好的选择：短期、局部的情况下，竞争可能是不充分的，市场机制往往失灵，需要谈判来解决。比如供应商早期介入，已经锁定了；或者说有了设计变更，你八成还是跟现有供应商谈判价格；或者由于产能、地域、专利等因素，我们只能跟特定供应商合作。这些情况下，我们要靠长期关系来约束供应商的博弈行为，借助成本分析，跟供应商有理有节地谈判解决问题，我们在后文还会谈到（第378页）⊖。

但更多的时候，二次议价导入了太多的博弈，导致价格的合理性难以证明。我们二次议价，供应商当然知道——行业里就那么几个供应商，第一次不知道，第二、第三次还能不知道吗？那么，供应商在第一次报价时会怎么办？当然是藏着掖着。有二次议价，就会有三次议价，所以在二次报价中继续藏着掖着。依次类推，我们就永远也不知道拿到的是不是最好的价格，亦即人们心目中的"合理价"。

这不，采购员议不动了，采购经理去议，他的面子至少值5分钱，就又砍下来5分。采购经理议不动了，采购总监去议，他的面子至少也值5分钱，还能砍下5分来。采购总监议不动了，采购副总又能砍下5分钱。等公司老总出动了，他的面子更值钱，砍下8分钱。就这样，自下而上都没法证明已经拿到了供应商的最好价格。

价格的合理性是个大问题。采购内部要层层证明，采购要给内部客

⊖ "供应商早期介入后，价格怎么谈"，第378页。

户和老总们证明，老总们要给 CEO、董事会证明。公共采购、国有经济就更加复杂，因为除了公司内的证明，还要层层证明给政府监管部门。不管是企业还是事业单位，不管是国有还是私营，都花费了巨大的资源来证明价格的合理性。那么，究竟什么样的价格是合理的？

简单地说，**充分竞争下，一次报价，你得到的最低价就是合理的价格**（当然前提是质量、交付等都能满足要求）。也就是说，供应商只有一次报价机会，要么做我的生意，要么不做，错过这个村，就没这个店。在市场竞争的压力下，供应商才会一下子报出它们能接受的最低价。这就是合理价，是由**市场机制**，也就是那只看不见的手决定的。

人们经常把价格跟成本混为一谈。其实价格跟成本没有半毛钱的关系。

这不，你在一线城市打工，一天赚 1000 元——这个公司不给你一千，别的公司给；到老少边穷地区给老乡放羊，一天能赚 100 元就不错了——你不愿意干，自然有人愿意干（反过来想想，如果你也每天赚 1000 元，没几天，那群羊就全归你啦，好像也不合理啊）。你的合理价是多少？两者都是合理价。那为什么价格完全不同？充分竞争下，市场给你的就是合理价。

这也解释了，为什么同样一个产品，旺季去询价，供应商报价 10 元；淡季去询价，就可能成了 8 元——闲着也是闲着，能赚点儿甚至少亏点儿就行。你说哪个价格是合理的？两个价格都是合理的——充分竞争下，**供需关系**决定的价格就是合理价。物以稀为贵，说的也是供需，而不是成本。

价格的合理性只有市场能够证明。这也是为什么传统的欧洲、北美人做生意，还有各个国家的公共采购，都在尽力营造充分竞争、一次报价的环境，借助市场竞争拿到合理价（当然，有些欧美企业这些年也学"聪明"了，开始多次议价）。反垄断，被这么多的国家当成国家大事，动用政府力量，确保至少有两个实质性的竞争对手，就是在营造充分竞争的环境，确保价格的合理性。

很多人分不清**市场措施**和**管理措施**，在该用管理措施的地方用市场措施，在该用市场措施的情况下用管理措施。比如供应商没有足够的产能，出现交付问题，需要采取管理措施应对，督促、帮助供应商建产能、建库存，而不是一味地导入更多的竞争——导入竞争是典型的市场措施。相反，价格的合理性只能由市场决定，而企业却花了大量的资源，比如一轮又一轮的议价，通过管理措施来证明价格的合理性。

有人或许会说，我明白二次议价的问题了，但供应商都习惯我们二次议价了，如何改变呢？

如果你是个大公司，或者在行业里有一定影响力，你还是可以改变游戏规则的。刚开始，供应商当然不信，报价藏着掖着。那好，你不二次议价，吃点儿亏。第二次，供应商开始半信半疑，你继续吃点儿亏。等到第三次，供应商就知道自己只有一次机会，自然就会向一次报价到位过渡。这跟当年商鞅变法，城门立柱来建立信用是一个道理。[⊖]

【实践者问】

初始报价为什么可以一降再降？

【刘宝红答】

很简单，因为你有一议再议，一砍再砍的习惯，供应商就在初始报价中藏着掖着。讲个美国人的冷笑话。有一年，电台每天都在大肆宣传，今年的冬天该有多冷多冷，前所未有的冷。听得多了，有听众就忍不住给电台打电话问，你们说那么冷，依据何在？电台说，我们当然有依据啦：你瞧那些印第安人，这些天来准备过冬的柴火，都忙成啥样子

⊖ 城门立柱，一般用来表示诚实守信的见证，典故出自春秋时期的商鞅变法。公元前356年，商鞅拟定变法法令后，在秦国都城的南门放了一根 3 丈长的木头，宣布谁从南门搬到北门，就给予重赏。有人照做了，商鞅立即说到做到，兑现奖励。摘自百度百科，"城门立柱"词条。

了？多少年来，我们从来没见他们那么忙过。原来，有些美国人迷信，总觉得印第安人有特异功能，能够预知天气的冷暖。那听众就去问印第安人，你们凭啥知道今年冬天那么冷？印第安人答道，电台没日没夜地讲，今年可是百年一遇的寒冬，你难道就没听到？

【小贴士】 成本算那么清又能怎么样

经常有人问，如何能更好地核算成本？他们总觉得，成本核算不清，自己被"蒙"了，是拿不到更低价的根本原因。但问题是，即便你能核算清，那又能怎么样？

这不，你在火车上，小姑娘推着餐车过来了，你问瓶装水多少钱，她说5元；你又问，多大的瓶子？她说，就是超市里1元的那种——要买就买，不买拉倒，你知道成本又能怎样？但是，你家楼下的便利店里，卖货的小姑娘从来不会这么"虐待"你。同样是做生意的小姑娘，为什么表现这么不一样呢？

很简单：火车上的小姑娘和你是短期关系，这次跟你做完生意，下次见到你恐怕是27年以后的事了；便利店的小姑娘和你是长期关系，她不但想做你今天的生意，而且想做你明天和后天的生意。所以说，**这里的问题不是你不知道成本，而是短期关系在作祟。**

有些企业习惯于极端短期的做法，导致和供应商之间没有任何信任，未来对供应商来说没有多少可预见性。没了未来，供应商就没有可失去的；没有可失去的，当然是坑你没商量，能坑多少算多少。有求于我，那就听我摆布，因为等风向一转，你不也跟供应商三天砍一次价吗？

要知道，喊不公平的，其实往往是不公平的始作俑者。那些在成本核算上死磕的企业，总是觉得供应商对它们不公平。但这些企业对"公平"的定义呢，就是"我的是我的，你的也是我的；如果你的不是我的，那就不公平"。有个家电巨头习惯于极端压价，一轮又一轮地竞价，甚至采用电子竞标。几轮下来后，供应商说了，爱谁谁，这生意你想给谁就给谁吧——我都亏老本了，你还嫌我不给你摊开账本，告诉你"真实成本"？

或许有些人会说，我们的成本核算主要针对那些强势供应商，它们仗着有技术优势，不肯降价。我想说的是，**价格是市场供需决定的，跟成本没有半毛钱的关系**，否则，茅台、二锅头百分之九十九都是水和酒精，为什么茅台上千元一瓶，二锅头只卖几十元？它们明码标价，有人卖有人买，供需形成均衡，就是合理价，有什么好证明的？

越是一流的企业，它们的资源越多地投入到基本面的问题上，比如优化产品设计，做好设计选型，整合供应商，这都是从根本上降低成本。这就如那些优秀的学生，他们不会花太多时间盘算自己能得多少分，别的同学能得多少分；他们更多地把时间花到基本面上，比如课前预习，课后复习，日有所知，日有所进，自然会得到更好的分数。

当然，话又说回来，我也不是不鼓励你做成本核算。账还是要算，要细细算，因为**不算账就不知道，不知道就没法管理**，特别在短期、局部竞争不充分，要和供应商谈判的情况下。但是，我要强调的是，在充分竞争的市场上，价格不是成本决定的，不要在"真实成本"的牛角尖里钻得太深。

【实践者问】

几家供应商竞争报价，拿到的最低价还是达不到目标成本。采购做了成本分析，认为价格已经足够合理；内部客户看了成本分析，不同意采购的看法。比如采购用的人工成本是 35 元 / 小时，为什么不是 33 元或 32 元？怎么办？

【刘宝红答】

成本分析在判断价格的"合理性"，但其众多的假设，本身也有个"合理性"的问题。比如正常利润取 5 个点，为什么就不是 4.9 个点？间接费率 45%，为什么不是 43% 或者 46%？另外，有些所谓的"成本分析"，也颇有绕着箭落地的地方画圈的嫌疑，通过调整假设，来"证明"价格的合理性。这都注定有扯不完的皮，采购是永远也说服不了内部客户的。

这就又回到价格的合理性问题：合理的价格只有市场能够决定。

【实践者说】

财务会计人员正在转岗或转型，转岗去采购部才发现，用过去财务会计的一些知识或工具，无法"分析透"供方产品成本与价格，殊不知采购与财务的最大区别是：前者面对的是市场而后者面对的是办公场。——云中月下，"供应链管理实践者"微信公众号读者

【小贴士】 采购的任务是省钱吗

采购是个花钱的职能。那为什么在很多企业，采购的第一要务变成了省钱？很简单，**当采购花不好钱的时候，首要任务就变成了省钱。**毕竟，在企业里一个职能做什么，也就是企业对这个职能的期望，根本上还是取决于这个职能擅长什么，采购也不例外。

那怎么才算花好钱？简单地说，就是以合适的价格，拿到供应商的优质资源，整合到我们的产品中，增加产品的差异化优势，让我们的产品能卖个好价钱，从而解决所有的成本问题。

要把钱花好，可不是件容易的事。采购需要管理和影响需求，推动设计优化和做好设计选型，把成本设计下来；跟关键供应商建立长期关系，获取供应商的优质资源；对供应商有选择、有管理，持续改进供应绩效。这些远比砍价有价值，也比砍价更难。但要资源没资源，要能力没能力，采购职能没法在这些高层面增加价值，那就只能在省钱上死磕。

毕竟，采购做的事中，没有什么比砍价更容易的了——背靠那么大

的企业，你总能砍下来些。再不行，就直接一刀切地从货款里扣，就像几十年前通用汽车的所作所为。这些其实都不需要多少技巧，需要的只是决心。而无知无畏者最不缺的就是决心。

【案例】 价格值多少钱

某公司把一个采购员提升为采购经理。新官上任三把火，没多久，就听到他到处宣扬，他把一些零件从一个供应商转到另一个，价格降低多少多少，每年能节省多少多少。他还准备调整整个供应商群，会节省成本多少多少。

看看他的降价方法：他专挑那些用量大的零件，重新询价，当然会拿到更好的价格。但他忘了，这些供应商还有很多老零件，该公司用量很低，而价钱还维持在高用量时的水平，毫无疑问供应商在亏本，供应商的利润就靠那些用量大的零件来补。

生意调整的结果是供应商利润率大幅下降，该公司成了它们的低盈利客户。供应商们的经营重点转移到其他高盈利客户，导致对案例公司的按时交货率、质量、服务显著下降。例如在交接之前，所有供应商的按时交货率都在96%以上；交接后没几个月，有好几个已经跌破90%。

这故事还没完。有一些关键部件没法换供应商，因为对最终产品的性能影响显著，更换供应商的风险大，需要重新验证，而设计部门既不愿花费时间，也不愿承担风险。那怎么办？这老兄就霸王硬上弓，让供应商不管怎么样，降价15%；怎么降，是供应商的事。

供应商没法在人工上省，那就只得在材料上下功夫。但是，主要原材料镍的价格在一年内翻了一番（见图13-6），该供应商先前已经多次提出涨价，都被驳回。材料利用率上也已没潜力可挖，因为供应商已经是多个零件一起加工，边角料的浪费已经降到了最低。于是，找便宜材料就成了唯一出路，而问题正出在这里。

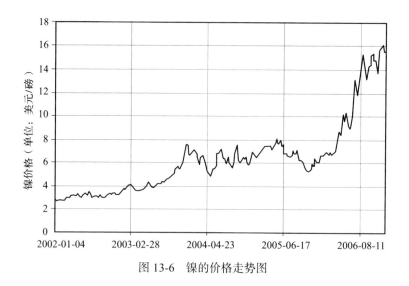

图 13-6　镍的价格走势图

原来用的镍合金产自德国，价格高，但质量好。法国产的镍合金价格低，但技术性能与德国产的不完全一样。为达到这 15% 的降价目标，供应商就采用法国产的镍合金。等零件安装到最终设备上，运给客户，客户反映设备性能与以前不一致，这可是个大问题，客户得重新调整生产线，耽误工时，损失之大，把这供应商卖了都不够赔。

产品部兴师问罪，这位采购经理没辙。几百台设备已经发到世界各地，光更换零件，成本就得几十万美元。客户的信任危机，以后的新生意损失，代价无法估量。值得一提的是，这位采购经理觉得他省了那么多钱，应该得到晋升才对。至于这么大的质量事故，他觉得跟自己无关。

这个问题表面上是质量事故，其实是个采购问题。采购的失职在于在两个方面：

第一，制定 15% 的降价指标欠斟酌。干采购的人不会不知道供应商的大致利润率，尤其是在主要原材料价格翻倍的情况下。该供应商虽然是独家供货，但价格已经是最低了。当年询价时，多家供应商竞标，找不到比这家供应商更便宜的。

第二，如此大幅度的降价，意味着很大的风险。采购需要分析风险，让公司当事人理解这些潜在风险，督促质量部门把关。采购为达到自己晋升的目标出此险招，又假定别的部门都知道风险，可以说是错上加错。用一位专业人士的话来说，**不要把别人都当成神，认为他们都具有先知先觉的能力，而是要使自己尽量靠近神。**

降成本是供应商管理的一大任务，但关键是要适可而止。大公司对小供应商，降价就像海绵里的水，要挤总能挤出来，但是挤到极点，其他问题就会接踵而至。强势推行不是共同解决问题的方法，而是把问题推给了对方。偶然用也就罢了，但系统地用，偶然性就成了必然性，供应商出问题也是迟早的事了。

大公司的恶性压价往往让供应商万劫不复。很多价格政策的负面效果在短时间内无法评估。但几年后，当人们意识到的时候，为时已晚。价格究竟值多少钱，恐怕谁也说不清。唯一能肯定的是，价格确实值很多钱。但如果只看到钱的话，最终的代价会很高。

此外，思量着晋升没什么错，"不想当将军的士兵不是好士兵"，但是方法、方式还是要讲的。正如一位专业人士所说，**做一名优秀的采购人员，最重要的是要战胜心魔，不为钱财而出卖自己的良心，不为升官而损害供应商的应得利益**，算是说到点子上了。

【小贴士】　你不能用一个错误来纠正另一个错误

> 乌鸦解决乌鸦的问题，我解决我的问题。
>
> ——西川

一位采购经理刚接管一家供应商，就收到来自产品部的要求：为达到产品的"目标成本"，该供应商的零件必须降价20%。自从量产以来，这个零件已经经历了两次降价。现在都投产快两年了，为什么又突然冒出个"目标成本"来？

原来这个零件被新一代产品采用了。工程师们的方法很简单：价格

是市场决定的，毛利目标是公司决定的，两者之差就是产品的"目标成
本"。然后根据经验，自上而下地分解，每个主要的零部件就有了各自
的"目标成本"。

设计部负责目标成本，既然没有把成本设计下来，那就逼着采购，
把成本砍下来。砍不下来？那就再狠点儿砍啊。供应商亏本了？它们亏
不亏我不管，我要的是达到我的目标成本。这后面反映的是个普遍问
题，那就是**用一个错误来纠正另一个错误**。

比如产品设计不合理，产品的目标成本达不到，按道理这样的产品
就不应该导入市场。很多企业还是坚持导入，因为工厂已经建好了，总
不能让工人闲着啊。要知道，厂子是当年盲目扩张的结果，现在为了开
工率而强行导入不合适的新产品，是在用一个错误纠正另一个错误。既然
非要导入这个产品，那就逼着供应商降价，继续以错纠错，导致供应商没
钱赚，甚至亏本，为后续的质量、交付问题埋下伏笔，陷入恶性循环。

以错纠错也是很多人解决问题的逻辑。比如爸爸在公司受了气，回
到家就发泄在妈妈头上；妈妈没处出气，就因一点小事打孩子；孩子挨
了打，猫就好端端挨了一脚。这都是在用一个错误纠正另一个错误，还
经常美其名曰"我也是给逼的"——一旦听到对方这么讲，你可要提高
警惕了，对方要用一个错误来纠正另一个错误了。

用错误来纠正错误，只能是包脓养疮，短痛变长痛。错误链总要被
打断，越早越好，以便及时止损。比如有个美国车厂，一款新车型设计
好后，就把物料清单（BOM）打开，自下而上地多家询价，在拿到供应
商的最好报价后，还是跟整车的目标成本有显著差距，那很简单，这个
车型就"枪毙"了。

这个车厂走的是长痛不如短痛的路，也符合经济学原理：已经发生
了的算是"沉没资本"，算是扔到水里了，不能再左右未来的决策。也
就是说，你决定下一步干什么，跟"我都已经走了这么远""我们都花了
这么大代价"没关系。想想也是，如果南辕北辙，那你要做的就是立即
掉头，而不是因为"已经走了那么远"，继续往前走。

【小贴士】 谁制造的成本谁买单

我在服务电信设备商时，听到这个故事。

南亚某大国有个电信商习惯性地拖欠货款。他们对华为、中兴这样做，对爱立信、诺基亚也如此。那作为应对措施，大家就都提高报价。比如上次延期支付的利息是 10 万美元，这次就多报至 15 万、20 万美元。为什么要多报？因为这次你不知道会拖多久——**不确定性产生成本**。

大家都这么做，结果是该电信商支付更高的价格。这就是"冤有头，债有主"。谁在供应链上制造成本，谁就得买单；或者更通俗地说，就是谁作孽，谁就得负责。不管是企业还是政府采购，都是如此。

讲到这里，让我举个反例，自我否定一把。

假定你我都去买衣服，你是个好公民，几分钟就搞定，付钱走人；我是个坏公民，吹毛求疵，讨价还价，半个小时都买不好。我俩谁给商场制造的成本高？当然是我。那是否商场卖给我的价格更高？不是。根本原因呢，是商场没法有效识别我们：我们走进商场时，你的额头上没写"好公民"，我的额头上没写"坏公民"。

因为没法识别，商场就没法标出两个价格来，一个给"好缠"的顾客，另一个给"难缠"的顾客，做到"冤有头，债有主"。结果呢，"难缠"的顾客增加的成本，其实是由"好缠"的顾客买单的。也就是说，我占了你的便宜。

但是想想看，不管是什么国家，政府都是最大的采购方之一，甚至形成了专门的市场，比如公共采购网站，很容易被识别，就成了"冤有头、债有主"的对象。公共招投标有很多繁文缛节，给供应商造成的成本，最后都会算到政府的头上，这就是为什么公共采购的价格高。

推而广之，当你**容易被识别**时，比如你是个大公司，你对付供应商，给它们造成的成本，最后还得转嫁到你头上，由你来买单，而且要付出更高的代价。

或许有人会问，你说的都是大公司，我们公司远没有大到那个地步，这跟我有什么关系？且慢，你是没有华为、联想、海尔那样大，没有 IBM、苹果、通用电气那样人人皆知，但你在你的细分行业是个大公司，或者至少在你那个镇上是个大公司，就很容易被识别。你怎么对付供应链伙伴，就直接决定了供应链伙伴怎么对付你。

有些人总觉得自己比别人聪明，心存侥幸，天上下冰雹，打坏的都是别人的庄稼；好占便宜，希望"羊毛出在猪身上，狗来买单"，还美其名曰"互联网思维"。但是，大企业不能占便宜，因为你很容易被识别，因而会承担长期后果。为什么要这么说呢？我们的企业都是由小企业长大的，很多企业规模变大了，心态却仍旧处于小企业阶段，还在延续小企业的做法，对短期行为的长期影响考虑不足，最后反倒付出更高的代价。

指标 2：质量不是想当然的

常见的质量指标是次品率，比如百分比或百万次品率（DPM）。次品率的优点是简单易行，缺点是五分钱的螺丝钉与一万元的发动机所占比例一样，供应商可以通过操纵简单、低值产品的合格率来提高总体合格率。

质量好像是想当然的，其实最难

行业不同，次品率的标准也大不相同。例如在小批量、多品种的设备制造行业，百万次品率在 3000 可能就算世界水平；但在大批量行业的零缺陷标准下，3000 DPM 的供应商八成是淘汰对象。

质量成本（cost of poor quality，COPQ）弥补了次品率的不足。其概念是：①造价不同的产品，质量问题带来的影响也不同。比如，一个五分钱的螺丝钉和一万元的发动机，虽然都是一个次品，后者当然更重要，体现在更高的单价上。②同一次品，出现在供应链的不同位置，影响也不一样。比如，在来料验收处发现次品，退回供应商要求更换即可，成本相对较低；但如果在生产线上发现，则可能导致生产线停顿，成本相当高；如果在客户现场发现，那成本可就更高了——保修、退货、丧失信誉、失去后续业务等。

举个例子。有个采购件，如果坏在客户处，影响最大，假设权重为 100；坏在公司的生产线，影响相当大，假设权重为 10；坏在来料验收处，影响最小，假设权重为 1（当然还可以延伸到供应商，但由于数据搜集困难，仅仅是理论探讨而已）。假定这个采购件的单价为 1000 元，在上述三个环节各出现两个次品，总的质量成本就是 222 000（=1000×2×100 + 1000×2×10 + 1000×2×1）元。这个指标有助于促进早发现、早治理，把问题解决在源头，因为那儿的质量成本最低。

质量成本在概念上好理解，但量化比较困难。例如上例中，采购件的质量问题发现在生产车间，为什么权重为 10 而不是 20，或者 11？对质量问题接触面广、理解较深的人，例如公司高层管理者，比较容易理解质量成本的概念。但是，整天在组装线上工作的工人接触客户端不多，他们理解质量问题发生在客户处的严重影响，但说严重到 100 倍的程度，则有点费解。

质量成本（COPQ）的数字很大，动辄几十万、几百万元。刚开始，这确实会引起人的注意；但时间长了，大家对这一指标有了"抗药性"，就容易产生"数字大是大，但不真实"的想法。于是这一指标就归于平淡，甚至在一些公司不了了之。不过话说回来，哪一个指标最终能逃脱归于平淡的命运呢？要么是绩效提高到一定地步，这一指标不再重要；要么是"上有政策，下有对策"，大家操纵指标，使指标变成了数字游戏，失去可信度。

质量成本在执行上有很多挑战。比如在一个大型中国本土企业，质量管理是"铁路警察，各管一段"：售后服务负责保修和退货，生产部门负责生产质量，采购负责供应商来料验收质量，三个部门各自为政，一个部门甚至接触不到另一个部门的数据，质量成本就根本没法统计。

这里有信息系统的问题，例如三个部门用不同的系统；但更多的则是人为壁垒。比如一旦客户处发生质量问题，采购的第一反应就是个别化，大事化小，小事化了，当然不愿让客服部门进入采购系统，看到这个供应商糟糕的来料验收记录。这是个关系问题，需要通过商业手段来解决，没法通过信息技术来对付。

类似的公司政治也是该指标流产的一大因素。例如在硅谷一个二十亿美元营收的公司，负责质量和供应链的副总裁主张拿掉质量成本这一指标，因为他觉得这个指标难以理解。究其深层原因，是这一指标"放大"质量问题，会成为别的部门攻击供应链部门的"证据"。

质量领域还有很多指标，例如首次通过率、批次合格率、返修率、客户退货率、保修/维修成本等。在设备行业，还有个重要指标叫平均故障间隔。比如对关键部件来说，平均故障间隔越长，其质量越稳定，运营成本也越低。

不管什么质量指标，都不是完美的。我们要力求统计口径一致、统计标准客观，有可比性，才能增加公司内部及供应商的认可度。此外，质量统计不是目的，其终极目标是通过**表象**（质量问题），发现双方的系统、流程、员工等方面的**根源**问题，督促和帮助整改。

【小贴士】　触目惊心的质量问题

虽说全面质量管理都盛行半个多世纪了，但我们今天面临的质量问题却更加严峻。

就拿汽车行业来说，这些年来质量问题愈演愈烈：光 2016 年，美国就有创纪录的 5320 万辆车被召回。[一]作为对比，同年美国的乘用车销

[一]　Auto recalls hit record 53.2 million in 2016，by David Shepardson，路透社，www.autonews.com。

量只有 710 万辆。[⊖]因为高田气囊案，光美国就有 4200 万辆车被召回，我家的两部车都在召回之列。2022 年，安全相关的召回令在美国就有 932 个，受到影响的车辆总数超过 3080 万。[⊜]

这些触目惊心的案例有个共性，那就是都跟供应商生产的零部件有关，属于供应商质量的范畴。这并没有什么稀奇，因为供应商对大约 70% 的供应链增值活动负责，在外包盛行的汽车制造业，这一比例更高。

产品一旦进入市场，质量问题的成本就以几何数级上升。就拿高田气囊案来说，代价之高达 240 亿美元，足以让高田倾家荡产。[⊜]这不，高田在美国和日本都宣布破产保护，最终被均胜电子以 15.88 亿美元的代价收购，日本制造业史上的最大破产案完结，高田 85 年的历史宣告结束。[⊗]

在中国，随着经济水平的提高，人们对质量、安全事故的关注度会越来越高，政府在这方面的监管会越来越严，质量成本也会越来越高。但可怕的是，在很多企业，质量还是被想当然——从上到下都如把头埋在沙子里的鸵鸟，默认质量不是问题，质量指标停留在质检层面，成了质监人员的自娱自乐，再不就是把质量当作价格问题来解决。

【小贴士】　不能拿价格来解决质量问题

20 世纪 90 年代，我还在建筑行业，一个相当粗放的行业。豆腐渣工程屡见不鲜，但整个行业关注的却只是一个字：钱。不管是招投标，还是多轮议价，焦点都是把承包商的最后五分钱榨出来。质量问题就如

⊖　U.S. car sales from 1951 to 2017（in units），Statista-the portal of statistics，www.statista.com.

⊜　Check Your VIN During Vehicle Safety Recalls Week，The National Highway Traffic Safety Administration，www.nhtsa.gov.

⊜　Takata Puts Worst-Case Airbag Recall Costs at $24 Billion，by Yuki Hagiwara and Takako Taniguchi，Bloomberg，www.bloomberg.com.

⊗　15.88 亿美元！均胜电子完成高田资产收购，日本制造业史上最大破产案完结，凤凰网财经，www.finance.ifeng.com。

屋里的大象，人人都看得见，人人都假装不存在。

有些企业习惯性地假设质量不成问题，但最大的问题恰恰是质量：因为如果不能在质量上脱颖而出，那就只能拼价格，拼命压价；一分钱一分货，质量就更差，从而进入劣质低价、低价劣质的恶性循环。

要知道，**价格没有绝对的高低，高低都是基于一定的质量假设**。这就如在美国，一些美国造的汽车，不管怎么压价都很难竞争过同等车型的日本车，原因不是美国车价格高，而是那质量就不值那个价。同等车型中，丰田、本田的价格一般都比美国车高，但美国消费者还是更喜欢买日本车，因为质量好。⊖

美国车厂的营销专家们可不这么认为：销量上不去，看来是我的价格还不够低；价格要定得更低，就要供应商给更多的"降本"；供应商"降本"越多，质量就越糟糕；质量更差，价格再低，消费者还是不愿买。于是就继续降价，继续让供应商"降本"，走上恶性循环。看得出，这是在**拿价格来解决质量问题**。

这样的企业在中国也比比皆是。

比如有一个中国本土名企，它的采购团队问我最多的呢，就是如何把供应商的价格压得更低。我一再解释，你们的问题不是价格高，而是质量差。不信，到你们的官方微博上看看，凡是发布一个产品消息，后面都跟着万千个留言，顺着往下读，不出三个，就有消费者在吐槽质量问题，比如显示屏不亮啦，电源线断了，电池过热了什么的。从来就没看到过一个消费者说，你们的产品太贵了。相反，甚至有消费者留言，说你们的产品太实惠了。

你还嫌供应商的价格不够低？压价太低，有些供应商都在明说，他们不做该公司的生意——出的是白菜价，想买蓝田玉。不断压价的结果是，供应商的质量更差，于是走上了美国车厂的老路：以价格解决质量

⊖ 我理解在中国，日本车有时会受到非议，也不一定是最高质量的代表，但那并不是因为日本车厂做不好质量，而是因为当年日本车厂的战略性失策，没有把最好的车卖到中国市场。

问题，成了现代版的南辕北辙。

整体来看，管理越粗放，拿价格来解决质量问题就越普遍。企业的管理越粗放，就越是没法客观量化质量，也就没法凸显其价值；没法衡量的就没法管理，质量问题自然就得不到改善，就被习惯性地偶然化了。

【小贴士】 不要偶然化质量问题

在管理粗放的企业，一旦出现质量事故，从上到下都习惯性地"偶然化"问题，希望大事化小，小事化了。所有的偶然，一旦发生了，特别是管理层都知道了的，背后一定有其必然性；**所谓的偶然，很多时候是不知道原因，或者不愿深究的借口。**

质量问题就如冰山之一角，你看到的远远没有没看到的多。这就如安全事故，我们看到的 1 个大事故后面，还有 10 个你没注意到的小事故、100 个接近发生的事故，以及 1000 个可能发生的事故（见图 13-7）。**小概率事件一旦发生，就不再是小概率事件。**根源找不到，漏洞不补，我们不能随便贴个"邦迪"，然后祈祷类似的事件不要再发生。如果这是欺骗别人，那是假傻；如果连自己都相信，那可是真傻了。

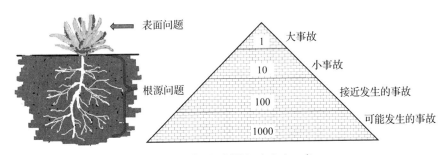

图 13-7　质量问题就如冰山之一角

偶然化，还是必然化，也是日美企业在对待质量问题上的一大区别。

比如在汽车行业，生产线停顿是件大事情，每分钟的损失在 22 000

美元左右。[⊖]但在丰田的生产线上，任何人都可以拉线停产，探寻质量问题的根源。所以，一款新车上线，丰田的生产线三天两头停着。但过不了多久，那些问题都解决了，生产线就畅通无阻。

美国车厂正好相反。为了避免"损失"，美国车厂就习惯性地偶然化问题，随便打个补丁让生产线继续，结果这些问题反复出现，多少年后车厂还在对付老问题。

路面看上去坑坑洼洼，其实坑远没你想象的那么多，见一个填一个，没多久路就平了。这就如一件事看上去千头万绪，但你一旦下定决心着手做，会发现其实没那么复杂。质量问题也是如此：表象各种各样，但根源也就那么些。如果我们觉得无所适从，那往往是因为没有做根源分析，不知道自己在干什么。

【小贴士】 追根溯源，把次品锁进笼子里

北美某公司的供应商评估中，有一项是对来料验收中次品的处理：你们的下级供应商给你送来一件次品，在来料验收时发现了，你们对这件次品怎么处理，以确保最终不要发给客户？这时候，不同管理水平的供应商，给出的答案大不相同。

有的供应商说，把那件次品单独放在库房的一个角落里。这算不及格：那个角落人人都能去，不知情者没法判断好坏，次品就可能混为良品了。供应商或许狡辩，说每个次品上都附着处置报告。纸上写得清清楚楚没错，但万一那张纸被风吹跑了，在搬运中掉了，或者员工不会读呢？是啊，在北美，很多一线员工是新移民，是读不了多少英语的。

有的供应商说，次品放在专门的房间或笼子里，但没有锁。这算及格，但不是最优：没锁，别人还是可能进去，次品还是可能混出来。供应商或许会狡辩，说那是个专门放次品的房间，除了质检人员，别人都不会进去的。谁知道呢？周末加班，生产线停工待料，库房、质检都没

⊖　Downtime Costs Auto Industry $22k/Minute – Survey，ATS，news.thomasnet.com.

人值班，一个新员工满天下找料（新来的员工资历更浅，更可能加班加点）。真巧，拉开这房门，发现一颗料，看上去好好的，尺寸、色泽没任何异常。他初来乍到，还不清楚这是放次品的地方。这不，这件次品就上了生产线。

供应商或许会说，那该是多小的概率啊。不过你想想，如果质量标准是六西格玛的话，这意味着 100 万个产品中，你只能有 3.4 个次品，是容不了这等低级错误的。

供应商或许还会说，我们的生产线员工都是经过严格培训的，知道那个房间是专门放次品的。一听到"培训"两字，你就该万分小心才对：在东莞、昆山、郑州一带的工厂，每年春节后一小半的员工都不来了，任何时候，都有一半的生产线工人是新人，急急忙忙上线，能有多好的"培训"？

系统、流程不完善，管理粗放的企业，总是习惯性地拿"培训"当作遮羞布。作为管理者，我们必须从系统性的举措着手，保证不该发生的就不发生。

什么是系统性的举措？相信大家看过这个例子，大意是说员工操作某种机器，稍不注意，闲着的那只手就卷到机器中。不管怎么培训，怎么批评教育，还是有员工受伤。直到重新设计了机器，员工必须得两只手操作，机器才能运转为止——两只手都忙着，自然就没有闲下来的手往机器里塞了。这就是系统性的措施。

放到次品案例中，就是你得有个专门的房间或笼子，而且得上锁，钥匙归专人管理，只允许专人进去。这样的话，不管生产线、仓库里的员工有多粗心大意，新员工的培训多不到位，员工会不会读次品处置报告，这个次品都没法混入良品。这样的供应商才得满分。

这些都非常琐碎，但魔鬼出在细节里。或许有人会说，这样的细节是不是太多？其实不是。就拿质量来说，从来料验收，到过程处理，再到包装发运，重点要关注的地方其实没多少。你看那些大公司的质量评估表格，一般也就几十项，很少有过百的。把那几十项里的差距弥补了，供应商的基本质量就有了保障。如果你觉得问题多得满地都是，自己处于被乱棍打死的境地，那很简单，是因为这工作你还没有上手，没有提炼出那些根本性的问题来。

【小贴士】 质量一票否决权的迷思

为了凸显质量的重要性，有些企业就给质量部门一票否决权。常言说，说啥的缺啥：不管是"质量第一"，还是"质量一票否决"，都表明质量在这些企业还没有受到重视。这天底下怎么就没有销售、设计的一票否决权呢？很简单：这两个职能本来已经胳膊最粗、能力最强，根本就用不着一票否决权来加强自己了。

名义上被赋予"特权"，质量仍旧是最不被重视的，也是最终被牺牲的对象。比如为降低成本，采购一门心思地找便宜的供应商；为确保质量，质量部门则坚决反对。但掰手腕的结果，十有八九是以牺牲质量收尾：没有差异化优势的情况下，价格降不下来，就如中风，企业熬不过当下；质量问题，则更像慢性病，到时候再说呗。

这不，最低价中标，再加上一轮又一轮的压价后，跟我们做生意的其实都是质量眼里的淘汰供应商。质量"一票否决"的话，这企业还不早就关门了。即便有质量问题，有谁敢行使"一票否决"？企业就如丛林，行使了"一票否决"，你还想不想在这个公司混？当然，如果找工作，可要特别留神那些"品质第一"的公司。那可都是坑呐。

【小贴士】 不快乐的质量人

在美国，据说有两种职业的人容易不开心：律师和医生。律师打官司，接触的都是钩心斗角；医生治病，看到的都是不健康。一个人长期与阴暗面接触，情绪难免也受影响。其实，整天处理劣质次品，质量管理人员也容易不开心。

这些年来，我接触了很多质量工程师、质检人员。总体感觉是，他们中的很多人被阴暗面所笼罩，抱怨、无奈、被动成了生活的主旋律。

时间长了，就很难看到光明的一面，人也就一天天变得消极，成了"没出息"的质量人，在公司里不受重视，因为他们带不来好的变化；在供应商中也得不到尊重，因为他们来了，问题就来了，好像他们就是为找错而存在的。

关键是出发点错了。是的，质量管理是发现问题，解决问题。但是，如果以发现问题为出发点，人就很容易为找错而找错，失去了"catching people doing right"（发现别人做对的地方）的精髓。

有一次，我接受内部审计的培训，培训方是个年营收几十亿美元的测试、检验和认证服务机构。主讲人说道，内部审计不能以发现内部流程的问题、脱节为出发点，而要着眼做得好的地方，提及需要改进的地方。这样才能得到内部客户的支持，达到更好地解决问题、提高的目的。他还有一句话说得好：There are no problems，only solutions（没有问题，只有解决方案），放在质量管理也很贴切。

指标 3：交付

在交付方面，按时交货率最直观，但很多企业还是没法客观量化。按时交货率很简单，一般用百分比来衡量。与质量次品率一样，它也有百分比的缺点：一个螺丝钉与一个芯片所占比例相同。或许有人会说，缺了哪一个都没法组装产品。但从供应管

按时交货率最直观，但很多
企业还是没法客观量化

理的角度来看，螺丝钉的采购提前期是一两周，与提前期动辄几个月的芯片相比，还是不一样。这就是说，不同产品类别的供应商，在按时交付上是没法比较的。要比，也要在同一个类别内比较。

对于订单，按时交货率可以按件、按行、按订单来计算，得到的

结果不同。比如一个订单有一行，要 100 个纸箱子，结果按时到了 95 个，如果按件，按时交货率是 95%；如果按行，按时交货率就成了 0。按订单的话就更严苛。比如一个订单有好几行，每行都是不同的零部件，只有这些零部件都按时、按量到了，才能算按时（也叫完美订单）。

按时交货率最关键的就是基准：究竟什么才算准时？这点在前面已经讲过，这里再简单地谈一下。

作为内部客户，计划一般按照**需求日期**来统计——MRP 跑出来，3 天后需要，供应商到时候是否交货了？采购说这不公平，供应商的**正常交期**是 3 星期，你只给它 3 天，我们得按照正常交期来统计。于是，按照需求日期，计划统计的按时交货率很差，向采购兴师问罪；按照正常交期，采购统计的按时交货率很好，竭力自保。

两组数据基准不同，鸡同鸭讲，谁都有理，最后就变成了掰手腕的游戏：计划背靠销售和客户，师出有名；主管采购的往往是老板最信任的人，虽然在一切朝客户看齐的大局势下，不得不夹紧尾巴做人，但还是没人能拿采购怎么样。即便告到老板那里，老板一看双方都有道理，最后就只有各打五十大板，强调一下协作精神，不了了之。

那究竟什么是合理的"按时"？有些公司以供应商的承诺为基准。比如采购提前期是 4 周，但由于突发事件，需要提前交货；供应商承诺两周交货，那么两周送到算按时，否则，即使比两周多一天，也算迟到。这就是**基于承诺**的按时交付。

或许有人会说，虽然迟到了 1 天，但还是比标准交货期要好，惩罚供应商好像不合适吧。这迟到 1 天看上去是小事，但却事关重大，让我用一个采购副总裁的话来说明。

这位老总说，供应商（绩效）管理难就难在两件事：①拿不到供应商的承诺；②拿到了，但供应商到时候没兑现。第二种情况比第一种更糟糕。我宁肯供应商不愿承诺，那是事前的问题，我们还可及时想法对付，比如找他们的老板，寻求更高管理层的支持；一旦承诺了但到时候没兑现，我们事后的补救措施就很有限。

再次强调，尽力而为不是承诺，供应商千万不能养成"尽力而为"的习惯。你要么承诺能办到，说到做到；要么当下告诉我办不到，我们马上想办法。而要供应商说到做到，我们就得围绕说到做到来统计绩效。

【小贴士】 交付灵活度的管理

围绕采购订单有很多异常，比如催交、推迟、取消，英语缩写是PPC。不变的不需要管理。对这些异常的处理，是交付管理的重要构成，也是交付灵活性的重要体现。

第一个 P 是 pull in，也就是**催交**。原来的供应日期可以满足需求，但第二天需求变了，MRP 一跑，需求日期提前了，采购人员能否催货成功，花了多长时间催货成功，都事关生产端和计划端的诉求，是采购端执行力度的重要表现。作为内部客户的计划和生产，可以统计这些指标，来客观量化采购与供应商的支持力度。

第二个 P 是 push out，也就是**推迟**送货。推迟送货的目的是尽量降低库存，减少库存风险和成本。比如需求延误了，采购员要让供应商按照新的日期交货，以降低我们的库存，避免爆仓。更重要的是，如果担心后续需求可能取消，那就让供应商把半成品停下来不要加工，以后要赔的话也只给供应商赔半成品的钱。

最后的 C 是 cancel，也就是需求变了，供应超过了需求，**取消**超出部分的订单。对于通用产品，供应商还可能卖给别的客户，而一旦到了采购方，就可能形成呆滞库存。即便对于定制件，取消信号也要及时传递到供应商，供应商及早停止进一步的加工，也可降低采购方的损失。

在信息化程度高的企业，PPC 的信号会由系统产生，供应商通过采购方的 SRM 来响应。从信号产生到初次响应，再到最终确定，每段都可以统计其响应周期，以及成功满足需求的比例。

比如 90% 的催交信号发出后，供应商可以在 24 小时内响应，其余的在 48 小时内响应；72% 的情况下，首次响应就能满足需求，10% 在沟通两次后满足，最后 18% 的需求没法满足等。这些都是供应商的绩效，自然也是相应采购人员的绩效。

首先，企业要通过信息化来提高效率，因为那么多的订单，需求和供应变动那么大，没有信息系统的支持，是不可能都手工做好的。其次，采购人员的主观能动性也很重要，看到异常信号要及时采取行动。比如 PPC 信号产生了，供应商在规定的期限没采取行动，或者没有达到相应的结果，就成了例外，采购人员就得及时介入。

在有些管理精细的企业，灵活度也是供应商合同的一部分。比如需求变动信号发出后，供应商要在多长时间内响应；什么情况下，供应商应该默认提前或推后订单；什么情况下（比如提前多少天），可以取消订单，如果已经在制的话，要按照什么方式赔偿等。

灵活度是供应商交付绩效的重要构成，也需要供应商投入大量资源来管理。供应商没选好、没管好，采购额太分散，就很难获取供应商足够的关注度，表现在供应商响应不及时，灵活度低。这就是为什么要集中采购额，把自己做成供应商的大客户。

最后，我们顺便再讲一个 P，那就是 place（**下订单**）。需求产生了，多长时间后采购订单才会下达，是采购效率的一大体现。这个 P 跟前面的 PPC 组合到一起，就是有些外资企业常用的 PPPC，是日常订单管理的重要内容。

在信息化水平高、主数据完善的企业里，采购订单主要由系统自动生成，这个周期就短；手工操作，或者主数据不完善的时候，从需求产生到订单下发，周期会相当长。比如每个月给供应商下一次订单，这就意味着有最长 1 个月、平均半个月的延误。

【小贴士】 供应商藏着掖着怎么办

就跟其他绩效一样，一旦开始统计、考核交付绩效，供应商就开始

"藏着掖着"。比如在合同、报价中报更长的交期，在具体订单承诺上加更多的富余量等。采购人员往往也睁一只眼闭一只眼，因为采购与供应商是一条线上的蚂蚱，供应商绩效就是采购绩效。

这都是绩效考核的副作用，我们还是要通过分析客观数据来驱动改善。

比如同类产品，竞争对手平均承诺的交期是 3 周，你们的是 4 周，那我们得坐下来谈谈。再比如开始考核以前，这个供应商在 70% 的情况下能承诺满足我们的需求日期；开始考核后，这一比例变成了 60%。作为供应商，你得告诉我究竟发生了什么。

基于数据，我们还可以纵向、横向比较供应商绩效：两个季度前，我们催货，平均沟通 1.7 次就能达到目标（这在 SRM 里面都有记录）；两个季度后，这一数字变成 2.3 次，而竞争对手是 1.5 次，并且呈现减小的趋势。这些客观的数字都有助于驱动供应商改善。

这一切都离不开数据。信息系统能力不足，精细化管理就缺乏数据支撑；系统能力到位了，员工还得按照流程，在特定节点搜集、整理数据，驱动供应商改善。这后面还得有组织措施，比如定期回顾、汇报供应商绩效，考核相应的采购人员绩效等。

到现在为止，我们逐项阐述了成本、质量和交付等三大绩效管理指标。这三大指标相对客观，尽管不一定有完美的统计方式，但只要统计口径一致，统计标准客观，不同供应商之间、同一供应商的不同时期就有了可比性，能很好地反映供应商的总体表现，以驱动供应商改进，并指导后续的寻源决策。

下面要讲的服务、技术、资产、员工与流程指标则相对主观，统计上不是很直观，但也是衡量供应商绩效的重要依据，以及选择供应商，制定合格清单的重要参考。

指标 4：服务

服务是无形的，很难直观统计，却是供应商的价值的重要组成。三届美国《采购》杂志[一]"卓越采购金牌"得主、已故的 IBM 前首席采购官里克特总结一生经验，有一点就是要肯定供应商的服务价值。服务在价格上看不出，在价值上却不容忽视。

服务是无形的，却是供应商的
价值的重要组成

比如同样的供应商，一个有设计能力，能给采购方提出设计优化建议；另一个则只能按图加工，哪一个价值更高，不言而喻。但是，服务的价值很难量化，需要职业判断和通盘考虑，对供应商管理者的素质有很高的要求。

很多时候，产品的差异化取决于服务。这就如你吃份面条，街边小店 15 元一碗，五星级酒店里要 50 元，这差距不一定来自面条的质量——星级酒店的味道不一定比街边小店好；差距是服务。对于中国本土企业来说，伴随着制造业升级，客户对服务的期望也会更高：越高端的产品，越要求更好的服务，服务带来的差异化优势也会越明显。

在那些极端以成本为导向的企业，服务向来都是饱受诟病之处：便宜是足够便宜，服务当然也足够糟糕。当然，你付的钱，就只能得到那样的服务。这就如我到星级饭店点份面条，会挑三拣四，甚至还冲着服务员抱怨；但一旦到了路边的小面馆，我跟老板娘说每一句话都赔着小心，问每一个问题都心怀内疚——我知道，路边小店一碗面的价格，意味着老板娘给我的服务时间只有 0.5 秒。这不，没几句，老板娘就已经

⊖ 在电子媒体和金融危机的双重打击下，美国的《采购》（*Purchasing*）杂志没能熬过经济寒冬，已经于 2009 年前后歇业了。在办的时候，该杂志每年评选一个公司，授予 Purchasing Medal of Excellence（卓越采购金牌），表彰在采购职能建设上建树卓越的公司。

很不耐烦了，我只能鞠躬弯腰，诺诺而退。

我知道很多人不愿意承认，但还是想说出来，欢迎批评：**长期而言，真正能够差异化你得到的质量、服务的，就是你付的价格**。这就是为什么你钱越多的时候，就到越好的地方消费，搬到越贵的社区去住。你付出高价，并不能保证每次都得到好的质量和服务；但你付出最低价，得到糟糕的质量和服务就成了大概率事件。或者说，付出最低价，你**偶然**也会得到上好的质量和服务；但是长期而言，你得到的必然是最差的质量和服务。

物美就价不廉，价廉就物不美，放在服务上也是。这是市场规律，不因个人喜好而改变。这也基于我在美国多年乘飞机的惨痛经历。在美国的服务业中，少有比航空业更充满争议、负面新闻不断的。不过想想看，在一个亏多赢少的行业，^㊀人人都在最低价竞争，飞机票价跟汽车票都差不多了，你还能期望什么服务？你乘灰狗巴士，得到过什么服务？

飞行了上百万公里后，我终于意识到，如果我乘的是最糟糕的美联航，买的是它们最便宜的座位，这八成就是我会得到的服务；^㊁而要改变这点，我就得多付钱，选更好的航空公司，买更好的座位——空乘有时候还是会给你脸色看，但毕竟一分钱一分货，服务好的概率也增大了。

㊀ 在1999年的一个采访中，巴菲特说到，截至1992年，美国航空业亏掉了怀特兄弟试飞以来的所有利润。从2000年到2008年的全球金融危机，这个行业又亏损了快600亿美元。2020年以来的新冠疫情，让航空业更是深陷万劫不复的境地，继续亏多赢少的历程。引自 Why Do Unsuccessful Companies Survive？ U.S. Airlines、Aircraft Leasing，and GE，2000–2008，by Gishan Dissanaike、Ranadeva Jayasekera and Geoff Meeks，Published online by Cambridge University Press：11 November 2022.

㊁ 根据 J.D. Power 的整体服务满意度调查，在2014到2023年的十年间，美联航在北美的主要航空公司中有7年名列倒数第一或第二。那些年，我每每登上美联航的飞机就感觉气氛不对，对那些面无表情的空乘提心吊胆，担心她们板着脸逮着机会就往顾客头上撒气。全球新冠疫情后，美联航空乘的整体服务大为改观，大概是疫情期间裁员，把那些员工给裁掉了。全球疫情、经济危机给了公司足够的动力来淘汰那些糟糕的员工，就如寒冬冻死害虫一样。

【案例】 你对这个供应商有多满意

服务是无形的，很难客观量化。但服务都涉及人，可以调查用户满意度来统计——虽说满意度是主观判断，但只要调查合适的人，问合适的问题，调查足够多的人，我们还是可以相当准确地判断供应商的服务水平。

案例企业在硅谷，有个提供测试服务的供应商，服务对象是公司的工程师、采购员、质量管理人员等，服务面广，服务内容繁杂，因为每个人的测试需求都可能不同。这是个典型的有能力也有脾气的供应商，技术力量相当强，但配合度不是最高，时不时有人抱怨其服务质量。

最近几个季度，公司与该供应商的业务往来越来越多，采购经理听到的内部客户的抱怨更多了。于是他就制定了一个问卷调查，包含很简单的几个问题，大致需要 2 分钟完成，发给跟这个供应商经常打交道的内部客户，让他们每个人都对该供应商打分，如表 13-2 所示。对每个问题，如果非常赞成，就给 5 分；如果非常不赞成，就给 1 分；如此等等。

表 13-2　你对这个供应商的表现满意吗

打分：1 到 5　　5- 非常赞成；1- 非常不赞成

1. 该供应商对我的需求响应速度快（例如及时回复、跟踪订单）
2. 该供应商有健全的流程来确保服务质量
3. 该供应商灵活度高，愿意根据我的需求变化而变化（例如赶工）
4. 该供应商的交货周期合理
5. 当我有紧急需要的时候，该供应商愿意帮我
6. 该供应商的赶工费合理
7. 总的来说，我对该供应商的服务满意

对于难以客观量化的对象，分解为多个子项，每个子项分别打分，是社会科学常用的方法。这也是"费米思维"的精髓：不管多难的问题，只要分解得足够细，我们就能更好地理解。就这里的供应商服务而

言，究竟啥是服务？响应速度，灵活度，帮助意愿，合理的收费，合理的交期等都在服务的范围内。那好，我们就从这几个方面来量化。

针对任何一项，一个人的主观判断不一定准，但有了二三十人，也就是二三十个数据点，可参考性还是相当高的。这就如我们选不熟悉的餐馆，首先想到的会是什么？大众点评——虽说"三人下馆子，口味各不同"，但几十、几百、几千人的评分，还是相当靠谱的。

图 13-8 是两次问卷调查的统计结果。在跟这个供应商的季度会议上，采购经理汇报给供应商和采购方高层主管。这给了供应商诸多信号。

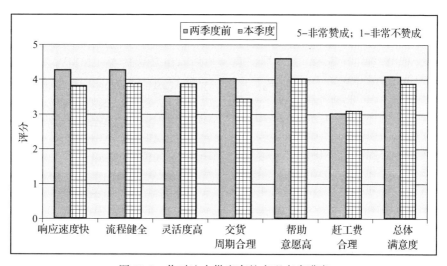

图 13-8　你对这个供应商的表现有多满意

信号 1：**什么对采购方重要**。响应速度、交货周期重要，因为工程师为验证新产品，质量人员为解决质量问题，都需要尽快拿到测试结果。灵活度要高，是因为需求变动大，本来说 3 天交货，但客户的要求突然变了，希望第二天就交货。所以，供应商要能够及时应变，愿意根据需求变化而变化。要保证做到这些，供应商只依赖几个关键员工可不行，得有健全的内部流程来支持。

信号 2：**采购方在打分呢**。"分分分，学生的命根"，放在供应商管理上也同理。打分就得有标准，才能引导供应商向标准迈进。例如采购方希望供应商接到信息后两小时内回复；有专人负责跟踪订单，交货时间不得超过 3 天；如果要提前一天，赶工费不得超过 20% 等。最后是总分，就是对供应商服务的总体满意度，引导供应商不要只做这几个指标要求的，而要以总体满意度为最终目标。

信号 3：**每一个内部客户都很重要**。这调查问卷发给跟供应商打交道的每一个人，总共二三十人，大家的打分平均后得出最后分数。这是为了引导供应商不要厚此薄彼，避免采购选定的供应商只有采购能使得动、设计选定的供应商只听工程师的话。

两个季度前，内部客户反映最多的是该供应商不够灵活，比如要赶工加急的话，调整进度很困难，表现在图 13-8 中，就是灵活度指标偏低。工程师们不满意，供应商的两个创始人压力就很大：他们清楚，只要工程师们愿意，总能开发出另一个供应商的。采购也不再是单兵作战，而是真正代表公司所有用户的意见，所以对供应商说话的分量就更重。

采购老总、主要设计人员都在会场，这些人直接决定了供应商能否得到更多的新生意，所以对供应商的威慑也很直接。这就是整合跨职能、跨层级的力量，形成合力督促供应商改进。当然，如果供应商做得不错，这也是个给予表扬的好地方——规过于私室，扬善于公庭（曾国藩语），这也会给它们动力做得更好。

采购经理反馈给供应商后，供应商就着手改善，结果两个季度后的灵活度得分显著上升，对赶工费的抱怨也减少了。这也说明，上次的季度会议是成功的：虽然这是个有能力、有脾气的供应商，但还是愿意倾听客户的诉求的。不过随着灵活度的改善，响应速度、交货周期、总体满意度等其他指标却在全面恶化，主要原因有二。

原因之一是，供应商为了方便采购方，对一些活儿赶工加急，更加灵活，却扰乱了整个计划，影响到更多的活儿。这看上去有点儿"按下葫芦起了瓢"，其实也体现了指标的副作用：**你抓什么指标，就会得到**

什么；但在供应商整体能力没提高，或者提高速度赶不上业务发展速度的情况下，往往会以牺牲其他指标为代价。

原因之二，跟业务量的大幅增长有关。采购方的业务增长过快，该供应商一直在积极配合，雇人、增加产能、增购设备等。所以，也不能因为这些指标下降，就否定供应商所做的努力，把供应商一棍子打死。我们要能够看到数字以外的东西，全面、公正地诠释数字，肯定供应商的努力，促进供应商做出更大的改进。

很多时候，我们担心的是得不到想要的，而忽略了可能因此失去的。作为供应商管理人士，内部客户有各种各样的诉求，我们一定要综合权衡，最大化企业的利益。毕竟，**内部客户看到的都是没得到的，而对已经得到的是看不到的**。要特别警惕的是，内部客户想要的，并不一定是采购应该拿到的。这就如压价，压到最后拿到最低价了，却把自己做成供应商的最不盈利客户，导致产能短缺时首先被牺牲交付，尚且不论一分钱一分货，质量和服务上失去的更多。

【小贴士】　大众点评的群众智慧

你在一个地方找餐馆，首先想到的就是大众点评；你到网上买东西，首先看的就是累计评价。虽说主观打分不可靠，但数据点多了，还是很有参考价值的。几年前我去一个大型连锁餐饮企业，发现它就非常重视大众点评，店长的奖金、晋升都跟门店的点评得分挂钩。

同一个对象，那么多的人从不同角度来评估，有的人打分高，有的人打分低，平均起来就更加接近真相。这在数理统计上叫"大数定律"：样本数越大，样本的平均值就越接近真实值。有研究表明，公司里的小道消息有75%～90%是准确的，[一]也是同样道理——智慧在民间，大家都在讲的大多是真的。

放到供应商绩效，特别是难以客观量化的服务上，那就是虽然是

[一]　Davis，K.（1973）. The care and cultivation of the corporate grapevine. *Management Review*，62（10），53-55.

主观打分，但如果有足够多的人打分，还是相当靠谱的。比如订单签收后，系统就发个链接，让签收人从多个维度评估，就跟饭后点评一样来打分。订单多了，打分的人多了，数据点多了，不同供应商之间，同一供应商的不同时段，还是有相当的可比性，可以成为驱动供应商持续改进和后续寻源的依据。

指标5：技术

供应商的技术是我们差异化优势的关键构成。供应商相关的技术上，这里主要讲两个方面：其一，如何开发技术发展蓝图，帮助供应商聚焦资源，有计划地开拓新技术、新工艺，支持我们的产品上台阶；其二，如何利用信息技术，把采购人员从重复性事务中释放出来，应对投资回报更高的事。

供应商的技术是我们差异化
优势的关键构成

技术发展蓝图

在技术要求高的行业，供应商的价值往往在于它们有独到的技术、工艺，战略供应商尤其如此。这些供应商给我们的是产品、技术、工艺的差异化优势，而不是最低价。

战略合作关系下，采购方对供应商的依赖度很高，很多核心技术都得依赖供应商开发，因为它们一直在技术的最前沿，面临很多不确定性。作为采购方，我们的技术发展蓝图，对于帮助供应商聚焦未来的技术发展，意义重大。

技术发展蓝图就是指在未来几年，比如一年、三年、五年，我们的关键技术究竟要发展到哪一步。比如在半导体芯片行业，芯片制造商的技术发展计划，哪一年要从 10 纳米发展到 7 纳米，再到 3 纳米、2 纳米直至低于纳米级，要"翻译"给设备制造商来开发相应的设备，再"翻译"给关键的零部件供应商，要求其开发出相应级别的零部件，这就是个技术发展蓝图。

如图 13-9 所示，这是当年我们为一个关键供应商提供的技术蓝图。针对一项特定技术，这个蓝图告诉供应商，采购方什么时候做完概念验证，什么时候把该技术用于首个客户（阿尔法阶段），什么时候用于多个客户（贝塔阶段），以及什么时候全面进入量产（伽马阶段，图中未标出）。不同阶段对供应商要求大不相同，需要供应商配置好资源来支持产品开发。

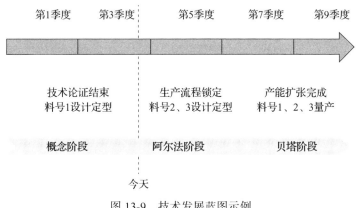

图 13-9 技术发展蓝图示例

比如在概念阶段，供应商只需要展示能力，做出样品即可。到了阿尔法阶段，产品要给试点客户用，质量、可靠度就很重要。试点客户一般是重要的大客户，它们在引领行业，更愿意尝试最新技术，拿下这样的客户至关重要。到了贝塔阶段，产品会在特定地区或给特定类别客户导入，用户面更广，对供应商的产能、交付要求也更高。然后是伽马阶段，产品推广到所有地区、所有客户，也是全面量产阶段，对产能爬坡的挑战也就更大。

那么，谁应该出技术发展蓝图？大家首先想到的就是设计。但是工程师们整天在忙着救今天的火，采购去问明年后年大后年的事，他们会说，技术发展充满不确定性，谁能知道那么远的事呢？一句话就把你给打发了。那怎么办？作为采购，你也可以用同样的方式来打发你的供应商；但作为一个真正的职业人士，你还可以协助技术部门制定技术蓝图。

你可以从几位关键的工程师开始，跟他们开展1对1，或者小范围的会议，问他们对技术发展的看法（客户的期望，我们的判断，供应商的能力），听取他们每个人的意见，并把这些记录下来。然后，你汇总不同工程师的意见，发送给大家，说这是我们对这个关键技术的整体看法，什么时候要发展到哪个地步。当看到写下来的东西，工程师们就开始认真起来，思考这些问题。

接着你召集更大范围的会议，大家都坐到一起，把各位工程师的看法一起过一遍，你会听到更多的补充、调整。你这就有了第二稿的技术发展蓝图，再发给大家，再召集个短平快的会议过一遍，邀请更高级别的管理层来参加。如是者三，你已经汇总了公司的最佳智慧和判断，得到了想要的技术蓝图，可以提供给供应商，驱动它们在新技术、新产品上及早投入。

需要注意的是，技术蓝图往往是粗线条的，不完美，也注定要变，但总比没有计划、做到哪儿算哪儿要强。实践中，有些公司过分强求计划的准确性，结果一直拿不出计划，在"完美主义"的外衣下，得了拖延症，其实也是不愿决策、不愿承担风险的表现。

可以说，协助设计部门制定技术蓝图，对于提前寻找合适的供应商，同步供应商的技术开发，以及公司几年后的成功至关重要，应该作为采购部门的一项指标，定期评价。比如对于关键的7项技术，我们有没有未来3年、5年的技术发展蓝图？有的话，上一次是什么时候更新的？不幸的是，采购往往忙于催货、砍价、处理质量问题，对公司的技术开发没精力、没兴趣、没能力管理，没法及早驱动供应商进行技术配套，为以后的种种问题埋下祸根。

【小贴士】　追随者变成了领先者，就要做领先者的事

随着中国本土企业做大做强，追随战略的局限性就越发明显：以前只要盯着海外的行业老大，它们做啥我们跟着做就行了；现在我们成了行业的龙头，就轮到我们做以前行业老大做的事儿了。

这是个实质性的改变，一点儿也不容易。比如在电信设备领域，华为取代爱立信成为行业第一后，突然发现丧失了方向——以前爱立信是方向，现在他们得自己制定方向了。任正非就逼着每个职能探讨未来的发展愿景，相信技术发展蓝图是其关键构成。

在智能手机领域也是。以前只要跟着苹果走就可以了，当成为行业巨头后，你就得开始做以前苹果做的事，那就是引领技术发展。vivo这样的巨头也在行动，就如《技术创新"敢为人先"　解密vivo供应链整合术》一文中说到的一样[一]。

"2017年4月，vivo召集手机行业最顶尖的供应商们到东莞总部，胡柏山告诉这些产业链大佬们，vivo的合作方式和合作节奏要调整。vivo要改变原来的跟随策略，在涉及手机创新的关键领域提前布局，要把技术跟踪、合作的周期提前到18个月，甚至36个月。""一直以来，vivo会等到供应商的技术方案已经成熟应用在几个大厂的产品上，再根据供应商的设计理念去推出自己的产品。但是，在新的战略思路下，vivo要将自己的设计理念和需求告诉供应商，让供应商根据vivo的思路和要求去推进技术演进发展。"

回报也是巨大的，比如在屏幕指纹技术上，vivo及早与供应商合作，就做到了全球首创。后来，vivo和供应商联合开发一系列技术，成功助力vivo在2021年和2022年蝉联中国手机市场份额第一。

　　㊀　中国证券报·中证网。

讲到这里，顺便讲讲某个互联网巨头的问题。

作为行业巨头，该企业已经走在行业的最前列，但还是跟随者心态，希望供应商先培养团队、提供优质供应资源，再与其合作。供应商则希望先看到项目，再组建和培养团队。供应商的诉求没毛病，因为能力开发就如暗夜行路，需要顶尖客户的指导。

光靠供应商的自然演变，就如原始的采集经济，进化速度很慢。制定技术发展蓝图，指导供应商开发能力，就如现代的种植经济，有针对性地培养新品种，进化速度就快多了。要知道，良种更多是培育出来的，不能光靠自然进化。

同理，优秀的供应商是怎么变优秀的？优秀的供应商是行业顶尖客户培养出来的，而技术发展蓝图是重要的沟通工具。这就是说，这些供应商有一定的基础，但并不能完全满足顶尖客户的要求，要通过顶尖客户的项目，在顶尖客户的引导、督促和帮助下，才变成真正优秀的供应商。

信息技术的应用

对采购部门来说，技术指标还包括**信息技术**的应用，比如和供应商的电子商务，通过信息化来达到下述目标：①提高效率，节省人工和运营成本；②把人力资源从琐碎杂务中解放出来，以做更有价值的事；③增加透明度和可追溯性，规避供应商相关的贪腐（阳光采购）。

比如有个电商巨头设定年度目标，要求 $x\%$ 的补货订单要由系统自动生成。有个公司计划 $y\%$ 的采购额要通过电子商务，以便更好地合法合规。还有个企业考核供应商接受电子商务，也就是通过电子商务做生意的比例，并把采取其电子商务作为合格供应商的条件之一。

信息化是好事情，但供应商和业务部门经常不配合，是推广信息技术的一大挑战。

供应商不愿意采用采购方的电子商务，一大原因是电子商务系统很难与供应商的系统无缝对接，大量的数据都得供应商手工输入和维护。有那么多的客户，那么多的电子商务系统，跟客户实现电子连接就成了资源黑洞，那些管理粗放、信息化水平低的供应商尤甚。作为应对方案，一方面我们要适当集中采购额，把自己做成大客户来有效驱动供应商；另一方面选择的重要性不可替代，不能在最低价驱动下选择那些粗放供应商。

用户界面不友好、系统不稳定、功能不健全，供应商对这样的电子商务很抗拒，采购部门也不愿意用。不时有这样的情况发生：系统开发好了，该有的功能都有了，但供应商和采购都不愿用。某大型中国央企的 IT 老总把问题归咎于采购，说采购没有推动供应商来采用系统。不过想想看，信息系统就如鞋子，如果一个人、两个人不愿意穿鞋，可能是具体的人的问题；如果大家都宁肯光着脚走，八成有鞋子不合脚的问题。

当然 IT 也有他们的难处：我理解鞋子可能不合脚，但你至少要愿意把脚伸出来，让我量啊——业务部门不愿介入信息系统的开发，做好需求定义、测试和反馈工作，而是习惯性地靠 IT 闭门造车，这造出的鞋子当然不合脚；因为不合脚，业务部门就不愿穿，于是就不可避免地陷入**系统、组织两层皮**的恶性循环，在那些管理粗放、部门壁垒重重的企业这种情况尤甚。

结果就是信息化水平低，从采购方到供应商，不得不花大量的人力，来对付本来可以自动化的数据处理工作。人力资源花在低附加值的琐碎杂务上，花在高附加值的任务上的人力资源就不足，导致需求管理、战略寻源、供应商绩效管理上面的资源投入不够：这些供应商层面的事重要但不紧急，所以经常被一拖再拖，做不到位又会导致更多订单层面的问题，于是就陷入恶性循环。

要知道，**凡是人工干两次的事，理论上都可以自动化**。那么多的人力资源，花费在本来可以由计算机完成的任务上，如果你是个营收几千万、几亿元规模的中小企业，尚且可以原谅；如果你是个营收几十亿、几百亿元的大企业，这就不可原谅。这是个管理层的问题——管理层的任务就是组织、流程和系统的建设，信息化是系统建设的关键构成。

时不时有读者要我推荐电子商务软件，但市面上商业化的电子商务软件看上去并不多，我也没有特别要推荐的。对很多企业来说，与供应商一起使用的电子商务系统是自己开发的，通过网站、EDI 和其他信息技术手段，把 ERP 里的订单、图纸、规格等信息分享给供应商。这从技术上讲没有多大的挑战，特别是在云端技术、SaaS 等让电子商务系统的实施更加简单的今天。

顺便讲个笑话。我知道一个这样的软件系统，据说原来是从 IBM 的自用软件发展而来的，对接采购方与供应商。该软件在中国发展了好些年，一直不温不火，最后决定关闭中国的办事处。有趣的是，人都遣散了，负责销售的老总也走了，国内一大客户突然说要采用这个系统。得，又把一帮人喊到一起干活呗。真是造化弄人啊。

指标 6：资产

供应商绩效影响到公司的资产周转效率，包括库存和现金流。比如供应商的按时交付越差，采购方的库存就越高，库存周转就越慢。这主要是因为以下两个原因。

其一，供应商的按时交付差，供应的不确定性就高，采购方就得增加安全库存（安全库存是供应链应对不确定性的自然选择）；其二，供应商的按时交付差，采购方库存的齐套率就低（别的部件都到了，但缺了最后一两种，还是没法组装发货给客户，以零部件和半成品的方式积压）。结果就是短缺与过剩并存，

操作得当，VMI 是个好东西，对供应商也是

需要的不来，来的不需要；库存高企，但有货率很低。

选好、管好供应商，缩短供应交期，增加供应的确定性，都是降低供应链库存的有效举措。还有些常见的方式，比如通过谈判取得更长的

账期，改善企业的现金流；通过 VMI、JIT、寄售，转移库存给供应商；通过信息共享，协助供应商更好地预测和执行，降低整条供应链的库存。我们这里主要讲一下 VMI。操作得当，VMI 是个好东西，对供应商也是。

对于 VMI（供应商管理库存），我在另一本书里有详细的阐述，包括最低、最高库存水位的设置，以及库存风险的归属。⊖为了内容的完整性，这里简要地阐述一下。

简单地说，VMI 就是供应商在客户现场或第三方仓库放一堆库存，根据实际库存水位和需求预测，自主安排生产与补货，把实际库存维持在最高和最低水平之间，然后采购方用掉多少，就付给供应商多少钱，在用掉之前这些都算供应商的库存（见图 13-10）。

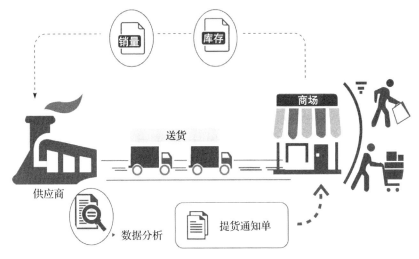

图 13-10　供应商管理的库存（VMI）

资料来源：stitchdiary.com/vendor-managed-inventory-vmi/.

VMI 也是双方掰手腕的焦点之一。我以前做采购的时候，要定期跟供应商谈判，要求供应商为设计定型了、需求相对较高的料号建立

⊖　《供应链的三道防线：需求预测、库存计划、供应链执行》（第 2 版），机械工业出版社，2022，第 253 ～ 256 页。

VMI。对于那些竞争异常充分的钣金件供应商，这只是一句话的问题；对于那些有独特技术或工艺的供应商，难度就相当大。

就商务指标而言，有些企业在统计 VMI 的百分比，比如供应商百分之多少的业务是通过 VMI 做的；每个产品、产品线的零部件中，有多少百分比跟供应商建立了 VMI；整体库存中，多大比例是 VMI，多大比例是自己持有等。

总体而言，如果操作得当，VMI 会带来双赢，对供应商来说也是个好东西。

对采购方来说，VMI 随用随取，服务水平更高。库存管理的责任转移给了供应商，由供应商负责计划、补货和维持库存水平，可以减少采购方的人力资源需求。库存也转移给了供应商，采购方用掉后再付款，减轻了采购方的库存压力，在账面上改善了采购方的资产回报率——这对上市公司尤为重要，因为资产回报率是影响股价的一大因素。

对于供应商来说，VMI 让它们能及时了解采购方的真实库存水平，信息对称了，可以减少由信息不对称带来的各种不确定因素，降低相应的成本；VMI 协议往往与一定的业务量挂钩，减少了供应商在业务上的不确定因素；VMI 下，根据采购方的预测，供应商可以平稳地安排生产，闲的时候多生产，忙的时候少生产，从而降低生产成本。

VMI 也简化了双方的交易流程。没有 VMI 的情况下，物料从供应商到采购方的转移由订单驱动，围绕每一个订单，都有一系列的操作，以及相应的交易成本；实施了 VMI 后，每周或每月结账一次，用掉多少料，支付多少料的款，把原来的多个订单整合成一个，大大简化了信息流和资金流。

另外，从整体库存的角度看，实施 VMI 前，采购方备库存，供应商也备库存；实施 VMI 后，两堆库存合成一堆，总体库存会更低——供应链上的库存节点越少，总体库存就越低。两堆库存合并成一堆，为达到同样的服务水平，需要的库存就比原来明显要少。

这么说，供应商就对 VMI 双手赞成？不是，如果采购方的心态是别人家的孩子不心疼的话。

举个例子。我曾经管理全球库存多年，负责对客户的八十多个寄售库存项目（这里的寄售的操作跟 VMI 非常像[⊖]）。有些客户在自己备库存时，备三四个星期的货就足够了；等到转为寄售，由我们备库存的时候，却要求备五周、六周、七周甚至八周、九周的货。问客户原因，自然有一大堆，但唯一不说的是，现在花的不是自己的钱了——别人家的孩子不心疼呗。

还有个公司，对外来供应商，要求 VMI 的最高库存为 8 周，最低库存为 4 周的量；对内部供应商（自己的独立子公司），最高 6 周、最低 3 周就够了，又一个活生生的"别人家的孩子不心疼"。这都是局部优化的例子，损人不利己，与供应链的全局优化背道而驰。

有趣的是，在我管理过的客户中，越是那些"曾经阔过"，一度很成功的公司，越可能"损人不利己"，要求供应商无谓地备很多库存。这些企业丧失了进取心，自己不愿承担任何风险，就让供应商承担了太多的风险；它们对每个供应商都这样做，那供应商就会把相应的成本折合到报价中，让整个供应链的成本更高，链主企业走上下坡路，也就不难理解了。

说起"损人不利己"，顺便讲个 JIT 的故事。

JIT 的字面意思是准时送货（just in time），是降低采购方库存的另一种常见做法。有个中国本土企业实施 JIT，要求供应商严格按照日程送货，迟到当然不行，早到也不行，因为既没地方堆放，也没地方停车，交通的不确定因素实在太多，准时到达几无可能。为了避免迟到受罚，供应商就只能多留富余时间，但早到后又不允许卸货，停车场又小，就

⊖　严格地讲，VMI 和寄售不一样。最初，VMI 指的是库存的管理义务，即由供应商在客户现场或第三方的仓库维持库存水位，保证一定的有货率，但库存本身属于客户。寄售则指的是库存的所有权，也就是说，供应商在客户现场放一堆货，卖掉（或用掉）的话给供应商钱，卖不掉（或用不掉）的话给供应商货。所以，VMI 和寄售最初没关系。但现在，这两者往往在 VMI 的名义下合二为一，供应商的负担就更重。

只能一辆接一辆地围着工厂转，成为一道奇观。

要说 VMI 和 JIT，汽车行业可以说是代表，不但实施得早，而且实施水平高。对于底特律的三大汽车巨头来说，其生产部的标准是库存年周转 100 次，这意味着只有 3 天左右的库存，主要是通过把库存转移给供应商实现的。不过看看这些公司的总体库存，表现还算好的福特汽车[⊖]，这几年的库存周转也只有 10 次出头，而且呈现下行趋势（见图 13-11）。

图 13-11　福特汽车的库存周转率（1990 ～ 2022 年）
资料来源：Ycharts 网站。

为什么呢？原来它们的前端在做同样的事：分销渠道把库存压力转移给整车厂。长期以来，北美汽车供应链的每个环节都充满敌对气氛，遍地都是"别人家的孩子不心疼"的信徒，弱肉强食，片面追求自身利

⊖　之所以选择福特，是因为它是底特律三巨头中唯一一个有延续性的车厂：通用汽车破产过，克莱斯勒不但破产过，而且经历了多次并购、剥离，都导致难以收集完整的财务数据。

益，局部优化以全局优化为代价，底特律三巨头命运多舛，也是自然的了。

　　顺便提及，近几十年来，库存周转效率下降是各个行业的通病。这跟需求端越来越碎片化、需求变动越来越大有关，也跟业务和供应链的全球化脱不掉干系——业务越来越复杂、越全球化，供应链上的库存点就越来越多，整体库存的周转效率自然就下降。

　　不管是 VMI 还是 JIT，对供应链的计划和执行都提出很高的要求，可以说是对需求预测、库存计划和供应链执行的终极挑战。需求预测准确度低，库存水位设置一刀切，导致短缺和过剩并存，供应商的运营成本惊人，制造的麻烦比解决的问题还多。还有，有些供应商的管理薄弱，只能根据采购订单排产，没有能力按照 VMI 和 JIT 的计划来安排生产，那么是不能实施 VMI 和 JIT 的。

　　再就是库存的风险。供应商为了满足 VMI 和 JIT 的要求而建的库存，一旦出现呆滞，有些采购方就认为这是供应商成本的一部分，不愿意承担任何责任。那些库存是按照你的计划指令，为支持你而建的，采购方必须为之负责。否则，供应商为了降低自己的风险，就可能以各种理由不按照采购方的计划把库存放满；而采购方的本能反应就是拔高库存计划水位；库存水位更高，库存风险也就更大了，供应商就会继续博弈；来回博弈，就会产生更多的库存和交付问题。

　　操作得当，VMI 和 JIT 能够降低库存和运营成本，在供应链上实现更大范围的优化；操作不当，VMI 和 JIT 就变成了转移库存和库存风险的利器。有些公司选择 VMI 和 JIT，根本目的是把库存压力转移给供应商，降低对流动资金的占用。那简单，直接延长给供应商的账期，不用花那么大的劲儿实施复杂的 VMI 和 JIT。

　　当然，如果你已经在给客户做 VMI、JIT 了，而客户给你的还是 3 个月的账期，外加 6 个月的承兑汇票的话，那只能说你入错了行、选错了公司，谁也救不了你。

【实践者说】

　　公司安排了一周时间到日本丰田培训学习，主要是培训丰田生产体系（TPS，包括精益、看板拉动、企业管理等），也参观了几家丰田系的供应商、物流公司。从丰田管理人员了解到丰田的计划体系：丰田整车厂滚动3个月计划基本没有大的波动（产品系列级别），上个月20日锁定下个月计划（车型详细信息）。锁定后丰田想调计划，如果供应商有损失的话，丰田要给供应商赔偿。当然也有滚动6个月计划和年计划。整个丰田系可以利用丰田年需求计划排出每月的产能计划（包括一年的员工年休、设备保养维护计划）。计划稳定，所以丰田系可以走JIT看板平准化拉动，过程库存做得很低。——Chris，PC&L（生产控制和物流）经理，"供应链管理专栏"（www.scm-blog.com）读者

指标7：员工与流程

　　对于采购职能来说，采购的员工素质直接影响整个部门的绩效，也是赢得兄弟部门尊重的关键。学校教育、专业培训、岗位轮换都是提高员工素质的方法。对于管理层，可设立相应的指标，例如100%的员工每年接受一周的专业培训，

员工与流程是供应商绩效的基石

50%的员工通过专业认证，每年的离职率不高于2%等。

　　对于供应商而言，员工与流程是供应商绩效的基石。

　　比如我们在访问供应商的时候，经常会问工程师占员工总数的比例，质量管理、生产计划的人员有多大比例有专业认证，每年的流失率有多高等。通过横向和纵向比较，可以判断供应商的员工素质。

　　我们也会评估供应商的质量管理、生产管理和物料管理流程，确保

其具备基本的流程，因为流程是经验和智慧的结晶，是避免重复试错，保证供应绩效稳定的关键。这些在前文已经阐述过。

评估几个供应商后，你会发现，即便是同行，供应商在质量、生产、物料管理上的区别还是很大。有些供应商的流程相对完善，你明显能感觉到是**流程在驱动组织**，按部就班，行之有序；而管理粗放的供应商，特别是规模较小，或者报价很便宜的供应商，其基本流程相当薄弱，更多的是**组织在驱动流程**，很难保证可重复性，不确定性也大。[⊖]

当然，在那些小批量、多品种、复杂度比较高的行业，我们会更多依赖组织的能动性，来弥补流程和系统的不足，但这跟依赖**某个具体的人**是两回事。

比如你去评估供应商，如果想要信息 A，供应商说让我来问老王；如果想要信息 B，对方还是说问老王，你不用是个博士都知道，这个供应商过于依赖**某个具体的人**：万一老王生病了，被车撞了，被竞争对手挖走怎么办？这往往是缺乏**基本**流程和体系的体现，是个危险信号。

流程相对稳健的供应商，都有个共同特点，那就是**中层管理**比较完善。高层管理更像基本流程的"破坏者"，因为一个个的特例就是他们制造的；基层员工活在当下，能走捷径就走捷径，先把活儿干了再说；中层管理者更多扮演了基本流程的守护者，负责流程的日常维护和完善，通过流程来确保一致性。但是，中层管理不是免费的，这就注定了这样的供应商不会最便宜。

对采购方而言，流程指的是和供应商管理相关的业务流程，比如战略寻源、绩效管理、设计变更、订单处理等。这些流程很大程度上决定了供应商的绩效。比如 VMI 库存的最低、最高水位如何设置，预测按

⊖　就拿手机来说，同是大厂、营收千亿元级的企业，有些厂家是生产制造背景，流程驱动组织，虽然慢，但有计划，井井有条；有些厂家是互联网背景，从软件转入硬件，但还能看到以前项目做法的影子，更多靠组织驱动流程，计划性差，上蹿下跳，进三步退两步。

照什么频率更新，实际库存水位如何传递给供应商，都直接影响供应商的生产计划和按时交付。再比如设计变更如何传递，落实到供应商的生产、质量体系，有很多细节，都要在设计变更流程中厘清。

不管是采购方，还是供应商，都不能忽视流程在绩效中的决定性作用。**管理层可以通过组织措施，比如动员、强调达到一时效果；但不改变流程及其背后的规则，这种效果很难持久。**在流程管理和改进中，要确定目标，书面化流程，确定责任人并定期评估。在此基础上，制定适当的指标，确保流程按既定方式运作，并与前面讲的按时交货率、质量合格率等业务指标挂钩。这样，从流程到绩效，再由绩效反馈到流程，形成闭环的管理圈。

指标体系的几点补充

到现在为止，我们简单阐述了供应商相关的七大指标体系。

这里要强调的是，**指标的价值在于规范和引导行为。**供应商的绩效指标不但引导供应商的行为，而且是评价采购部门绩效的重要依据。经常有人问，如何评估采购的绩效？答案就是供应商相关的七大指标。要知道，供应商是采购的供应商，供应商的绩效也就是采购的绩效。这些指标中，有好几个表面相互矛盾，但实际上相辅相成，是驱动采购做出更均衡、更好决策的关键。

在具体实践中，供应商绩效指标要力求客观、简单、实用、平衡。

客观是指减少主观判断、人为因素影响，增加指标的公信力，前面已经讲过了。

简单是指计算方法要简明扼要，这样有利于公司内外的沟通。如果指标复杂到没多少人懂，自然就失去了设立它的意义。

公司大了，官僚机制复杂，往往会制定出各种各样的指标，有的甚至为统计而统计。比如有个公司的 IT 老总说，他的部门开发了各种各样的系统，能够统计 20 000 多种指标，不用看都知道，这么复杂的指标能有多少实用性。

实用是指关键的考核指标要能与客户利益、股东利益**直接**挂钩。指标有千千万万，但并不一样重要，也不一定都得考核。指标的设置，一定要站在**客户与股东**的角度，比如质量合格率、按时交货率是客户关注的，库存周转率、运营成本是股东关注的，因而是合适的考核指标。

遗憾的是，职业经理人们设置了各种各样的**过程**指标，每个指标看上去都很好，却没有体现客户和股东的利益，是典型的"手术很成功，病人却死了"，这就成了自娱自乐，而客户自然会拿脚投票。公司越大，职能之间壁垒越高，此类指标也越多。

再就是**平衡**。公司在具体时期的侧重点往往不同，因而会强调特定指标。但如果忽视不同指标之间的平衡，就容易出现单一指标驱动的情况，这是要付出代价的——要知道，聪明人做傻事，背后总会有单一指标的影子。

这部分的原稿最初发表在我的"供应链管理专栏"网站上，收到了很多读者反馈。有些评论道，好是好，但我们公司施行不了。究其原因，要么是公司太小，采购量零星，没能力去管理供应商；要么是数据不全，准确性差，供应商绩效指标没有可信度；要么是采购部门人事变动太大，朝令夕改，供应商绩效管理缺乏连续性。

这些都是客观情况。从来没有一蹴而就的事，供应商管理指标体系也需要时间、精力、投资来完善，没有捷径可走。这意味着每天都得认真整理数据，确保数据的准确性；公司从上到下都要关注指标，利用指标做决策。

例如在我就职过的一个公司，上至副总裁，下至采购员，每周都得汇报按时交货率、百万次品率等指标，以判断供应商绩效有无异动，并采取纠偏措施。这是副总裁对总监的期望，也是总监对采购经理、物料经理、质量经理的期望，最后自然也会落实到下面的采购员、质检员、催货员等。

这些异动如果属于数据的准确性问题，那么就纠正系统数据；如果是供应商的问题，那就得与供应商沟通解决；如果是内部需求管理问题，那就得跟内部客户交涉，理顺需求以理顺供应。从上到下，大家花了巨大的精力来收集数据，统计指标，对于数据准确性相关的问题近乎零容忍。否则，指标的严肃性就没法保障。

指标是个管理问题，严格地说是**管理层**的问题：管理层的汗一定要流。如果管理层抱着自己制定指标，别人实现指标的想法，那指标注定要流于形式。缺少了自上而下的推动，任何指标体系都注定达不到预期效果。

公司大了，供应链越来越复杂，没有人能够知道真相；真相就在数据里，通过指标来体现。对于有些指标，我们可以不考核，但不能不统计——**不统计就不知道，不知道就没法管理**。活儿其实好干，难在干了活儿，同时能够记录下来，形成数据。公司大了，你会发现干活儿的时间越来越少，花在数据整理和统计上的时间越来越多。

而管理水平，也直接跟数据的充分性相关。[^⊖]管理越是粗放，数据越少，对人的依赖就越重；管理水平越高，数据越多，对人的依赖就越轻。这就是为什么二十余年前，我刚从商学院毕业，采购的经验为零，但在数据丰富、流程和系统相对完善的硅谷企业，虽然挣扎，但很快就能上手管理供应商；如果我到那些管理粗放的企业，企业的流程、系统很不完善，而我要经验没经验，要数据没数据，八成会混得很惨。

[^⊖]: 管理能力的一大标志就是数据的充分性。放在古代帝国的文明程度上，就是能否造册征税：中原文明有能力做全国普查，按丁、按亩征税，绵延不绝几千年；而草原上的游牧民族，往往连自己有多少人马都弄不清楚，其兴也勃焉，其亡也忽焉，走马灯似的消失在历史长河里。攻破咸阳城，萧何搜集的是秦朝的国家户籍、地形、文书，这在楚汉相争中发挥了巨大的作用；项羽他们则是抢财宝，烧宫殿，高下立见。

供应商集成：供应商管理的最高层次

前面讲了供应商管理五步流程的四步：供应商分类、评估、选择和绩效管理。这里讲最后一步，即把**关键**供应商集成到公司的供应链里，让它们成为公司的有机延伸。在这个阶段，市场机制仍旧起作用，但更多的是基于双方的长期关系，通过**协作**和**协同**来解决问题。

如果说绩效管理是保持供应商绩效，并逐渐改进的话，那么**供应商集成**就是让供应商绩效更上一层楼，是供应商管理的最高阶段。如果说绩效管理面向普罗大众，是市场机制下的优胜劣汰的话，那么供应商集成的对象则是关键供应商，追求深度协作下的共同进步——供应商集成需要投入大量资源，注定我们只能和有限数量的供应商推进。

常见的供应商集成有三种（见图 14-1）：在**设计阶段**，让关键供应商早期介入产品开发，通过设计优化、设计选型来降低设计决定的成本；在**量产阶段**，通过 JIT、VMI 等简化与供应商的产品流、信息流和资金流，从而降低库存和运营成本；在**交易过程**中，通过电子商务等信

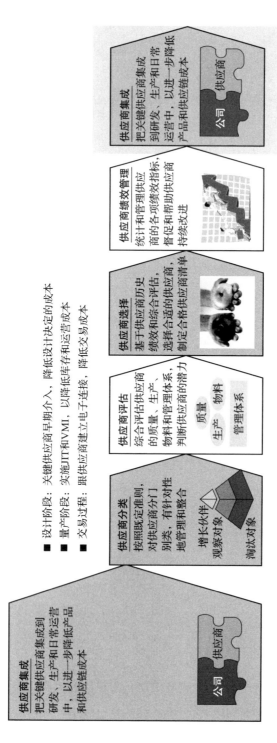

图 14-1　供应商集成是供应商管理的最高层次

息化手段，更加有效地传递信息，促进协作，降低交易成本。

VMI、JIT 和电子商务我们前面已经讲过。我们这里聚焦设计阶段的集成，主要是关键供应商早期介入方面，可能出现的各种问题。比如设计避开采购，自己导入供应商；短期关系下，供应商的价格难谈；以及拿不到生意，优质供应商缺乏早期介入的动力。

供应商早期介入了，采购没有

很多企业的问题是，设计阶段供应商早期介入了，采购没有。也就是说，设计人员纳入了供应商，但这一过程采购没有参与。供应商啥都好谈，钱不好谈；设计人员摆不平了，就推给采购：采购的任务不就是砍价吗？问题是产品开发到了这一步，供应商都锁定了，这价格还好谈吗？

你当然可以说，这是设计人员的问题。不过想想看，如果一个两个设计人员在做傻事，那可能是具体设计人员的问题；如果一帮设计人员都在做同样的傻事，后面往往有能力的短板。哪个组织的能力？采购。

能力不足，采购在供应商早期介入中不增加价值，所以设计就不让采购介入。否则，采购早期介入了，设计得给采购详细地解释，满足了采购的"好奇心"，但设计关注的问题还是没有得到解决，那下一次设计还会这么干吗？

要系统改变组织行为，就得改变组织能力。比如硅谷有个科技公司，正处于从"小采购"到"大采购"的过渡期间，原来的一帮采购人员，虽说都做了几十年的采购，但整天只会下订单，主要是设计人员在早期纳入供应商。为了改变这种被动局面，公司就雇了一些经验更丰富、领导能力更强、有一定工科背景的"大采购"。

这帮"大采购"来了后，帮助设计人员摆平了很多供应商问题，比如签订保密协议，确保新产品开发的信息不会泄露；确定合作开发后，知识产权的归属；新产品开发伊始，虽然没法确定价格，但可以约定定价机制，比如 BOM 成本要公开，在此基础上加 × 个点的利润等。

这些问题都是设计密切关注的，也是长期没法有效解决的。试想，好不容易跟供应商开发出了新产品，供应商说知识产权是它们的，下个月卖给你的竞争对手，你是设计的话你愿意吗？设计发现采购能增加价值了，每逢跟新的供应商打交道，就会打电话给相应的采购经理：保密协议签了吗？知识产权归属谈好了吗？定价机制确定了吗？模具等核心资产的归属谈好了吗？采购的早期介入就顺理成章了。

所以说，采购的早期介入不能光靠政策，更重要的是要靠解决问题、增加价值。除了解决上述商务问题，采购还要有自己的技术力量，来有效对接设计和供应商，促进产品设计与工艺设计的交互优化，并做好设计选型工作。这些我们在后文还会谈到。

供应商早期介入后，价格怎么谈

很多人问，供应商早期介入设计好是好，但锁定了供应商，价格怎么谈？他们的逻辑是，供应商一旦早期介入设计，这生意就是它们的了，"没有竞争"，价格就很难谈。在我看来，**这不是竞争不充分，而是短期关系在作怪**。

在短期关系下，供应商早期介入设计，帮你优化了设计，降低了成本，但三个月后这生意是不是它的，不知道（因为是短期关系）；有多大比例是它的，不知道（因为采购方一品多点）；给你降价，未来这生意是不是它的，不知道；不给你降价，还是不知道。如果你是供应商，你会怎么办？理性的选择当然是不降价，能坑你多少算多少。

早期介入设计，供应商投入了很多人力、物力，在长期关系下有更多的时间回收成本，所以能给我们更好的价格；短期关系下，投资回收期更短，供应商的单位成本更高，给我们的单位价格当然也更高了。还有，短期关系不确定性高，不确定性越高，风险就越大，供应商就得用越高的价格来补偿。

传统的日本公司中，有些是供应商早期介入的典范。[○]它们主要通过**长期关系**约束供应商的博弈冲动，通过**目标成本**激励双方共同解决问题。

就拿丰田来说，供应商在参与设计时，就知道这生意是它的了，但它敢不敢把丰田扣作人质，100 元的东西要价 200 元？对丰田而言，这个产品已经锁定了，拿这个供应商没办法，但未来的新业务可以不给它。对供应商而言，**长期关系**下，它们知道丰田有一定比例的生意会给自己，不配合的话有很多可失去的，所以就会更加理性地合作。

中国企业的问题，就是把长期关系做成了短期关系，让供应商没什么可失去的，也就难以有效约束它们进行博弈。

在传统的日本管理方式中，**目标成本**是另一个关键举措。目标成本给双方共同的目标，促进双方通过设计优化、设计选型和流程优化来共同解决问题。

有些人或许会说，我们和供应商也有目标成本啊。但这个目标成本更多的是以**转移问题**的方式来"达到"的：满足不了"目标成本"，营销、产品端不是通过价值分析来取舍、平衡，而是把问题转移给设计；设计不是通过设计优化、设计选型来应对，而是把问题转移给采购；采购就是谈判降价，把问题转移给供应商。

没有长期关系来约束博弈冲动，离开了协作心态来共同解决问题，供应商早期介入有善始、没善终也就不足为奇了。

拿不到生意，优质供应商不愿早期介入

有个几十亿元营收的服装品牌商说，优质供应商早期介入了，但在后续的公开招标中，报价不是最低的，拿不到生意，下次就不愿再帮助设计优化。

○ 注意这里说的是"有些"。不是所有的日企都跟供应商奉行长期关系，特别是多年的经济停滞后，供需双方关系变得更为恶劣，日产就是典型的例子。随着全球化，我的感觉是不同国家的企业在趋同。比如有些北美的企业向长期关系靠拢，而有些日本企业则更加短期化了。

对这些早期介入的优质供应商来说，报价不是最低的是有原因的：它们在早期介入时，投入了更多资源，总成本更高；它们之所以早期介入，是因为它们能力强，有专业的人员，而这些都是有成本的。

这里的焦点是追求最低**成本**，还是最低**价格**。追求最低成本，谁早期介入，生意就给谁，这次拿不到最低价格，但因为能让成本更低，长期来看可能拿到更低价格；追求最低价格，供应商早期介入后企业公开竞价，虽然这次拿到了最低价格，但打击了优质供应商早期介入的积极性，长期博弈的结果是后续产品的成本更高，最终还是付了更高的价格。

这有点拗口，让我们举个例子来说明。

假定一个产品多家竞价，供应商可接受的最低净利润为5%；如果独家供应商谈价，供应商谋取20%的净利润。如果没有供应商早期介入，假定成本是100元，最低报价就是105元（100元成本+5%净利润）。如果有了供应商早期介入，设计和选型优化了，成本变为80元，独家供应商报价96元（80元成本+20%净利润）；如果多家竞标，最低报价84元（80元成本+5%净利润）。

追求**最低价格**，也就是供应商早期介入后多家竞标，这次是拿到了84元的最低价，但长期博弈的结果是，后续没有供应商愿意早期介入，成本变成100元，采购价就变成105元。追求**最低成本**，也就是优质供应商早期介入，长期博弈的结果是成本变成80元，采购价变成96元。

采购方拿到更低的价格，供应商获取更高的利润，这就是优质供应商早期介入带来的双赢。显然这是正确的事，为什么那么多的企业做不到呢？这里有信任问题，企业会担心早期介入相关的贪腐，而多家竞标，最低价中标是采购人员自证清白的最简单方式。

有个营收百亿元级的企业，虽然上市了，但还有浓厚的家族经营特色，负责采购的是董事长的哥哥，他就可以决定不走最低价中标的路，为关键供应商的早期介入铺平道路。但对于职业经理人来说，还有很长一段路要走，因为股东不信任职业经理人，这是个根深蒂固的问题。

有个手机巨头在鼓励供应商早期介入上的做法也值得分享。

该企业在供应商早期介入设计前，会承诺给供应商一定比例的业务，比如20%，谈判定价；其余业务通过多家询比价乃至招标，低价者中标。这确保了早期参与的供应商有最起码的业务保障和投资回报，也能通过充分的竞争获取更低的价格。供应商早期介入了，一般比竞争对手更熟悉产品、工艺，也有利于降低成本，所以往往也是最低价中标，最终获取所有的生意。

还有一种做法，就是跟供应商约定好，如果早期介入后能拿到生意，早期开发费用就折合到后续报价中；否则的话，向供应商支付约定好的开发费用。

【实践者问】

您说供应商早期介入可以降低采购成本，请问这个成本怎么量化，怎么进行对比？

【刘宝红答】

作为管理者，我能理解你为什么要量化，因为没法客观量化，就没法有效管理。但对于常识性的东西，要量化往往很困难——公理是没法证明的；每次都要严格量化的话，会产生很多成本。

比如早睡早起对身体有好处，这是个常识。你如果是个博士，或许可以花上几年时间，写篇博士论文来证明。但对于一般人来说，也只能尊重常识：早睡早起了，神清气爽，劲头足，精神好，这就是为什么我们会早睡早起。

【实践者问】

我们达到了目标成本，但供应商赚得太多怎么办？

【刘宝红答】

如果我们的目标实现了，比如目标成本达到了，产品有竞争力，能卖个好价钱，供应商赚得越多，我们越高兴才对。这样，我们就成了供应商的优质客户，供应商就更可能把优质资源配备给我们，也更有动力参与后续的项目。这是典型的双赢。

作为采购，我们的目标不是让供应商少赚钱，而是实现我们的业务目标。有些公司见不得"穷人的孩子端碗"，如果供应商赚钱了，采购好像就是失职的。在这种心态下，就很难与供应商建立长期共赢关系，供应商早期介入注定问题多多。

集成供应商，推动供应链降本上台阶

从供应链的角度看，我们整体上有三类降本方法，那就是谈判降价、流程优化、设计优化，总结起来就叫供应链降本的三个台阶，每个台阶都跟供应商息息相关（见图 14-2）。

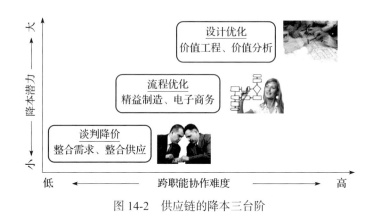

图 14-2　供应链的降本三台阶

相对而言，**谈判降价**最容易，但对成本影响最小，大致能影响产品成本的 10%；**流程优化**，不管是生产流程还是交易流程，就更加困难，大致能影响到产品成本的 20%[⊖]；**设计优化**最困难，不管是价值工程，还

⊖　产品成本的百分之七八十决定于设计阶段，几个点到十几个点取决于谈判降价，那剩下的 20% 左右就是由生产和交易流程决定的。这里只是给大家一个基本的概念，而不是确切的百分比。

是价值分析，都需要营销、研发、供应链的跨职能协作，但对成本的影响也最大——要知道，百分之七八十的成本由设计阶段决定。

从供应商的参与度看，谈判降价主要是采购方的单边行动，供应商的参与度较低；流程优化涉及关键的供应商，特别是精益制造，供应商的参与度高一些；设计优化中供应商的参与度最高，往往需要集成关键供应商。

台阶 1：谈判降价

招标操作规范、充分竞争、供应商只有一次报价机会的情况下，你得到的最好报价就是合理价。在此基础上的谈判降价，不管用什么华丽的词汇掩饰，其实都是在做利润转移的游戏。供应商的正常利润也就几个点到十几个点，而价格谈判做到极致，就是让供应商一分不赚，也只能影响产品成本的 10% 左右，而且这种方式没法持久。

在有些管理粗放的企业，供应商也有获得暴利的可能。例如在有些快速发展的新兴企业，采购体系不完善，保供一直是首要任务，成本压力相对不大，通过价格谈判来"扫浮财"，一次性降价还是会挺可观的。还有些企业的供应商众多，采购额异常分散，通过简单的供应商整合，集中采购额，也可获取显著的一次性降价。

不过现实是，不管你能谈下来多少，最后真正能拿到手的并没有那么多：通货膨胀，总有一些会以各种方式转移给采购方；"天下熙熙，皆为利来"，供应商总得保持一定的正常利润。采购可以淘汰一些供应商，增加其余供应商的业务量，以换取更多的降本；或者软硬兼施，但不管是行王道，还是行霸道，就凭采购一张嘴，每年也降不了几个点。

很多企业把降价美其名曰"降本"。其实，降价和降本是两回事：价格取决于供需关系，主要通过市场竞争来管理，我们要通过制造充分竞争来应对；成本则由产品设计、工艺设计、流程控制等决定，我们要通过流程优化、设计优化来降低成本，从而降低价格。这就是供应链降本的第二、第三个台阶。

台阶 2：流程优化

为了叙述方便，我们把流程分为两类：增加价值的**生产流程**，不增加价值的**交易流程**。通过**电子商务**自动化交易流程，降低交易成本；通过**精益生产**改善生产流程，降低生产成本，是供应链降本的第二个台阶。

20 世纪六七十年代，伴随着日本制造的崛起，精益生产也发展起来了，并于 80 年代传入北美。[○]起初，北美企业导入精益，主要是为了内部挖潜以降低生产和运营成本。后来，随着轻资产战略的推进，生产制造越来越多地由供应商完成，关键供应商成了企业的延伸，采购方（尤其是大公司）便帮助供应商导入精益生产，来取得持续的降本。

比如，美国的一些大公司也培训供应商，帮助它们实施精益生产、六西格玛，从根本上消除浪费、节省成本。就拿饱经风霜的航空业来说，自从 1978 年解禁以来，竞争异常充分，有盈利的年份屈指可数。再加上后来的"9·11"事件、全球金融危机，航空业的成本压力巨大，也传递给了飞机制造行业，比如波音、雷神、霍尼韦尔、罗克韦尔柯林斯、德事隆等。我就亲眼见过这些企业培训其供应商的实例。

那是我在半导体行业时的一个供应商，也服务飞机制造行业。某大型飞机制造企业就培训该供应商精益生产。其核心是绘制主要部件的整个生产流程，剔除不增加价值的程序，重组其余的。整个培训一般持续三天左右，成果之一便是占据整个墙面的大幅挂图，新旧流程同绘其上，对比之下，优劣一目了然。

令人惊奇的是，很多在供应商看来天经地义的环节，其实往往并不增加任何价值；但由于身居其中，供应商也见怪不怪，很少有人挑战其存在的合理性。这些培训，加上来自客户的成本压力，给供应商提供了

[○] 在我的《供应链管理：重资产到轻资产的解决方案》一书中，有一部分专门阐述精益在美国的导入和完善，以及在大批量行业和小批量行业的应用，第 57 ～ 66 页。

工具和动力，来重新审视整个流程的各个环节。

这需要双方的深度协作和集成：采购方要投入相当的资源，所以只能跟**有限**的优选供应商合作；供应商也要投入实质性的资源，所以需要自上而下的推动。采购方的回报是成本、交付、质量的改善，供应商的动力更多来自新生意——采购方一般会先整合供应商，跟有限数量的优质供应商推动精益改善。有些企业也会跟供应商分享改善成果。比如降本在一定期限内对半分，在期限外成为下年的年度降价。

在传统的日本企业，比如丰田、本田，帮助供应商实施精益制造，改进工艺和质量就更加普遍了。它们甚至设立专门的供应商开发职能，督促、帮助供应商改进，驱动系统的流程优化和设计优化，通过降本来降价。通用汽车也一度学习这些做法，但在实施过程中完全走了样，把合作优化过程中收集的信息，变成了铁血压价的依据，严重破坏了供应商的信任，造成了灾难性的后果。

【小贴士】 合作降本不能做成洛佩兹的铁血降价

20 世纪 90 年代，为脱离重重困境，通用汽车起用西班牙人洛佩兹负责采购。此人是个工学博士，研究的是生产制造和运营。按道理讲，洛佩兹应该是解决问题的高手，实际上，他却以年复一年地向供应商铁血压价而闻名。

一俟上任，他便把一些主要合同推倒重来，赤裸裸地压价盘剥供应商。他还召集一些效忠于他的"斗士"，进行所谓的"供应商开发"，强行了解供应商的成本结构，强行压价。

比如洛佩兹的"斗士"们来到供应商现场，说我们一起来学习日本车厂，帮助你们改善流程、改善工艺来降本。那你们首先得开放生产线，让我们了解整个制造过程，看看每道工序用了多少时间，用了什么设备，良率如何等。等拿到这些信息后，"斗士"们就开始算账，这算出来是 5 块钱，你凭啥要我们 6 块？这不，这些成本信息成了洛佩兹他们压价的"铁证"。

　　血雨腥风中，洛佩兹是拿到了他想要的，采购"降本"数以十亿美元计，通用汽车也奇迹般地扭亏为盈。但是，对供应商来说，这却是灾难性的最后一击。大批供应商濒临破产，与通用的关系急剧恶化，有些甚至中断关系。十几年后，供应商对通用仍不及对福特、克莱斯勒等忠诚，更不用提丰田、本田等日本车厂。

　　洛佩兹如此"能干"，很快就引起了大众汽车的注意，大众重金挖去洛佩兹，试图复制通用的"成功"。洛佩兹这样的人毫无底线，离开通用时带走了大批商业机密，比如供应商价格、设计图纸，还说是自己的"私人"物品。那上面都写着"通用汽车"的名字，你说是你的私人物品？

　　通用就开始诉诸法律手段，状告大众；洛佩兹在大众的职业生涯，都在打官司中度过。最终，洛佩兹从大众辞职，大众赔偿通用1亿美元，并需要在7年间从通用采购10亿美元的零件。[一]

　　洛佩兹带给供应商的恐惧，可以用"小孩不夜啼"来形容。以至于他离开通用去大众时，底特律的头版头条都在发问，洛佩兹真的走了？！

　　后来，西班牙人洛佩兹遭遇了严重车祸，差点没命。[二]幸存下来后，洛佩兹悄无声息地生活在西班牙，但他的那套"降本"方法论却在汽车行业广为流传。

　　其实，在这个利润薄如刀刃、弱肉强食的汽车行业，洛佩兹从来就没有离开过。

台阶3：设计优化

　　百分之七八十的成本是设计决定的，我们要通过价值工程、价值分析来应对。简单地讲，价值工程用于新产品的开发，价值分析针对已有产品的优化。两者的根本目的相同，那就是平衡投入（成本）与产出

　　[一] 引自维基百科的 José Ignacio López de Arriortúa 词条。
　　[二] The Lopez Affair，by Diana T. Kurylko and James R. Crate，Automotive News Europe，Feb 20，2006.

（性能），最大化性价比。

可以说，价值工程和价值分析是应对成本挑战的终极武器，在各个阶段，供应商都扮演着关键角色。产品开发阶段，供应商的早期介入是设计优化、设计选型的重要组成；产品量产阶段，供应商针对生产制造过程的反馈，是流程优化、价值工程的基础。不管产品开发还是量产阶段，集成关键供应商，都是促进供应链降本上台阶必不可少的。

对美国企业来说，这些年的降本主要集中在前两个台阶，几乎每个行业都经历了一轮又一轮的供应商整合，以获取更大的规模效益；从汽车、家电等大批量到飞机、设备制造这样的小批量，都经过了精益制造、六西格玛的洗礼，以降低生产和库存成本。但在供应商早期介入、设计优化上，美国企业还是进展有限。这跟短期关系导向下，双方缺乏信任，习惯性地陷入博弈不无关系。

对日本企业来说，文献中谈得更多的是后两个台阶。特别在设计优化、工艺优化方面，是美国企业所不及的。这与传统日企跟供应商的长期关系密不可分：供应商数量较少，双方更可能聚焦管理资源；长期关系下，双方信任度高，这些都为流程优化（台阶 2）和设计优化（台阶 3）创造了客观条件。

对中国企业来说，降本的聚焦点还在台阶一。最简单的就是谈判降价，谈不动了，就开始整合供应、整合需求，从规模效益入手。这就是集中采购。在后两个台阶，整体上进展有限。这跟采购方众多、供应方众多，竞争异常激烈而无序不无关系。

在成熟经济体，一个成熟的行业只有两三个主要的公司。而在中国，几乎每个行业，不管是家电还是手机，尤其是燃油汽车行业，都有一大把的玩家，由于种种原因不能实现整合，这加剧了无序竞争。伴随着无序竞争的是短期关系和无限博弈，就如军阀混战，人人都想捞一把就走，谁也不愿长期投入。

只有在长期、稳定的合作框架下，供需双方才会有动力实质性地投入资源，推动流程优化和设计优化，真正让供应链降本上台阶。

关键下级供应商的管理

到现在为止，我们系统地介绍了供应商的选择、管理五步流程。下面我们要讲两种特殊的供应商——关键下级供应商、客户指定供应商的管理，因为它们都是供应链的关键构成。

对大多数公司来说，供应商管理止步于一级供应商，即跟公司直接有订单交易的供应商。而对于那些具备独特的技术、工艺、资源的二级、三级甚至四级供应商（以下统称下级供应商），采购方认为应该归一级供应商管理；而有些一级供应商，因为缺乏技术和管理能力，往往没法行之有效地管理下级供应商。于是，这些下级供应商成了"三不管"：**采购方不愿管，供应商没能力管**，从而形成供应链的风险源。

如图 15-1 所示，下级供应商虽然数量众多，但绝大多数是不需要管理的，市场机制就能够有效应对。比如一级供应商要买些打印纸什么的，打印纸供应商是谁也不用去管的，市场机制就可以有效管控。少数下级供应商比较重要，比如有一定技术优势的，但一级供应商能够对付，必要的话要求报备批准即可。而极少数的**关键**下级供应商，因为技术、工艺等要求高，或者对成本、质量很重要，就得采购方自己来管理。

采购方不愿管，供应商没能力管，关键下级供应商成了"三不管"

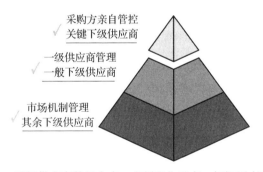

采购方亲自管控
✓ 关键下级供应商

一级供应商管理
✓ 一般下级供应商

市场机制管理
✓ 其余下级供应商

图 15-1　下级供应商数量众多，必须聚焦重点，好钢用在刀刃上

那么，究竟如何判断哪些下级供应商是关键的，需要采购方来介入管理？我们可以从供应链的结构，分两种情况来看。

如图 15-2 所示，如果一级供应商的数量很有限，表明入行门槛较高，能进来的供应商能力一般都不错；而下级供应商的数量很多，表明入行门槛较低，技术含量有限。这种情况下，采购方不大需要深度介入下级供应商管理。

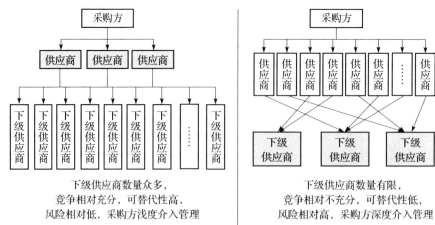

图 15-2　管理哪些下级供应商

　　相反，如果一级供应商数量很多，竞争非常激烈，表明一级供应商主要是些干粗活的；而下级供应商的入行门槛较高，供应商数量有限，则表明技术含量高、附加值高的任务主要发生在下级供应商处。这种情况下，一级供应商往往没有能力管理下级供应商，需要采购方深度介入。

　　举个例子。不管在哪个国家，机加件供应商都是苦力型居多，竞争激烈，利润率低，难以负担一流的人员，以有效管理关键的下级供应商。而它们的下级供应商呢，比如电镀、阳极氧化、表面处理等专业供应商，工艺的技术含量往往较高，一旦出了质量问题，机械加工厂往往没有能力来处理，跟下级供应商的扯皮问题就很多。

　　这时候就有两种选择。其一，每个机械加工厂雇一帮博士、硕士来管理，这面临资源重复投入、资源利用率不足的问题；其二，最终采购方雇一帮博士、硕士，对付下级供应商的质量、技术问题，显然更加符合经济规律。

　　我在硅谷做采购的几年，主要任务就是管理关键的下级供应商，包括电镀、喷涂、阳极氧化、深度清洗等表面处理领域。这些领域技术含量高，作为一级供应商的机加、钣金厂商规模小，没有技术能力来管理。作为大公司的采购方，我们的实力强劲，光表面处理领域就有四五个供应商工程师，个个都是硕士、博士，所以我们就统一管理，来处理技术、质量问题（对于围绕具体订单的信息流、产品流和现金流，则一般归一级供应商管理）。

当然，有些人会说，我们想管下级供应商，但一级供应商不愿我们插手。

一级供应商不愿我们介入，因为我们介入越多，我们知道的就越多，这会让一级供应商失去信息不对称下的博弈优势。但问题是，一级供应商有没有能力来管理下级供应商？作为客户，从战略角度而言，你是不是愿意放弃对关键下级供应商的管控？这两个问题的回答，如果有一个是否的话，那你就得介入下级供应商的管理。这就跟你的手下干不了他的事，却又不愿你介入一样，作为一个有经验的管理者，你知道你得介入，否则这事儿准会做砸。

在这里，还要提防一级供应商有意愿，但没能力的情况。相信大家都听过下面这个笑话。年轻的爸爸躺在沙发上看电视，让两岁的儿子去端水。两三岁的孩子，路还走不稳，但特愿意帮忙，经常帮倒忙，典型的"有意愿而没能力"（等他们再大点，就变成"有能力而没意愿"，走几步路都要你抱着了）。爸爸喝着喝着突然一激灵：这孩子个头儿还够不着饮水机，他这水是从哪里来的呢？你知道答案：马桶。

【案例】 本田美国的下级供应商管理

本田美国是本田在美国的分公司。在关键下级供应商的管理上，本田美国的做法颇具代表性。

我们知道，一辆汽车大致有 30 000 个零件，后面的供应商当以千计，整车厂很难直接管理这么多供应商、这么多零部件，否则复杂度太大，管理成本太高。作为应对措施，主机厂对供应商进行分级管理。图 15-3（未分析的部分未翻译）是个座椅供应链，由一级供应商来管理，下面有众多的二级、三级和四级供应商。我们通过颜色的深浅，来判断本田美国介入下级供应商管理的深度。

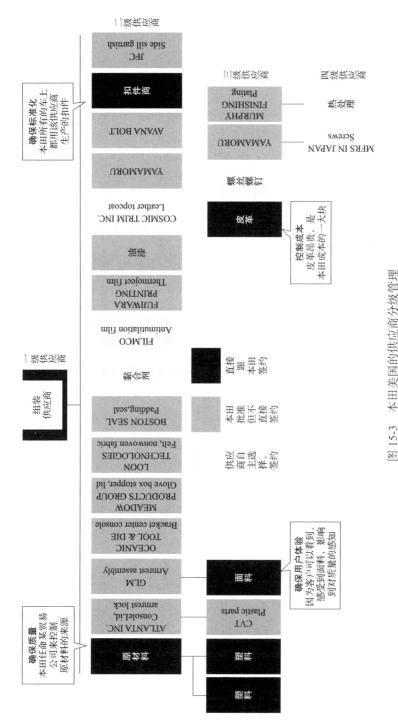

图 15-3　本田美国的供应商分级管理

资料来源：Don't let your supply chain control your business；Thomas Choi and Tom Linton, *Harvard Business Review*，Dec 2011.

颜色最深的供应商，表明本田介入最深，直接管理；颜色较深的供应商，由一级供应商报备，本田批准即可；颜色最浅的供应商，可由一级供应商自己选择、自己管理。看得出，这些下级供应商中，颜色深的居多，表明本田的手伸得相当长。这也是日本整车厂的特点。

如果换成美国车厂的话，我们会看到更多的浅色，这跟美系车厂相对松散的管理风格匹配。如果换成大众等欧系车厂，整体颜色应该深于美国，但浅于日本，也反映了欧系车厂在管理深度上介于日系与美系之间。当然，这只是个人见解，欢迎斧正。

让我们看看颜色最深的下级供应商，即本田自己选择、自己管理的那些供应商。

左上角的原材料对质量的**一致性**很重要，本田自己来定义原材料的规格，任命专门的贸易商来供货。波音也有类似的做法，比如给美国铝业公司（Alcoa）规定铝材的技术规格，让供应商都去买同样的铝材。右上角的扣件由二级供应商供货，虽然技术、质量、成本上没有什么特别之处，但因为**标准化**程度很高，本田美国所有的车型都用这个扣件，一旦出现问题，影响面就很大，所以也由本田美国自己来选择、管理。

右下角的皮革虽属于三级供应商，本田美国还是与它直接签订合同，因为皮革昂贵，占整车**成本**的比例较高，本田处于最佳的位置来集中采购额，以量换价。而至于左下角的面料，因为其对质量和**用户体验**很重要——我们一坐到车上首先做的就是伸手摸摸车座的面料以判断车的质量，所以也是由本田美国直接签约和管理。

看得出，本田美国直接管理的下级供应商都有个共同的特点，就是很重要：要么是质量的一致性，要么是成本，要么是用户体验，而且本田处于最佳的位置来管理。

就拿扣件来说，这个二级供应商生产的扣件用在本田所有的车上，让任何一个座椅供应商来管理都不合适，因为每个座椅供应商只供应特定的一些车型，有多少动力管理这个二级扣件供应商，服务好自己的竞争对手呢？而共同的交集呢，则是本田美国，所以由它来管理这个二级扣件商。

这种管理思路也反映了供应链管理的一个基本准则：供应链伙伴之间的分工，**谁处于最佳的位置，谁就应该去做**，这样才能最大化供应链的利益。

要知道，对于采购方来说，有些东西是没法外包的。比如关键下级供应商的管理，如果你是处于最有利的位置来管理，你没法外包给一级供应商。是福不是祸，是祸躲不过。与其埋头在沙子里，奢望奇迹发生，不如勇于承担责任，积极主动。关键是我们要投入资源，必要时设置专人来管理这些关键的下级供应商。

或许有人会说：我理解关键的下级供应商很重要，要避免我们不愿意管，一级供应商没能力管的情况。那我们如果要管理的话，如何识别那些关键下级供应商呢？你可以用本田美国的方法，绘制供应链的结构图来识别。更简单的呢，**智慧在民间**，如果你问合适的人，整合他们提供的信息，识别关键下级供应商并不是什么难事。

比如我刚到工作岗位，主要任务是管理关键的下级供应商，但我不熟悉具体的管理对象，于是我就去问那些采购员、物控员，以及一些项目经理。这些人"如数家珍"，说上个业务高峰期，某某下级供应商没法有效扩张产能，交付是个大问题；某某供应商的生产工艺失控，造成严重的质量事故。再问问那几个关键的设计人员、质量工程师，你就能很清楚地知道，哪些下级供应商在质量、技术、产能领域有难度，需要我们直接介入等。

我们接着要讲的是，关键下级供应商是供应链的关键构成，对关键下级供应商的管控，也直接体现了对供应链的管控。让我们看看苹果的例子。

【案例】 苹果对关键下级供应商的管控

以 iPhone 的触摸屏为例，在苹果的供应链上，富士康处于一级供应商的位置，以组装为主，技术含量相对较低。真正的技术在于显示屏

（二级供应商）和玻璃（三级供应商）。对于这两个关键的下级供应商，苹果在主导供应商的选择和商务关系，解决主要的技术、工艺、质量问题，富士康主要负责订单层面的日常管理（见图15-4）。

图15-4 对关键下级供应商的管控＝对供应链的管控

为什么苹果不让富士康来主导这里的二级、三级供应商关系？有些人可能说，富士康没有相应的技术能力。不过苹果当初也不是触摸屏的专家，也得雇很多工程师，开发这方面的能力。苹果之所以这样做，一大考量是对供应链的管控：如果由富士康选择和管理关键下级供应商，苹果对关键下级供应商的价格缺乏透明度，在跟富士康的谈判中可能处于劣势。更重要的是，富士康掌控了整个供应链，就可能做成苹果——对于供应商管理来说，你最不想看到的，就是把供应商培养成竞争对手。

相信有些人对华硕和戴尔的故事还记忆犹新。

华硕最早给戴尔供应PCB。做着做着，华硕对戴尔说，我不但可以帮你做PCB，而且可以帮你组装起来，做成PCBA。戴尔一算账，这能省点钱，得，那就做PCBA吧。又过了一段时间，华硕说我不但可以给你做PCBA，而且可以帮你做计算机主板。戴尔算了一笔账，又能省点钱，得，那就做主板吧。没多久，华硕又来了，说不但可以做主板，而且可以做计算机主机。戴尔一算账，得。华硕就开始做主机。最后，华硕建议，我不但帮你做主机，而且可以帮你设计主机，你只管贴牌就是了，于是就成了戴尔的贴牌制造商。就这样一步一步，华硕做成了戴尔，成为戴尔的竞争对手。

让我们再举个例子。

有个企业外包生产，把下级供应商的选择与管理也全部交给一级供应商。后来，这个一级供应商的绩效不理想，采购方就想换供应商，消息没多久就被一级供应商知道了，后者就开始限供——根据历史需求，你用多少，就给多少，让你永远建不起足够的库存来淘汰我。或许有人会问，一级供应商是怎么知道的呢？答案很简单：下级供应商告诉的呗。

原来，该企业把整个供应链外包给一级供应商后，下级供应商由一级供应商来选择和管理，心也是向着一级供应商的。采购方想导入一级供应商的竞争对手，但竞争对手没法带来整个供应链，关键的下级供应商还是得用现在的，就向它们询价。这些下级供应商一看，这产品怎么这么面熟？都投产这么长时间了，怎么突然又有人来询价？你不用是个MBA都知道要发生什么。一个电话打过去，消息就传到一级供应商耳朵里了。

再回到苹果。对关键下级供应商的管控，也跟企业的核心竞争力有关。

对于技术含量高、生产工艺复杂的关键下级供应商，比如芯片设计（高通）和制造（台积电），富士康没有技术能力来管理，苹果当时也没有。但是苹果意识到，这些技术是它们产品的关键技术，对这些技术类供应商的选择和管理是核心竞争力，所以就在芯片设计领域大幅投入，建立自己的技术力量，每次投入的资源都以十亿美元为单位。大家都知道苹果是消费电子的巨头，却并不一定意识到在芯片设计上，它完全有能力跟专业的设计公司抗衡。前几年苹果跟三星关系正僵的时候，业界甚至风传苹果要进入芯片制造领域，这也不是毫无根据的。

就这样，苹果掌控了关键下级供应商关系，增强了自己对整个供应链的管控，同时也限制了富士康的议价能力。在Gartner的全球供应链25强排行榜上，苹果多年来一直位居榜首，跟它对供应链的管控密不可分，而下级供应商的选择和管理则是该管控的重要一环。

客户指定的供应商：不是不服管，而是不愿管

每每说到客户指定的供应商，我都会问，你们喜欢客户指定的供应

商吗？答案都是不喜欢。我说这就是问题的一大根源：因为不喜欢，你看到客户指定的供应商，就下意识地开始挑刺，来证明客户傻、客户呆，客户又给你指定了糟糕的供应商。而一旦戴上有色眼镜，那跟客户指定供应商的关系注定搞不好。

与客户指定的供应商的关系就如不太和睦的婆媳关系。 在这种关系中，自家的女儿不管做了什么错事，婆婆都给遮着掩着，因为女儿是自己的；媳妇就不一样，婆婆看到媳妇的，总是媳妇做砸的那件事。背后的原因是，媳妇是儿子"指定"给婆婆的，婆婆没有选择权，但要履行管理义务——媳妇一进门总是要跟婆婆一起做饭、做家务，婆婆扮演的是管理者的角色。

看着不顺眼，就注定了婆媳关系不融洽。这是个全球问题，跟国别、民族、文化没关系。你说，这是个婆婆问题，还是媳妇问题？在我看来，虽说一只巴掌拍不响，但这更多是个婆婆问题。

打个比方就知道了。我是"70后"，那时候一家有两三个女儿的情况并不少见。都是同样的父母养，但嫁到婆家后，有的很孝顺，有的却整天鸡飞狗跳。女儿都差不多，区别在婆婆：**凡是婆媳不合的家庭，背后往往有个管理能力低下的婆婆。**

在婆媳关系中，婆婆居主导地位，因而对婆媳关系负有相当责任。我说这些，并不是为了讨好读者中的媳妇们——用不了多久，你就会多年媳妇熬成婆，站到反面去了；我说这些，是提醒我们采购方，在与客户指定的供应商打交道时，采购方处于主导地位，我们的思维定式往往影响了与供应商的关系。

再问，为什么不喜欢指定供应商？大家都会异口同声：客户指定的供应商**不服管**。为什么不服管？答曰：它们是客户指定的，言下之意是有客户在后面撑腰。那作为采购方，我们是什么？别忘了，我们是客户指定的来管理客户指定供应商的供应商。也就是说，我们是客户指定的婆婆。

这时候你会发现，你的地位远没有你想象的那么低，而且你能做的也要远比想象的多。比如作为指定供应商，客户一经指定，就不再与之打交道，以后听到的很可能都是指定供应商的负面消息；而作为客户的直接供应商，我们经常跟客户打交道，有更多的机会影响最终客户，可以通过最终客户来给指定的供应商施加压力。

这里分享点我的个人经验。

我在硅谷管理供应商的三年时间里，主要任务就是给一级供应商指定下级供应商。有些一级供应商，主要是那些管理能力低下的供应商，经常会向我抱怨，说你们指定的供应商这不好，那不好。抱怨得多了，我就把下级供应商的老总叫来，问他的耳根热不热，他就很怕：如果一级供应商抱怨太多，虽然现在的产品很难换掉它，下一代新产品我就可能不指定它。于是下级供应商就收敛多了。

这事不一定非得告到客户那里才行。一级供应商把利害说清楚了，相信指定供应商还是听的，需要的是双方的沟通。而双方欠缺的还正是沟通。

有些一级供应商与指定供应商闹得不可开交，我就把它们的老总叫到一起，然后一言不发坐在一边，看他们两个谈。毫无例外，每次半个小时、一个小时后，两位都谈得妥妥帖帖，找到了双方都满意的解决方案，高高兴兴地握手道别走了。这说明了什么？这说明两个供应商平常就不沟通，或者说也"沟通"，不过主要是互相掐架，证明是对方的错。

那么谁应该主动沟通呢？谁出钱谁就应该主动。一级供应商作为客户，在双方的沟通中处于主导地位，应该履行自己的管理义务。可以说，很多问题，表面上看是指定供应商**不服管**，实际上是一级供应商**不愿管**。作为一级供应商，我们不能以没有选择权为借口，就不履行我们的管理义务。这就如你的下属可能是上级拍板雇的，或者是前任遗留下来的，但这些都不能成为你放弃管理的理由。

采购方简单、粗暴的管理方式，也是导致客户指定供应商管理不善的一大根源。在那些管理粗放的企业，一帮"小采购"们管理供应商就如袁世凯练兵：一手拿刀，一手拿钱，听话就给钱，给官，不听话就给一刀。简单、粗暴、淘汰为主的管理方式，放到客户指定的供应商上，注定是要吃尽苦头的。

表面上是不服管，实质上是不愿管

　　客户之所以指定供应商，是因为独特的工艺、技术、质量等原因。所以说，客户指定的供应商属于有能力，但也有脾气的那种，连客户都淘汰不掉，你能做到？说白了，还是个管理问题，我们得用应对**战略供应商**的那一套，也就是形成合力，给予压力；达成框架协议，形成共识；督促帮助，解决问题（见图 15-5）。

图 15-5　跟最终客户形成合力，管理指定供应商

　　首先，跟客户形成合力，给指定供应商压力。比如新项目、新产品开发伊始，采购方把最终客户、指定供应商叫到一起，对主要的质量、交付、服务达成共识，三方各自要做什么，做到什么地步；然后定期召开会议，让客户指定的供应商汇报这段时间的绩效，看是否做到了约定的事；同时，督促、帮助客户指定供应商来解决问题，而不是简单地转移问题。

　　说了这么多，我并不是为客户指定的供应商辩护——你不喜欢它们，我也不喜欢。我想说的是，客户指定供应商，总有客户指定的原因，你不能什么都往贪污腐败上想。这就如儿子娶媳妇，是因为儿子有客观的需求，总不能因为婆媳关系而不娶媳妇吧。这些都是不可控的。我们要做我们能够控制的事，不能动不动就到客户那里哭鼻子，抱怨客户指定的供应商，就该由客户来管。

在我的经历里，同样是被指定了供应商，指定的都是同样的供应商，有的一级供应商管理不错，很少看到它们跟指定供应商互相指责；而另一些一级供应商，则时常闹个没完。这表明对于客户指定供应商，除了不可为的，我们还有可为之处。只要我们做了我们能控制的事，我们就可做得比以前好，比我们的竞争对手好，这就是竞争优势，客户会看在眼里。

【实践者问】

老板的关系户供应商绩效表现不好，怎么说服老板换供应商？

【刘宝红答】

关系户供应商实质上是另一种形式的"指定供应商"。老板"指定"这些关系户，自然有老板的原因，比如是老板的乡里乡亲、老同学、老战友，或者是卖某些机构的领导的面子。在一些三线、四线或五线城市，越是封闭的地方，关系户供应商就越常见。如果要更换，对老板来说有"情感成本"的成分——老板跟你一样，也不愿意被视作一发财，就六亲不认，被大家从同学群、老乡群里给踢出来。如果要老板更换这些供应商，我们要做的是量化不更换的成本，让老板两害相权取其轻。

比如你到老板那里告状，说他那老同学的公司又不能按时交付了，或者送来的纸箱子又不合格。老板心里可能想，是个供应商总会有这样那样的问题，换了别的供应商也会有同样的问题，所以他才不会把这当回事呢。

那你进一步量化这个供应商的问题，比如按时交付只有40%，你的团队不得不花很多时间来催货。这还是没有点到老板的痛处：采购不就是催货吗，反正闲着也是闲着，大不了多放点安全库存，纸箱子又不怕用不掉，老板还是不愿做"恶人"。

于是你得进一步量化，拿金钱来说话：这个供应商不能按时交付，导致生产线断线两天，设备闲置费用 x 万元；赶工加急三天，加班费 y 万元；丢失大客户的单子 N 个，营收损失 z 万元。这时候，老板就严肃起来，开始认真盘算，是做坏人把这老同学的公司给换了，还是让自己的钱包继续受罪。

老板有了完全的信息，有时候还是会维持现状，因为他有自己的考量。那么作为员工，我们只能执行，做我们能做的，尽量减轻公司的损失。不过我要强调的是，人都是跟有关系的人做生意，从这个意义上讲，每个供应商都是某种形式的"关系户"。你不能简单地因为是老板的关系户，就开始犯"指定供应商"的错误，让"不愿管"成为问题。

【实践者问】

内部供应商没有价格、交付优势，怎么管理？

【刘宝红答】

内部供应商相当于"指定供应商"，我们可以把它们当作"指定供应商"来应对。这里想补充的是，相对市场上的专业供应商，内部供应商在价格、交付上的劣势有其结构性原因。

其一，一般情况下，内部供应商的客户集中度很高，很多时候只有一个客户，那就是你自己。客户集中，需求的变动性就大，导致产能利用率不高，单位生产成本更高。而第三方供应商呢，它们服务多个客户，东边不亮西边亮，不同行业、不同客户的需求可能错峰，所以需求更加平稳，产能利用率更高，单位生产成本更低。

其二，长期竞争不充分，内部供应商没有持久的压力，就没有持续改进的动力，所以整体绩效跟专业供应商的差距会越来越大。这就如你们公司的自建食堂，雇了一帮老爷一样的大厨，做得好你得吃，做得不好你也得吃，最后还有谁喜欢自己职工食堂的东西？而街道上的小饭店呢，充分的竞争下，优胜劣汰，味道是越做越好吃。

这两个结构性的问题，最终的解决方案是市场化。用一位职业经理人的话说，就是"客户回答了他们的问题：凡是外部供应商能够做的，客户都让外部供应商做"。剥离这些内部供应商，把任务交给专业的供应商，这就是垂直整合的解体。在汽车行业，通用汽车剥离零部件业务，成立德尔福；福特剥离零部件业务，成立伟世通，都是典型的例子。这些都在实质性地改变供应链的结构，说起来话长，我有本专门的书《供应链管理：重资产到轻资产的解决方案》来阐述。

··· 本篇小结 ···

在制造业，70%左右的产品成本来自供应商；在贸易、电商等行业，这一比例更高。表面上看，供应商在赚我们70%的钱；实际上，供应商在为70%的供应链增值活动负责，选好、管好供应商至关重要。

本篇的核心就是**对供应商要有选择、有管理**：选择到合适的供应商，把它管好，并让它变得更好。我们先从常见三大误区出发，阐述为什么供应商选不好、管不好：

其一，多权分立，把供应商管成了"公共草地"，对供应商作为一个整体反倒没人负责；其二，漫天撒网，料号、项目层面追求小优化，导致供应商数量泛滥，失去供应商层面的大优化；其三，有供应商选择，没供应商绩效管理，注定供应商后续绩效不好，导致企业一直在找新供应商。

我们接着导入供应商管理五步流程。虽说是五步，其实是做两方面的事，那就是把供应商选好、管好：

（1）选择合适的供应商，也叫战略寻源，相当于生下一个健康的宝宝（选好）；

（2）管好供应商绩效，也叫供应商的后评估，相当于对孩子的后天教育（管好）；

（3）督促、帮助供应商，让供应商绩效更上层楼，这是让孩子真正成才（管好）。

五步流程也为品类管理提供了系统的方法论。针对具体的采购项，第一步是**供应商分类**，对供应商分门别类、区别对待。我们重点介绍了战略供应商的管理，那就是内部要形成合力，**讲战略、看长远、谋双赢**。对于优选供应商，要避免导入太多的竞争。对于淘汰供应商，要以被动淘汰为主，尽量避免主动淘汰，否则消耗过多资源，就没有足够资源支持新产品，导致新产品开发时选不好供应商，吃二遍苦，受二茬罪。

分类的结果是要么供应商太多，要么太少。太多要整合，太少要开发新的。不管怎么样，都得评判供应商的好坏，这就是第二步：**供应商评估**。评估的时候你会发现，没有完美的供应商：有能力的有脾气，没脾气的没能力。所以，不管以什么方式，选到的都是不完美的供应商，需要后续的管理来弥补。这就是为什么要"有选择，有管理"。

在评估的基础上，**选择**合适的供应商做生意，制定合格供应商清单，这就是第三步。从商务的角度，合格清单的制定有三大考量：规模效益、竞争的充分度、供应风险管控。

- 在规模效益上，我们的采购额要占供应商业务的一定比例，否则没法有效驱动供应商快速响应；但比例也不能太高，否则我们的业务变化了，供应商难以有效应对。
- 至于竞争的充分度，当能形成实质性竞争的时候，两个供应商就是充分竞争。我们习惯性地低估竞争的充分性。很多问题表面上是竞争不充分，实质上是管理不到位。
- 对于供应风险管控，是要提高供应商的选择与管理能力，在料号层面一品一点，以获取规模效益；在品类层面有备份，以应对供应风险，是更合理的做法。

这三步结合起来就是**战略寻源**，即找到合适的供应商做生意，把供应商的"口子"收起来。接下来是第四步：**供应商绩效管理**，统计、管理并改善供应商的绩效，确保供应商能够满足内部客户的需要，这样它们就没有理由找新供应商，把供应商的"口子"打开。我们系统地阐述了七大类指标的管理，包括成本、质量、交付、服务、技术、资产和流程／人员。在实践中，供应商绩效指标要力求客观、简单、实用、平衡，以更好地规范和引导组织行为。

第五步的**供应商集成**是对于关键的供应商，让它们早期介入设计，推动设计优化来降低成本；导入电子商务来降低交易成本；实施 VMI、JIT 来降低库存和运营成本。供应商集成是供应商管理的最高形式，需要在长期关系的基础上，追求双赢，协作解决问题。

在本篇的最后，我们还专门谈到两类特殊的供应商：关键下级供应商和客户指定供应商。对于前者，要避免采购方不愿意管，供应商没能力管的情况；对于后者，要避免表面上是（供应商）不服管，实际上是（采购方）不愿管的情况。这两类供应商都很难替代，可参考战略供应商的管理措施，而简单粗暴的"小采购"呢，注定会吃尽苦头。

【资源】 更多供应链管理的文章、案例、培训

- 我的供应链管理专栏网站（www.scm-blog.com）。
  - 这是我的个人专栏，写了快 20 年了，有 700 多篇文章
- 我的系列供应链专著，填补学者与实践者之间的空白。
  - 《供应链管理：高成本、高库存、重资产的解决方案》(第 2 版)
  - 《供应链的三道防线：需求预测、库存计划、供应链执行》(第 2 版)
  - 《需求预测和库存计划：一个实践者的角度》
- 我的微信公众号"供应链管理实践者"，更新、更快，定期发布新文章。

从"小采购"到"大采购"，影响总成本

导读

在前面两篇，我们对供应链管理有了全面的了解。我们也理解供应商是供应链的重要一环，没有供应商，就没有供应链；离开了供应商管理，也就谈不上供应链管理。

这一篇我们要聚焦采购管理。采购是公司与供应商的桥梁，是采购在选择与管理供应商，在管理供应商和供应链上扮演关键角色。

在很多中国本土企业，采购长期以来被视为持币购物，得不到足够重视，也就没有足够的资源来管理供应商，让供应商成为供应链的短板。随着中国本土企业的全球化，供应商和供应链也在全球化，管理难度上升，这个问题只会越来越突出。

我们先回顾采购管理的发展历程，看它是如何从"一个人在公司的最后一站"发展成公司的战略职能。我们还会介绍采购发展的五个台阶，即由**确保有料**到**谈判砍价**到管理**总成本**，以及更上层楼**管理需求**，最终为公司**全面增值**。这也是从"小采购"到"大采购"的发展过程。

我们接着谈"大采购"的组织建设，包括专业化以及专业化后的集成。战略与执行分离，商务与质量分离，是专业人做专业事的关键，而这些专业化后的组织呢，要通过合理的绩效考核串起来，达到1+1>2

的效果。这里的关键是综合平衡的考核机制，避免单一指标的异化作用。

在这一篇的最后，我们会聚焦集中采购，通过整合需求、整合供应产生更大的规模效益，通过降本来降价。采购的集中与分散没有趋势，必须与企业的业务诉求相匹配。集中采购的关键不是制定政策，而是要解决问题，实现内部客户、供应商和采购的三赢。

从"小采购"到"大采购"

　　二十多年前，我在亚利桑那州立大学商学院就读。有一天，研究战略采购的皮尔森教授说，采购**曾经**是一个人的最后一站。大家忙问这话怎讲？教授解释道，在以前，如果一个人干不了设计、做不了销售、整不来生产，也做不来人事、财务、计划，那就只能去做采购了；如果连钱都不会花，那就只好卷起铺盖，另寻高就——不，去祸害竞争对手吧。

　　采购的地位之所以这么低，跟当年企业的垂直整合不无关系。

　　比如几十年前，作为当年全球最大的整车厂，通用汽车不但设计、组装汽车，而且生产自己的零部件，也是当时全球最大的零部件供应商。高度垂直整合下，企业的资源主要是通过内在控制，而不是市场方式获取。那作为公司与供应商的对口职能，采购只能买点原材料、杂七杂八的东西，在公司的地位自然就不高。

　　以前的美国如此，传统计划经济下的中国也类似。

　　传统的计划经济下，资源主要依靠国家统一调配，公司甲的产品给乙当作原材料，价格由政府规定，采购自然就可有可无。在那些比较封闭、独特的行业，至今还能看到传统经济的影子。比如，在军工领域，行政命令仍旧扮演重要角色；但为了开发商用大飞机，就得用工业界通用的主供模式做生意，采购的地位就不一样了。

　　过去几十年里，在聚焦核心竞争力的宗旨下，欧美企业的垂直整合在逐步解体，外包战略日渐盛行，越来越多的业务交给供应商做，特别是非核心业务。科尔尼公司做过一份调查（见图 16-1），在 1995 年，只有 5% 的企业在外包生产运营；后来上升到 24%，再后来上升到 40%；如果现在去调查的话，估计百分之七八十的企业都在外包生产运营了。

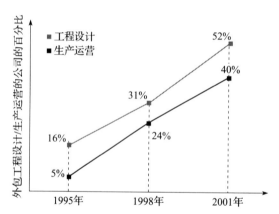

图 16-1　外包工程设计 / 生产运营的公司的百分比

资料来源：AT Kearney，The New Procurement Mandate，2001.

　　这意味着原来自己做的，现在由供应商做；原来生产经理负责的，现在由采购经理负责。相应地，采购的地位也在日益提升，这也体现在科尔尼的调查中（见图 16-2）。比如在 1995 年中，只有 8% 的 CEO 认为采购对公司的竞争力很重要。这一数字后来上升到 26%，再后来一路飙升到 57%。如果今天再去调查，估计百分之八九十的 CEO 会认为，采购是公司竞争力的核心构成。

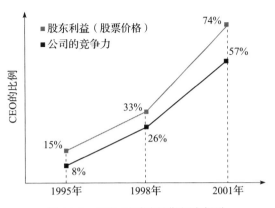

图 16-2　CEO 对采购的期望在提升

注：股东利益指代认为采购与股东利益高度相关的 CEO 的比例；公司的竞争力指代认
　　为采购对公司竞争力重要的 CEO 的比例。

资料来源：AT Kearney，The New Procurement Mandate，2001.

　　垂直整合解体后，企业对供应商的依赖度大增。**采购变重要，正是**
因为供应商变重要了。特别在那些轻资产的电商、贸易、互联网平台行
业，自己没什么生产制造、物流仓储，需要采购把供应商选好、管好，
买得好才能卖得好，这直接决定了公司的命运。看到这里，如果你的供
应商让你不高兴的话，也不要太生气，因为没有它们，就没有我们采购
这个职能。

　　在公司组织结构上，这一转变的标志是首席采购官（CPO）进入 C
级别，与首席财务官（CFO）、首席运营官（COO）等相提并论。原来以
降本节支为主的采购，其职责在不断扩大，影响到更多、更高层面的公
司绩效，包括业务增长、盈利水平、资产回报、现金流等。这也意味着
采购从部门目标向公司目标过渡，从部门效率向公司效益转变。

　　在轻资产和外包战略的驱动下，公司的运营中心从内部转移到外
部，原本很多职责是首席运营官的，现在转移到首席采购官。这也是为
什么在最近二三十年来，越来越多的美国公司开始设置首席采购官，设
置首席运营官的越来越少。相应地，采购也变成了管理供应链的主角。

　　这些都反映了采购在美国历经百年发展，从一个没人愿去的打杂机
构变成关系公司存亡的核心职能；从询价、下单、围绕订单转的"小采

购"变成管理供应商、管理供应链的"大采购";从在传统行业举足轻重到在高科技行业博得一席之地，乃至成为公司竞争力的源泉。

采购管理发展的五个阶段

哈克特集团（The Hackett Group）有一个采购管理的发展模型，把采购分为五个发展阶段：确保供料、最低价、总成本、管理需求和全面增值，也代表了从"小采购"到"大采购"的发展路径，如图 16-3 所示。

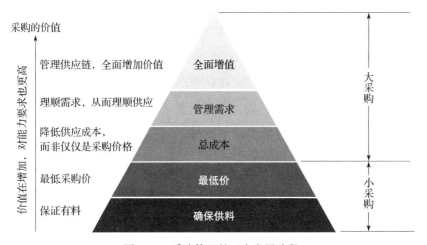

图 16-3　采购管理的五个发展阶段

资料来源：五阶段概念来自哈克特集团，"大采购""小采购"是刘宝红提出的。

第一阶段是**确保供料**，此阶段采购的角色是采购员，做的是典型的文秘工作。例如在初创伊始的高科技公司，工程师定好要求，采购员负责下单、跟单、收货、付款。再如一些小公司，采购量小，谈判余地小，采购能确保按时供料就不错了。

在这个阶段，采购也谈价，但对价格的影响微乎其微。原因是多方面的，例如内部客户实力太强，定规格、找供应商都是工程师说了算；公司太小，对供应商也没什么议价权；供方市场，市场透明度很高，没什么谈价的余地（例如有些大宗原材料）。

内部客户、供方市场的强势，加上采购人员的能力不足、资源不够、地位太低，注定这个阶段的采购是粗放经营，其价值也只能是确保供料了。但正是由于同样的原因，并不意味着按时交货率就高。

第二个阶段是**最低价**，采购的角色转为谈判员，省钱成为采购的主要指标（但这并不意味着交付、质量就不重要——这些指标都是理所当然要满足的）。在这个阶段，企业会系统地跟踪、比较价格，统计采购节支，谈判降价成为采购绩效的重要组成。跟第一个阶段一样，最低价阶段还是典型的"小采购"。

但是，采购价只是成本的一部分，它的优化往往以别的成本为代价。例如采购部门很便宜地买了台设备，得到嘉奖，但使用、维修成本太高，最终却由运营部门买单。这就要考虑**总成本**，即采购发展的**第三个阶段**。相应地，采购的角色也从简单的持币购物，转变为供应商和供应链管理，兼顾运输、仓储、关税、汇率、使用、回收等，对公司的影响更大、更全面。

总成本的概念看上去挺简单，那为什么能做到的公司不多呢？

首先是专业分工的问题。工业化的特点是专业分工，例如采购、物流、生产、设计、销售由不同的部门来负责，分工明确，专业化程度高，隔行如隔山，很难有人能够精通多个职能；而熟悉多个职能的通才呢，又往往没法做得很深，只知皮毛而难以真正做到全局优化。部门之间壁垒森严，在部门指标的驱动下，每个部门都冲着自己的目标去，注定以总成本为目标的全局优化难以实施。专业分工越细，部门壁垒越深，总成本优化就越难。

其次，总成本要考虑的变量太多，很难通盘优化。比如，采购员知道采购次数多，单次采购量就小，采购单价就高；一次采购量大，单价是下来了，但库存积压太多，库存成本就高。这好办，经济订货量模型可以解决问题。加入运输模式，海运便宜但运期长、库存高，空运快但成本高；运费上，又有固定和浮动部分，你又如何优化？这还只是购置费用。如果再加上使用、维修、回收等成本，模型的构建和优化难上加难。如果还要考虑质量成本、机会成本等难以准确量化的因素，可想而知总成本最优化的难度。

既然这么难，那为什么又有那么多的企业推行总成本呢？原因很简单：**总成本的次优化也比不优化要强**。这跟很多商业问题一样，我们可能永远也达不到最优化，但追求优化，即便只达到次优化，也会为企业增值或节支不少。

上述三阶段侧重于**供应**方面。简单地说，就是需求确定后，采购以最经济的方式满足需求，但对需求是怎么确定的影响有限。这样，采购是事后管理，更多的是执行弥补。之所以供应方面的问题这么多，往往是因为需求管理不到位。比如需求计划做得不好，紧急需求就多，相应的赶工加急就多；设计没优化，可制造性差，成本就做不低，速度就做不快。

在执行层面挣扎多年后，采购意识到，"攘外必先安内"，要尽早介入需求定义阶段，督促、帮助做好设计、计划工作，通过理顺需求来理顺供应。这就是采购的**第四个阶段，即管理需求**。

在供应链上，每个职能都扮演两个角色：客户和供应商。就采购而言，相对供应商是客户，但相对内部用户来说，就成了供应商。采购做得不好的公司，就是我们这里讲的"小采购"，采购主要扮演的是客户的角色；采购做得好的公司，也是我们这里讲的"大采购"，采购也意识到其内部供应商的角色，从而扮演内部销售的角色，积极主动地理解需求、管理需求、影响需求。

可以说，**采购不光是采购，采购是采购与销售的结合体**。这在技能上对采购有更高的要求，不但要能"攘外"，而且要能"安内"。要知道，"攘外"是跟供应商打交道，相对容易，说服不了还可以压服，通过"转移问题"来解决问题；"安内"是跟内部客户打交道，往往更困难，主要得说服，对领导能力的要求更高，必须通过"解决问题"来解决问题。

举个例子。生产总是希望供应商越多越好，这样好有备份。但采购呢，你得能够清楚地解释给生产，供应商太多，采购额就分散，我们成了小客户，就更加难以驱动供应商；一个料号分配给多个供应商，供应商的忠诚度下降，旺季来了反倒没有供应商愿意建产能（"三个和尚没水喝"）。但光解释并不能解决问题——生产还是希望有备份。为什么？要么没选好，要么没管好，供应商的绩效不稳定，生产部门不放心，那就驱动采购来找备份供应商。

那真正的解决方案呢，就是提高供应商的选择和管理能力，以选到合适的供应商，并且做好后续管理，让生产没有后顾之忧。要知道，**不改变能力，就没法改变行为**。在这里，行为是内部客户的，能力是采购的。内部客户的一些要求（行为），看上去是有些不理性的，往往也是采购的能力决定的。

谈完了第四个阶段，即管理需求，通过理顺需求而理顺供应，我们接着探讨采购的**第五个阶段**，也是最高阶段，**全面增值**。

行业分工越来越细的情况下，供应链上的增值活动越来越多地发生在供应商处。只有买得好，才能卖得好。特别是在合同加工业，人工成本都差不多，能否接到单，采购拿到的材料价格至关重要。至于轻资产的电商、贸易、新零售企业，采购的重要性就更加不言而喻。

有些公司说，我们的采购处于"全面增值阶段"，的确关系到公司的存亡，因为市场竞争白热化，采购买不好，销售就卖不好。采购的压力巨大，但是，采购的能力有限，资源不足，解决问题的手段还停留在第二个阶段的价格谈判，只能通过转移问题来解决问题。

美国的汽车行业可谓这方面的代表：整车厂致力于压榨供应商的最后一美元，结果是双方关系恶化，势同水火。长期下来，整个美国汽车行业面临崩溃。原因很简单：采购的全面增值不是通过优化供应链、解决问题来降低供应链成本，改善交付和质量，而是通过强势做法，将问题转移到供应商处。采购的失败在于没法打造一流的供应链，公司自然也就没法在链与链的竞争中胜出。

上述五个阶段很难割裂，五个阶段的事其实采购都在做。比如整体处于总成本阶段，并不是说采购就不催货、不砍价，采购当然也在试着管理需求、全面增值。**关键是主要资源花在哪个阶段**：在采购强的公司，更多的资源是花在高阶段的事上，是"大采购"；在采购弱的公司，采购更多的是做低阶段的事，是"小采购"。

作为采购职能，要定期评估采购所处的阶段，是否与业务需求匹配；如果不匹配的话，需要什么样的能力建设，比如组织、流程和系统方面的提升。而能力提升又需要资源的投入，比如雇更多的人，雇经验更丰富的人，上系统、改善流程等。只有能力得到提升，采购才能做更多高阶段的事。

这五阶段的事情中，什么事情最重要？这是二十多年前，我刚到硅谷工作，我的法国总监问大家的问题。答案是**确保供料**。要知道，采购的最本质任务，就是满足内部客户的需求，离开了确保供料，皮之不存，毛将焉附，多好的价格都是白搭。

在美国有句俏皮话，说没有人因为买了 IBM 的东西而被开掉——IBM 的东西最贵，但 IBM 的东西也最好；如果 IBM 的东西都解决不了问题，那是因为这个问题难，而不是采购的问题。我说这个，并不是说大家可以随意花钱；而是强调，**采购成功的最终标志不是省钱，而是解决内部客户的问题**。

【实践者说】

本人在欧美企业从事采购供应链管理工作多年。就文中的采购五阶段来说，我的感触是大部分公司的采购供应链部门都在与供料和价格战斗。如果采购能做到总成本的控制层面，就意味着采购部门在公司已经做到战略地位了。这需要采购人员提高自身在公司财务、工厂运营方面的能力和素质，再加上老板支持才能做到。

需求管理方面，文中主要说新产品的需求，其实对于现有物料的需求，采购管理也大有可为。特别是 MRO 等非生产物料，通过规格标准化、订量经济化等做法，采购人员不仅能帮助公司节约成本，也提升了采购部门与需求部门的工作效率。

"全面增值"阶段，实际上是采购部门战略化、价值化。把采购、物流、供应链摆在公司的价值链上，看看这些部门的增值部分在哪里，如何强化其对公司的增值？哪些是部门层面优化但公司层面没有优化甚至更差的流程，如何达至公司最优？哪些环节是采购可以做并能为公司增值的？

这些问题及解决方案，就可以把采购带到战略化的层面。这个过程可以自上而下由管理层推动，但是如果采购能够自下而上推动，不正是体现其价值的最好方式吗？——冯海文，礼恩派国际集团（Leggett & Platt），区域采购经理

【实践者说】

我们都知道采购重要，但领导不重视，给我们的定位就是砍价、追料。

【刘宝红说】

采购处于哪一个阶段，做什么事，其实都取决于采购的**能力**，而不能动不动就往领导不重视上扯。想想看，领导不重视的话，为什么要选自己最信任的人负责采购？领导不重视采购，为什么有些公司董事长半夜还在签订单、批合同？

我们得从采购的能力上找答案。企业让采购做的，都是基于采购有能力做的。如果采购只会催货、砍价，那不让你催货、砍价，你还能干什么？这也是为什么，在很多公司，工程师在找供应商，因为采购没能力，找不到需要的供应商，设计工程师不找，谁找？

当然有人会说，公司给采购配备的资源不足，是采购能力不够的根

本原因。没错，这是因为采购没法把采购的价值解释清楚，说服老总配备资源，其实还是个能力问题。

【实践者问】

那些名企的采购应该做得很不错吧？

【刘宝红答】

采购上台阶是为了给企业创造更多价值，有更好的业务结果。但是，你不能简单地从业务结果，比如盈利水平、市场占有率高，就得出采购做得不错的结论。

很多公司，包括有些大家挂在嘴上的名企，从业务结果的角度来说很成功，但采购做得非常差，大多在催料和最低价阶段徘徊。在这些名企，有自知之明的采购人意识到，自己在占公司的便宜（主要是工程师做得好，有好产品）；没有自知之明者就自我膨胀，认为自己了不起，浑身光环，空降到别的企业去，自然是一败涂地。这就是说，公司成功与个人成功是有区别的，很多时候是个人在沾公司的光，而不是相反。

"小采购"和"大采购"有何不同

简单地说，"小采购"是供应导向的，聚焦订单、料号、项目层面，以行政文秘类的事情居多，跟内部客户不是平等的合作伙伴。"大采购"正好相反，他们是需求导向的，通过理顺需求来理顺供应；他们聚焦供应商这一战略资源，是内部客户的平等合作伙伴（见图16-4）。

在工作方式上，"小采购"是**被动、分散**和**过程导向**的，"大采购"正好相反，是主动、集中和结果导向的。

被动。"小采购"整天忙于琐碎杂事，对于那些重要但不紧急的事，反倒一拖再拖，直到有一天，这些事变得既重要又紧急的时候，内部客户跳脚了，就被动反应。你知道，主动去做一件事，5分钟就可能搞定；一旦陷入救火状态，被动反应，两个小时也可能搞不定。

"小采购" 被动、分散、过程导向	"大采购" 主动、集中、结果导向
■ 围绕订单、项目转，被动反应——价格导向 ■ 行政文秘，不是平等业务伙伴——管理水平低下 ■ 供给导向，需求管理有限	■ 围绕供应商，负责供应商关系——总成本导向 ■ 战略资源管理，平等业务伙伴——一流的系统、流程和工具 ■ 需求导向，理顺需求来理顺供应

采购的大小
跟职位高低没关系

图16-4　"小采购"和"大采购"的不同

这是常识，难道采购们就不懂？如果说个别采购被动反应，那可能是他们自己的时间管理问题；但是，如果一帮采购都被动反应，那后面肯定有**能力短板**。能力是组织、流程、信息系统的三位一体。这三者中，如果任何一个有短板，一定需要另外一个来弥补。对于快速发展中的企业，常见的短板就是信息化程度低，于是企业就习惯性地用组织措施，来弥补信息系统的不足。

结果呢，员工用大量的时间来处理本来可以由信息系统来做的事儿，比如手工生成订单，手工下达补货指令，手工在Excel中做物料计划（跑MRP）。这些事儿不重要，但往往紧急，因为你不赶快做，生产线就可能停下来。但等做完了，已经下午三四点了，身心俱疲，那些重要而不紧急的烦心事儿，明天再做吧。于是明日复明日，直到内部客户找上门来……

所以，对于"小采购"的被动，你不能简单地当作意愿问题，说他们不愿意主动；你得把它当作能力问题来解决，通过改变能力来改变行为。信息化就是解决方案的一部分。

分散。分散并不是说采购在苏州有 20 个人，在深圳有 15 个人，在印度有 8 个人。全球运营，地域的分散其实不算什么。我们这里说的分散，主要是方法论上的分散。比如深圳的总部发展比较早，有成套的做法；印度的工厂呢，刚成立不久，没有系统的做法。在管理粗放的企业，最佳实践没有固化到流程和系统中，就不得不靠人（组织措施）来传递；但扩张太快，公司越来越大，有经验的员工越摊越薄的时候，就问题多多。

越是全球化，这样的问题只会越多。比如有些企业到印度、东南亚建工厂，普遍面临当地员工资质不够的问题（多像当年欧美日企业刚到中国时的情况）。这个问题不能单纯地靠组织措施、挖人来解决——以前公司小的时候，你可以挖大的竞争对手的人；现在你成了最大的那几个，人家都在等着挖你的人呢。我们得通过流程和系统来传播最佳实践，解决问题。

过程导向。表面上是个褒义词，这里不是，特别是注重过程而不是结果的时候。比如明知内部客户的需求是只青蛙，但招投标流程走下来，最便宜的是只蛤蟆。有意见？我可是按部就班来的，你就将就着，用这只蛤蟆吧。还是想不通？想不通找老板啊，因为招标流程、最低价中标是老板定的。但谁又能把老板怎么样呢？

这就是典型的"小采购"，不求有功，但求无过。有个公司的采购"小"到什么地步？每 10 天招一次标，随时都拿到钢材的市场价，以证明自己的清白。能不能每 20 天或者每 30 天招次标？答曰不能。这有什么不能呢？这些大宗原材料有价格指数，大家可以约定，价格指数浮动在多少范围内，互不干扰；高出多少，加价；低过多少，降价。连这样简单的事儿，"小采购"也做不了。这也跟采购合规有关：该企业都雇前执法官员做采购老总了，那采购也只有频频招标，随时拿最低价来自证清白了。

在一个公司，**如果采购部的主要任务是招投标，你不用问直接给**

贴上"小采购"的标签就是了。有个公司，几百亿的规模，采购部每周要招近 200 个标，可谓做到了极点。这可是生产制造企业，采购的大部分东西都有持续的需求，不是一次性的项目。招标本身不增加多少价值；要说价值，更多的是合法合规罢了。而一旦只是关注合法合规，忽略了其他，采购的服务功能就减弱，弱到极点，就是上面说的，内部客户要的是青蛙，采购招标招来的是蛤蟆。

我们为什么要在过程导向上讲这么多呢？因为我们的企业都在快速发展，或者处于多品种、小批量的行业，业务的复杂度很高，不可能把所有流程都做得很完善，写下来，随便找个人，按部就班，就能把事儿给做到位。我们要有**基本流程**，否则重复试错成本太高、效率太低；也不能没有**主观能动性**，否则就会出现要青蛙给蛤蟆的笑话了。

每每说到这里，我就想起我的老东家。作为一个 ISO 9000 企业，每件主要的事儿在我的老东家都有个流程文档。在每一份流程文档上，开头就是以前的 CEO、后来的董事长的一句话，大意是没有人能够将这个流程文档作为达不到既定目标的理由。翻译过来就是：公司要的是只青蛙，你不能找只蛤蟆，说这是我按照流程文档执行的结果。

不过不要笑，我经常问职业人，内部客户需要的是青蛙，但采购按部就班给找了只蛤蟆，在你们公司行得通吗？你会看到，在中国，民营企业大部分在摇头；而在有些大型国企、央企，以及管理粗放、规模很大的民企呢，则往往可以。这些点头的公司，你大概知道它们的采购是"小采购"了。当然你现在也知道，如果在同一起跑线上，国有经济为什么大多斗不过民营经济了，在哪个国家都莫不如此。

顺便一提，有些"大采购"资质的人，到了特定环境，表现出来的却是"小采购"行为。比如有一个互联网大厂，采购骨干大都来自生产制造企业，虽然有大采购的能力，但在这个采购是边缘职能的互联网名企，就成了合法合规的"看门人"，只能监督一帮工程师和项目经理们把钱花好。橘生淮北则为枳。这也是为什么作为职业人，你得"择良木而栖"了。

【实践者问】

采购的"大小"跟职位的高低有没有关系？

【刘宝红答】

没有。举个例子。有一次，我问一个采购，你们现在忙什么？答曰，一半的时间在路上——到供应商现场追料。这是个几百亿营收的河南名企，上至采购总监，下至催货员，干的其实都是"小采购"的活儿。

相反，我自己以前管供应商的时候，小组里面有一个采购员，他的任务是订单处理，但习惯性地从供应商的层面考虑问题，是典型的"大采购"思维，结果没多久他就做到了采购经理。

我讲这些，就是让那些干订单层面事情的读者不要丧气。用诗人顾城的一句话，就是"人可生如蚁而美如神"——生活中我们可以卑微如同蚂蚁，但精神上，我们还是可以美如神仙。人总是要从基层干起，但不要让基层工作限制我们的思路。我们完全可以以"大采购"的方法论来应对"小采购"的任务。

【实践者说】

从我自身的经验角度出发，大批量行业的采购，更多的是人依靠公司。这类公司往往规模巨大、流程完善，一个人在里面起的作用主要是推动公司按照既定的游戏规则前进，很少有人能在这类公司发起革命性的变化。当然也有例外情况，比如一些大型公司在关键的变革阶段，也有外来骑士对它进行翻天覆地的变革，推进公司演变，但这毕竟只是少数。

小批量的公司，往往是公司依靠人。它需要有经验、有能力的人去帮助它完善流程，去改变以前一些没有竞争力的做法，去帮助公司改善成本结构，提高市场竞争力。这类公司对采购的要求其实更苛刻，因为它实在很难给你一个过渡期、实习期，要的是你很快能出效益。但这类公司往往更锻炼人，别人干不好的活你去了能干好，搞不好的供应商关系你能改善甚至提高，这往往比在大批量公司能更快地体现你的价值，也能让你的表现更快地进入决策层的视线。

这么些年，通过对采购人员的招聘我也发现一个有趣的现象，从小批量公司去大批量公司的采购人员，相比从大批量公司去小批量公司的采购人员，往往能更快地适应新的公司，更快地产生价值。这可能和两者所处的不同的竞争环境有关系吧。——薛文斌，普莱默电子（无锡）有限公司总经理

从"猎人"到"牧人"的思维转变

传统的美国思维是"猎人模式"。市场就如狩猎场，采购方就如猎人，通过招投标、询比价找到最好的"猎物"，或者通过谈判获取最大的利益，然后慢慢享用"猎物"。至于这"猎物"是谁养大的，打光了怎么办，自然有"上帝"照看着呢："人人为自己，上帝为大家"嘛，市场那只看不见的手自然会培养供应商，物竞天择，优胜劣汰，任由它们自生自灭。

"猎人模式"下，买卖双方是短期关系，双方保持严格的距离，即"一胳膊长关系"[⊖]，谈好业务，签好合同后，供应商做得好赚钱，做不好挨罚，至于怎么做，那是它们的事，采购方用不着深度介入，就如市场不需要政府介入一样。双方是典型的**竞争关系**，泾渭分明，协作少，沟通少，相互转移问题的多，共同解决问题的少，共同预防问题的就更少。

对于简单的采购对象，"一胳膊长关系"或许适用；但随着垂直整合的解体，采购对象越来越复杂，供应商在供应链上的戏份越来越大，

⊖　英语为 arm's length relationship。在美国，一胳膊以内被视为私人距离，人与人之间避免进入一胳膊以内的距离，否则对方容易感觉到被冒犯。

老死不相往来的"一脬膊长关系"显然不再适用。供应商成了我们的合作伙伴，供应商的早期介入、长期关系更为普遍，协作解决和预防问题也成了主旋律。

然而，老的习惯很难改变。"猎人模式"在美国的汽车行业算是表现到了极点，而且还在继续，成为行业性问题。

比如通用汽车这样的车厂设计出一个零件，向多家供应商询价，找到合适的供应商（往往也意味着最低价）。过了一年半载，通用汽车来要年度降价：给我 x 个点，怎么降是你的事。迫于通用汽车在汽车行业的采购量，供应商只有点头的份。再过一年半载，通用汽车又来了，又要 y 个点，怎么降是你的事。供应商还是只有点头的份。又过了一年半载，通用汽车第三次来"降本"，要 z 个点，怎么降是你的事。

连续几年的"降本"，供应商已经是"要钱没有，要命一条"了，通用汽车的采购就发话了：你不想跟我做生意了？于是就转厂。通用汽车那么大，总有供应商甚至不惜工本地想挤进来。不过原来的供应商可惨了：原来为通用汽车建厂，千百万的投资还有大半没收回来，要找新客户，谈何容易。于是不得不裁员，甚至关厂。

在通用汽车这样的车厂看来，这不关它的事：优胜劣汰，适者生存，我又不是上帝。但问题是，当你是最大的采购方之一时，你就是市场，就是上帝，因为你的所作所为，可以直接决定供应商的生死。

通用汽车如此，福特、克莱斯勒也差不多。2008 年的金融危机与"猎人模式"一道，可以说是压垮骆驼的最后一根稻草：到 2009 年底，美国有 27 家汽车供应商宣布申请破产保护，主要的一级供应商中，有一半面临破产威胁。通用汽车和克莱斯勒最后也不得不申请破产保护，做了它们所奉行的"猎人模式"的殉葬品。

这些年来，虽然我习惯于拿通用汽车作为"猎人"的代表，但越来越发现，有些中国本土企业有过之而无不及。这些公司在特定的行业、地区都属于大公司，它们选择什么样的管理方式，不但影响了众多供应商，也直接决定它们自己的命运。

　　比如有个营收千亿元级的行业巨头在抱怨，说虽然其业务量很大，但供应商还是不愿意跟他们做生意——谁让你们对供应商那么糟糕呢？有的供应商甚至把其电子邮件都自动屏蔽，不再提供报价。优质供应商保有率低，这个企业成了优质供应商逆向淘汰的对象，也就不奇怪了。

　　这就如当年我刚到美国，发现那里的狗都挺友好，就问一个美国同学，为什么这里的狗这么友好，有些地方的对人很凶。他半开玩笑半认真地说，因为这里的人不吃狗肉啊。一语中的。

　　当年美国车厂到海外建厂，希望供应商也到附近设厂，供应商就很犹豫——几年后没本可降的时候，你移走了生意我这厂可怎么办？而丰田、本田要设新厂时，一声令下，供应商很快就跟进。在新车型推出上，日本整车厂比美国同行快，也与供应商深度、密切合作不无关系。

　　与"猎人模式"相对应的是"牧人模式"，即传统的日本管理方式。注意我用了"传统"二字，因为过去二三十年来，伴随着经济的停滞，有些日本企业的做法也越来越猎人化〇。"牧人模式"下，链主企业就如牧羊人，供应商就如羊群。牧羊人要生活，当然会剪羊毛、吃羊肉；但是，牧羊人不会杀鸡取卵，把所有的羊都杀光，而是会想方设法让羊群不断发展壮大。

　　这就如丰田和本田，它们有严格的目标成本和持续降本指标；但不同的是，它们更多的是与供应商协作，一起优化生产工艺和产品设计，

　　〇　比如在2017年的供应商合作关系调查中，日产在经过4年的连续下降后，终于"荣登榜尾"，成为美国三巨头、日本三巨头中跟供应商关系最糟糕的整车厂。在后续6年，日产继续维持在倒数第一或第二。估计跟这些年来，日产对供应商采取更加激进的措施不无关系（WRI® Study by Plante Moran）。看到网上的文章，说巴西人"成本杀手"卡洛斯·戈恩担任日产CEO后，采取非常激进的"猎人"做法，把采购负责人叫来，给他一个很大的降本数字。这位采购老总说办不到，戈恩就说，办不到就走人，采购老总就丢了饭碗。要知道，供应商关系是内部关系的延伸，这种自上而下的"猎人"做法，一定会自内而外地传递给供应商，日产的供应商关系一年不如一年，也就可想而知了。

来推动更高层次的降本。比如本田有专门的供应商工程师，到现场帮助供应商改进生产与质量管理体系，提高良率，消除浪费，从而降低生产成本，而且结果往往比"猎人模式"的降幅更大。

当然，"牧人模式"带来的封闭体系也有缺陷。比如，绩效差的供应商难以被淘汰，新供应商、新技术很难打入。时间长了，供应商的竞争力下降，就会影响到供应链链主的竞争力。日本企业在**技术创新**上普遍不如美国企业，也跟新供应商难以打入有关。这些年来，众多的日本大型企业陷入困境，我想跟"牧人模式"的供应商管理也不无关系。

但在**持续改善**上，日本企业总体上比美国企业强，比如成本越做越低、质量越做越好，也是得益于稳定而持久的供应商关系——想想看，如果下个月这生意就可能飞了，供应商会有多大动力来持续改善，把质量做得更好，成本做得更低？

【实践者说】

（上海通用汽车前生产控制和物流部副总监）徐秋华曾专门研究过日系厂商，他说，日系厂商的特点之一是上下游有着很紧密的关系。如果丰田在一个地区建整车厂，它的上下游企业都愿意跟过去。这些企业之间的协作相当默契，很多物流甚至不需要外包，因此入厂物流的成本可以做到非常低。

日系厂商的供应商关系是"牧人模式"的，丰田和供应商一般会保持相对稳定的关系，一旦丰田选择了某个供应商，如果没有重大事故，一般情况下不会轻易终止合作。而美国大厂模式下形成的则是"猎人模式"的供应商关系，这是一种相对残酷的选择方式。

一位福特汽车中国区原管理人士说："美国的企业会对供应商提出要求，比如第一年价格降5个点，第二年再降5个点。有时候，供应商的利润没有那么高，降了两年之后，供应商吃不消了。美国式的做法是，降不动了，对不起，咱们投个标吧，谁低给谁。外边的供应商急于抢生意，就赔着钱进入，而前一家供应商就出局了。"在他看来，这是一种短期的管理行为，而其导致的一个后果是，供应商不敢跟着生产厂到各地投资。"因为供应商会想，过两年你一招标，我就完了。"

供应商忠诚度降低的后果很严重。最明显的表现是，美系厂商的产品更新速度总比日系厂商慢半拍，这是因为缺乏协同，供应商的距离又远。这也是为什么在美国的大厂模式下没有 JIT 概念。（摘自《日美汽车的供应链赛局》，作者丁磊、宁广靖，《物流管理》2007 年第 6 期）

"大采购"做什么

"大采购"有三大任务：管理需求，围绕需求找供应商（战略寻源），围绕供应商管理绩效（供应绩效），如图 16-5 所示。我们前文谈过了战略寻源和供应绩效管理，这里谈一下需求管理。

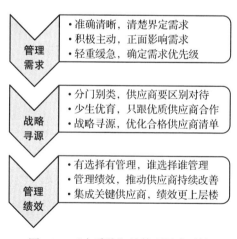

图 16-5　"大采购"从管理需求开始

采购为什么要从管理需求开始？一个职能之所以存在，根本原因是其服务功能，即内部或外部客户有需求，需要这个专业的职能来满足。对采购来说，这就是服务设计、营销和其他有需求的职能。要服务，就要理解需求，并正面影响需求，理顺需求以理顺供应。

不能把管理需求等同于监督功能——即便是监督功能，也要建立在服务的基础上。这看上去像大白话，是常识，但常识并不是常行。在很多"小采购"公司，采购在服务功能上乏善可陈，凸显出来的就是监督功能。而这让"小采购"堕落为"必要之恶"，更加成为众矢之的，在企业里的地位更低。

有一次，我在深圳，有位采购经理说，她的那帮大厨看到他们采购，就跟敌人一样。她的企业是家连锁酒店，有自己的餐饮业务，大厨就跟制造业的工程师一样，也要设计新的菜品，需要采购买这买那。采购的一大任务呢，就是替老板看着，不要让那帮大厨乱花钱。打个比方：大厨想买块黑猪肉，试验一个新菜品，采购申请提上来，采购员审完采购经理审，采购经理审完财务审，有时候都一两周了，这块肉还不见影子。你说，采购在增加价值，还是在制造麻烦？大厨们看着这帮"小采购"，能有好脸色吗？

无独有偶，也是在深圳，有位朋友说他们公司做了个调查，看哪个职能最不受待见。荣登榜首的当然是财务，因为财务天生担负很大的监督功能（君不见，在财务总监的眼里，每个人都是犯罪嫌疑人）。榜眼呢，有点意外，是供应链，采购是其主体职能。我想这除了供应链没法有效满足内部客户需求外，采购扮演的监督者角色应该也是原因之一。

弱化服务功能，采购就成为合法合规的"看门人"。这从采购职能的汇报线上可见一斑：如果采购汇报给主管财务、审计、人事等的副总，往往意味着采购的监督功能突出，十有八九是"小采购"，你可要多个心眼，这八成不是你学本事的地方。我到一个营收千亿元级的互联网大厂，就发现采购向CFO汇报的情况。显然，这家企业把采购当成花钱的主，没有意识到采购在管理供应商这一战略资源。

当然，这也可能是因为这家互联网巨头不缺钱吧——净利润都30多个点了（看清楚了，制造业的苦命人们，是**净利润**），把钱花对，或许比把钱**花好**更重要吧。前者只需要发挥监督功能，这是"小采购"的拿手好戏；后者则需要做"大采购"，包括管理需求、战略寻源和管理绩效。

不缺钱的公司很少能做好供应链管理，因为没有压力就没有动力。采购也是。从职业发展的角度来看，作为采购职业人，你是选择那些监督功能为主，但收入可能更高的"小采购"公司，还是选择那些服务功能为主，不过日子可能更艰苦的苦哈哈公司，这可跟"坐在自行车上笑，还是坐在宝马车上哭"有得一拼啊。

【案例】　英国石油的"大采购"

当年的英国石油是典型的巨无霸：部门之间壁垒森严，采购缩在自己的职能内，需求来了就找供应商，招投标，谈价钱。这种典型的"小采购"，随着竞争的全球化，越来越没法有效支持英国石油的业务需要。于是，它们就开始了向"大采购"的转变。

如图 16-6 所示，英国石油的"大采购"从管理需求开始，那就是理解业务需求，确定优先次序。在英国石油这样的大公司，即便把采购部门的人增加一倍，也还是有做不完的事情。那么，确定优先级别，把有限的资源投入到最重要的事情上，就很重要。

定期跟主要的内部客户坐下来，看他们下个季度、下一年有哪些主要项目、哪些次要项目。对于重要项目，采购配备精兵强将，有针对性地管理；对于次要的项目，内部用户做到哪儿算哪儿，采购也做出相应的支持。这也意味着，对次要项目的支持会有不到位的地方，大家都在承担"经过计算的风险"。

这跟那些有经验的员工有点像。他们会定期跟老板谈，了解老板的关注重点，确保自己和自己的团队与老板的诉求一致。我在硅谷高科技企业做采购时，设计部门有个优先级清单，对几十，甚至几百个问题进行排序，驱动技术人员的资源分配。采购职能也按照这样的优先级来配备资源。

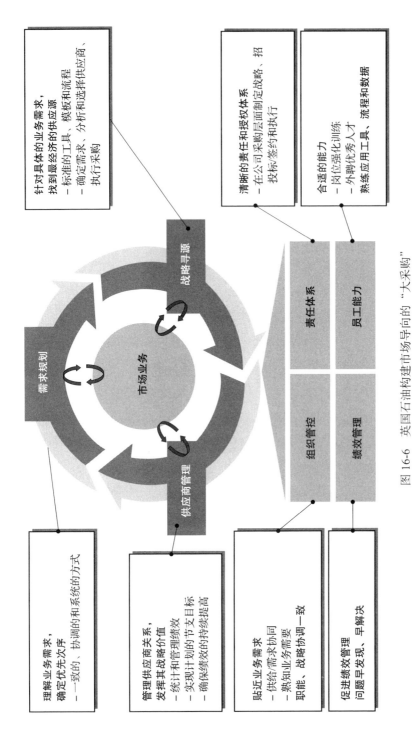

针对具体的业务需求，
找到最经济的供应资源
— 标准化的工具，模板和流程
— 确定需求，分析和选择供应商，
执行采购

清晰的责任和授权体系
— 在公司采购层面制定战略，招
投标签约和执行

合适的能力
— 岗位强化训练
— 外聘优秀人才
熟练应用工具，流程和数据

理解业务需求，
确定优先次序
— 一致的，协调的和系统的方式

管理供应商关系，
发挥其战略价值
— 统计和管理绩效
— 实现计划的节支目标
— 确保绩效的持续提高

贴近业务需求
— 供给需求协同
— 熟知业务需要
职能、战略协调一致

促进绩效管理
问题早发现，早解决

责任体系

员工能力

组织管控

绩效管理

市场业务

战略寻源

需求规划

供应商管理

图 16-6　英国石油构建市场导向的"大采购"

资料来源：Christina De Luca，BP Plc，VP，R&M Procurement，ELP Forum 2006.

需求确定了,就围绕需求找供应商,亦即战略寻源;然后围绕战略寻源的结果,管理供应商关系,确保供应商绩效。这就完成了"大采购"的闭环管理。在这个闭环里,你根本看不到多少订单层面的事情。这也容易理解:需求理顺了,供应商选对了,整体绩效管理良好的话,订单、项目层面的绝大多数问题就迎刃而解,剩下的例外呢,则由采购员、质检员、催货员等处理。

英国石油这么大的公司,全球有那么多的子分公司,那么多的采购,那么多的项目,在战略寻源和绩效管理上,要求组织、流程和系统的一致性。这支撑"大采购"的组织管控、责任体系和绩效管理,以及员工能力的持续提升,都是"大采购"能力建设的关键构成。

【小贴士】 收一遍的钱,干两遍的活,谁的问题

几年前,我服务一巨无霸企业,有一次吃饭时不知怎么就聊到了软件开发。采购老总说,他们的软件供应商干的是两遍的活,拿的是一遍的钱,没法活了。我忙问为什么。他说需求定义不到位,内部用户就让供应商开发软件;开发好后一看,不是自己真正想要的,于是就重来——你说软件供应商怎么能赚钱呢?

采购老总这么说,要么是证明内部用户傻,不知道自己要的是什么;要么是证明供应商傻,稀里糊涂就干活。唯独不提采购自己——作为"局外人"和"裁判",采购自然占据道德高地,不会错了。

采购真的是裁判吗?不是。采购在对接需求和供应,**对内部用户来说,采购代表供应商,凡是供应商做砸了的,都是采购做砸了;对供应商来说,采购代表公司,凡是内部用户做砸了的,也是采购做砸了。**内部用户做得好,供应商表现好,采购理所当然地把功劳据为己有;那内部用户做砸了,或者供应商绩效不好,采购首先也得挨板子。

采购不承担实质性责任,就缺少动力做"好人",主动管理需求,对接需求与供应;也就缺少动力做"坏人",主动暴露问题,督促供需双方改善。于是,采购就成了"瞎子算命两头堵":内部用户来问责,

采购就把责任推给供应商（同时也找些内部用户的问题，证明他们也有错）；供应商的合理正当利益得不到保护，采购就把责任往内部用户身上推。

欲戴王冠，必承其重。采购不愿承担责任、解决问题，不光内部用户看不起，连供应商也轻视你。采购不增加价值，内部用户和供应商就想方设法绕过采购，造成各种后续问题。贡献有限，采购就得不到重视，因而得不到足够的资源投入；没有压力，采购也就没有动力来提升；能力不足，贡献寥寥，采购职能就越发被边缘化了。

【小贴士】 解决方案不是需求

很多情况下，我们想当然地认为理解了需求，其实未必。

打个比方。客户说，我要一个三角形的瓶盖儿。这需求还有什么不清楚的？销售当然认为自己已经理解了，于是当了传声筒，传给了设计。设计一看这还有什么不清楚的，三角形的瓶盖就设计出来了。到了采购，图纸、规格都有了，还有比这更清楚的需求吗？但是，三角形的瓶盖是个非标件，交期长，良率低，成本高，你觉得客户会喜欢吗？

人人都觉得自己理解了需求，所以就没有一个环节发问：您要个三角形的瓶盖究竟干什么？原来客户有个瓶子，为了不让水流出来，需要有个盖子。这时候你会发现，真正的需求不是个三角形的盖子，而是不让水流出来。

而解决方案呢，可以是个三角形的盖子，非标件自然有非标件的坏处，价格高就是其一；也可以是圆形的盖子，标准件、质量好、交期短、成本低；还可以是只塞子，或者给客户一只杯子。客户，您看您喜欢哪个？问题理解了，信息对称了，各种解决方案的利弊解释清楚了，客户往往会选择我们希望他选择的方案。

要知道，管理需求不是跟客户说不（"我们不做三角形瓶盖"），也不是给他们制造障碍（"要做三角形瓶盖，加钱"）。**真正的需求管理呢，是理解需求，围绕需求给客户更好的解决方案。**而更好的解决方案呢，前提是真正了解了客户的需求，离不开那个简单但有力的问题：您要这三角形的瓶盖干什么？或者说，您究竟想解决什么问题？

不管你信不信，**这世上很多人分不清"需求"和"解决方案"，习惯性地把"解决方案"当成"需求"**。比如"三角形的瓶盖"是个解决方案，"不让水流出来"才是需求。之所以分不清，是因为客户有资金、缺能力的本质——资金不多就不是客户，能力不缺的话自己就能对付，要我们供应商干什么。而供应商呢，正好相反：资金少，但有能力。老天爷真是公平啊。

外部客户如此，内部客户也是如此。内部客户让我们内部供应商做一件事，关键是因为我们是这方面的内行——我们花的是他们的钱，用我们的专业能力来帮他们解决问题。当然，有些采购或许会说，我们采购也不懂，怎么办？我们不懂，但我们背靠供应商，没有人比供应商更懂，这就是为什么要让关键供应商早期介入了。

贴近需求，做业务伙伴

"小采购"是**供给导向**的，内部需求是怎么产生的，跟自己无关。比如随便到一个公司，问问他们的采购，你们的需求预测是怎么做出来的，产品开发有几个阶段，设计变更流程是什么？你会发现，很多采购对此毫无概念，在那些规模庞大、分工巨细的企业尤其如此。"小采购"们普遍认为，采购的任务从需求落地开始，需求定义是内部客户的事。

需求落地意味着图纸设计完了、规格制定好了。这时候，"小采购"的任务就是找到合适的供应商，能够按照图纸和规格加工。但问题是，等到需求落地后，留给执行的时间往往不够，采购就不得不花大量的精力来催货，浪费精力不算，也干扰了整个供应链的运作，成本高昂。

而"大采购"的**需求导向**呢，则是力图在需求产生前介入，正面地影响需求，尽早获知需求信息，给供应商更多的时间来准备。需求导向和供给导向的标志，就是你的时间花费在供应商方面，还是内部客户身上。简单地说，就是你整天在跟什么人打交道。

举个我自己的例子。

20多年前，我在美国刚工作时，老东家正在从"小采购"向"大采购"过渡，原来的一帮采购员整天埋头处理订单，对付不了"大采购"的事，公司就从惠普、戴尔这样的企业招人，或者从商学院招MBA。这些人大概都有5～10年的工作经历，熟悉跨职能运作。我的顶头上司是个高级总监，他经常跟我们说，公司花了很大的代价，招你们来，就是为了更好地管理需求。我们问，管理谁的需求？答曰，工程师的。

也难怪，这是个技术公司，有几百个博士工程师。这些博士中，不乏智商很高，但情商很低的人，经常为一点鸡毛蒜皮的事，一封电子邮件就告到采购的副总，然后从总监到经理，再到采购员，大家都得上蹿下跳来"救火止损"。

我们问，那怎么管呢？总监答曰，这简单，你们每天早晨到办公室，首先倒杯咖啡，然后不是埋头把那250封邮件一一回复——重要且紧急的赶快处理一下，就到工程师那边，敲开他们的门，问一问最近有没有什么新产品、新设计，现有的供应商能否满足要求。如果不能的话，你现在就得开始找供应商，而不是等到图纸审批完了，第二天就要打样，那时候就已经来不及了。

要知道，企业里绝大多数的事可以由流程来对付，但按部就班跟着流程走的风险是**滞后**。对那百分之八九十的事来说，滞后点也没什么；但对于那真正要了我们命的5%、10%，我们要发挥主观能动性，来弥补流程的不足。敲内部客户的门，就是在发挥人的主观能动性，也是管理需求的开始。

有人或许会说，我要对付几十个工程师，还有一二十个计划人员，这都是我的内部客户，每天敲他们的门，每个花5分钟，一天的大半时间就在干这活儿了。且慢，我们的确有很多内部客户，但真正重要的有多少？一把手指头数不完，八成就数光了。抓大放小，聚焦重点客户，这就是我们要做的，如图16-7所示。

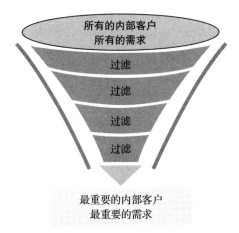

图 16-7 内部客户虽然很多，但真正重要的不多

或许有人还会问，如何判断内部客户的重要性？一个简单而直观的方法是，谁给你制造的麻烦多，谁就是你的重要客户。那有人会说，这不是在纵容那些整天哭哭啼啼的人嘛。不是的。企业人是理性的，内部客户整天找你的麻烦，让你过得很悲催，符合他自己的利益诉求吗？当然不。既然不，那为什么他还会让我们的生活过得很悲催？很简单，他的正当诉求没得到满足，或者至少在他看来如此。那作为内部供应商，我们的任务就是满足他们的正当诉求。

我知道，对于那些干了多年采购，饱受内部客户"虐待"的人来说，还是难以接受内部客户的"理性说"。让我们拿小孩子打个比方。小宝贝刚生下没多久，话都不会说，只会吃了睡，睡了吃，但会不会无缘无故地哭，让妈妈没法睡觉？有经验的妈妈们都会说不会。小宝贝哭，一般就几个原因：要么是饿了，要么是要换尿布了，要么是没有拍嗝。[一]这三个问题解决了，小宝贝十有八九就会睡了。

想想看，两三个月大的小宝贝都那么理性，那设计部 39 岁的老李、

[一] 小宝贝喝奶时，会一起吸入空气，需要竖着抱起来，在背上慢慢地拍，打个嗝，就好了。经验不可替代，没有养过孩子的人大多不知道。那好，你要么自己摸索，从自己的经验学习；要么找个有经验的妈妈，从别人的经验学习。希望本书给大家从别人经验学习的机会，不光是我的，更重要的是我曾经学习过的那么多人。

计划部 25 岁的小张，都是成年人了，还有什么不理性？为什么要讲这些呢？因为职业人在工作一些年限后，尤其是在同一个公司、同一个职能多年后，沉淀下来的都是内部客户做的"孽"，记住的都是他们做砸的那些事，于是就习惯性地妖魔化内部客户（内部供应商也同理）。**思维定式下，一旦开始妖魔化对方，就注定关系理不顺、沟通有障碍。**你不愿意见他，他也不愿意见你；或者说虽然在沟通，但见面就是互相掐架，都是在证明对方错了，都注定需求管理不到位。

我在管理全球计划团队时，带领二十多位计划员支持销售人员。有些做得不是很好的计划员经常抱怨，说销售人员"作孽"，没有提前告诉我们，这就是为什么现在短缺的短缺、过剩的过剩。我会反问：他们没说，我们问了没有？**他们没说，他们该挨板子；我们没问，同样难逃其责。**我们很难解决"他不说"的问题，但我们能够解决"我不问"的问题。

内部客户没说，打他们的板子；我们没问，同样难逃其责

计划如此，采购也是如此。有趣的是，一个公司的"小采购"往往跟"小设计""小销售""小计划"同时存在，大家都死守自己的一亩三分地，不肯越雷池半步。作为采购，如果我们能跨出一步，积极主动地与内部客户沟通，也是增加价值的一种方式。

也许有人会问，我愿意积极沟通，但内部客户不理我怎么办？

这会有内部客户的问题。林子大了，什么鸟都有，我们很难改变这点。我会从提高自身能力开始，确保自己能解决内部客户的问题。如果我们积极沟通，但要么没资源，要么没能力解决问题的话，那在内部客户看来你是在满足自己的"好奇心"，自然不会搭理你了。

【小贴士】 像销售一样做采购

这些年来，我越来越意识到，如果像销售那样做采购，采购业绩八成会更好。

先说以客户为中心的心态。有一个销售总监说，他整天守在客户那儿，除非是公司要开会，不然不回自己的办公室。道理很简单：**客户的需要就是他最大的需要**。采购也有内部客户，之所以采购有这碗饭，就是因为有内部客户的存在，但有几个采购能以这种心态对待内部客户呢？

"客户导向"这话说起来容易，不过扪心自问，我们上次主动见内部客户是什么时候的事呢？我们做不到"晨昏三省"，但是经常走过去，主动打个招呼，问有什么要帮忙的，防患于未然，总要强于内部客户找我们。要知道，等他们找我们，八成已经着火了，或者冒烟了，然后就是我们被动反应，花费的时间和资源更多。

再说做人与做事。好的销售，鲜有例外，都让人感觉到自在、放心。这是建立信任所必需的。谈吐间，你能感觉到他们为客户着想的心态。这与采购中常见的傲气截然不同。做事细致方面，销售就更不用说：事无巨细，他们都打点得井井有条。

或许有人会说，也有销售说一套、做一套，承诺过的事，做到的有多少呢？这是些"小销售"，不是我们的学习榜样。当然，看看我们的"小采购"，他们做的只能说更糟。很多公司的采购都是些"小采购"，不管公司的名气有多大，他们对采购本业不精，也不愿花精力去理解内部客户来管理需求，承诺给供应商的有几件事做到了？

当然，我绝不是说，因为一方做得不好，另一方就有理由做得更糟。但五十步笑百步的典故，相信大家都是知道的。

销售是采购的影子。"暴政出暴民"，采购对待销售的方法，也是低素质销售的催生剂。这些低素质的采购，不但管坏了销售，而且教坏了新的采购。有些采购人员，年纪轻轻就痞子气十足，趾高气扬，就是跟那些低素质的老采购学坏的。如果让我选择的话，我宁可把新采购员给有经验的销售来培训，也不会交给老油条的采购来培训。

向销售学习，也是学他们解决问题的思路。提起销售，很多人的潜意识是这些人就靠一张嘴。没错，尤其是低级销售。但是，做得好的销售，其实都是解决问题的高手。他们在夹缝中生存，平衡公司与客户的需求，做出艰难的抉择，展示了优秀的解决问题的能力。

认真学着点，那可是真本事。优秀的销售赚那么多钱是有道理的。在美国，销售出身的百万富翁比比皆是，有几个采购能做成百万富翁？优秀的人中，做销售的恐怕要比做采购的多得多。如果你是个解决问题的高手，那么从事销售可能比做采购更容易成功。

任何岗位放在供应链上，都有双重地位：对内部供应商，我们是"采购"；对内部客户，我们是"销售"。也就是说，我们每个人都是一边做采购，一边做销售。以客户为中心，就是在强调每个职位的"销售"功能，解决客户端的问题。

对于采购职业人来说，采购能力让我们混口饭吃，而真正要晋升和发展，还得靠销售能力，即把采购的贡献"销售"给内部客户和管理层，把好的供应商"销售"给公司，让它们早期介入到新产品开发等。

这些年来，我跟很多公司的采购接触，发现这些<u>采购欠缺的与其</u>**说是采购能力，不如说是销售能力**。于是就一直在"小采购"的泥淖里打滚：采购职能不被重视，对内就没法有效推动变革，获取资源来解决问题，于是只能通过转移问题来解决问题，所有的压力就转移给供应商，制造了更多问题，供应商没法解决，反过来影响采购方。

从"正三角"到"倒三角"，释放资源做"大采购"

有些人会说，我能理解"大采购"的重要性，但采购团队已经够忙了，如果要做这里讲的需求管理、战略寻源和供应商绩效管理，那时间从哪儿来？要回答这个问题，我们得先看看，时间都用到哪里去了。

如图 16-8 所示，左边的正三角是大部分公司的现状：采购的精力大多花在琐碎杂务上，比如下单、跟单、追料、验货、付款等，经常性地处于救火状态，按下葫芦起了瓢，结果是挤占了高附加值任务的时间，导致重要但不紧急的事没法及时完成。这些重要但不紧急的事，例如供应商选择与总体绩效管理，处理不到位，就导致更多订单层面的问题，形成恶性循环，结果是整个采购组织深陷日常运作的泥淖。

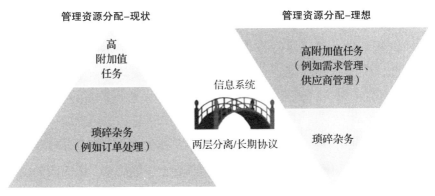

图 16-8　资源分配要从正三角到倒三角

而良性循环则从右边的倒三角开始。供应商层面的事情，例如供应商选择和绩效管理，一旦理顺了、做到位，订单、项目层面的麻烦就会少很多，采购就有更多的时间和精力来处理供应商层面的事，从而让订单层次的问题更少，走上良性循环的道路。这也符合解决问题的思路：**重复发生的问题很难解决在问题发生的层面，而要从更高层面来解决。**

从"正三角"到"倒三角"是个趋势。在北美，公司花在战略层面的"大采购"上的时间越来越多，花在操作层面的"小采购"上的时间越来越少，就如图 16-9 中的调查所表明的。这个调查覆盖的 10 年期间，正是信息技术高速发展的 10 年，也是美国企业全面走上外包的 10 年，采购从后台走到前台，承担更多战略责任的 10 年。

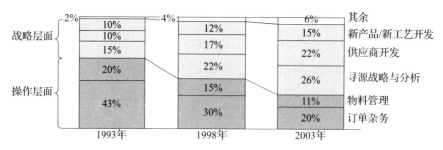

图 16-9　在北美，采购的时间越来越多投入战略层面

资料来源：Corporate Executive Board.

那么，当年的美国企业是如何从"正三角"到"倒三角"，释放资源做"大采购"的呢？这里主要讲三种方式：①**信息化**，借助信息技术，自动化订单操作的很多任务；②**两层分离**，把供应商管理与订单操作分离，划定专门的资源从事供应商管理；③**长期协议**，签订长期、框架性协议，避免"一单一议、一单一操作"的低水平重复劳动。这三种方式相辅相成，并不排斥。

先说**信息化**。订单流程的大部分任务，比如请购、下单、核算、付款，都可以自动化，让信息系统来做。这看上去挺简单，但因为要触及很多人长期以来的工作习惯，往往需要自上而下的推动。有一次，我参加美国供应管理协会（ISM）的年会，微软的一位总监在做报告，他展示了一封比尔·盖茨发给全体员工的电子邮件，督促员工用电子方式在线填写请购单——这么简单的事，在微软这样的信息技术公司都需要老总推动，一般的公司就可想而知了。

请购单电子化，采购人员接到请购要求后，就不需要手工输入，省时省力，而且大大降低了出错概率。请购单外，订单生成、传送、确认等也可自动化。不少公司有电子商务平台，采购订单上平台是一项主要任务。供应商交货后，交货单、质检报告也可输入电子商务系统。这样，请购单、订单、交货单都在同一系统，三单合一，供应商付款就可自动化。从需求请购到供应商付款都自动化了，采购的资源就可用来做更高价值的事。

不过不管信息化程度多高，总会有些破烂事需要人来对付。那好，我们设置专门的职位来应对。这就是组织上的**两层分离**。

两层分离把供应商管理与订单处理分开，在管理层面设立供应商经理、商品经理、供应商工程师等职位，负责供应商战略和总体绩效；在操作层设立采购员、质检员、催货员等职位，专门从事订单层面的日常工作。两层不分离，订单层面的事经常会挤占供应商层面的时间；两层分离，在资源上确保有专门的力量来选择和管理供应商。

长期协议就是跟主要供应商签订长期合同，避免花太多的时间来招投标和谈判——招投标本身是不增加价值的。20 世纪 90 年代，很多美国企业开始跟供应商签订多年合同，比如 3 年，3 年期满后自动顺延。当然，多年合同是有条件的，比如供应商每年降价多少，按时交付、质量指标逐年改进等。这不但节省了以前每年谈判降价、招投标的时间，而且给双方更多的可预见性，让大家把更多的时间花在更有价值的事情上。

采购"收口子"，释放资源做"大采购"

企业里，采购团队花很多时间在采购杂七杂八的东西，比如间接物料、备品备件、办公用品等。这类采购量小货杂，一般占企业采购额的 10% 不到，但因为复杂度高，却可能用掉采购团队高达 40% 的时间资源。要知道，不管采购金额的大小、采购量的多少，从订单处理的角度来说，采购一个 5 分钱的螺丝钉，跟采购一台 5000 元的发动机，没什么本质区别。

解决方案就是通过专业的供应商来"收口子"，如图 16-10 所示。

对于**技术含量高**的采购对象，比如备品备件，设备原厂就是天然的"口子"：你从哪个公司买设备，就从哪个公司买备件。设备原厂整合多个客户的需求，有规模效益；如果管理得当，我们可以获取这些规模效益带来的价格优惠。当然，跟这些设备原厂买备件，有时候价格上也可能更高。但设备原厂的技术、管理能力强，可以更好地管理后面的供应链，比如更好地处理质量、交付问题等。

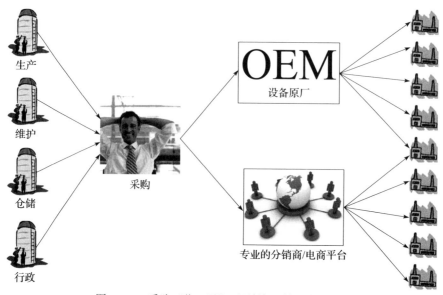

图 16-10　采购 "收口子"，释放资源做 "大采购"

我以前在半导体设备行业时，有些客户，特别是低成本地区的客户，买了我们的设备，却找一些小供应商买备件。虽然这些小供应商的价格更低，但一旦出现问题，这些小供应商就抓瞎：它们的技术力量不够，不熟悉备件与备件、备件与工艺之间的交叉影响等。客户的采购呢，也自然是焦头烂额，被生产线和技术部敲得满头是包。最后呢，客户一算账，往往发现跟设备原厂买备件，总成本更低，整体管理也更简单。

从设备采购来说，对于同类设备，要尽量减少供应商，否则备件供应的复杂度就会太高。对于不同的设备，也要尽力整合供应商，这样采购额就相对集中，增加议价权，驱动供应商更好地响应我们的需求。典型的例子就是美国西南航空：它们只买一种飞机，那就是波音 737。而有些航空公司呢，规模不大，但波音、空客的几乎每个机型都买，就成了后续维护和备件支持的噩梦。

对于**技术含量不高**的产品，可以通过专业的分销商或电商平台来收口子。比如工厂的 MRO 归专门的 MRO 供应商，办公用品等杂七杂八的东西通过电商，或者专门的分销商采购。这些第三方有需求聚合效应，可能拿到更好的价格；它们也更专业，比我们更熟悉供应市场。

企业规模越大，员工成本也越高。快速成长多年后，很多中国本土企业处于从量变到质变的关键点，越来越多的企业就开始"收口子"，把杂七杂八的物料通过专业的第三方来采购，释放资源来做投资回报更高的事。这就如一个人从学校刚出来，大大小小的事都是自己做；等级别越来越高，赚的钱越来越多后，就开始找钟点工、清洁公司，因为他自己的时间价值更高了。

我在调研一家千亿级的养殖企业时，采购人员反映了各种各样的问题，比如毛巾用不了几次就掉毛啊，衣架一折就弯啊什么的。作为一个养殖企业，消费者买你们的肉，是因为你们猪养得好，肉好吃，而不是毛巾不掉毛，衣架有多好。你们的特长是养猪，不是买那些杂七杂八的东西，那是专业的 MRO 供应商最擅长的。

在 MRO 领域，出现了一批一定规模的企业；在电商领域，出现了一系列电商平台。不管是电商平台，还是 MRO 供应商，都在信息系统上投入巨大的资源，跟客户端对接。

比如以前员工要买支笔，就要提采购申请，由采购员下单；现在直接到跟公司签约的电商平台，选中自己想要的笔，直接下订单，然后电子商务会转到合适的人审批（如果需要的话），审批完就直接发给电商。采购要做的就是跟电商平台谈好合作条件，比如年度合作，敲定每个采购项的价格等，然后定期结账即可，节省了大量的时间和精力。

【小贴士】 什么 MRO 产品可"收口子"

一提到 MRO，大家就联想到长尾。但长尾还可细分，就如图 16-11 所示，长尾**头部**的单品采购量大，采购金额高，对企业的影响大，是采购节支的重要对象，可由企业自己来采购。长尾的**中段**呢，对企业来说是典型的量小货杂，但对 MRO 供应商来说则否。后者聚合多个客户的需求，形成规模效益，对企业来说是"收口子"的理想对象。把 MRO 供应商选好、管好，企业的总成本往往更低。

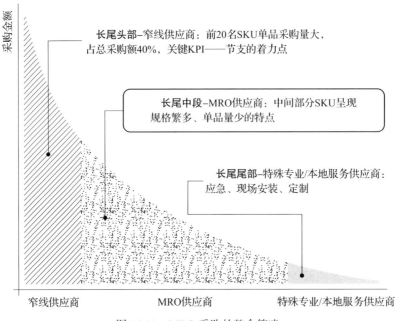

图 16-11　MRO 采购的整合策略

资料来源：西域网。

真正难对付的是长尾的**尾部**。这些需求的定制化要求高，复杂度很高。比如一次性需求涉及工程，安装、维修需要本地服务商，而且需求定义往往不清楚。对企业来说，这是最让采购头痛的地方，所以也成了最想外包给 MRO 供应商的。有些企业在"考验"MRO 供应商的能力时，也喜欢提出这样的需求。但问题是，MRO 供应商更加远离需求，它们怎么能做得更好呢？

在供应链上，谁处于最佳的位置，谁就应该做这事。所以，不要拿那些长尾尾部来考验 MRO 供应商。长尾尾部也不是外包"收口子"的合适对象，否则问题只会变得更糟糕。

【实践者问】

我的公司是一家私人企业。对于 MRO 采购，那些专业的 MRO 供应商和电商同现有的合作单位相比，价格并没有优势。如果选择与之合作，对公司来讲是选择了高价服务，如何评判是否合理？

【刘宝红答】

我们在让专业 MRO 企业做更多的事，比如帮我们选择和管理供应商，管理物流和仓储，多付钱有什么错吗？我们节省下时间，可以做附加值更高的事。所以，这里的关键是机会成本，可以用这个机会成本来判断高价服务是否合理。

打个比方：我太太让我剪草，成本是 0——我从来都是给她免费干活；请剪草工来，每次 30 美元。单纯比价格，当然不合算。但是我省下时间了，写更多的书，服务更多的企业，那自然是更合算了。当然，如果我闲着，也没有更有价值的事儿做，那就另当别论了。

【实践者问】

我们"收口子"了，但有些子分公司找到更便宜的供应商，怎么办？

【刘宝红答】

"收口子"就是集中采购、以量换价，而单价呢，就相当于在以前各子分公司的价格中砍了一刀，总会比一些子分公司的低，但比另一些的高。这些子分公司总能找到更便宜的供应商，一方面，是因为其对质量、交付的要求可能不需要那么高；另一方面，有些供应商可能就在附近，物流成本更低等。

如果集中采购的价格是基于需求量的，我们还不能简单地让那些子分公司来分散采购，否则量小了，供应商的价格可能提升。这里的关键是算总账。当然，在独立核算的情况下，这有困难。这就是为什么"收口子"得自上而下来驱动，牺牲局部利益而获得全局利益。

设定合理的优先级，以重要度驱动资源分配

在很多情况下，作为中基层管理者，我们既没法两层分离，因为那涉及实质性的组织变更；也没法自动化，因为信息系统事关全局，而且实施周期长。长期协议、采购"收口子"都是大的举措，非基层能决定。那还能不能释放资源，做"大采购"？答案是能，只要下决心，做自己能够控制的，那就是按照重要度，来管理自己和自己可控的资源。

根据**重要性**和**紧急度**，事情可以分为四类[⊖]。既重要又紧急的是第一优先级，必须第一时间去处理；既不重要，也不紧急的事，属于第四优先级，能拖就拖。难就难在第二优先级，是做重要而不紧急的，还是紧急而不重要的（见图 16-12）？一般人的日程被**紧急度**驱动，会先做紧急而不重要的事；成功的职业人士会按**重要性**排序，先做那些重要但不紧急的事。

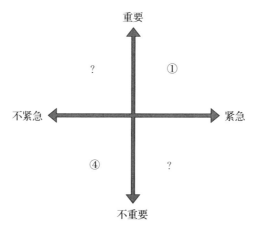

图 16-12　第二优先级做什么

⊖ 这个 2×2 的矩阵有个很豪气的名字，叫"艾森豪威尔矩阵"，以美国前总统艾森豪威尔命名。

或许有人会说，我理解这些，但事情紧急啊。紧急没错，不过**对你来说紧急而不重要的事，一定是另一个人既重要又紧急的事**。这个人很可能是你的部下，或者部下的部下，那他得首先"死"给你看。这并不是说你对那些事情不闻不问：部下该抄送的还是要抄送你，该汇报的还是要汇报，一旦发现部下搞不定，你还是要及时介入。

在这里，我要特别提醒我们这些干活儿出身的人：因为能干，所以得到晋升；但也是因为能干，所以喜欢干活儿，而这又成了我们进一步晋升的障碍。这话有点费解，让我来举例说明。

假如你是个采购经理，突然看到工作群里闹翻了天，几十个人上蹿下跳地催料，说生产线都停机待料了。这料有点面熟，仔细一看，不正是三年前你做采购员时管的那个料吗，当时也给你制造过很多麻烦。你知道这个料，你知道供应商，你也有供应商的联系方式。于是顺手拿起电话，一个电话就打给供应商了。

你的采购员看你这么干，当然很高兴：你的本事比他大，职位比他高，能动用的资源也比他多，更重要的是，即使做砸了，你也不会怪罪他。不过，你们两个的角色也就此颠倒过来了：本来是走廊上碰面了，是你问他，"小王，那料追得怎么样了?"现在是他在问你了，"老板，那料追到了吗?"这不，你就把"猴子"背在自己身上了[一]。

那么多的团队成员，每个人的"猴子"你都给背上一些，你就有得忙了。以前我负责全球计划的时候，在全球有二十几位计划员。我经常给他们讲，你们每个人如果把自己 5% 的事儿给我做，我就得每天工作两班；一件事情在成为我的事情前，一定要先成为你们某个人的事情。

活生生的例子就在身边。我以前在美国有个上司，作为高级总监和斯坦福大学的运筹学博士，精通数学，一辈子在同一个公司的计划部门，从计划经理到总监到高级总监，所有的活儿都干过，什么问题都经

[一] "背猴子"来自《哈佛商业评论》上的"谁背上了猴子"一文，指管理者做本该下属完成的事，是时间管理之大忌。

历过，每一片"砖头"都翻开看过，还特别喜欢帮助员工解决问题。学识高，经验丰富不是缺点，乐于助人也不是，但问题是帮助什么人了。

这位老博士的团队中，全球各地光计划员、分析员就有三四十个，人人都喜欢问他问题。一旦看到问题，他就忍不住动手解决，到 ERP 里看看，到数据库里看看，虽说每个问题用不了多少时间，但架不住问题多啊。于是就三班倒：大清早对付欧洲（欧洲的下午），白天跟北美的团队开会，半夜对付亚洲（亚洲的白天），每天只睡 4 个小时。

大家都挺"佩服"，老博士挺得意，传授经验，说只要你把头脑"训练"好，每天睡几个小时就足够啦。但问题是，老博士整天在对付下属的下属的下属，整天泡在具体问题中，就没时间对付我们这些经理，解决更重要的组织、流程、系统问题；也没足够的时间对付他的上司，做上司的活儿——做下属的活儿不会让你晋升，要做上司的才行。

这不怪计划员：如果计划员问他问题，他不回答，转给下面的经理，时间长了，计划员自然就不会拿那么多问题来轰炸他；这要怪他自己喜欢干活，来者不拒，结果就深陷细节问题中不能自拔。

老博士这么做，主要是因为**紧急**，而不是重要。在他看来，这个小问题不解决，那个计划员就没法工作；这个料不追，生产线就可能停机待料。这不，就成了被能干"害"了的代表。

这么多年，我发现很多经理人，因为能干，反倒被能干害了，整天深陷现象中不能自拔。有一次，我到一个千亿级的电子产品公司，他们的战略寻源总监一年负责数百亿的开支，连吃晚饭的时候都在跟进料号、订单的价格谈判——这不都是些采购经理、采购专员的活吗？而更高层面的事，比如供应商战略，本来是总监层面的重要输出，却是一塌糊涂。

还有一次，我培训一个百亿级的制造商，董事长的一位至亲担任采购老总，坐在我的眼皮底下不停地加减乘除，原来是在计算某种原料要下多大的订单。我能理解，该原料价格波动较大，是该及时下订

单，但那是采购老总做的事吗？整天忙这些事，还有时间做采购老总该做的事吗？[○]

要知道，成功人士之所以在职业上成就更大，不是因为他们比我们更聪明，工作比我们更努力，或者是名校毕业，而是因为他们把更多的时间投入到重要但不紧急的事上。相应地，他们的投资回报更高，对公司的贡献更大，而公司给他们的回报也就更高。

【小贴士】 如何推动重要而不紧急的事

对于第二优先级，也就是那些重要但不紧急的事，要排到日程中来，预留时间来做，否则可能永远找不到合适的时间来做。

比如老总会把每季、每月、每周的指标会议早早排定，S&OP把一个月里每一天、每一个职能要做的事都安排到计划日历中，财务部门有严格的财务日历，学校里有严格的学期日历……这些日程都是提前很久就确定的，通知给每一个当事者，都是确保重要而不紧急的事在大家的日程上有一席之地。

比如健身是很重要的，但如果今天不锻炼的话，你还是活得好好的，所以容易被一推再推。我就每天安排在中午12：45，雷打不动，做30分钟的高强度间歇训练（HIIT），或者跑步两英里[○]。然后冲澡，吃午饭，稍事休息就开始下午的工作。我太太也深知锻炼的重要性，但没有安排固定时间健身，三天两头就锻炼不了，时常内疚得不行。

再比如写作，又一个典型的重要但不紧急的例子。有些很有经验，也很有见地的人，盘算了一辈子，就是动不了笔；时间长了，写作、分享的冲动就没了。那最简单的就是锁定时间，到时候就写。快20年了，我每天早晨第一件事就是写作，因为我知道，一旦开始处理各种杂务，

○ 不过后来我想通了：市场竞争激烈，该企业的差异化优势微弱，盈利压力很大。这位至亲想着省点钱，也是能帮多少就帮多少。可怜天下父母心。另外，这位至亲担任采购老总，大概也是信任的成分居多，究其专业能力大概也只能做做讨价还价、处理采购订单什么的——你所忙的，就是你的能力所在。

○ 1英里 =1609.344 米。

这一天就算废了。每天坚持写，出差在外的话至少也要写日记。写作首先要有量，然后才有质。不要相信下笔千言，一挥而就的童话——好东西都是熬出来的。

【小贴士】 公司大了，唯闲人难养

我们这里谈一下邮件、短信、微信的误区，警惕被公司闲人绑架。

一大早到办公室，很快浏览一下邮件、短信，识别那些既重要又紧急的事（比如你老板的，关键内部客户的），对其余的大致有个概念，对一天大致有个计划。然后立即处理那些既重要又紧急的事，该回的邮件回，该发的指令发，该打的电话马上打。接下来，可不要立即去回复剩下的那一堆貌似紧急，实则不重要的电子邮件和微信，因为你一旦开始回复，就可能被闲人们绑架了。

公司大了，不管什么样的所有制，总会有一帮闲人。闲人们如何证明自己忙？就是通过一个又一个的电子邮件和微信，问各种各样的"好"问题，"把"各种各样的"关"；你一回复，闲人们就会继续问问题、继续"把关"，还抄送各种各样的人，从你的老板到老板的老板的老板；这时候你就不得不继续回复，可闲人们的好奇心只能越来越重，问题只会越来越多，抄送的人也越来越多，你就越能不回，否则显得你没把工作做到位。

这还不是最糟糕的。万一这电子邮件或微信引起哪一位老板的"好奇心"，随便问个问题，不着边际的一两句话，就够你忙大半天了。这些高管一天工作 8 小时，开 10 小时的会，会议间隙看邮件，往往没有时间读通所有的邮件，对具体的事儿一知半解。你得绞尽脑汁，揣摩老板究竟是啥意思，电子邮件写好又修改，怕写得太详细，又怕写得不详细。

就这样，你花在解释上的时间，远远超过了实际干活的时间。好不容易，好奇心满足了，闲人们心满意足地吃午饭去了，你这一早晨也就算完了。

公司越大，闲人就越多，制造的麻烦也就越多。**大公司里，唯闲人难养**。闲人与小人是合二为一的更是如此。作为一个职业人，你可不能置之不理：闲人也是人，你不理他们，他们便到处讲你的坏话；三人成虎，讲得多了就影响你的前程。你理得太多，又没时间。那怎么办？

与其一个又一个地回电子邮件和微信，不如径直走过去，面对面把这事儿给结了；或者至少打个电话，然后回复所有的人，说你跟某某闲人已经沟通了，这事儿结了，如果谁的好奇心还没有得到满足，可以直接给你打电话。这样就彻底堵死闲人们的路，把一堆电子邮件和微信"扼杀"在摇篮里。

还有，如果看到你的部下面对面坐着，却一个又一个地互相发邮件和微信，还抄送很多人，你就该当头棒喝，把他们的计算机和手机都没收了，检查一下他们的嘴巴是否还会动。

作为管理者，你也不要看见邮件、微信就回，让它们冷一下，先集中精力做重要的事。记住，如果那事真的是那么重要、那么紧急的话，那人应该直接过来找你，或者至少给你个电话。

【实践者说】

深有体会，已经陷入小人和闲人的圈套，他们每天没完没了地查查查，问问问。——步迹，"供应链管理实践者"微信公众号读者

"大采购"的组织建设

组织建设离不开**专业化**，也就是专业人做专业事。一旦专业化后，面临的就是把那些细分职能串联起来，也就是**集成**。这里我们就从这两个角度出发，谈一下"大采购"的职能建设。

常见的"大采购"细分为三大块（见图17-1）：负责商务的战略采购，负责质量和工艺的供应商工程师，以及负责订单操作的执行采购。在不同的行业、不同的公司，这三块的名称会有不同，但分工思路很清楚，那就是商务与质量分离，确保专业人做专业事；战略与执行分离，防止订单执行层面的事情侵占供应商层面的资源分配。

图 17-1　采购组织的专业化

战略和执行的两层分离

两层分离的好处是有专职的资源应对供应商层面的事,比如品类战略的制定,新产品的寻源,合格供应商清单的维护,供应商绩效的管理与改进。但是,两层分离后马上要面对的是:供应商绩效不好,是战略采购没选好,还是执行采购没管好?

【案例】 供应商绩效不好,是没选好还是没管好

案例企业在电子行业,每年营收在 200 多亿元。在这家企业里,采购负责供应商价格,选择便宜供应商;物控兼职采购订单管理,负责供应商按时交货率。采购在价格这一单一指标的驱动下,就找最便宜的供应商,拿到他们想要的;便宜没好货,质量、交付问题不断,就害了兼职执行采购的物控。

问他们的两位物控经理,你们那几十个物控人员,整天都在忙什么?一个说 50% 的时间,另一个说 60% 的时间在催货。物控团队深陷催货泥淖不能自拔,就没有足够的时间做计划;计划做不好,执行层面的问题就更多。物控的生活很"悲催",采购那边一有空缺,物控人员就"跳槽"过去(见图 17-2)。

战略采购　　　　　　　　　　执行采购

图 17-2 选择权和管理义务的不当分离,导致后续绩效问题

这里的根本问题,就是两层分离后,供应商的选择权与管理义务不当分离,在单一指标的驱动下,聪明人做傻事,战略采购就牺牲执行采购的利益。而解决方案,就是供应商的**选择权与管理义务不能分离**,

选择供应商者需要对供应商的整体绩效负责。让我举个自己的例子来说明。

我在管理钣金件供应商时，扮演的是战略采购的角色，供应商的选择权归我，但供应商的整体绩效也由我背。比如目标是 95% 的按时交付，一旦某个供应商不达标，我就得站在老总面前解释。所以，我在选择供应商时，就会通盘考虑成本与其他绩效，而不是光选择最便宜的供应商，在交付和质量上害死采购员、质量工程师，顺便也害死自己。

这里的根本思路呢，就是对供应商不但要"有选择，有管理"，而且要"谁选择，谁管理"——选择者得对供应商层面的整体绩效负责（见图 17-3）。

图 17-3　供应商的选择权和管理义务不能分离

这并不意味着作为战略采购，我就得做所有的事。比如针对每个具体的订单，负责执行采购的采购员得先"死"给大家看，该打的电话要打，该催的料要催。他们催不到，他们的主管催；主管催不到，那就转到我这边催[○]。但整体设计是，95% 的按时交付要从供应商层面解决——我得选择合适的供应商，驱动供应商的产能建设和绩效改进，确保 95% 的交付问题得到解决。

从绩效考核上看，采购员还是得为每个订单的交付负责，但订单层面的交付、质量会汇总上来，成为我的指标。这种强相关的指标，把战略和执行层面串起来，形成类似于上下级的关系，虽然在实际汇报关系上并不一定如此。

需要注意的是，两层分离后，供应商管理层远离日常操作，在行动上往往滞后。这要通过**信息系统**来弥补，即提供及时的供应商绩效信

○　战略和执行两层分离后，因为战略采购主导供应商关系，"胳膊"最粗，最能驱动供应商，所以订单执行层面就容易养成习惯，动不动就让战略采购来催料；战略采购陷入日常订单的跟进，显然有悖设置战略采购的初衷。作为一个组织，我们要明确谁先催、谁后催，只有做了应尽的努力，才能升级到上一层。

息。比如我在管供应商时，系统会每周汇总上一周、上四周、上十三周的交付、质量指标，一旦不达标，就是个整体供应绩效问题，就上了我们的雷达，负责该供应商的战略采购就得介入。

这种解决方案也具有普适性：对于细分后的子职能，一方面要由绩效考核来串联，避免单一指标下的局部优化行为，也让它们有意愿协作；另一方面要靠信息系统来串联，确保信息流通畅，也让双方有能力协作。

【小贴士】　孔雀效应：警惕单一指标的单向选择

曾经在《哈佛商业评论》上看到一篇文章，说雌孔雀择偶时，会以雄孔雀的尾巴大小为标准：尾巴越大，表明雄孔雀越健康，越有优势。这样，大尾巴的基因得到保护，就一代代地传下去[一]。

刚开始的时候，这是优胜劣汰；很多代以后，这种单向选择给优胜者也带来了问题：尾巴越来越大，需要消耗越来越多的营养，而且"尾大不掉"，行动慢，容易被天敌猎获。于是到了一定阶段，孔雀的数量就下降。这就是"孔雀效应"。

在《达尔文经济学》一书中，康奈尔大学的经济学家弗兰克提到，由于同样的原因，美洲大角赤鹿灭绝了：这种鹿的角越来越大，很容易被丛林挂住，最后成为猛兽的盘中餐。

自然选择如此，社会选择也是如此。

我在美国这些年，每天听到的都是债务超标、社会安保要破产，搞得大家惶惶不可终日。但选举的时候，如果哪个候选人想在削减福利、降低安保上做文章，那八成就第一个被选下去了。发展到极点的例子，如希腊，国家都要破产了，一帮人还走上大街，抗议削减福利。有意思的是，抗议得最厉害、最觉得自己是受害者的，往往正是那些当初吵得最凶，把那些最会借钱、花钱的政客选上去的人。

[一]　Runaway Capitalism，by Christopher Meyer and Julia Kirby，*Harvard Business Review*，January-February 2012.

这就是单一指标下，单向选择的**异化**现象。

放在采购上，那就是在价格这一单一指标的选择下，能砍价的人得到晋升，不能砍价的被淘汰。最终，采购部门剩下的都是一帮能砍价但也只会砍价的人。价格越来越低，质量、交付、服务也越来越差。这在那些处于红海竞争、产品的差异化优势微弱的行业尤为普遍。

单一的价格指标必然导致"小采购"。采购部门也就这么被异化了，从一个本来应该花好钱的部门，变成了一个单纯省钱的部门。解决方案就是综合、平衡的考核，采购经理不但要考核价格，而且要对整体的供应商质量、交付负责；不但要支持好量产，而且要支持好新产品开发。

商务和质量、工艺的分离

采购做细了是个技术活。就连看上去最没有技术含量的讨价还价，如果没有技术背景，也很难做好，因为加工一个零件，需要多少工时，使用车床、铣床还是刨床，良率如何，不懂技术就很难推算出成本来。这也是为什么在一个家电巨头，采购工程师的职责之一就是核算成本。

当然，最理想的是采购既懂商务，又懂技术、工艺和质量。但有这种能力的人，早已经不干这活儿了——他们去做更高层面的事，承担更大的责任去了。那就将采购拆分成两个人做，一个负责商务，另一个负责供应商相关的技术、工艺和质量，肩并肩应对供应商相关的主要问题。这也是让采购职能建立自己的技术力量。

采购缺乏自己的技术力量，遇到供应商相关的技术、工艺问题，就不得不依靠研发团队。但问题是，不管在什么公司，研发总是一帮最忙的人，研发分内的事儿都忙不完，供应商相关的问题就只能一拖再拖，直到熬不住了才去解决。兼职就有这种问题，注定没法主动、系统地解决供应商相关的技术、质量和工艺问题。

解决方案是设立全职的供应商工程师，有的公司叫采购工程师，有的叫供应商质量工程师（SQE），有的叫供应商开发工程师。不管头衔怎么称呼，这个职能的要求是熟悉生产工艺，熟悉产品设计，能有效充当公司设计与供应商之间的桥梁，促进产品设计与工艺设计的交互优化。

理想的供应商工程师是复合型人才。现实中，懂技术的一般懂点工艺和质量，但懂质量的并不一定懂技术和工艺。搭建供应商工程师团队时，一将难求，种子人员从何而来？你知道到设计部门去要，因为这些活儿一直在由设计做。那设计老总不放人，怎么办？工程师不愿来采购部门，又怎么办？

设计在哪个公司都是紧缺资源，人人都想让设计干这干那，人人都想去设计部门挖人。采购去挖人，设计老总当然一口回绝。为了说服设计老总放人，你可以这么解释：这些活儿现在是你的设计人员在做，与其让几十个设计兼职，不如给我一两个骨干工程师，我来围绕他们再招5～10个人，构建供应商工程师团队，把别的设计人员解放出来。相信设计老总会认真考虑的。

要注意的是，要挖就挖设计的骨干人员，而不是设计不想要的人。当然，优秀的工程师在哪里都吃香，才不愿意来采购部门呢——相比设计，一般公司的采购地位更低，报酬也更少。解决方案就是给他钱，给他职位。有时候你没法光给钱，因为工资有标准，那就通过给他更大的头衔，比如经理——头衔上去了，薪酬自然也就上去了。

对工程师来说，你在设计部，小兵一个；来到采购部门这边，就是经理，也是个不错的职业发展选择。当然，这样的工程师以前就在跟采购经理级这样的人合作，本来就是经理级别的人——那么强的技术背景，适当补齐一些管理和带团队的能力，在采购这边成为一个成功的经理人也不是难事。

这有点像华为早期的"按照产品流向来流动人才"[⊖]。《华为研发》中提到，1992 年、1993 年那段早期岁月，华为的新产品研发出来了，负责设计的项目经理就转到生产，负责生产；或者转到销售，负责销

⊖　《华为研发》(第 3 版)，张利华著，第 105 页，机械工业出版社，2017。

售；后来还有转到采购的。这有助于内部的经验传播，对销售和生产起了很大作用。

顺便一提，在技术导向的企业，最强的资源一般都在产品部门。随着企业规模的增大，其余职能的短板就更加明显，从产品部门"输血"也就不足为奇了。在营销驱动的企业，销售部门往往也扮演人才基地的作用。这就解释了为什么在很多企业，采购和供应链的老总往往来自产品或销售。

【案例】 搭建供应商工程师团队

我刚到硅谷的时候，加入一个高科技制造公司。该公司当时每年有几亿美元的采购额，主要由一些文科背景的采购经理和采购员管理；供应商工程师有，但只有七八个人，由两个经理带着，整天光处理质量次品问题都忙不完，其实是一帮高级质检员。

从公司的产品设计到供应商的生产制造跨度很大，有很多技术细节没法有效落实到供应商的生产流程，而供应商的很多技术性反馈也没法有效传递到设计部门。结果，供应端的成本做不下来，质量和速度做不上去。

作为"大采购"建设的一部分，于是该公司开始加强供应商工程师的力量。先从设计部调来一位资深工程师，给他高级经理的头衔，围绕他配置几位技术背景的经理，每位经理配置几位资深的供应商工程师。就这样，供应商工程师的团队由七八个工程师增加到二十多个，然后是三十多个，一路发展下去。

十年后，整个供应商工程师团队已经发展到一位执行总监、四五位总监、十位左右资深经理，外加七八十人的供应商工程师。该公司也从几亿美元的规模，一路发展到四十多亿美元，这个供应商工程师团队功不可没：他们有深厚的技术背景，对内能够支持设计人员，对外能够落实技术细节，推动和帮助供应商优化生产工艺，成为产品设计与工艺设计交互优化的关键一环。该公司也一举成为业界的采购与供应链标杆。

我们接下来看，供应商工程师团队建好了，跟供应商经理团队如何协作。

理想情况下，供应商经理和供应商工程师是兄弟关系，前者聚焦商务，后者应对质量、技术和工艺问题，一文一武，督促和帮助供应商解决问题。但在很多企业，供应商工程师扮演的是婆婆角色。也就是说，供应商工程师在监督采购，甚至出现"只管处罚，不管善后"的情况。

这一问题的根源是两者的汇报关系。

在我看来，这两个职位都是采购团队的一部分。当公司的管理能力强时，这两个职位可汇报到采购部门，好处是容易形成合力，共同解决供应商相关的问题；风险是采购的力量太强，要通过客观量化**结果**来约束其行为，否则可能干坏事。

如果没法客观量化结果，通过结果来约束采购，那么理性的选择就是分权制衡，相互监督。表现为供应商经理汇报到采购，供应商工程师汇报到质量。这更可能会让供应商工程师成为"婆婆"，虽然不理想，却是管理能力不足时的理性选择。

【实践者问】

研发占据主体，采购如何提升话语权？专业技术背景不强，采购如何管好供应商？

【刘宝红答】

一方面，加强采购的商务能力，管理和理顺关键供应商关系；另一方面，加强采购的技术力量，使之成为采购的左臂右膀。一文一武，能力提升了，采购的话语权也会提升，也能更好地选择和管理供应商。

【实践者问】

可否介绍一下比较完整的采购组织架构、岗位设置和汇报关系、考核指标?

【刘宝红答】

供应商的绩效就是采购的绩效，即成本、质量、交期、服务、技术、资产和人员 / 流程七大类指标，前文已经详细阐述过。

核心的采购团队一般有三类岗位：负责商务的战略采购（选择供应商、管理整体供应商绩效），负责日常订单层面的执行采购，负责质量、技术和工艺的供应商工程师。在每类岗位里，有些公司会进一步细分。比如在一个北美企业（全球 500 强），供应商工程师又按照新产品开发和量产细分为两个小职能，外加一部分专门支持量产产品设计优化的团队——供应商工程师至少分为三个小部门，三者之间的工作有区别、有搭接。

这三类岗位有时候集中在一个部门（比如采购部），有时候分散到两个部门（比如采购部和供应商质量部），有时候分归三个部门（比如采购部、质量部、生产或物流部——订单处理汇报到工厂的生产或物流）。

这些组织形式的存在都是有原因的，那就是业务的需要和组织的整体管理能力。就如前文所说，管理能力强的时候，供应商质量可以汇报给采购；管理能力弱的时候，两个职能按照两条不同的线汇报，互相监督反倒是更理性的选择。

需要强调的是，就采购的组织而言，没有所谓"完整"的或者"标准"的组织架构。水无定形，法无常法，采购的组织必须按照具体的业务需求来设置，就跟医生看病一样，每次的药方都会按照病人的情况而定。

在本书里，我们在不同的地方解释了采购职能的主要岗位，这就如药典里介绍了各种常用药的药性。至于具体采取什么样的组织结构，开出什么样的"药方"，那就得留给职业人士了，取决于具体企业的具体情况了。

【小贴士】　新品寻源，避免两套供应商班子

我们经常说，采购要尽早介入设计阶段。但企业大了，新产品、新项目那么多，采购怎么才能及时知道进展，提供支持呢？最简单的方法就是参加设计评审会议。问题是，那么多的会议，每个采购都去参加，整天坐在会议室中，还有时间干活吗？

解决方案就是细分出新品寻源人员，专门支持新产品开发。比如每个新品寻源人员参与几个研发项目，把采购相关的任务接过来，交给具体的采购完成后，再把成果交回新品开发。但如果操作不当，容易出现两套班子，一套负责新品，一套负责量产，为两套供应商埋下伏笔。

比如新品开发一般喜欢小供应商，因为它们反应速度快，但在管理流程、质量体系方面往往不是很完善，不一定是量产阶段的最佳选择。等进入量产，要么得转厂，找更好的量产供应商，费时费力；要么得进行系统的开发，帮助供应商提升，这容易造成供应商越来越多，采购额越来越分散，对供应商的管控力度下降。

供应商太多，采购额分散是个大问题，相当一部分都是在新品寻源阶段造成的。你看北美的那些大公司，这些年里都经过那么多轮的供应商整合，就知道这个问题有多大了。那解决方案就是让新品寻源遵循统一的供应商战略，必须采用合格清单上的供应商。在组织上，新品寻源首先是采购，然后才是新品，要汇报到采购来谋取战略的统一。

【案例】　快速成长后，采购职能的专业化[一]

有个快消品公司，主要产品是护肤、美容用品。该公司是轻资产运作的，全部产品由代工厂加工。比如生产一款洗面奶，他们需要找到外盒、软管、塑封膜工厂，帮助生产所需的包材，完成后直接发货到化妆品加工厂，由后者灌装成成品。作为公司的采购职能，虽然名义上是采购，其实履行的是供应链管理职责，是实际上的供应链管理部门。

[一]　该案例摘自我的《供应链的三道防线：需求预测、库存计划、供应链执行》（第2版），机械工业出版社，2022。为了本书的完整，特意摘录，有删节和修改。

这几年来，该公司业务发展迅速，处于全面爆发阶段。比如上一年营销只有几千万元，这一年上半年就直奔3亿元而去。爆炸式成长给采购和供应链带来诸多挑战：需求预测薄弱，采购计划准确度低；供应商有选择、没管理，交付、质量问题频发；采购人员一竿子插到底，供应商开发、合同谈判、订单管理、合同管理一肩挑，专业上难以聚焦，做不好、做不精，而且缺乏必要的监督和约束，廉洁风险较大。

在现有的组织结构下，采购经理汇报给CEO，下设两类职位：（1）采购助理，主要负责采购计划的制订、采购部门的数据统计、ERP系统的维护等；（2）采购专员，主要负责从供应商开发到合同谈判、订单管理、货款支付的整个采购周期，包括对接营销部门来制订需求计划，对接设计来支持新产品开发。按照采购项，该公司分配专门的采购员，分别负责OEM代工商以及包材、瓶器和其他配件的供应商，如图17-4所示。

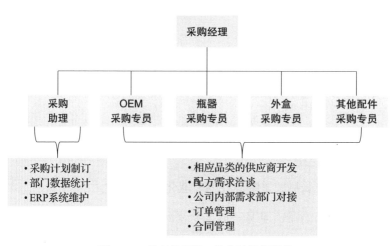

图 17-4　现有的采购 / 供应链组织结构

业务规模的迅速增大，益发凸显了当前组织模式的不足。作为实际的供应链负责人，采购经理意识到，企业发展处于拐点，**专业化是必然之举**。为了让专业人做专业事，采购经理在考虑如下三个组织调整，如图 17-5 所示。

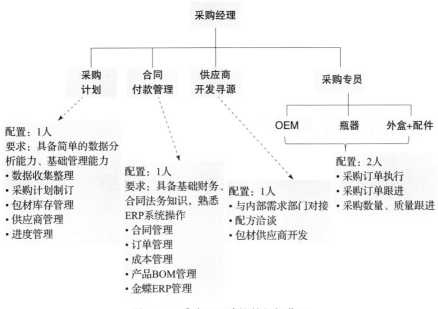

图 17-5 采购经理建议的组织分工

第一,**计划与执行分离**:设立专门的采购计划,由专人来对接销售,制订需求计划,并将其转化为采购计划。

第二,**供应商管理与订单管理分离**:设立专人负责供应商开发寻源,再由采购专员负责不同采购项的订单处理。

第三,**采购与付款分离**:由专人负责合同的履行及支付。

这位采购经理不是很确信,这种组织结构是否合理,实施以后会有什么风险。

就采购与付款分离来说,这是合法合规的基本举措之一,而且影响的职能相对较少,导入的变动也相对较少。就计划而言,案例企业没有统一的需求计划,多个采购在物料层面做计划,跟多个销售、产品、设计等对接。多对多的效率低下,公司小、产品少的情况下也就罢了,随着企业规模越来越大、产品越来越多,问题就越发突出。所以,单列采购计划(在没有生产制造的案例企业,其实就是需求计划)有其必要性。

对采购的两层分离,也就是供应商开发寻源和订单处理的分离,好处是有专人负责供应商层面的事。但对小公司来说，两层分离有一系列挑战。最直接的就是公司小，寻源人员的专业度不够，即便专业化了，也可能难以发挥实质性作用。

此外，寻源、订单原来是同一个人做，所有的知识、信息都储存在那个人的头脑中或者计算机上；现在要分为两个人做，就得有相应的流程和信息系统来支持。也可以说，在系统和流程能力不足的情况下，"一竿子插到底"是小企业的理性选择。

要知道，**专业化的结果是组织、流程、系统更复杂，天然会降低效率**⊖。也就是说，专业化会带来更多的事，需要更多的资源。案例企业正在爆发式成长，资源本来就捉襟见肘，如果一下子导入这么多的专业化举措，只能让人手不足的问题更加严峻，还没算上给内部用户带来的种种混乱。

基于这一系列考量，我们建议案例公司做出如下调整：①单列计划职能；②把供应商的合同管理和付款单列出来；③暂时不分离供应商管理和订单操作，等业务规模更大、人力资源更丰富、系统和流程更稳健的时候，再导入两层分离的举措。

跨职能团队，如何约束强势职能

品类管理团队是"大采购"组织的一种形式，其核心任务包括制定合格供应商清单、供应商战略、新产品寻源等。一般情况下，它主要由三大块构成：负责品类战略、供应商关系的采购，负责供应商质量的质量工程师，还有负责技术的设计工程师（见图 17-6）。当然，这些头衔在不同行业、不同公司会有所不同。

在有些企业，品类管理以非正式的形式存在。比如谈到具体的品类，大家一般知道谁在负责商务，谁在应对质量，谁是强相关的设计人

⊖　这点得益于与赵玲女士的交流。专业分工还有相互制衡的目的：降低风险是所有大公司的必经之路，风险控制第一，而不是效率第一。（赵玲女士语）

员。在一些建制完善的企业，品类管理团队有正式的组织，其中商务采购和供应商质量一般是核心，设计人员一般是外围。

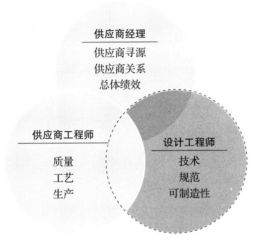

图 17-6　采购、质量和研发一道，构成品类管理团队

品类团队的一大挑战是如何约束强势职能。比如，如果设计太强势，就会为追求性能而牺牲成本；设计不是通过设计优化、设计选型来把成本做下来，而是驱动采购谈判降价，转移问题给供应商；一分钱一分货，又造成一系列的质量问题。同理，相对质量，如果采购是强势职能，就会为追求最低价而牺牲质量。

强势职能难以约束，根本原因是其能力与责任不相匹配。绩效考核不合理，让名义上的跨职能小组成了实际的委员会，达不到跨职能协作的目的，而成了掰手腕的场所，是强势职能难以约束的一大根源。

【小贴士】　名义上是小组，其实是委员会

企业就如丛林世界，职能之间是没有公平和民主可言的。

跨职能团队合作很普遍，但很多时候"团队"是真，"合作"则否。杀猪小分队、鬣狗分食，看上去都是"团队作业"，实质上大不一样。

杀猪小分队是个小组（见图 17-7），有以下几个特点：①有明确的

小组目标，那就是把这头猪杀掉；②成员并不是完全平等的，小组长是屠夫（戴白袖套的那位），大家都得听屠夫的安排；③共同目标由小组长承担（猪没杀好，毛没拔净，首先挨骂的就是屠夫），然后分解、传递给组员。

图 17-7　这是"小组"，大家有共同的目标，是协作关系

在共同目标串联下，在小组长的带领下，小组内是**合作关系**，达到1+1>2 的效果。

鬣狗分食（见图 17-8）是个"委员会"，表现在几个方面：①表面上有团体目标，实际上由个体目标驱动，人人都想多分一杯羹，他分得多，你就分得少；②成员是平等的，相互之间没有目标的传递和分解；③个体之间互相掰手腕，强势者牺牲弱势者的利益。

图 17-8　这是"委员会"，个体关注的是分得一杯羹，是竞争关系

在个体目标驱动下，委员会成员之间是**竞争关系**，互相制约，效果为 1+1<2。

你会马上发现，公司里的很多小组，名义上是小组，实际上是委员会。比如作为经理、总监，你是很多"小组"的成员，如果你有事不能去参加会议，你会派自己最放心的员工代表你去；不用吩咐，你的员工都知道他最重要的任务是什么，那就是看住别的职能，不要让他们牺牲你们部门的利益。这就是典型的委员会。

现在我们回过来，看一看图 17-6 中的品类管理小组。

虽说名字是小组，品类管理小组在很多公司其实是委员会：小组由技术、质量和采购的**代表**组成。表面上，他们有团体目标，比如提高供应商的整体绩效；实际上，团体目标没有落实到绩效考核上，驱动大家的仍旧是职能目标，比如质量对质量目标负责，采购负责价格，设计把技术关。

单一指标驱动下，成员之间互相监督、互相制约，这样的品类小组对内难以形成供应商战略，对外难以形成合力来管理关键供应商。比如设计在性能指标驱动下，牺牲成本；质量成了采购的"婆婆"，监督采购在谈判降价时不要牺牲质量。大家都是由单一指标驱动的，博弈的结果是，强势职能实现了其诉求，牺牲的是弱势职能的利益，就跟下面的例子一样。

一家数亿规模的汽车零部件企业，面临异常激烈的市场竞争，成本压力很大。采购、质量和设计组成品类小组，选择和管理供应商。设计有目标成本，采购有降价需求，于是就"串通"起来，选择便宜供应商；便宜没好货，就坑了质量部门。质量告到老总那里，老总以为是质量的胳膊不够粗、拳头不够大，没法跟设计与采购抗衡，就让质量直接向自己汇报。

你从直觉就知道，这并不能从根本上解决问题。日常中质量跟采购、设计交涉的大都是些鸡毛蒜皮的事，CEO 哪里有精力介入到那么多的细节呢？企业如丛林。质量动不动告到 CEO 那里，那还想不想在公司里混了？这就如班主任跟小朋友说，别人欺负你就告诉我。受欺负的孩子会告诉老师吗？不会。告状次数多了老师也管不过来，她根本没那么多时间来处理；敢告状？孩子王还不把你继续欺负得更厉害，老师也没法一直跟着呀。

那么，如何约束强势职能呢？让我们继续以孩子王欺负小孩子为例来说明。

小学里，孩子王欺负小孩子，班主任可以让孩子王来当班长。当了班长，孩子王理论上可以"欺负"每一个孩子，但班主任对他有"绩效"考核：从此以后班里不能有孩子哭。以前孩子王胳膊最粗，能力最强，没有相应的义务来匹配，就干坏事欺负胳膊细的孩子；现在匹配以义务，他的行为就可能更理性，不会再去欺负胳膊最细的孩子。

那孩子王会去欺负谁呢？不是别的班的孩子，而是班里的孩子二王：孩子二王现在处于以前孩子王的境地，能力强却没有相应的义务来匹配。就这样，孩子王把孩子二王、三王依次"打倒"，班级和平就是这么来的。

将这套思路放到品类管理小组中，就是让强势职能承担更多的指标，改变单一指标驱动的情况，把委员会做成真正的小组。能者多劳。比如设计的能力最强，那好，让质量汇报给设计，你可以随时"欺负"质量，但设计得站在老总面前解释质量问题；让设计对目标成本负责，年度降价任务也更多地分配给设计。

在多个表面矛盾、实则相辅相成的指标驱动下，强势职能就能由外在约束变为内在约束，更加理性地顾全大局。就这样，委员会变成了小组。当然，这里的挑战就是强势职能变得更强了，需要**客观量化**其绩效，防止权力滥用和贪腐行为。否则，我们还得继续采取分权制衡的做法，当然也得承担相应的副作用。

【小贴士】 多头管理，形不成合力怎么办

有一次，我遇到一个销售总监，·问他的那个大客户好不好。他问哪一个客户，我说就是 xyz 公司啊。他说这 xyz 可不是一个客户，而是三

个:采购是第一个客户,这位销售总监有个专门的班子,应对这帮采购的集中采购、合同谈判、年度降价;设计是第二个客户,这位销售总监有另一个专门的班子,应对其产品与技术开发;运营是第三个客户,这位销售总监也设了一个专门的班子,支持量产运营。但三部门之间经常不通声气,而由这位销售总监来协调。你知道,在双方的博弈中,这注定对采购方不利(见图17-9)。

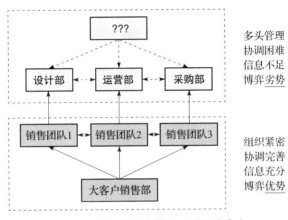

图 17-9 跨职能多头管理,形不成合力

多头管理下,职责不清,政出多门。解决方案包括两部分:其一,由采购作为公司管理供应商关系的唯一窗口,统一协调内部各职能;其二,制定职能划分表,清楚地定义各职能的角色。表17-1就是一个高科技公司的**跨职能矩阵表**,在高层次上定义供应商管理的主要任务,确定每一项任务的主要责任者和次要责任者。

表 17-1 供应商管理的跨职能矩阵表

❶主要责任者 ②次要责任者

任务	供应商经理	供应商工程师	设计人员
供应商分类	❶	②	②
供应商认证	❶	②	
供应商产品认证	❶	②	②
供应商选择	❶	②	
供应商绩效管理	❶	②	

（续）

任务	供应商经理	供应商工程师	设计人员
质量系统评估		❶	
质量系统改进	②	❶	
生产系统评估		❶	
生产工艺改进	②	❶	
物料系统评估	❶	②	
技术能力评估		②	❶
财务状况评估	❶		

　　具体一件事由哪个人、哪个职能负责，得视公司的具体情况而定，但并不是最重要的；最重要的是得有这么一张表，不管它是表单还是流程文档的形式。很多公司没有这么一张正式的表，并不意味着这张表不存在；正好相反，这张表有多个版本，装在不同人员的脑子里。这些版本的绝大多数应该是一致的，但就那极少数不一致的地方成了灰色地带，扯皮不断，增加了沟通成本，降低了运营效率。

　　有个公司说，我们也想到了这样的表，但是事情那么多，哪能罗列清楚呢？其实这是误区。对于供应商管理来说，我详细罗列过，也就那么四五十件事，完全可以细化到工作层面。围绕订单的事我没有统计过，估计也不会超过几十件。

　　管理者畏难、怕麻烦，不愿列这么一张表。结果，执行层面的人遇到具体问题就一遍又一遍地挣扎，搞不清楚究竟由谁来做。其实这是人治的表现：该有清楚规定的地方没有，执行者就凭自己的判断来做，一方面效率低，另一方面也给人为操作留下很大的空间，滋生了权力寻租。

　　那么，该哪个职能主导制定跨职能矩阵表呢？采购。比如采购总监把设计、质量的主要管理层叫到一起，就主要的任务达成共识；执行几个月后，再次回顾、调整。几次下来，我敢保证大家有一个相当不错的跨职能矩阵表。

【实践者问】

在供应商的跨部门管理中，公司把所有问题全考核到采购部，导致质量、市场、设计有权无责、无考核指标压力，无法全力协同采购来选好、管好供应商。怎么办？

【刘宝红答】

采购有很多压力，却没有资源，没法驱动关联职能，注定是"小采购"。一种解决方案就是成立品类管理团队，形成矩阵式结构——质量、设计在职能上实线汇报给各自的职能老板，确保以正确的方式做事；在供应商相关的业务上虚线汇报到采购，确保做正确的事，取得业务上需要的结果。

比如在纸箱子这个品类里，张三是采购经理，李四是质量工程师，王五是研发人员。张三背着所有的品类采购指标，但把质量指标100%传递给李四，把技术指标100%传递给王五。以后质量有了问题，张三第一个挨板子，站在老总面前解释，跟李四制订解决方案，由李四来执行解决方案，技术上同理。

虚线汇报的直接表现是，在奖金发放和工资调整上，采购经理张三要有话语权。比如年终发放奖金时，张三与李四的老板一道，评估李四这一年来的表现，敲定最终的金额。形式上你可以没有"虚线汇报"的关系，但实质上一定要在薪酬上有发言权。这样，张三与李四虽然代表不同的职能，但形成了某种形式的上下级关系，张三不会坑李四（因为张三总体背质量指标），李四也不会坑张三（因为质量指标100%传递给李四），两个人是一根线上的蚂蚱，组成了一个真正的跨职能团队。

这里的关键是采购的能力要强，一方面要有专业能力，做好供应商的选择与管理；另一方面要有领导力，协调各职能的利益诉求，摆平关系。企业的挑战正好也在这里：采购职能太弱，采购要专业没专业，要领导力没领导力，即便组织赋权，也没法有效领导跨职能团队，达到期望的效果。能力、权限、义务长期不匹配，公司也会慢慢收回采购的权限，拿掉相应的义务，要么制定新的方式，要么重回原来的方式，直到达成新的平衡。

【实践者问】

采购在找供应商，工程师也在找供应商，我们采购总是没法说服工程师。怎么办？

【刘宝红答】

工程师是战略寻源不可分割的一部分，因为战略寻源的一大任务就是支持工程师。采购要和研发、质量形成跨职能小组，而不是竞争对手，多头寻源。当采购与工程师是竞争关系时，采购当然没法说服工程师，因为寻源做到细处是个技术活，那是工程师的强项。当两者是跨职能小组时，大家的能力互补，比如研发从技术的角度评估供应商，采购从商务的角度评估供应商，双方的数据和判断整合到一起，就能找到最合适的供应商。

跨职能合作的目标不是让谁赢，而是让最好的点子赢。作为寻源团队的领导者，采购要促进协作而非竞争性的团队文化，寻求零和游戏外的第三种解决方案，避免走上你赢我输，你输我赢甚至双输的路子。

【小贴士】"人畜无害"的供应商管理部

有位职业经理人，新近加入一家制造企业，负责该企业的供应商管理部。说是"部"，其实就他一个人。前任走了，他接手还没多久，老板在制订下一年的工作计划，要他出一个供应商管理方案。

这家企业有几千家供应商，过去一年里，有业务来往的就有1000多家。虽说年度采购额超过10亿元，但分摊给那么多的供应商，采购额分散，管控难度高。管理资源太分散，是这家企业面临的主要挑战。

　　这位经理人说，他要制定政策，指导各分公司、事业部的供应商引入和管理。我问他，你熟悉主要的采购项吗？答曰，不熟悉。那熟悉主要的供应商吗？答曰，也不熟悉。各分公司、事业部的业务，就自然不熟悉了——他刚到公司根本没多久。不知道没关系，可以学。不过整个供应商管理部就他一个人，那么多的事业部，那么多的供应商，那么多的物料，跟谁学？要学到什么时候才能学会？

　　一问三不知，制定的管理制度自然是瞎折腾。我花了半个小时，在电话上解释给他，这事得分两步走：第一，围绕采购项建立**品类管理**，安排专门的采购、质量和技术人员负责每个品类；第二，围绕具体的品类，理解业务需要，整合需求，制定**供应商策略**，选好、管好供应商，改进供应绩效，比如年度降本、质量和按时交货率等。

　　这家企业没有品类管理，除了大宗原材料，各分公司、事业部的采购量都没有集中，这注定品类战略、供应商策略先天不足。制定者不熟悉情况，自然是盲人骑瞎马，制定不出合适的政策来；各分公司、事业部的执行者当然知道"供应商管理部"的根底，自然对其规章制度置之不理。这供应商管理部，也就成了"人畜无害"的摆设。

避免"人畜无害"的"供应商管理部"

　　这也是很多企业的共性。它们对供应商管理的思路，跟质量管理中的"检查制"没有两样：干活的人干活，质量由"专人"来管；选供应商的人负责选，管供应商的人负责管。你知道，质量是没法靠"质检人员"检查出来的，供应商也是没法靠"供应商管理部"管好的。

我到过一些公司，管理越是粗放，越可能设那些所谓的"供应商管理部"，就那么三五个人，做些杂七杂八的报表，制定些不痛不痒的"政策"，而且经常放在**质量管理部门**，"监督"采购人员，典型的"人畜无害"。解决方案就是供应商谁选择谁管理：作为采购品类管理团队，他们选择供应商，就得为整体的供应商绩效负责。

【实践者问】

公司以前把供应商管理职能放在质量部门，现在放在计划部门，是否合理？

【刘宝红答】

两种方式看上去都是"头痛医头，脚痛医脚"：以前归质量部门，应该是因为供应商质量问题多，供应商管理就被等同于质量管理；现在归计划部门，八成是由于交付问题突出，"小采购"的第一反应就是计划做得不好，那好，"供应商管理"就归计划部门，让计划部"你计划，你负责"，把供应商管理等同于交付管理。

这些都是对供应商管理的片面理解。供应商是采购选的，整体绩效也应该由采购来负责。选择权与管理义务相结合，采购在一对矛盾指标的驱动下，才可能真正把供应商选好、管好。

人才先行做"大采购"

在高速发展的企业里，员工的能力提升普遍跟不上业务的发展速度。这在那些三线、四线、五线城市和封闭的行业尤为明显。

在实践中，这些人边做边摸索，"自学成才"。随着业务发展水涨船高，有些人一路做到管理层，主导采购职能，但要上升到"大采购"，他们在资质、技能上显然不够。

我们先说管理层，主要是解决"三无"问题；然后谈基层员工，也就是如何培养更多的专家；最后谈一下"空降兵"，也就是如何吸纳新鲜血液。

在很多中国本土企业，采购的管理层有三个特点：①**没有系统学过**——以前在大学里采购与供应链管理就不是个专业，这些人也没有经过系统的职业认证；②**没有系统地做过**——有些人虽然做了 10 年采购，但都是在粗放环境中低水平重复，而不是在建制完整、流程和系统完善的大公司做过；③**没有总结提高过**——需要指导员工怎么做时，自然是一将无能，累死千军了。

这是很多中国本土企业的共性问题，这里归纳为**"三无"管理层**。

举个例子。有一年，我回中国之前，长三角有个小姑娘联系我，说很糟糕，她遇到一个"三无"老总——这家市值几十亿元的企业，负责采购的老总是 CEO 以前的秘书，对采购是外行。我问她，怎么个"三无"法？她说，采购老总让他们货比三家。我说，货比三家有什么错吗？她说，没错，但要看买什么了：如果是 3000 万元一台的设备，货比八家都不嫌多；但问题是她负责的是间接采购，大多是 30 元一只的扫把什么的，采购老总还时不时责难她，为什么是这三家而不是那三家。

我问她，这事你以前在美国公司怎么做？她说，这简单，我们择优选好专业的分销商或电商平台，就一系列产品跟它们谈好一揽子价格，然后内部客户需要什么，直接通过电子商务平台采购，采购定期跟供应商结账。

小姑娘继续抱怨，说员工的流失率高，她刚到这家公司才几个月，就有两名员工辞职了。我说，这有什么奇怪，你现在让他们干的活没什么价值，就如叫他们在地上挖个坑，又填上，员工不走才怪。

怎么办？你还不能把这些"三无"都给开掉，找一帮"空降兵"来，"空降兵"有落地的问题。其实"三无"管理层也是人才，他们熟悉行业，熟悉公司和产品，熟悉客户和供应商，组织、系统、流程就更不用说了，唯一不懂的是专业。这简单：短平快的培训。他们已经有很多形而下的经验，好的培训就如临门一脚，补齐他们的专业能力，力求使他们成为有产品知识、有公司运作知识、有专业知识的"三有"人才。

接下来，我们谈基层员工。

短平快的培训可以帮助"三无"管理层厘清思路，改变方法论，但这对基层员工还不够：他们需要更系统的学习，因为基层更需要操作层面的细节。这就需要更加全面的在岗培训和职业认证，以及后续的持续学习。

如果你要应聘财务经理，你必须学过财务；如果你应聘工程师，你必须有工科教育背景。但在采购与供应链领域，绝大多数的从业者并没受过专业教育，能力提升主要靠职场的传帮带。企业管理的人、财、物、产、供、销六大职能中，供应链部门就占了三个，范围如此广泛，对于基层员工来说，光靠传帮带很难系统补齐专业能力短板。随着企业的快速发展，供应链的能力与业务要求之间的差距越拉越大。

在建制完善的北美大企业，一般会有两种方式来应对。

其一，通过系统的专业认证来补齐短板。比如当年我刚到硅谷时，老东家正在向"大采购"过渡，要求采购经理、物料经理、采购员都得通过美国注册采购经理（C.P.M.）认证[⊖]，供应商质量工程师要通过 APICS 的 CPIM 认证等。只有在一定期限内通过了，才能继续本职工作。

其二，持续的职业发展学习。我所见的高级管理人员中，不管来自哪个国家，做得好的人都有个共性，那就是不断学习，保持对新事物的好奇心和敏感。这些人在提高自己的同时，也提高了自己的团队，提升了公司的采购管理水平，把最佳实践从一家公司带到另一家公司，从一

⊖ 该认证由美国供应管理协会（ISM）颁发，后来升级为"供应管理专业人士认证"（CPSM）。

个行业带入另一个行业，从而提高整个职业的从业水平。

在北美大企业里，员工一般每年要完成 40 个小时（一星期）的职业发展学习，包括培训、上课、参加专业会议等。企业认为员工要对自己的职业发展负责，由员工来选择合适的学习机会；作为雇主，企业要提供条件，比如时间、经费等。

中国本土的一家非常知名的大型企业却不这么认为，它甚至没有培训经费这一项开支。他们的"理由"看上去很充分：你能应聘到这个岗位，就表明你是胜任的；如果不胜任，那是你的事，你就要自己出钱去培训。可是他们忘了职业发展上的"彼得定律"：**人都是给提拔到不胜任的职位**。

想想看，如果你干过 8 年采购经理，接受过系统的培训和认证，带团队、管供应商都是顶呱呱，你当然胜任采购经理的职位，但你还会去应聘采购经理的位子吗？你八成是冲着总监的位子去了，做一份你看上去不称职的工作，承担更多的责任，接受更多的挑战。所以你需要培训，或者其他方式的进一步提升，让自己真正胜任新工作。

有些人会问，培训好了，员工跳槽怎么办？这对企业来说当然是损失，但想想看，不培训，那么多的员工不胜任工作，却赖在公司不走，不断地犯错，做出糟糕的决策，对公司来说损失会更小吗？要知道，**真正优秀的员工是志愿者**：他们总能找到不错的工作，之所以留下来，是因为他们愿意。作为企业，作为管理者，我们要创造良好的环境，让那些优秀的员工不愿意走。

最后，我们谈一下补充新鲜血液的问题。

时不时，企业需要从外面招聘人。招聘的时候，要避免两个常见的问题。

其一，**招像自己的人**。没有人认为自己是完美的，但招人的时候，总是自觉或不自觉地招像自己的人。其实，构建团队时，能力互补很重要。我以前做采购的时候，部门的高级总监作风异常强硬，跟工程师的老总们有吵不完的架。但好在他手下有个印度人，作风很柔和，跨职能协调能力强。那好，他就派这位印度裔经理代表他来跟设计部门谈工作。这样，刚柔相济，性格、能力互补的人在一起，便可发挥更大的作用。

其二，**招聘全凭感觉**。常见的情景是，应聘者来了，面试官就滔滔不绝地讲起来，有经验的应聘者都明白，让面试官高兴远比展示自己的能力更重要，所以就很专心地听，还不时点头称是。就这样，半个小时、一个小时过去了，绝大多数时间都是面试官在谈。面试官感觉很好，就决定雇这个人，其实对这个人的能力并没有多少了解。

那怎么办? 招聘得遵循"从数据开始，由判断结束"的决策流程。

【案例】 招聘得"从数据开始，由判断结束"

我学到这点，是二十多年前在美国找工作时。当时一家公司在招聘供应链业务经理 (职责如同别的公司的品类经理、供应商经理、采购经理等)，我去应聘，招聘团队问的就是这些问题 (见图 17-10)。后来我组建团队，也是设计类似的问题来评估团队成员。

	总体管理能力	应聘者 A	应聘者 B	应聘者 C
1	跨职能协作	5	4	4
2	项目管理	4	4	4
3	团队领导力	4	4	4
4	英语水平	5	5	5
	平均	4.5	4.25	4.25

	专业能力	应聘者 A	应聘者 B	应聘者 C
1	识别好的供应商	5	5	4
2	供应商关系管理	4	4	4
3	新品导入 / 供应商产能爬坡	3	4	3
4	降本	5	5	4
5	机械工程背景	5	4	3
	平均	4.4	4.4	3.6

图 17-10 招聘是个流程，你得"从数据开始，由判断结束"

整个清单有 9 个问题，分为**总体管理能力**和**专业能力**。总体管理能力是不管什么管理工作，都应具备的能力，比如领导力、项目管理、跨职能协作。专业能力是针对具体岗位，应聘者应该具备的专业能力。比如作为供应商经理，你得有能力识别好的供应商，管理供应商关系，驱动年度降本，最好有一定的工科背景等。

当时面试的时候，有三位供应链总监一对一面试了我。他们问了同样的问题，然后独立打分、汇总。比如在总体管理能力部分，第一个问题就是跨职能协作，因为这个岗位要跟设计、计划频繁打交道。那好，告诉我一个例子，跨职能团队中有个强势职能，不愿协作，你是如何说服对方的？

再如，这个职位要支持很多新产品开发项目，应聘者需要有基本的项目管理经验。那好，告诉我，你管理过项目没有？管理过的话，你是如何管控成本、进度和项目规模的？你知道，这三者不可兼得，你是如何平衡的？

行家一伸手，就知有没有。这些总监带领团队，整天都在对付这样的问题，很容易判断应聘者能否摆平强势的设计，展现自己的领导能力，管好项目，带好团队。当然，这个岗位汇报到北美，英语沟通能力要强。所以，部分面试是用英语进行的，应聘者也用英语回复，以判断其英语表达能力。

在那些专业能力上，比如就识别供应商的好坏来说，不同背景的应聘者回复大不相同。那些主要在技术含量有限、成本压力巨大的行业从业的应聘者，大多会聚焦价格；那些来自小批量、多品种行业的应聘者，则更多覆盖质量、技术和交付等；长期做"小采购"的应聘者，更多会谈到订单、项目层面的支持；真正做过品类管理、供应商管理的应聘者，则更多会谈供应商的选择与管理。

再如就降本而言，技术含量低的大批量行业，人们往往通过谈判降价，降不动了就换供应商来达到降本目标。显然，在技术驱动、供应商数量有限的小批量、多品种行业，这种做法的可行性很有限，相应的应聘者很可能要挣扎。

多个面试官的打分平均后，就是应聘者的得分。对同一个应聘者的同一个面试问题，不同面试官的打分会有不同。但对不同的应聘者问同样的问题，由同样的面试官评估，还是有一定的可比性和参考价值的。

如图 17-10 所示，A、B、C 三个应聘者中，C 的得分最低，那他就很难入围，这是"从数据开始"。但是 A 和 B，虽然 A 比 B 的得分高一点，但其实看不出实质差别。这时候就得"由判断结束"：几位面试官坐到一起，谈谈对这两位的感觉——直觉很重要，大家觉得不合适的，就是不合适。

"从数据开始，由判断结束"，我们还是可能招错人，但凝聚了集体判断和智慧的决策，成功的概率最高。

有些企业招人，更多是冲着一些名企去的，希望从那些企业挖来"空降兵"。但是，那些名企的员工，头顶的成功光环，大多是公司的成功，而非个人的成功。真正把公司成功和个人成功融为一体的不多。

比如作为韦尔奇时代 GE 的二把手拉里·博西迪成了霍尼韦尔的 CEO 后，能把他在 GE 的成功转化为霍尼韦尔的成功，这属于既有公司成功又有个人成功的"空降兵"。但是，霍尼韦尔从 GE 招过去的大多数人，只是头上顶着 GE 的光环，与其说他们促成了 GE 的成功，不如说是他们占了 GE 成功的便宜。

所以，补充新鲜血液，招聘"空降兵"的时候，一定要明辨，哪些是公司成功，哪些是个人成功，这"空降兵"有多少知识、技巧和能力能带到并融入新公司。"从数据开始，由判断结束"的面试流程，是区分个人成功与企业成功的关键。

"空降兵"的水土不服问题，特别是老总层面的"空降兵"，不容忽视。

例如硅谷有一家半导体设备制造公司，年销售额在几十亿到 100 亿美元之间，招来哈雷摩托（哈雷摩托得过美国《采购》杂志的"卓越采购金牌"）的前首席采购官，希望他带来别的公司、别的行业的先进做法。但是，哈雷摩托的批量大，而该公司是典型的小批量，行业差别太大，该首席采购官一年左右就走人了。无独有偶，该公司的同行招来旭电（旭电处于合同制造业，后被伟创力并购）的前首席采购官，也是一年不到就走人了。

中国类似的案例也很多，达不到公司期望的海归比比皆是，从外资企业挖来的高管似乎也是败多成少。例如联想曾大幅度招募戴尔的前员工，加上 PC 业务从 IBM 接收过来的人，三种文化，种种问题，想必大家都有所耳闻。当年海尔从外资企业招来一位副总裁，是一位非常优秀的专家，负责海尔全球的运营和采购，但没过多久就离职了，很大原因也是水土不服。

对一些雄心勃勃的"空降兵"来说，大错特错就是全盘带来自己的老部下，而忽视了从公司内部挖掘人才。没有足够的行业、公司和产品经验，"空降兵"就很难"软着陆"。外来者带来采购方面的先进做法，内部员工带来本公司、本行业的经验，两者结合，效果更好。

就我曾供职的硅谷公司来说，当年"空降"的首席采购官来自飞机制造业，对半导体制造设备行业不熟悉，与设计部门打交道就比较困难。于是他从设计部门招来一位资深总监。该总监带来设计部门的人脉、知识和经验，对两个部门的沟通、协调帮助很大，提高了采购部门在设计部门心目中的地位。

几年过去了，人事变动频频，这位首席采购官走了，他的继任者也换了三个，唯独这位资深总监稳如磐石，备受尊敬，后来晋升为公司副总裁，负责整个采购部。七八年过去了，伴随着并购和有机成长，该企业的采购额从几亿美元飙升到几十亿美元，采购和供应链部门的规模也翻了几倍，这位老总成了该企业历史上任职最长的采购负责人。

【实践者问】

我经历了三家制造企业，都是中国数一数二的，每一家的采购老总都不是采购出身。这是不是意味着，采购经理在中国没有真正的晋升通道？

【刘宝红答】

这个问题挺有意思。这几年我接触了不少中国本土企业，也注意到类似的现象。比如一家消费品公司，负责采购的是原来的销售老总；一家手机巨头，负责采购的几个部长大都来自研发、产品；还有家企业，采购老总是原来董事长的秘书，跟董事长白手起家。

在我看来，采购职能受到的重视度不够，资源投入不足，一直在低水平运作，对优秀员工缺乏吸引力，难以培养出优秀的管理者，即使培养出来也难以留住，都是造成这种问题的原因之一。

企业认识到了采购职能薄弱，就开始补强，最直观的就是从技术、销售等做得好的职能部门调人，派个高管过去负责采购。这些年来，三天两头就有人加我微信，说新近调入采购与供应链，负责这个职能，得从头学起，在网上找到我的书，按图索骥就加了我。

此外，采购老总是领导岗位，比较重要的是领导力，对采购方面的专业能力要求不高。这些高级管理人员到岗位上学习几个月，其实也很快可以入门。世界上很多总统没当过一天兵，但能做三军总司令，也是同样的道理。对我们有采购和供应链背景的职业人来说，不要有成见，不要唯出身论。

采购的集中与分散

　　集中采购是增加规模效益，降低成本的关键举措。前文说到的供应链降本三台阶中，设计优化和工艺优化都离不开技术、质量，采购部门是配角；而整合需求、整合供应来集中采购，则由采购部门主导，可以说是采购自己能够影响成本的最大举措。

　　要想集中采购顺利进行，需要解决几个方面的问题：①**集中采购权**，这是集中采购的组织措施；②**整合需求**，从需求端提升规模效益；③**整合供应**，从供应端提升规模效益（见图18-1）。这三者是相辅相成

图18-1　集中采购的整体思路

的，比如整合了需求，就可以更好地整合供应；而集中了采购权，则对需求和供应的整合都有帮助。

我们接下来就按照这个顺序来阐述。

哪些职能在做采购

在管理很粗放的时候，每个职能都可能在做采购——研发在花自己的钱，工厂自己在买东西，项目也在自定需求、自己找供应商（见图18-2a）。这是典型的分散采购，也是采购的初级阶段。有家企业的采购曾经如此之分散，每年区区几亿元的采购额，就有100多个采购合同章，这意味着有100多个对口采购管理机构！[一]

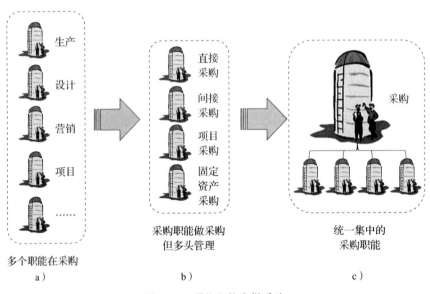

图 18-2　哪些职能在做采购

随着企业的管理水平不断提升，花钱的事就慢慢集中到了采购手上，由专门的采购人员来做采购。但是，不同类别的采购项，还是归不

[一] 《企业采购管理辅导手册》，中央企业管理提升活动领导小组主编，北京教育出版社，2012。

同的老总主管。比如直接采购汇报到生产老总，间接采购汇报到财务老总，固定资产的采购汇报到工程部等（见图 18-2b）。多头管理导致难以建立统一的采购组织、流程和信息系统，采购的最佳实践没法在更大范围内有效传播。

到了采购专业化的第三个阶段，企业就出现了统一的采购组织、流程和系统。不同的采购类别，比如直接物料、间接物料、工程项目等，一般会由不同的团队负责，但是它们都汇报到同一个采购老总（见图 18-2c）。这从组织上保障了大家都用统一的流程、系统，也为后续采购权限的集中奠定了基础。

这个专业化的过程，在中石化得到充分的体现。从《企业采购管理辅导手册》（该书就是基于中石化的实践写的）一书中，我们能清晰地看出整个三阶段的过程，如图 18-3 所示。

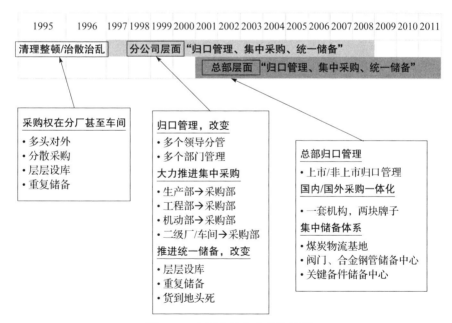

图 18-3　中石化的集中采购历程

资料来源：内容来自《企业采购管理辅导手册》，中央企业管理提升活动领导小组主编，北京教育出版社，2012 年。图形由刘宝红总结绘制。

【案例】 中石化的集中采购

直至 20 世纪 90 年代中期，中石化还是典型的分散采购，采购权分散到工厂甚至车间。分散采购对应的一定是分散储存、重复储备，进一步降低了规模效益，库存的资产利用率也就低。这个阶段的集中采购，重点是建立**对口管理**，把花钱的事集中到采购部门，也就是让采购部门来做采购。

从 20 世纪 90 年代中期开始，中石化用了 10 年左右的时间来实现**分公司**层面的集中采购，消除采购部门多头管理的情况，在分公司层面建立**单一领导负责制**，把生产部、工程部、机动部和工厂、车间的采购都集中到采购部门。随着采购权在分公司层面集中，储存也在集中，层层设库、重复储备、"货到地头死"的情况也在改善。

在这个阶段，虽然总公司层面有采购职能，但对子分公司的管理相对有限。主要是因为总部的管理能力和资源不足，没法对子分公司做出实质性的管理。

进入 21 世纪后，中石化的采购就到了**总部集中**阶段。在组织上，上市公司和非上市部分、国外和国内的采购都在总部层面实现了一体化归口管理。在采购权上，子分公司的更多采购决策权集中到总部：要么由总部直接集中采购，要么用多种灵活的集采方式，例如总部指挥、分公司操作，或者总部授权，分公司、区域集采等。[⊖]在具体采购对象上，针对煤炭、阀门、合金钢管、关键备件等采购额大的产品，构建了集中储备体系。

截至《企业采购管理辅导手册》出版时（2012 年），中石化的集中采购已经推进了 17 年，但还没有完成。这是个漫长的过程，因为集中采购在显著改变着企业的做事方式，涉及组织、流程和信息系统的方方面面。欲速则不达。究其原因，还是管理能力问题，因为**管理能力的提**

⊖ 有些公司把这些总结为"两级集中，三级执行"：在总公司或一级子公司集中签订合同，在总公司、一级子公司和更下级子公司分别执行。

升是个漫长的过程。⊖在过去 10 余年间，中国本土企业的集中采购进展较大，这跟信息技术的普及、企业管理能力的改善有关。

采购的集中度可分为四个层次（见图 18-4）：集中到**总部**是一个极端，集中度最高，议价能力最强，系统、流程最可能标准化，企业也最可能共用供应商，最能满足企业对**成本**的诉求；分散到**产品部**是另一个极端，最分散，议价能力最弱，但响应速度最快，最能满足内部客户对**时效**的要求。大区、事业部集中介于两者之间。

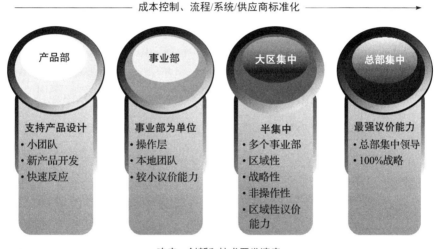

图 18-4 采购集中与分散的程度

资料来源：Ron Nussle，Jr.，ICR Group.

对于全球性企业来说，**大区**往往按照全球地域来划分，比如北美、欧洲、亚太等。对于中国本土企业来说，大区一般划分为华北、华东、华南、西北等几个主要营运区域（当然，也有企业的大区是省一级的机

⊖ 集中采购跟历史上国家的集权发展类似。由于通信、交通不便，管理水平低下，周朝采取的是分封制；秦始皇统一天下、统一度量衡、修建了横贯全国的道路后，管理能力提高了，集权制的国家才算出现了；宋明清三代，管理能力越来越强，封建集权也就一步步到了顶点。但是，封建时代皇权不下县，乡村还是宗族治理为主，呈现出集中跟分散并存的情况。

构）。如果没有大区配置，总部集中的下一层就是**事业部**。事业部是按照产品特性划分的，同一事业部的产品在采购对象上一般有相当大的共性，所以也是个天然的集中点。

在不同的企业，采购的集中度也不同，这跟它们的业务决策层面一致。比如在有些房地产公司，业务决策发生在总部、大区、城市，相应地也有三个层面的采购。在建筑行业，有的公司是总部、大区、项目三层采购，上一层的集中采购支持下一层的分散采购。还有些新零售公司，三层采购分别是总部、事业部、社区。为了行文方便，我们在这里统一称作总部集中、事业部（或子公司）分散。

集中采购没有趋势可言

有些公司喜欢集中采购，有些公司甚至有指标，要求集中采购的比例每年要提高多少，好像越集中，就越是"大采购"。其实不然。我看到很多管理非常粗放的公司，采购的集中度相当高，但还是在做典型的"小采购"，比如一标一议、一标一操作；供应商有选择，没管理[○]。

我想特别强调的是，**集中采购不是趋势**。如图 18-5 所示，CAPS Research 在跨越 7 年的研究期间，发现有些公司的采购由集中变为分散，有的由分散变为集中；有的由混合变分散，有的由分散变混合；有的由集中变为混合，有的由混合变为集中。这正是"有人辞官归故里，有人星夜赶考场"。

这些公司普遍在集中、分散之间游离，除了"分久必合，合久必分"，主要与公司的战略重点、经济环境等有关。例如，在行业、公司不景气时，生存第一，**成本不够低**的时候，集中采购就抬头；在高速发展、新产品开发占主导，**速度不够快**时，分散采购就更流行。法无定

○ 后来知情者告诉我，这些企业其实是名义上的集中，比如订单由总部发出，或者上了电子交易系统就算集中采购。跟我们这里讲的整合需求、整合供应、提高规模效益来降本完全不是一回事。难怪这些企业的目标都是百分之九十几的"集中"采购度——"上有政策，下有对策"，你不得不佩服基层的"智慧"。

法，水无定形，采购和供应链战略必须匹配企业战略，切忌为了集中而集中。

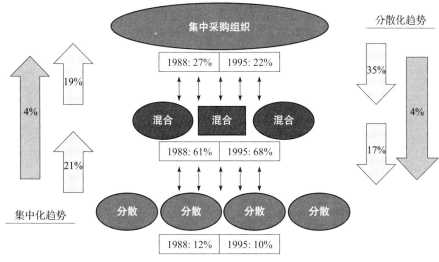

图 18-5　集中采购并不是趋势

资料来源：Major Structural Changes in Supply Management Organization，CAPS Research，2000.

集中采购涉及权力重组，一大阻力是职能与职能、总部与分部之间的**博弈**。一方面，集中方有正当的理由，那就是集中采购能够带来**规模优势**；另一方面，被集中者也有反对的理由，那就是集中后造成**灵活度**下降，响应速度减慢。总部层面更关注成本，子公司、事业部更在意速度：能做快的做不便宜，能做便宜的做不快。这是集中采购的根本挑战。

不管是集中采购还是分散采购，都会在解决问题的同时，又制造一些问题。这最终就回到业务层面，两害相权取其轻。企业面临的**主要挑战**是成本不够低，还是速度不够快？你不能给出两者都是的答案，人很少同时死于两种疾病，总有一种病是死亡的主因。这就是说，在成本和速度上，我们必须识别主要矛盾。

如图 18-6 所示，在产品生命周期进入成熟期，供方力量太大或者经济衰退等情况下，企业的成本压力大增，成本不够低成为企业的首要挑战，集中采购就成了自然选择，以增加规模效益，取得更好的成本优势。反之，当新产品开发、新市场开拓、业务进入细分市场的诉求更高，或者竞争对手采取快速反应策略，集中采购没法及时响应时，速度不够快就成了更大的问题，企业就更可能走上分散采购的道路。

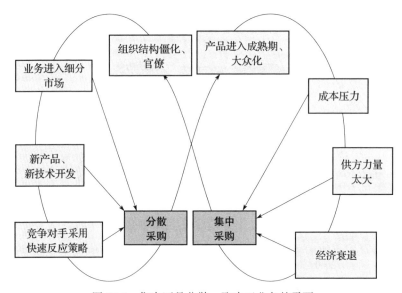

图 18-6　集中还是分散，取决于业务的需要

即便是同一企业，在不同时段也可能采取不同的采购策略。

比如 2008 年金融危机后，企业成本压力大增，中国大型央企、国企、民企纷纷走上集中采购之路，一个家电巨头也把事业部的采购权集中到总部。几年后，经济形势改变了，这个巨头的战略也跟着改变，从**效率导向**转变为**创新导向**，集中采购带来的响应速度慢的问题就更加突出了，于是走上分散采购之路，把供应商的选择与管理下放到事业部。

这个家电巨头甚至采取"阿米巴"经营模式，在公司建立了很多"小微企业"，它由几个工程师、销售、供应链等人员构成，此时采购的权限甚至下放到"小微企业"，可谓是为了速度，一路分散到底。当然，分久必合，分散采购会造成规模效益下降，等到成本压力大的时候，下一步就会开始集中采购，也是不足为奇的。

【案例】 集中采购不是万能药

案例企业原来是中国大型本土私营企业，日前与美国一家公司合资，全国有两个基地共八家工厂。为了规模效益，公司在集团层面成立了采购中心，准备集中采购。

该公司处于食品行业，每年的采购额为几亿元，大宗物料（如粮食）占采购额的 20%。按理说，粮食这样的采购项应该由集团统一采购，但实际上采购渠道有三种：一是和中央直属粮库签大合同；二是和当地私营个体户签小合同；三是由当地农户直接往工厂送。三级合同相结合，既有集中又有灵活，较好地兼顾了总部的价格要求和工厂的灵活性诉求，避免了集中采购如铁板一块，从极端分散向极端集中的**单向**移动。

但是，真正头痛的是一些零散物料，例如生产车间用的五金零配件。其中一种方式是整体外包，找一个有实力的五金供应链管理公司来实行集团采购。但是这类公司不愿意做此类五金配件：品种太多，批量太小，虽说杂七杂八每年也有几千万元的采购额，但规模效益还是不明显。如果找个当地的小五金商店，它又缺乏资金实力和供应链管理能力，加上路途比较远，管理起来会比较麻烦。所以该公司暂时保留基地分散采购的做法，等机会成熟后再探讨集团统一采购的可行性。

这个案例反映了每家公司或多或少都会遇到的难题。一是集中采购的度，即一类物料到底是全部归总部集中采购，还是适当授权，灵活处理。集中与灵活，总部与分部，需要一段时间的磨合和总结，不能期望一蹴而就。即使是模式定下来之后，随着采购额、供应商、公司战略的变化，也要及时调整集中与分散采购的比例。

再就是小批量的情况，比如上面谈到的五金零件和工厂的 MRO 业务。批量大的物料向来是集中采购的重点对象，集中度一般较高。随着相对容易集中的物料越来越少，小批量、多品种的物料就登上舞台。有些物料对采购方来说是小量，但对分销商来说未必，可以考虑集中总包给专业的分销商或者电商平台。采购价可能会高点，但节省了大量的采购资源。

例如有个分销商专营车队维修，在各地有分支机构，服务多家公司的车队，在备用零部件方面就有一定的规模优势，可能具备集中供货的优势。再如有些大型设备供应商在全国各地都有客户，对于一些用量很低、价格又很高的备件，客户可考虑由设备供应商备料，而这些料可以同时支持多个客户，具有规模效益。

但是，有些物料，如果对谁来说都是多种、少量，那就未必是集中采购的理想对象，切忌为集中而集中，一定要考虑规模效益。没有规模效益，供应商给我们的价格优惠八成是利润转移，而不是真正解决问题，最后也不会持久。

鸣谢：上述案例得到了河北梅花味精集团有限公司总经理助理兼集团采购部经理孟庆伦和 Tyco Electronics Power Systems（Shanghai）的 Commodity Manager David Shi 的鼎力支持，在此特表感谢。

【实践者说】

对于集中采购的问题，大宗、标准化的应该集中采购，而对于一些间接、非核心的则可以分散采购。两者结合才可以发挥最大的功用。

拿我现在的公司来说，一些树脂是整个集团内通用的，量非常大，货值也高。于是这些项目由公司出面，最高层负责战略方面的谈判，从而形成一个全球合作框架（顺便提一句，这样也有效避免了"客大欺店"的情况，因为供应商是全球排名前 3 的石油化工集团）。到了亚太地区层面，大家谈每个月的行情。最后到了我们工厂层面，大家只谈订单的具体事宜，例如从哪个港口发货。

就算是这样的项目，总部的态度也非常开放。一方面，框架协议对工厂层面来讲"仅供参考"，如果我们可以找到当地更好的替代品，则完全可以自己决定使用别的供应商。这样灵活度就非常高，也限制了供应商要大牌的情况。另一方面，对于一些非常琐碎的间接材料，我们更是有充分的自主权，尽可能由一些当地的小供应商或者经销商来解决，有时候有价格优势，有时候有服务优势，很方便。甚至我们在用到自己集团的一种产品的时候，仍然会通过中间商来采购，因为这样会得到更低的价格和更好的服务，对此总部也是认可的。

综上所述，正是这种统分结合的采购模式使我们既有了规模优势，又有了一定的灵活性，算是比较折中的方式了。——安俊龙，C.P.M.，北京科技大学 MBA，专修供应链管理，并在北京从事供应链管理工作

供应商有选择、没管理，采购在集中与分散之间徘徊

在集中还是分散采购上，博弈的焦点一般都是在供应商的选择权上。但真正的挑战是对供应商**有选择、没管理**，绩效管理跟不上，导致不管是哪种方式，都不会长久。

如图 18-7 所示，假定起初是集中采购。有选择，没管理，供应商的整体绩效自然欠佳，分公司、事业部三天两头到老总那里告状，老总的耳朵实在受不了了，就说，你们不喜欢总部选的供应商，那好，你们自己来选。于是就开始分散采购，供应商的选择权"下沉"到分公司、事业部。

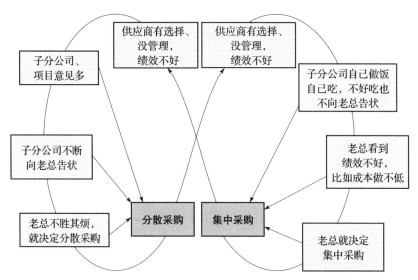

图 18-7 供应商有选择、没管理，采购在集中与分散之间徘徊

虽然分散采购了，不过供应商有选择、没管理的问题还是没解决——在分公司、事业部层面，专业分工更加粗放，采购的能力一般更加薄弱。无非现在分公司、事业部有了选择权，自己做饭自己吃，不好吃也不到老总那里告状罢了。

时间一长，老总看出问题了：成本还是做不低，速度还是做不快，看来你们选的供应商也不怎样啊。特别是分散采购后，整体议价能力下降，毛利的下降可是分散采购的七寸。于是，就开始集中采购，开始下一轮的循环。

在通常的集中采购中，供应商的选择权归总部。总部采购做的多是一枪头买卖，那就是招投标。至于供应商的后续管理，当然就"默认"给分公司、事业部了。这时候，总部是单一指标驱动的，一门心思冲着省钱而去，选择最便宜的供应商，牺牲的是分公司、事业部的交付、质量和服务。

各个分公司、事业部深陷订单、项目层面的事务中，没精力在供应商层面有所作为。况且，供应商层面的绩效改进大都要求供应商投入实质性资源，离开了选择权（给供应商生意的权力），分公司、事业部很难驱动供应商投入实质性资源，解决供应商层面的问题。它们也没动力解决供应商层面的问题——"三个和尚没水喝"，任何一个分公司、事业部都不愿意为其他人服务，解决供应商层面的问题。

比如有家行业龙头企业，在全国各大省区都有分公司。总部选择了供应商，希望省区帮助管理。那问题就来了：那么多的省区，究竟谁来帮？我是山东省区，凭啥要我管好供应商，更好地服务浙江呢？管好了没功劳，管砸了都是问题，吃力不讨好的事谁愿做谁去做。大家都是独立核算，别的省区给我拨预算，让我雇更多的人来服务他们？

即便要管的话，也有个局部与全局不匹配的问题。就拿产能不足来说，山东省区去管，江苏省区也去管，它们都知道自己知道的，那就是自己省区的需求；但不知道自己不知道的，那就是别的省区的需求，而供应商是全国一盘棋，集中在一个大工厂生产，这产能怎么个管法？

另外，各个省区看上去是兄弟，其实互为竞争对手。现在产能不足，给了广东就没有上海的，每个省区都说自己的需求最紧急，供应商怎么办？

项目制的行业也存在类似的问题。

比如很多建筑企业这些年来一直在推动集中采购，供应商一般是在公司层面**集中**选择，供应商绩效则由各个项目**分散**管理。但项目一旦出现交付、质量问题，一般是随便打个补丁，就急着赶进度；对于供应商层面的问题，比如流程、系统问题，则既没有资源，也没有能力来对付。结果，承包商、供应商在这个项目上的问题，几个月后在另一个项目上同样出现，应了那句行业老话，"只有教训，没有经验"，一直在挣扎于那些老问题。

那么，谁处于最佳的位置，整合各个子公司、项目的需求，驱动供应商建产能，建库存？谁能通观全局，平衡各省区的需求，帮助供应商制定优先级？集中采购部。**供应商的选择权与整体管理责任不能分离**，一方面是确保集中采购能平衡不同绩效，另一方面也是因为集中采购处于最佳的位置来管理整体的绩效。

总结起来就是一句话，那就是对供应商有选择，有管理；谁选择，谁管理（见图 18-8）。当然，这并不意味着所有订单层面的事都得总部来管，子公司、事业部还是得对付日常运作中的问题，它们解决不了才升级到集中采购，但相应的交付、

图 18-8　供应商的选择权和管理责任不能分离

质量指标要汇总起来，成为集中采购的 KPI；一旦不达标，集中采购得站在老总面前解释。

但问题是，很多企业集中采购的人手不足，根本做不了持续的绩效管理。

就如一位实践者所说的，"原来 26 个分公司的采购需求，现在集中到新成立的集团采购分公司，而集团采购只有 3 个人。明显感觉人手不

够，应该怎么办？据说针对我们的采购规模，一般配备20人左右的团队才能处理过来"。

集中采购的资源不足，你要么争取足够的资源，来做到有选择、有管理；要么只能做现有3个人能做的，那就是只负责招投标，选供应商，而后续供应商管理让分公司和内部客户自求多福，其实这样做隐形成本更高。

集中采购资源配置不足是个普遍问题。尤其在中国一些大型央企、国企，还有管理粗放的民企，只有二三十人的集中采购团队需要处理动辄几十亿元甚至几百亿元的集中采购额。我能理解，这些企业走的是"小政府、大民间"的路，以减少总部的官僚机制。但是，那么多的钱，那么几个人，能花好吗？

一种解决方案就是把子分公司的一部分骨干划归集中采购。子分公司的这些人，不管怎么样，都在对付供应商的绩效问题，其主要是订单、项目层面的问题。如果划归集中采购，可以从更高层面应对供应商问题，成效更好，人力资源的投资回报也更高。

混合采购在多个方面绩效最差

集中采购的优点是：①需求整合以后，规模效益增加，有了更强的议价能力，利于降低成本；②离主要的决策者更近，容易战略聚焦；③在整个公司实施统一的流程、系统和策略，便于保持一致性。其缺点是：远离用户，对用户要求往往不能完全了解，特别是独特的需求；如果需求变动了，集中采购的响应速度比较慢。

比如在一家大型企业，从整合需求预测到招投标，再到发标，动辄3～6个月时间就过去了。而这期间，因为还没签集中采购合同，内部客户只能向供应商借料，手续繁杂；因为同样的原因，供应商拿不到货款，也是怨声载道。

分散采购正好相反，优点是贴近需求，能更好地与用户部门沟通，对需求的响应速度快，能更好地满足本地需求；缺点是规模优势丧失，议价能力下降，标准化程度也更低，优质供应商难以在更多分部被采用，最佳实践难以推行。同时，因为远离决策层，分散采购容易淹没在日常运营中，成为"小采购"。

总结起来就是**集中采购能做便宜，但做不快；分散采购能做快，但做不便宜**。那能不能在两者之间取平衡点，走"中庸之道"，也就是混合采购（见图18-9）？

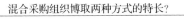

混合采购组织博取两种方式的特长？

混合型结构理论上结合了集中式与分散式管理的优点
但却因导入自己的复杂性而大打折扣

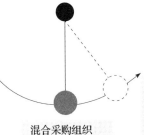

分散采购组织

优点
• 与具体业务部门的沟通、协调更好
• 对业务部门的需求反应速度更快
• 对本地供应商的了解增加
• 采购政策更准确地支持当地需求

缺点
• 侧重运营操作
• 议价能力下降，标准化程度下降
• 上级汇报级别低，采购不易开展工作
• 供应成本更高

混合采购组织
• 角色定义不清
• 决策权划分不清
• 协调难度增加

集中采购组织

优点
• 整个公司范围内的流程、政策执行
• 容易战略聚焦
• 离主要的决策者近
• 增加议价能力/降低采购成本

缺点
• 组织壁垒分割——远离用户
• 对独特需求没法及时/准确认知
• 采购成本可见度高——总部采购人员多，"树大招风"
• 知识、信息共享较少

图 18-9 三种采购形式的特点

资料来源：Corporate Executive Board.

比如，由总部制定政策、流程和系统，取得标准化优势；由分公司、事业部来按照统一的方法论，选择和管理供应商，贴近用户部门，更好地满足需求，取得差异化优势。有些公司美其名曰"总部领导"。

总部整合需求、选择供应商，分部管理供应商，也是混合结构的常见形式。

混合采购看上去很理想，但是现实很骨感，带来很多问题，比如角色定义不清，决策权划分不清，协调难度增加等。这也体现在采购的整体绩效上。如图 18-10 所示的研究表明，在四个采购指标上，混合采购整体表现最差。

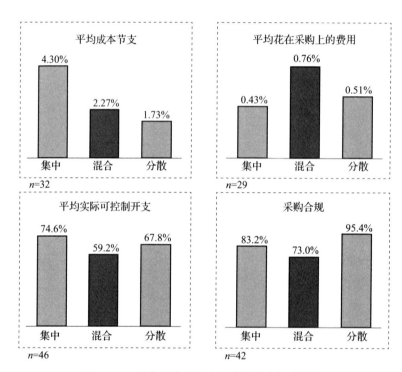

图 18-10　混合采购组织在多个指标上评比最差

注：n 为样本数量。

资料来源：Corporate Executive Board.

第一个指标是"平均成本节支"，主要指年度降本。因为规模效益，集中采购的节支比例最高，而分散采购最低，混合采购居于中间，中规中矩。

第二个指标是"平均花在采购上的费用"，主要指采购部门的成本，包括员工的报酬、福利、办公设施、信息系统的维护等。集中采购的费用最低，没什么稀奇。按道理，分散采购的费用应该最高，但统计结果是混合采购反倒更高。这估计跟混合模式带来的效率低下有关，采购本身的成本上升。

第三个指标是"平均实际可控制开支"，统计的是在所有开支中，可由采购直接控制的比例。不出意外，集中采购下，采购的控制能力最强，但混合采购控制能力最弱，有点出人意料。也就是说，混合采购下，总部和分部的采购职能作为一个整体，对开支的控制力度反倒最弱。这大概是因为混合结构下，总部和分部职责划分不清，有很多"三不管"地带，结果内部用户自己把钱给花了。

最后一个指标是"采购合规"，并不是在中国常说的合法合规，而是合同的履行合规。比如合同中说要跟这供应商做 100 万元的生意，最后具体做了多少。集中采购下，一大问题是总部选了供应商，但对基层的需求往往没有考虑周全，基层就以各种理由自己找供应商，所以这一指标比分散采购的低——分散采购下，选择权和管理责任都归分部，分部对自己选择的供应商履约率当然也最高。混合采购按道理应该居中，但实际上最差，合规率连集中采购都不如，再一次说明混合采购的不理想。

需要说明的是，上述研究有两点不足：一是样本较少，只有三四十个企业；二是企业规模较大，主要是《财富》美国 500 强规模的企业（我没有看到具体的规模统计，但该研究机构的客户规模一般都较大，因为那些规模较大的企业才承担得起调研费用，成为会员并参与这样的标杆研究）。但是，整个研究反映出的混合采购的问题，还是比较符合常识的。

这从战略学上也能找到答案：企业要么追求**差异化**战略，要么追求**低成本**战略，这是两个极端，不能"骑墙"走中间路线——要知道，战略就是取舍，决定做什么，不做什么。当然，这并不是说差异化就不考虑任何成本，低成本就没有任何差异化。但要想既做得最好，又做得最便宜，两个战略都实现的话，就会"夹在中间"（stuck in the middle），左右不是，这是战略之大忌。

我们再通过一个案例，看看混合结构在实践中的问题。

【案例】 集中转混合，职能下沉后事难办

案例企业是个千亿级的制造企业，为了提高响应速度，采购由集中变分散。总部负责建立系统、制定流程和规章制度，事业部负责执行和结果。它有个专门的名词叫"职能下沉"，实际上是典型的混合结构。

从理论上看，职能下沉有其道理：供应商的选择、管理等具体事儿由分公司、事业部的采购做，因为他们贴近需求，可以快速响应；但活儿究竟怎么做，采用什么样的系统和流程，则由总部定，因为总部采购的专业度最高，而且"站得高看得远"，熟悉各事业部的最佳实践，处于最好的位置来推广最佳实践（见图18-11）。

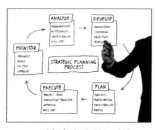 

总部负责流程和系统　　　　事业部负责执行和结果

图18-11　职能下沉，过程和结果两层皮

在这种**混合结构**下，总部负责**过程**（活儿该怎么干），事业部负责**结果**。看上去是总部、事业部各尽其能，很完美，但又产生了一系列的问题。最明显的就是系统、流程变得越来越复杂，规章制度越来越苛刻，基层受到的约束越来越多，事情越来越难做，效率越来越低，事业部的执行者叫苦不迭，怨声载道。这都是混合采购带来的结构性问题，很难在混合结构下解决。

想想看，如果你在总部，负责制定流程、系统和规章制度，你最不想听到什么？那就是基层做砸了，给出的借口是按照你的流程、系统和规章制度做的。所以你会尽可能地"完善"流程、系统和规章制度，把所有可能出现问题的漏洞都给补上，所有能够想象到的问题都给规定了。结果，是够"完善"了，但流程、系统也太复杂了，下面也干不了

活了——在大企业里，"完善"经常是"没法做事"的代名词。

比如在案例企业，总部开发了非常复杂的电子商务系统，让事业部填写各种各样的数据，以便增加业务的透明度，做好流程控制；事业部疲于应付，大量的时间花在走流程和应付系统上，一个简单的合同，就区区几万元，也得三四个星期才能走下来。有些政策严酷到不可理喻。比如总部制定了主动淘汰供应商指标，要求事业部每年淘汰一定比例的供应商。主动淘汰费时费力，投资回报低，事业部的采购们怨声载道。

那为什么集中采购的时候，就没有这些问题？很简单，集中采购的时候，过程和结果都由总部负责，采购老总不会傻到那一步，把流程、制度定得那么死，让自己的员工没法干活。这就是混合采购的问题：**过程、结果两层皮，负责过程的总部变成了单一指标驱动，结果就是过程异常复杂化**。

为了规避风险，总部的流程、系统越来越"完善"，越来越复杂，基层就想方设法绕过去（不然的话事儿办不成，内部用户会"要了他们的命"）；总部发现了，就制定更严厉也是更"完善"的规定；规定更严厉，分部、基层就更加逃避。时间长了，总部的规定和基层的实践就彻底成为两层皮，大家都说按规定在办，其实都有自己的一套。

上有政策，下有对策，大家都心知肚明，只是不戳破罢了。基层自然知道自己"有罪"，所以对总部也不敢惹得太厉害，否则总部随便找出一件事来，就可以找基层的麻烦。总部当然知道基层的那套把戏，但不能戳穿，否则岂不是在否定自己以前的工作吗（"这么严重的问题，都这么久了，为什么现在才发现"）。于是，自上而下，大家都活在"皇帝的新衣"里。

这也是为什么你到那些企业去，会看到它们的规章、制度、流程都非常完善。而且一些国有企业跟那些管理水平较高的全球性企业相比，看不出多少差距，实际业务结果却大相径庭。

比如有家巨型企业在集中采购方面有成套的方法论，你看不到任何明显的短板：这套做法估计也参考了很多全球名企的做法，由知名咨询公司帮助制定，甚至写成了书当作标杆来推广。我对这套方法论充满敬意，因为这是众多最佳实践的结晶。但是，这家企业的具体实践应当跟这套"最佳实践"差距甚远，否则，他们就不是现在的他们了。

那么，混合结构的问题究竟应该怎么解决？**要么集中，要么分散，尽量避免夹在中间**。也就是说，尽可能地避免混合结构。

这意味着如果是集中采购，那么总部来选择供应商，总部就得配备资源以管理供应商的整体绩效，实现真正意义上的集中选择、集中管理。当然，这并不是说所有的事情都得集中采购来做。比如订单交易还是要由分部、工厂、项目来承担，但整体的质量、交付等绩效要汇总到集中采购，一旦达不到整体目标，就得由集中采购来应对。

对于分散采购的对象，除非是信息系统、主干流程和大是大非的规章制度，否则要给子分公司更大的自由度，由子分公司自己决定怎么做，让它们既对过程也对结果负责，更接近真正意义上的分散采购。

实际操作中，混合结构没法避免，特别在企业大了的情况下。那就尽可能地定义好总部和子分公司、工厂、项目的责任，即制定清晰的**分工责任表**。当然，具体任务由哪一层负责要视情况而定，没有放之四海皆准的标准。但是，**重要的是要有这么一张表，每一件事都有唯一的责任人**，并且定期回顾、更新。

没有这样的一张表，并不意味着这张表不存在；相反，这说明这张表有多个版本，因为每个人的头脑里都有这么一张表，而且注定有不同之处，混合采购下的职责不清、效率低下就是这么来的。结果，沟通成本高昂，大量的时间不是花在干活儿上，而是花在确定干活儿的人上。

集中采购离不开需求整合

到现在为止，我们从组织角度阐述了集中采购。但是，光有采购权

的集中还不够,我们还得整合需求,以产生规模效益来提高集中采购的成功率,如图 18-12 所示

图 18-12 集中采购离不开需求整合

需要强调的是,**整合需求可能显著改变企业的做事方式,比如要集中计划、集中存储以及相应责权利的重新分配**。下面,让我们通过一个具体案例来说明。

【案例】 聚氯乙烯 PVC 的集中采购

案例企业处于养殖行业,年营收达千亿元,采用三个层次的采购机制:总部、区域和养殖场。区域采购大致设在省一级,支持养殖场的用户;养殖场遍布全国,数量过千。

对于大宗材料,案例企业采取的是集中采购:总部定点选供应商,养殖场提需求,区域采购下订单,货到后储存在相应的养殖场。也就是说,这种模式是集中选择,分散采购,分散储存。

新冠疫情期间,总部采购准确地预计到,聚氯乙烯 PVC 价格要大涨(见图 18-13),提前要求各区域快速集中申购,以便跟供应商锁定价格。多次提醒后,各区域采购部也有行动,但各养殖场的使用部门不重视。

很多养殖场不申购,是因为暂时需求不明、现场无法存放等。有些养殖场即使申购了,也不下单采购;即使下单了,也不让供应商发货。有些区域要求供应商多备货,大部分供应商以无订单、资金压力为由,坚持按行情定价。最终采购合同仍然是按行情价签的。

总部采购得出的结论:养殖场按需申购成为集中采购的最大障碍。

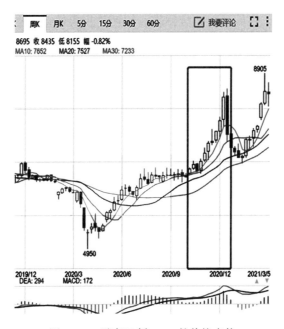

图 18-13　聚氯乙烯 PVC 的价格走势

资料来源：某养殖企业。

这看上去是个采购问题，其实是个**计划**问题：上千个养殖场提需求（做预测），预测颗粒度太小，需求聚合效应越不明显，预测准确度就越低；预测做得越早，特别是申报几个月后的需求的话，预测准确度越低；预测准确度太低，库存风险太高，养殖场就宁可牺牲价格也不愿提前建库存。

总部的集中采购则是典型的"空手套白狼"做法，把风险向两头转移：要么让内部用户提前申报需求，承担库存的风险；要么跟供应商谈定"一揽子"价，让供应商承担市场价格波动的风险。风险太高，两者都不愿承担，博弈的结果是让集中采购成了空话。

那解决方案就是**在更大颗粒度上集中计划、集中采购、集中存储，然后内部用户随用随取**。比如在总部层面预测所有区域的需求，要比每个区域预测自己的需求更准确；在区域层面预测多个养殖场的需求，要比每个养殖场预测自己的需求更准确。这是利用需求的聚合效应，提高整体预测的准确度，降低库存风险。

但这在组织、流程和信息系统上都面临挑战。

在组织角度，这意味着**责权利的重新分配**：谁做预测，谁在持有库存，谁就在承担相应的风险。做好了没有功劳，做砸了都是问题。显然，总部的采购不愿承担这样的风险，因为各个区域是独立核算的；区域的采购也不愿承担这样的风险，因为各养殖场是独立核算的。尚且不论总部、区域有没有足够的人力资源来做计划，有没有资源来集中存储。

从流程的角度来看，总部、区域远离一线，它们做计划，主要会基于需求历史。如果养殖场有了显著的需求变化，或者可能发生显著改变需求的事，总部、区域往往难以有效获知，这就增加了计划大错特错的风险。要知道，现有的一线养殖场提需求，根本上是对计划和业务的协调流程不畅的替代品，难以做到精益求精，但更可能避免大错特错。

再说信息系统。在案例企业，一个区域在 ERP 系统里看不到另一个区域的库存，除了人为制造的信息不对称，各区域是否在用共同的系统？用的话是否启动了同样的功能？这些都值得怀疑。一品多码、一码多品、主数据不准确、账实不相符等问题，在管理相对粗放的企业，就更不用问了。信息化水平低，数据拉不通，就很难支持在更高层面由总部或区域做计划。

这些组织、流程和信息系统的挑战，在一家千亿元营收规模的企业，哪一个都不容易应对。集中采购没有集中计划、集中存储来支持，大家就只能延续老方法，自然就得到老结果。

供应商整合：要解决问题，不能光制定政策

采购权集中了，集中采购就有了组织保障；需求整合了，集中采购就有了规模效益的基础。这里要讲的是供应整合，以最大化集中采购的

效果，如图 18-14 所示。

图 18-14　整合供应商，最大化集中采购的效果

20 世纪 90 年代以来，供应商整合是北美供应链管理的热点之一。比如 1990 ～ 2000 年，哈雷摩托的供应商数量减半。1995 ～ 2000 年，美洲航空公司把 17 000 多家供应商整合到 2000 多家。朗讯在 2003 年前有 3000 多家供应商，其中最大的 1000 个只占总采购额的 40%；经过整合，关键供应商压缩为 60 个，采购额占朗讯总采购额的 80%。

汽车制造、半导体、家电、日用消费品、国防等行业都经历了类似的整合。供应商越来越少，采购额越来越集中，从而取得了更好的规模效益和议价优势。据不完全统计，供应商整合可一次性降价 6% ～ 12%，外加 2% ～ 4% 的多年年度降价。对供应商来说，整合能够带来更多生意和长期合作关系，所以说是双赢。

供应整合的思路就是供应商管理的五步流程，我在前文已经详细讲过。但是，很多供应商整合的举措都失败了。根本原因是供应商整合冲着采购的问题而去，而不是用户部门的问题。作为采购部门，整合供应商必须从内部客户的诉求开始，谋求内部客户、供应商和采购的三赢，其结果才可能持久。

让我们用两个具体的案例来说明。

【案例】　机械加工件采购的困境

我从商学院刚毕业，就加入了硅谷的一个高科技公司管理供应商。工作开始不久，就遇到采购机械加工件的同事做报告，主题是供应商整合。这老兄的处境也够惨：区区几千万美元的采购额，却有四五十个供应商。分摊下来，对哪一个供应商也没有绝对支配权，到哪儿去要年复一年的降本？

我这同事曾经是本地的健美亚军，体格如 NBA 的球员，健谈如国会山的议员。他做了详尽的分析，制定了合格供应商清单，把业务聚焦到有限的供应商处。一番慷慨陈词后，听者动容，但两年之后，问题如旧。症结何在？设计人员的需求没有被满足。

原来，他的合格供应商清单是围绕量产要求制定的，这些供应商规模大，"船大难调头"，交货速度没有小公司快。供应商的按时交货率偏重于量产，例如 95% 就算优秀，但迟到的 5% 大都是设计部门的新产品，那么对设计来说按时交货率有多差，可想而知。

设计人员告到我同事那里，同事"护犊子"（采购一般都向着供应商，因为供应商的绩效就是采购的绩效），总能找到设计的问题，比如图纸出来迟，规格不清楚，设计变更无序——新产品开发难免试错，要找工程师们的错那还不容易！这老兄还特别好胜，你跟他争辩，他如果不赢的话，就会一直跟你争下去。工程师们嘴巴笨，"讲理"当然讲不过我这同事，就"拿脚投票"，以各种借口采用非合格供应商。

合格清单外的供应商为拉生意，就刻意满足设计人员的要求——谁不愿为几十亿美元的大企业做事呢。这不，新产品就这样开发出来了，隔墙扔过来，转入量产，上了我这同事的雷达——这老兄平日聚焦量产阶段，因为降本、交付、质量等指标都是围绕量产设置的。怎么多了个新供应商？不用问就知道是设计人员导入的。我这同事就开始转厂，把图纸、规格发给合格清单上的供应商，让它们报价。

这导致一系列问题。

第一，给合格供应商错误的信号，即"你用不着支持新产品开发，等量产时把铅笔削得尖尖的，报个好价，这生意就是你的了"。想想看，新产品开发又累又苦，量小不赚钱；量产时还要二次发标，这生意到谁家还不知道，难怪合格供应商不愿意支持。

第二，非合格供应商费时费力，支持了新产品开发，就是寄希望量产后连本带利赚回来。现在好不容易量产了，煮熟的鸭子却飞了，那下次设计人员打电话过来，这供应商还会接吗？而设计人员也就只得再找"愿者上钩"的供应商，开始下一轮的游戏。

第三，量产后，并不是所有的零件都能转厂。没被转厂的那些零件往往量小货杂，生产难度大，于是就成了非合格供应商的"鸡肋"，食之无味，弃之可惜，为日后的质量、交货问题埋下伏笔。而供应商的数量，也就在这一轮又一轮的"游戏"中膨胀。

我这同事焦头烂额，不是生产线断料，就是供应商质量有问题，三天两头在救火和骂人中度过。先是骂供应商，自然是那些非合格供应商：说好上周五就送来的货，都迟到一周了，还不见踪影；好不容易送来了，还是次品，你们会不会做生意？然后是骂设计：合格供应商的产能利用率只有70%，你们还到处找非合格供应商，居心何在？唯独不骂自己，因为在他看来，所有的真理都掌握在他手里。

【案例】 钣金加工件带来的新思路

当时我管理钣金，一开始也存在上面案例的问题，因为以前钣金和机械加工件是一起的。鉴于机械加工件的问题，我采取了一系列不同的做法：（1）设立**新产品**按时交货率，要求供应商不得低于90%，以满足新产品开发和设计人员的需要；（2）明确规定，任何零件，多家询价，阶梯报价（比如每次采购1件、3件、5件、20件、100件，单价分别是多少），重要的是**一次发标**，这就意味着如果不支持新产品开发，过了这村，就没这店，供应商就得不到任何新生意。

这下合格供应商慌了，因为不再是以前的"不管别的供应商怎么争，到了量产还归我们"，于是纷纷划出专门生产设备、安排专人来支持新产品开发。这对它们也没多少额外成本：经济低迷时，它们的产能利用率连50%都不到，划出来一些设备，指派专人支持新产品开发也没多少额外成本。这个人的全职工作就是等着电话铃响——我们的工程师一有需求，二十分钟后，这老兄已经到了工程师的办公室，各种要求当面讲清，图纸、规格交割完毕；半个小时后，机床已经启动了；没多久，样品已经打好，亲自送给工程师了。

刚开始，新产品的按时交货率都很低，那就让供应商做根源分析，采取改进措施。**你统计什么，你就得到什么；你想得到什么，那你就统计什么。**几个月下来，新产品的按时交付稳步提高到90%以上，有些供应商甚至达到100%，内部用户的满意度大增，给采购的压力就小多了。

设计人员得到他们想要的，自然就用不着冒着贪腐嫌疑、质量风险去找非合格供应商了；合格供应商通过一次招标就获得生意，不用担心自己辛辛苦苦开发好的产品，却在二次招标中流入竞争对手，这增加了业务的确定性；采购人员通过多家询价确保价格合理，并且确保新生意流入合格供应商，采购额越来越集中，对供应商的管控也越来越集中。

供应商整合的终极目标是三赢：内部客户要得到他们想要的，供应商要有更多的生意，采购要获取规模优势和更低的价格。内部客户不满意，就会想方设法导入新的供应商；供应商不满意，供应绩效不保，客观上决定了需要更多新供应商；采购拿不到想要的，自然就缺乏动力做好后续的供应商管理。

如果为了最大化采购的降本目标，牺牲了内部客户的正当利益，集中采购也就变成了无本之木。都说两点之间直线最短，但有时是曲线最短：如果采购部门直奔成本而去，往往什么也得不到；但如果冲着解决设计、生产、销售等内部客户的问题而去，"曲线救国"往往会取得意想不到的节支效果。

所以，供应商整合不能光靠制定政策，还要靠解决问题，实现三赢。不解决问题，供应商整合注定会问题多多，供应商整合的效果也不会持久。

【实践者问】

分散采购的结果是管理难度上升，而且涉及下级供应商，做不精，管理成本高。整合的好处是可成为大客户，但被"反绑架"，比如供应商涨价，造成很多压力。怎么办？

【刘宝红答】

企业越大，其实受到的约束会越多，比如能够满足业务量要求的供应商会越来越少。越是进入高端领域，可供选择的供应商越少。比如就半导体行业来说，可以说每个芯片厂都被 ASML、应用材料和泛林集团等"反绑架"，因为绝大多数的设备就这几家供应商在制造。作为应对方案，采购方得在组织、流程和系统方面提高管理能力，以便更好地跟这些大供应商打交道。

另外，力的作用是相反的：如果供应商"反绑架"了你，你一定也"绑架"了供应商——一个行业做到最后，大供应商就那么几家，大客户也是，你换掉供应商困难，供应商要开发个新客户也不容易。所以双方还是有合作的基础，双赢是最符合双方利益诉求的。只要管理得当，双赢是可能的。

正如我们在前文战略供应商管理那部分讲的，形成合力，给供应商压力；签订框架协议，理顺双方期望；协作解决问题，而不是转移问题，都是应对此类供应商的有效举措。

【案例】 整合后的供应商不降价

最近两年，案例企业正在推行资源整合。一轮整合下来，全公司的供应商由 3000 多个精简到了 800 多个。就某个品类来说，以前有 190 多个供应商，大大小小、海内海外都有；现在就 30 多个，采购额更集中，日常管理上也更容易聚焦了。

但与此同时，供应商也变得比较牛气一些。本来有些供应商已经挺大，加上现在这个政策，它们知道将来的生意选择无非就是它们几家，于是在价格谈判上就比较强势。

有读者说，这也应了常说的"一利一弊"。我们在整合资源并获取各种优势的时候，也在扼杀我们的选择余地。整合到一定程度，整合也是一把双刃剑。这位读者总结出几点：

（1）达尔文式的采购还是必要的。没有选择权，就只有听话的份。

（2）注意运用整合手段的火候，对供应商可以扶持，但是要考虑可能产生的风险；扶持大了，就到了要打压的时候了，不要把一家供应商养成大鲨鱼。

（3）模块化采购，看供应商的产品是不是模块化组合，分解制程，减少对"能人"的依赖度。

（4）替代方案：电子产品基本上是用来实现功能的，这就需要在设计阶段准备尽可能多的备选方案。

（5）考虑供应商切换成本，关注签订合同前的审核，避免签订合同后对企业形成制约。注意：没有成本的承诺是不可信的，在审核合同的时候，必要的条条框框要有，而且要真正做出带有代价的承诺。

（6）实在谈不动的时候，注意也别激怒供应商——万一他们不干了呢。明修栈道，暗度陈仓，让供应商自己感觉不对劲的时候主动找你。

（7）确实没有其他选择，就按照战略供应商来对待。

所以我们采购不仅通过购买组合的关系来制定静态的采购策略，还应将供需关系处理成动态的管理过程，持续监控供需双方的商业行为和力量发展，及时调整战略（汤继贵，某咨询公司咨询顾问）。

一位研发总监说，他会先了解供应商的诉求，比如有没有年度营收的目标，看公司能否给他们更多生意，以换取降本。他也会从设计角度出发，看产品设计是否有优化的余地。这些观点很有见地，体现在两个方面：①共同解决问题的思路；②降本上台阶的思路。在谈判降价上一条路走到黑，供应商关系注定不会好，长期合作就是句空话。

当然，不管怎么博弈，最后还是要走到合作的路上，特别是供应商整合后，合作对象相对更少的时候。**我们不能完全依靠选择余地来解决问题，因为没有绝对的自由，我们最后总是要陷入选择有限的境地。**就拿一位读者的话说，铸件很普通，铸造厂也多如牛毛，但是当你精挑细选，然后投模具试样熟悉操作流程，千锤百炼走上合作了，你也基本上被拴定了。转移是需要成本的，而且意味着前期的投入打了水漂。怎么办？就是不弃不离，沟通谈判、战斗妥协，经过无数次较量，最终寻求一个双方都能接受的平衡点。

最后我想强调两点：

其一，**伴随供应商整合的，应该是供应商的实质性承诺**。我们减少了供应商数量，增加了采购额，供应商也要做出长期承诺，例如未来几年的年度降价，按时交付的改进，质量合格率的提高，新产品开发的技术与人员投入等。这些都得在整合前以协议的形式约定，是供应商上合格清单的先决条件。

其二，**供应商整合后，采购方的管理思路也要跟着改变**。供应商太多，没法深入管理，企业就主要依赖市场竞争管理；供应商整合了，但我们还是沿用老的管理思维，比如谈判降价，降不了就换，自然是行不通的。整合后，对很多供应商要采取前文讲的管理战略供应商的方法，比如通过协作解决问题，而不是简单地进行转移。

集中采购的变革管理

集中采购事关多个职能，会显著改变企业的做事方式，是种实质性变革。作为变革推动者，采购需要展示领导力，面临的更多是领导力挑战。

首先要设身处地、客观地看待既有问题，理解利益相关方的挑战和诉求。

比如站在现在的立场，采购人员或许不理解，功能非常接近的部件为何会有多种设计；但当年做出多样化设计，八成是有原因的，例如新产品有质量问题，设计人员想通过微小的设计变更来改善性能，后来却发现功效甚微，反倒增加了产品的复杂度。如果采购人员认为自己比设计人员高明，设计人员不知道他们在做什么，那么与设计部门的合作注定不会一帆风顺。离开了设计人员的支持，集中采购八成也走不了多远。

再如作为采购人员，一定知道集中采购的好处。那么为什么功能相近、工艺相近的两个部件，却由两个不同的供应商在做？原因可能很多，或许是当时一个供应商产能紧张；或许是两个供应商当时都很小，很难看得出一个会比另一个更有发展前途；或许地域上要求及时送货，两个供应商处于不同地方，正好支持分设两地的工厂。

站在事后的立场上，以批判的态度去看待以前的决策，往往是片面的，而且有失公允。这不利于团队建设：当时的当事人和决策者，很可能就是现在集中采购的内部客户与合作伙伴。学会朝前看，往往能更好地团结大众，解决问题。相反，对以前的做法吹毛求疵、全盘否定，则往往激起其他人的逆反心理，最终导致集中采购一事无成。

理解现状，认可现行做法中的合理成分，团结大众，是在展示领导者的**同理心**。优秀的变革者还要展示**愿景**，清楚地沟通为什么要变革，以及变革的目标是什么。这也是领导力的重要体现，让我们用一个案例来说明。

【案例】　迪尔的 424 种手套

约翰迪尔（简称"迪尔"）是家全球 500 强企业，大型农用机械领域的主要制造商，2022 年的销售额达 526 亿美元。该公司总部位于美国伊利诺伊州，传统上是分散采购，工厂的自主权相当大，有自己的采购职能，很多采购决策都由工厂自己做。分散采购的结果是，同样的产品，不同工厂可能采购不同的品牌，用不同的供应商，这就造成了采购额分散，库存种类繁多，规模优势丧失。

戴维·尼尔森入主迪尔采购部后，决心改变分散采购的局面，推进集中采购。首先，他得证明分散采购是个问题——毕竟，你没法解决一个不存在的问题。于是他就雇了个实习生，走遍俄亥俄州一带的 14 个工厂，把每个工厂的每种手套都收集一副，结果收集到 424 种手套。

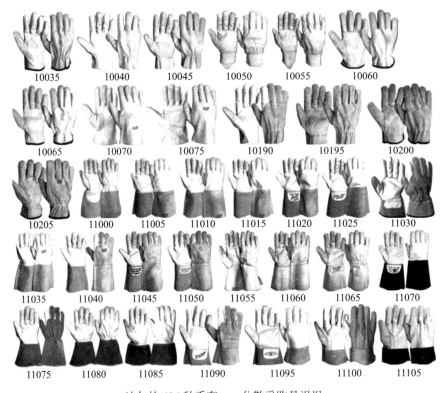

迪尔的 424 种手套——分散采购是祸根

手套是劳保用品，只要能保护手，不影响工作效率即可，用得着那么多品种，让那么多供应商供货吗？让人吃惊的是，即便是同种手套、由同一个供应商供应，不同工厂拿到的价格也不尽相同。采购部把 424 种手套做成展板，等厂长们来总部开会时参观。厂长们一点也不傻，一看就明白了：分散采购惹的祸。

证明了问题，解决方案其实很简单：一个跨越工厂的采购计划应运而生，经过集中采购，424 种手套被标准化为 24 种，6 个供应商被精简为 1 个，手套价格减半。

几百亿美元的大公司，小小手套即使是免费的，恐怕也省不了多少钱。拿手套做文章，其象征意义远大于实际意义。它从一个人人都熟悉的产品出发，说明一个基本道理：集中采购能省钱。但是，它又不让当事人产生抵触心理——小小手套，以前是浪费了点钱，就当交了学费，大家一笑了之；如果选了个贵得多的产品，说浪费了几百甚至几千万美元，捅到 CEO、董事会那里去，那些厂长的脸上还挂得住吗？惹了这些"封疆大吏"，以后的集中采购还能推动吗？

采购的集中化是个大变革，与其说是管理行为，不如说是领导力行为，很大程度上取决于能否清楚地沟通变革的必要性。迪尔的手套案例之所以能够成功，在于它找到这么一个人人都熟悉的对象，采用直观真实的方式，让决策层能切实地认识到问题所在，从而采取行动。

领袖的作用，就在于寻找这样耳熟能详的例子，让人们认识到改变的必要性。至于改变本身，其实倒是次要的了——企业里很少有什么真正的难事，只要投入资源，愿意去做，总能做得更好，至少比以前要好。

· · · 本篇小结 · · ·

采购是公司与供应商的桥梁，在供应商和供应链管理中扮演关键角色。

在这一篇，我们先回顾了采购管理的发展历程，看它如何从"一个人在公司的最后一站"发展成公司的核心职能。这也是采购发展的五个阶段，即从确保有料到谈判降价，到管理总成本，以及更上层楼管理需求，最终为公司全面增值。

在整个发展过程中，采购由供应导向逐步发展到需求导向，由管理供应发展到兼管需求，这也是从"小采购"到"大采购"的发展过程。我们还介绍了两层分离、信息化、采购"收口子"等举措，以释放资源做"大采购"。

在"大采购"的组织建设部分，我们谈了战略与执行的两层分离、商务管理与供应商质量的专业化，这是确保专业人做专业事。专业化增加了组织的复杂度，需要通过合理的绩效考核来整合专业化后的小职能，特别要避免单一指标的异化作用。

最后，我们谈了采购的集中与分散，特别强调了集中采购不是趋势——采购的组织形式取决于业务诉求。集中采购要解决问题，通过整合需求、整合供应来产生规模效益以降低成本，实现内部客户、供应商和采购的三赢，这对采购的领导能力提出了更高要求。

【资源】 更多供应链管理的文章、案例、培训

- 我的供应链管理专栏网站（www.scm-blog.com）。
  - 这是我的个人专栏，写了快 20 年了，有 700 多篇文章
- 我的系列供应链专著，填补学者与实践者之间的空白。
  - 《供应链管理：高成本、高库存、重资产的解决方案》(第 2 版)
  - 《供应链的三道防线：需求预测、库存计划、供应链执行》(第 2 版)
  - 《需求预测和库存计划：一个实践者的角度》
- 我的微信公众号"供应链管理实践者"，更新、更快，定期发布新文章。

要么成为领袖，要么成为专家

这么厚的一本书，谢谢您读到了最后。也感谢您能够听我讲这么久。

作品是作者的自传，写作就是再活一次。我是个职业人，不是作家，但本书跟我的很多文章一样，也是基于我的个人经历，不管是做过的、学过的，还是听过的、看过的。经历无法替代，人都是从经历中学习，要么是从自己的经历，要么是从别人的经历。希望本书为您提供了学习别人经历的机会。

我知道，您之所以能把本书读完，除了耐心和对供应链管理的热爱，还有在职业发展上想更上一层楼的诉求。这些年来，读者问我最多的问题就是职业发展，这其实也是困扰我自己多年的问题。久病成医，我认为我想清楚了，那就是在职业发展上，我们有两条路：**要么成为专家，要么成为领袖**。

虽然说每个职位都离不开领导力，成为领袖还是意味着沿着管理阶梯向上爬，相对机会有限，但成为专家的机会几乎是无限的。不管你是采购员、计划员、质检员，还是工程师、经理人，你都有机会成为相应领域的专家，熟悉规则、流程和系统，成为能够培训新员工的那个人，让他们复制自己在专业领域的成功。

当前是个通才社会，但未来是专家社会。在经济高速发展阶段，企业家是企业的发动机，他们富有街头智慧，敢于冒险，能够整合资源，把握机会，把企业做大；在未来几十年，当经济发展放缓、机会不再满地都是的时候，我们需要**专家**来把成本做下来、速度做上去。相应地，企业和社会也会越来越由专家驱动，就如今天的欧美。

那么如何成为专家呢？在我看来，这得经过三步升华：①系统学过，而且学到最好；②系统做过，而且做到最好；③系统提高、总结过，从形而下上升到形而上，从实践上升到理论，再由理论来指导实践。本书是我自己系统学习、系统实践和系统思考的结果，也希望成为您系统学习、系统实践和系统思考的起点。

学，并不是说一定得读万卷书，关键是精读几本好书；做，并不是说一定要干多少年活，关键是边做边琢磨，能够触类旁通；总结提高也不是说做个学究，写出本大部头——少刷微信，少看视频，多跟人交谈，不管是同行还是别的行业，都是很好的总结提高之路。就我个人来说，我的很多供应链设计的思路，都是在跟一个工程师交谈中学到的。三人行，必有我师。话是老话，但实在。

最后，我想特别感谢我的读者。二十多年了，感谢你们不离不弃。不管是通过我的"供应链管理实践者"微信公众号，还是通过微信、微博和电子邮件，我从你们身上学到的，恐怕要远比你们从我这里学到的多。本书看上去是我写的，其实是我们大家智慧和经历的共同结晶。

每一次相遇都是缘分。请保持联系，我的电话和微信在此附上。我每两个月就来中国一次，在全国各地服务客户，说不定我们就在哪里遇到了。您到了硅谷，也别忘了给我打电话。

刘宝红 | Bob Liu

供应链管理专栏创始人 | 西斯国际执行总监

www.scm-blog.com | bob.liu@scm-blog.com

电话：1（510）456 5568（美国）| 136 5127 1450（中国，微信同）

2024 年 4 月 1 日